本书系 2015 年国家社会科学基金重点课题"21 世纪以来中国共产党农村治理结构改革实践与经验研究"（批准号：15ADJ002)的最终成果

国家社科基金丛书
GUOJIA SHEKE JIJIN CONGSHU

21世纪以来中国农村治理结构改革研究

China's Rural Governance
Structure Reform Since 2000

雷国珍　著

人民出版社

责任编辑：刘　伟
封面设计：石笑梦
版式设计：胡欣欣
责任校对：吕　飞

图书在版编目（CIP）数据

21 世纪以来中国农村治理结构改革研究/雷国珍 著. —北京：人民出版社，
　2020.11
ISBN 978 - 7 - 01 - 022138 - 0

Ⅰ.①2⋯　Ⅱ.①雷⋯　Ⅲ.①农村-社会管理-体制改革-研究-中国
　Ⅳ.①C912.82

中国版本图书馆 CIP 数据核字（2020）第 086224 号

21 世纪以来中国农村治理结构改革研究

21 SHIJI YILAI ZHONGGUO NONGCUN ZHILI JIEGOU GAIGE YANJIU

雷国珍　著

人民出版社 出版发行
（100706　北京市东城区隆福寺街 99 号）

天津文林印务有限公司印刷　新华书店经销

2020 年 11 月第 1 版　2020 年 11 月北京第 1 次印刷
开本：710 毫米×1000 毫米 1/16　印张：27.75
字数：440 千字

ISBN 978 - 7 - 01 - 022138 - 0　定价：86.00 元

邮购地址 100706　北京市东城区隆福寺街 99 号
人民东方图书销售中心　电话（010）65250042　65289539

目　录

绪　　论

中共十一届三中全会以来,中国的主旋律是改革。21 世纪以来依然如此。特别是中共十八大以来,改革的速度在加快,改革的力度在加强,改革的难度在加大。农村改革也是如此。在改革农村经济体制的同时,农村治理结构改革也比以往来得更加迅猛。这种改革承接过去的惯性,深深影响当代农村,也为未来农村的变革奠定基础。这种现象当然会引理论界的关注与思考。本书以中国共产党领导农村治理结构改革为视角,再现农村治理结构改革全貌,探寻农村治理结构改革规律,总结农村治理结构改革的经验,为农村治理结构改革提供智力支持和理论指导。

一、研究缘由

笔者是一个农家之子,1978 年因高考而离开农村。即使离开农村,也没有中断与农村的联系。因为父母还生活在老家,每年至少要回那里几次。回到老家,儿时的朋友一定会聚在一起,畅谈各自见闻,交流各自体会与感受,从他们那里获得了许多真实的情况。有一年春节,笔者又一次回到老家。晚上,站在自己家门口,环顾全村,当年这个有二百多人口的自然村,现在竟然只有几户人家亮着灯,其他都黑灯瞎火。这些人都进城务工去了,连春节都不回来了。正月初一,世代相传的相互拜年习俗,竟然难以为继。全村只有二十多个人,而且,不是老人,就是儿童,为数不多的从城里打工回家过年的年轻人,早已围在牌桌上。闲暇时,笔者到周边转了转,发现农村在变,有的向好的方向发展,有的也不尽如人意。笔者曾经担任老家大队支部书记,自然也要到现任的村支部书记家里坐坐,听他把一些心里话说出来。作为农村治理直接参与者和领导者,村支部书记谈看法、谈感受、谈设想有意义。有的话引起共鸣,有的话引起笔者的思考,也是引发研究农村治理结构改革兴趣的重要原因。2012 年笔者去华西村考察,该村原党委书记吴仁宝与我们座谈时说,决定不同农村的贫穷与富裕,关键的是人,是农村治理结构、治理能力和治理方式。富裕的农村,其治理结构先进,治理能力很强,治理方式是现代化的,相反,贫困的农村,除自然因素外,更多的是因为这些地方的农村领导班子、党员队伍存在这样或那样的问题。这些话有道理,也引人思考。兴趣是最好的动力。于是,笔者下定决心研究农村治理结构改革问题。

正是因为出身农家,一直就没有放弃对农村的关注。在自己的理论生涯中,对农村进行较长时间的调查研究,也写过一些关于"三农"问题的文章。1999 年,笔者立项的第一个国家社会科学基金课题就是"改革开放以来党领导农村民主政治建设的历史经验研究",对 1978 年到 20 世纪末农村民主政治的实践和经验进行了初步研究,发表了十多篇论文,出版了《扎根在黄土地上的民主政治》。课题于 2001 年结项,受到专家的好评,也得到国家社科基金课题管理部门的肯定。课题研究结束后,笔者没有停止对"三农"问题的关注。因为,只要有社会在,就有农村在,而且中国共产党一直把"三农"作为工作的重中之重,不断推进农村改革,不断促进"三农"问题的解决。果然,进入 21 世纪以来,几乎每一年的中央一号文件都涉及"三农"问题。梳理一下农村改革的大事,就不难发现,中国共产党为解决"三农"问题,倾注了满腔热血。作为理论工作者,有责任进行理论思考,为党解决"三农"问题提供理论支撑和智力支持。2015 年,笔者再次申报了国家社会科学基金课题,并且作为重点课题成功立项。这已经是笔者的第三个国家社会科学基金课题了。这里,运用了国家治理体系和治理能力现代化的理论来思考"三农"问题,感到豁然开朗,思路全新。

之所以长期关注这个问题,是因为这个问题实在太重要了。人类社会是先有农村后有城市的,农村在人类社会进化进程中长期起着支撑的作用。进入现代社会后,城市越来越重要,但农村依然是不可忽视的一环。在农村,当然首先是要发展经济。然而,离开政治,发展经济是不可能的。或者说,经济发展起来后,政治就变得越来越重要。这是符合马克思主义基本原理的。中国共产党作为广大人民根本利益的忠实代表,成立后不久就特别注重农村和农民。在民主革命时期,中国共产党长期深入农村,建立革命根据地,依靠广大农民夺取了民主革命的伟大胜利。毛泽东作为领袖,对农民的认识是非常到位的,他也希望在有生之年,通过集体化道路解决广大农民面临的所有问题。应该充分肯定,毛泽东的主观愿望是好的,只是在解决农民问题的道路上出现了一些偏差。邓小平设计的中国改革也是从农村开始的,经济上以家庭联产承包责任制为突破口,通过这一改革基本上解决中国农民的温饱问题;政治上以推进村民自治为突破口,中国农村治理结构发生了重大变化。江泽民和胡锦涛根据邓小平的总体设计,继续推进农村改革。中共十八大以来形成的以习近平同志为核心的新一届中央领导集体,坚持问题导向意识,做好农村改革的顶层设计,农村治理结构改革也进入了快车道。21世纪以来的二十年时间,农村治理结构改革的实践不断深化,改革的经验不断丰富。认真分析这个时期农村治理结构改革的实践,总结其宝贵的经验,其时已到,其势已成。这是问题的一个方面。问题的另一方面是,农村治理结构改革还是现在进行时,未来还将继续进行。为了现在,也为了未来,需要从过往的经验中吸取智慧。本书的研究,正是为了满足这一需求。这是开展这一课题研究的意义所在,也是开展这一课题研究的深层次的缘由。

二、学术综述

中国共产党特别重视"三农"问题,制定了一系列涉农法律,出台了许多政策,不断实施了兴农战略举措。这些是研究农村治理结构改革的第一手材料。各省区市,特别是农业大省的各级党组织和政府在党中央的统一部署下,不断推进农村治理结构改革伟大实践,拓宽农村治理结构改革的研究视野,彰显了研究特色,丰富了研究内容。作为学术综述,关注的重点是理论界或学术界的学术成果和学术观点。运用现代科学技术进行学术综述,事半功倍。对这些文献作静态分析,似可以得出以下结论:

第一,学术界对"三农"问题高度关注,由此产生的成果可用汗牛充栋来形容。这是由"三农"的重要性以及内容宽泛的特点决定的。人们从不同角度、不同层面、不同内容来关注与思考这些问题,因此,产生了数量如此之多的科研成果。这些成果对解决"三农"问题产生了积极的作用。

第二,学术界对"三农"问题的关注与解决"三农"的实践作坐标分析时,发现两曲线高度吻合。学术界对"农村"问题的关注度与社会对"三农"问题的关注度成正比。社会高度关注"三农"问题,理论界也高度关注"三农"问题;社会上关于"三农"问题的热点问题越多,理论界的学术成果也就越丰富。这一吻合现象说明理论与实践的关系,也说明解决"三农"问题的伟大实践期待理论支持。

第三,从已经搜索到的数据看,对中国共产党与农村治理结构改革问题的研究虽然有了一些成果,但依然还处在起步阶段,与其他几个方面相比较,对这个问题的研究尚属薄弱环节。原因就在于,中国农村治理结构改革较农村经济改革相对滞后。为了推进农村治理结构的改革步伐,为了总结中国共产党领导农村治理结构改革的宝贵经验,需要加强对这一重大问题的理论思考。

在宏观上分析后,再对中国共产党与农村治理结构改革作微观分析。从

百度网和中国知网的数据看,已经产生的成果大致分为以下几个类别:

第一,资料类。中共十一届三中全会以来已经形成了良好的习惯,即由原中共中央文献研究室将中共中央、国务院的文件及党和国家领导人的重要讲话汇编出版,先后出了中共十一届三中全会以来重要文件汇编和此后的中共历次代表大会重要文献汇编,还出版了《邓小平文选》三卷、《江泽民文选》三卷、《胡锦涛文选》三卷和习近平系列重要讲话汇编以及大量的专题资料。这些资料为研究中国共产党与农村治理结构改革提供了可靠的第一手材料,更是研究中国共产党对农村治理结构顶层设计及党如何推进农村治理结构改革的重要依据。

第二,论文类。如果说百度网关于农村治理结构改革的文章偏重于资讯,那么,中国知网则偏重于学术论文。这些学术论文中,有理性思考,有调研报告;有的侧重宏观,有的偏重微观;有的论文总结历史经验,有的文章则直面现实。综观学术成果,大致有以下学术观点或思想:

(1)关于农村治理结构改革的方向问题。有的学者提出,应该正视农村区域发展非均衡的现实状况,转变长期以来的全国"一盘棋"的思维定势,针对不同地方经济和社会发展水平的差异,在坚持国家统一领导的前提下,因地制宜,分类指导,引导农村治理朝着民主治理、自主治理的方向发展,逐步把现行的"乡政村治"治理结构变革为"农村自治"。

(2)关于农村治理结构改革的主体。有学者指出,传统的农村治理模式严重窒息了农村社会的发展,农民对治理体制改革与创新的迫切要求是农村治理结构改革的社会基础,是改革的主体,必须紧紧依靠他们推进农村治理结构改革。

(3)关于农村治理结构改革对中国政治体制改革和党内民主的影响问题。有学者提出,中国政治体制改革呈现出合力效应的特征,党内民主的发展存在着由内而外的趋向,村民自治的发展存在着自下而上的趋向,两种民主形式在本质上存在着一致性,实践中探索出的党内民主与村民自治的有机结合的宝贵经验,为我国政治体制改革提供了有益的思路。

(4)关于农村治理结构改革与农村社会建设的关系问题。有的学者从社会建设的角度出发指出,伴随着农村发展带来的喜人成绩及农村社会改革的逐步深入,农村的社会问题日渐增多,农村社会日趋复杂,必须引起高度重视并采取有效有力的措施,推进农村治理结构改革。

(5)关于农村治理结构改革的评价问题。有的学者认为,以精简机构人员、撤乡并镇为标志的乡镇行政机构的改革并未收到预期效果,税费改革、取消农业税后农村治理方面的矛盾凸显出来。

(6)关于农村治理结构改革的规律与原则问题。有的学者指出,农村治理结构改革有规律可循。规律是客观的,人们对规律的认识往往滞后于客观规律本身,必须加强农村治理结构改革的原则与规律的认识,避免犯颠覆性错误。

(7)关于农村治理结构改革与其他改革配套的问题。有的学者提出,必须统筹设计和推进农村治理结构改革,农村的经济、文化、社会等体制的改革要相互联动。

(8)关于农村治理结构改革与村民自治的关系问题。有的学者认为,村民自治是随着农村经济体制改革和国家民主化进程的发展而产生和兴起的农村新型治理结构,是中国共产党领导农民群众创立的具有中国特色的农村基层民主最基本的形式,是国家权力向社会权利的回归,是农村又一场深刻的革命,农村治理结构改革与实行村民自治高度一致。

(9)关于农村治理结构改革中和乡镇体制改革问题。对现存的乡镇体制,学术界先后提出撤销论、虚化论、实化论、转型论、相机论等观点;对乡镇体制的未来走向,学术界提出了乡派镇治、乡域自治、乡政自治、乡镇自治、乡民合作制、乡政村治社等观点。上述观点存在明显分歧,但有一点则是共同的,即不改革乡镇体制就无法推进农村治理结构改革,应着眼于乡镇体制实际及其未来发展趋势,积极推动乡镇改革、建立科学合理的乡镇权力结构体系。

（10）关于加强党对农村治理结构改革的领导问题。有的学者强调,农村改革的风险考验着中国共产党的执政能力与政治智慧,其成败,事关改革大局、决定中国未来,需要中国共产党具备熟练的政治组织技能和运筹帷幄能力,选择并制定理智务实的改革策略,对改革的布局和进程实行统揽全局的战略规划和指导。农村治理结构改革不能动摇党在农村的核心领导地位。

第三,专著类。已经出版的专著主要有:《中国农村改革三十年》,山西经济出版社 2009 年版,作者毛科军;《农村基层治理变革的法理创新与法治转型研究》,湖南人民出版社 2014 年版,作者彭澎;《村庄治理与权力结构》,广东人民出版社 2008 年版,作者金大军;《农村治理结构与发展政策》,山西经济出版社 2004 年版,作者杜志雄等;《中国的村级组织与村庄治理》,中国社会科学出版社 2009 年版,作者冯兴元等;《城乡统筹进程中的农村治理变革研究》,人民出版社 2012 年版,作者王习民;《冲突与参与:中国农村治理改革 30 年》,郑州大学出版社 2008 年版,作者袁金辉;《农村社会的治理》,山东人民出版社 2013 年版,作者吕德文;《制度变迁和可持续发展:30 年中国农业与农村》,上海人民出版社 2008 年版,作者黄季昆;《走向基层治理现代化——以成都为个案分析》,广东人民出版社 2014 年版,作者赵秀玲;《农村治理与农村基层党组织建设》,知识产权出版社 2013 年版,作者周挺;《农村新型合作经济组织的理论与实践》,暨南大学出版社 2010 年版,作者齐力;《公民社会与农村社区治理》,社会科学文献出版社 2010 年版,作者罗中枢;等等。从专著的数量看,谓之可多;从质量来看,谓之则高。这些专著主要是从经济学、政治学、法律学、社会学和管理学的角度来研究农村治理结构问题。从中共党史的角度来总结农村治理改革历史进程和历史经验的专著则不多。一方面,可以认为,研究农村治理结构改革有很坚实的基础;另一方面,可以认为,如何总结中国共产党农村治理结构改革的历史经验,则有很大的想象空间。

农村治理结构改革问题也引起了国际社会及港台的广泛关注。近几年,国内翻译出版的国外相关著作主要有:戴维·赫尔德的《民主的模式》,中央编译出版社 2008 年版;约瑟夫·熊彼得的《资本主义、社会主义与民主》,商务印书馆 1999 年版;弗兰克·坎宁安的《民主理论导论》,吉林出版集团有限责任公司 2010 年版,等等。国外的研究成果,对研究中国基层民主建设提供了有益的借鉴。这些文献及研究成果具有如下特点:一是研究主体的多样性。英、美、德、日以及其他国家的大学、科研机构关注中国农村改革,许多西方国家的政府机构、非政府组织、基金会和国际组织也对中国的农村问题展现了越来越浓厚的兴趣。二是注重实证调研的研究方法。为了更深入了解中国问题,许多国外学者都到中国农村进行实地调研,以此作为研究依据。三是研究问题涉及面广。国外学者以局外观察者的身份出现在中国的田野,并形成了一批有一定影响的作品。这些国外学者从经济学、社会学、人类学、历史学和政治学等不同学科出发,运用各自的理论对中国农村问题展开了多学科多角度的研究,他们的研究涉及中国农村的社会政治经济文化各个方面,其中也包括对中国农村治理结构改革的问题。有些观点引起国内学者的深思,当然也有观点因为不熟悉中国国情而以偏概全,有的观点还有些偏见。

站在巨人的肩上才能看得远。理论界关于农村治理结构改革的研究,是推进这一课题研究的重要基础。所以,必须感谢这些专家学者,是他们的辛勤劳动,为本书的研究创造了条件;也感谢资料提供者,正是这些资料为本书研究解决了无米之炊的问题。

三、核心概念

习近平强调指出,要加强话语体系建设,着力打造融通中外的新概念新范畴新表述,加强国际传播能力。任何一门学科都有自己的特殊概念,任何一个专题研究也必然涉及自有的概念。21 世纪以来中国共产党农村治理结构改革的实践与经验研究这一重大课题,主要涉及以下几个概念,有必要作科学界定。

　　第一,21 世纪以来。这是一个时间概念。就是说,本书研究的时间断限是从 2000 年以后到课题研究结束时止。之所以取这个时间段,是因为笔者在此前立项的一个国家社会科学基金课题。那个课题的全称是"改革开放以来党领导农村民主政治建设的历史经验研究",1999 年立项,2000 年结题,研究的时间断限是从 1978 年到 2000 年,虽然前有追溯,后有展望,但研究的主体时间是 1978 年至 2000 年。那么,新课题作为老课题的延伸,时间上必须无缝对接。为了使新课题研究具有完整性,依然有必要对前期改革作简单回顾,既作为新课题研究的基础,又是新的历史条件下农村治理结构改革的逻辑起点。通过对历史的回顾,增强研究的历史厚重感;通过对逻辑起点的分析,使人们形成改革是一根完整链条的认识,而不割裂改革的内在联系;通过对以后改革的展望,使人们树立改革还将继续进行的信念,为未来的研究埋下伏笔。

　　第二,国家治理体系和治理能力现代化。这一概念有两个方面的指向。首先,是一个政治指向。这是中共十八届三中全会决定的全面深化改革的总目标,反映了当代中国共产党人的开放心态,即建立与国际接轨的又具有中国特色的各领域的制度体系,发挥制度优势并转化为治理效能。同时,又是一个理论概念。作为理论概念,它属于政治学,为研究我国的理论问题提供新的视角。相比较而言,作为学术概念,要比作为政治概念早一些,也产生了比较有影响的理论成果。作为政治概念,我国全面深化改革必须始终不渝地朝着目标前进,不因个人原因而变更,不因突发事件而废止。作为学术概念,必须形成与之相适应的命题、概念和话语体系。这对于笔者来讲,则是一个全新的挑战。为伊消得人憔悴,衣带渐宽终不悔。

　　第三,农村基层民主政治建设。如果说,上一个概念更多的是一舶来品,这一概念则是本土产生且使用多年。所谓农村基层民主政治建设,从内涵来讲,是指在中国共产党领导下,广大农民实现民主权利的一系列理论与实践活动。这里有几个关键词:一是中国共产党。这是中国特色社会主义的本质特点,也是广大农民争取民主权利的根本保证。二是农民。这是民主政治建设

21 世纪以来中国农村治理结构改革研究

的主体。民主不是别人的恩赐,而是在中国共产党领导下,经过艰苦努力长期奋斗的结果。三是民主。这是人民对美好生活的追求。当物质生活得到基本满足后,人民开始对民主有了向往和追求。一旦人民的民主要求得到满足后,就会释放出更大的能量推动国家民主政治建设。从外延来看,又可以从不同的角度解读:民主,应该包括政治民主、经济民主、文化民主和社会民主。也有另一种分类,即分为民主选举、民主决策、民主管理和民主监督。农村治理结构改革要从内容上深化农村民主政治建设研究,从外延涵盖农村民主政治建设的方方面面。

第四,治理与农村治理。"治理"一词古已有之。在中国古代,"治理"一词多为管理、统治之意。作为一种新的政治分析框架,它开始于 20 世纪 90 年代。[①] 西方的"治理"(governance)一词源于拉丁文和古希腊语音,原义多为控制、引导和操作。韦伯从科层制理论出发,认为命令—服从是"治理"的核心内容,把治理视为一种自上而下的单向度的政治统治方式。而到了 20 世纪90 年代,作为一种新的政治分析工具,"治理"一词的内涵由"控制"为主逐渐转为"自治"为主。这样,不仅治理的主体由"一元化"的政府主体转化为"多元化"的主体,而且治理权力运行的维度发生了变化,即由上而下的单向度运行,转向一个上下互动的管理过程,各治理主体主要表现为合作、协商、伙伴关系。中国政治家和学者引进西方"治理理论",体现出他们的开放心胸。用国际视野和世界眼光观察与思考中国问题,一方面提高了中国治理水平,另一方面也提高了学术研究水平。

与治理相对应的是农村治理。中国历史也有农村治理问题,但与现代农村治理不可同日而语。现代意义上的农村治理,是指中国特色社会主义的总体要求,实现自上而下和自下而上相结合的规范性管理与服务。农村社会是一个复杂的系统,农村治理也是一个复杂的系统工程,包括农村经济治理、农

---

① 俞可平:《治理和"善治"的分析比较优势》,《中国行政管理》2001 年第 9 期。

010

村政治治理、农村社会治理、农村文化治理和农村生态治理。按照现代化意义的农村治理，必须引进先进的治理理念、先进的治理主体、先进的治理结构、先进的治理模式、先进的治理平台、先进的治理方法、先进的治理机制、先进的评价体系。本书正是研究这一系列问题及其客观联系，总结农村治理的经验，并发现农村治理规律，为继续进行的农村治理结构改革和农村治理现代化提供理论指导和智力支持。

第五，农村治理层级。从整体而言，中国行政架构分为中央政府、地方政府和基层政府。从整体农村治理结构来讲，从中央到基层都承担农村治理的职责，都是农村治理结构的组成部分。从与农村关系最直接、最紧密及其最主要的职能来划分，农村基层治理结构可分为三个层级：

第一层级是乡镇。乡镇人民政府是最基层的人民政府。乡镇党委和政府的最主要职责就是做好"三农"工作。作为基层党组织，作为一级政权，乡镇在农村治理结构中占有极其重要的地位。在农村基层治理中，乡镇党委和政府是党和国家"三农"工作路线、方针、政策的执行者，乡镇党委和政府能力的强弱直接决定国家在农村基层治理目标的实现程度，可以说，乡镇党委和政府能力的强弱是决定农村基层治理能力的关键因素。

第二层级是村。中国农村非常广阔，情况千差万别，人民公社时期称之为生产大队。根据各地的具体情况，生产大队可分两大类别：第一类是一个生产大队就是一个自然村。历史上的农村，人们聚族而居，同姓人在一个自然村繁衍发展，形成千人乃至数千人的自然村。人民公社建立时，这种自然村就是一个生产大队。这种情况更多地存在于地势较好的平原地区。另一类是若干自然村组成一个生产大队。中国幅员辽阔，以山区丘陵居多。虽然生活在这些地区的人们也是聚族而居，但囿于自然条件又不能不分开，因此，农村出现了大量的小自然村，甚至还有独户单居。因此，人民公社建村时，把若干个自然村联合起来建立生产大队。这样的生产大队，人口并不多，但面积非常大。在集体化程度很高的人民公社时，特别是"文化大革命"时期有地方向生产大队过渡。1967 年,山西昔阳县根据大寨大队的经验,开始向以大队为核算单位过渡。[1] 随后,有的比较激进的地方迅速跟进,开始真正意义地转向生产大队。按照 1975 年农业学大寨会议的要求,全国在 5 年内普及大寨县做法,实现向以大队甚至以公社为基本核算单位过渡。[2] 如果实现,就突破了人民公社化所规定"三级所有,队有为基础"的体制。后来发现,这种想法和做法不利于农村治理,"穷过渡"停了下来,大队依然保留着,直到改大队为行政村。这个治理层始终存在并发挥作用。一方面,它必须执行公社党委和管委会的决议,把上级的意图贯彻到农民中间去,把农民动员好,组织好,在政府权力边界最大化时,大队成为准政府;另一方面,又把农民的诉求及时反映给上级政府和上级党组织,成为农民利益的代言人。这种地位往往出现"老鼠钻风箱,两头受气"的情况。废止人民公社后,建立了行政村,这时的行政村便成为农村治理结构中第二层级。

第三层级是村民小组。在人民公社时期,为生产队。在那些以大队为基本核算单位的地方,这一个层级就不存在了。但就全国而言,生产队是农村治理结构中的最底层,是最基本的生产组织单位和分配单位。生产队按照计划经济的要求,在上级党组织和政府的统一指挥下组织本队的生产、分配以及其他活动。家庭承包责任制实施后,生产队改为村民小组,这是农村治理结构中的最基础的层级。一段时间以来,人们忽视其作用,后来发现这样非常有害,因为村民小组往往与自然村联系在一起,一个自然村就是一个村民小组。自然村则是典型的血缘和地缘政治的产物。不要小看自然村,它在农村治理结构中有不可低估的地位和作用。

第六,农村治理主体和客体。这是矛盾的两个方面,有主体必然有客体。所谓农村治理主体,是指承担农村治理任务的自然人与社会组织。自然人,即农村中的广大农民,这是农村治理的真正主体,是农村治理的依靠力量。如何

---

[1] 《晋中地区志》,山西人民出版社 1993 年版,第 161 页。

[2] 华国锋:《全党动员,大办农业,为普及大寨县而奋斗》,《人民日报》1975 年 10 月 21 日。

调动广大农村这个治理主体的积极性,是农村治理结构改革的重心。除了自然人外,农村治理主体包括各种社会组织:农村基层党组织、农村自治组织、农村经济类组织、农村社会组织、农村文化类组织及其他的民间组织。农村治理主体有长期稳定的治理主体,也有临时性治理主体,如为了党和政府的中心工作被派驻到农村的各种工作队(组)。比较典型的是"四清"运动中的社教工作队,农业学大寨工作队,等等。这些工作队虽然是为了某些中心工作而派出的,但当这些工作队存在期间,他们在农村治理结构中占据十分重要的位置,甚至处于中心位置,特别是"左"的思潮占统治地位时,工作队超越党支部和大队管理委员会,农村中的一切事情都由工作队决定。这里,需要特别说明的是,农村中的贫下中农协会(简称"贫协"①),它是革命战争农会组织的延伸。在以阶级斗争为纲的年代,在唯成分论的年代,"贫协"在农村治理结构中的地位非常高,权力非常大。农村治理的客体,就是农村事务。

第七,农村治理结构。即农村治理主体按照一定方式形成的结构模式。农村治理结构可分为纵向结构和横向结构。纵向结构就是从中央到最基层的垂直结构。这种结构的特点是一个金字塔形,上面小,基础部分大,下级对上级负责,一级对一级负责。横向结构是指农村内部的结构,即农村的不同治理主体按照一定的内在规定性形成了一种结构,构成农村治理的完整体系。农村治理结构改革,就是如何实现农村治理资源的优质配置。农村治理结构也被称为"农村治理模式"或"农村治理体制"。

第八,农村治理结构改革。农村治理结构改革就是合理配置农村治理结构和治理资源,使各种治理资源在农村治理结构中准确定位,最大限度地发挥

---

① 20世纪60年代中期,中国农村从生产队、生产大队、公社、县、地区到省,各级都普遍成立了"贫协"组织。"文化大革命"之初,全国"贫协"大都处于瘫痪或半瘫痪的状态。其职能与工作由各级的所谓"革命委员会"代替。到了中共十一届三中全会前后,全国绝大部分省、直辖市、自治区"贫协"基本上停止活动,其组织已形同虚设。但个别省,像湖北省改为"农会"组织。进入80年代中期,随着形势的发展,全国各地的"贫协"(包括湖北省后来的"农会"组织)纷纷被撤销。至此,"贫协"完成了它的历史使命,退出了历史舞台。

作用。中国的改革是从农村开始的,家庭联产承包责任制给中国农村乃至中国社会带来生机与活力,创造了奇迹。随着改革向纵深发展,农村改革也向纵深发展。在国家治理结构现代化理论的框架下,农村治理结构也必须实现现代化,从而就提出了农村治理结构改革的问题。这由中国基本国情决定,也由农村的实际情况决定。应该看,中国农村治理结构因为我国基本政治制度、经济制度、社会制度和文化制度的优越而显示出巨大的优越性。但是,在我国农村治理结构中,也存在与农村生产力不相适应的部分与环节。特别是在国家治理体系和治理能力现代化的视域下,农村治理结构依然还有全面深化改革的必要。这就要求理论工作者不断总结过往农村治理结构改革的宝贵经验,进一步推动农村治理结构全面深化改革,按照有利于解决和发展农村社会生产力,改变农村治理结构中不合理不科学的部分,使农村治理结构实现现代化,成为推动农村发展的强大动力。

第九,农村治理能力。这是一个与国家治理能力相对应的概念。中国共产党作为中国唯一的执政党,经过长期执政的历练,有丰富的治国理政经验,执政能力、领导能力和治党治国治军的能力都非常强。这是农村治理能力的坚实基础。在这种大背景下,农村治理能力,就是中国共产党对农村的认识能力、发展农村经济政治文化社会和生态的能力、协调处理农村各种矛盾的能力、协调处理农村各种治理主体之间的关系的能力。从总体上看,中国共产党的农村治理能力非常强,成功地实现对农村的有效治理,但无论是整体,还是个体,都面临着本领恐慌和能力恐慌。加强农村治理能力建设,是农村治理结构改革中的一个十分重要的任务。

第十,农村治理现代化。中共十八届三中全会提出了国家治理能力现代化的问题。也就自然而然地提出了农村治理现代化的问题。没有农村治理现代化,就是没有国家治理现代化。而农村治理现代化,就是按照国家治理现代化的要求,用新的理念、新的思路、新的模式、新的办法治理农村,实现农村现代化。

在以后的分析中将大量使用这些概念,当然也还有一些未能提及的概念,会在正文中解释。

四、研究方法

从严格意义讲,本书内容作为一个跨学科的研究课题,需要运用多学科的研究方法来推进。

首先,运用中共党史的研究方法,让课题成果具有历史厚重感。这个课题,首先是一个党史课题,党史研究的重要目的就是还原历史原貌。为此,最重要的是充分占有资料。好在最基本的史料已经正式出版,基本上解决了无米之炊的问题。但是这还远远不够,必须运用史料学和文献学的方法,对已经出版的史料进行认真考证和勘校,去伪存真,确保史料的真实可信;除此之外,更要广泛收集来自实践的第一手材料。这就需要广泛地调查,实地考察,全面收集来自全国各地的典型材料,为写出一部信史奠定坚实的基础。当然,中国共产党历史作为一门历史学科,其基本原则是坚持历史唯物主义的指导地位,把农村治理结构改革的历史与中国共产党的历史、与其他方面的改革史、与中国经济社会发展的历史一并考察,以求从中得出正确的结论。要把中国共产党历史研究的基本方法运用于本书研究,使每一个结论都能经得起的历史的检验。

其次,运用政治学的研究方法,让课题成果更具理论穿透力。农村治理结构问题,无疑属于政治学范畴。政治学研究方法从古至今不断发展、演化,基本存在两种取向:一种是思辨的方法,从对基本价值的思辨性分析中演绎出政治学说,并以此解释政治现象;另一种是经验的方法,从大量实际材料的经验分析中归纳出政治学说,并以此解释政治现象。本书的研究,一方面要进行理论思辨,通过理论思辨,科学回答农村治理结构改革的深层原因、基本规律、主要动力源等;另一方面,对来自全国各地农村治理结构改革的丰富经验进行归纳分析,将其提升为具有可复制性的经验,为仍将进行的农村治理结构改革伟大实践提供理论指导。

再次,运用社会学的研究方法,让课题成果更具有立体感。农村社会是中国社会的重要组成部分,研究这一课题必须运用社会学的研究方法。社会学的研究方法主要有:社会调查、实验、个案研究、间接研究。在这一课题研究中,必须进行大量的社会调查,通过社会调查,认识中国农村社会的特殊性;通过解剖具有典型意义的个案,透过个别看一般,透过现象看本质;与此同时,进行一些问卷调查,扩大信息来源,确保调查研究的全面性。运用社会学的研究方法,构成多层次的立体的研究成果。

除了上述基本方法,还运用计量学的方法,在坚持定性分析的同时,增加定量分析;运用系统方法,谋求课题研究严密周到;运用信息网络技术,拓展资料收集渠道和扩大调查覆盖面。

总之,六法并举,确保研究按计划有序进行,确保研究成果高质量,确保课题的影响达到预期。

从某种意义上讲,1999 年的课题是 2015 年课题的基础,2015 年的课题是对 1999 年课题的承接。而且,笔者还期待再过若干年后,有人不断承接这个方面的课题研究,使之构成一根完整的研究链条,真正做到中国共产党领导下的农村改革进行到哪里,课题研究就跟进到哪里。

第一章 中国农村治理结构的
历史沿革

　　历史中昨天、今天、明天,是一根相互衔接的链条。昨天是今天、明天的基础,今天、明天是昨天的延伸。当下的中国农村治理结构不是从天下掉下来,它既继承过往农村治理结构中的合理因素,又抛弃了被实践证明不利于农村发展的消极成分。同时,当下的农村治理结构又要走向未来中国。从历史沿革看,中国古代的农村治理结构在今天还留有痕迹。离当代不远的近代中国的农村治理结构,也直接或间接影响当今中国农村社会治理结构。当然,影响最直接最深刻的,是中国共产党领导创建中华人民共和国后所建立起来新的农村治理结构。

一、古代传统社会中的农村治理结构

　　水有源,树有根。今天中国农村治理结构可以从古代社会农村治理结构中找到某种渊源,它深植于中国优秀传统文化之中。人类社会存在不同的历史阶段。在不同历史阶段,农村的社会截然不同。人类发展史上是先有农村,后有城市,随之而来就有了城乡差别。马克思说:"城乡之间的对立是随着野蛮向文明、部落制度向国家的过渡、地域局限性到民族的过渡而开始的,它贯穿着文明的全部历史直至现在。"①马克思的这一论断,成为研究农村治理结构历史沿革的重要理论基础。

农村社会的主要关系是地缘关系和血缘关系,这一特点决定了农村治理的特点。中国曾经历了原始社会、奴隶社会、封建社会以及半殖民地半封建社会。原始社会几乎完全依赖于血缘关系作为治理的基础。因为整个社会人口很少,生产力水平非常低下,社会经济非常落后。为了生存,原始社会采取平均主义分配办法,社会管理职责则由家长承担,母系社会由母亲承担,父系社会由于父亲承担。稍后,由部落酋长承担。由于人类社会还刚刚起步,社会分工非常简单,没有城市与农村之分,人类社会与农村社会合二为一。因为社会结构非常简单,社会治理结构即农村治理结构也非常简单。原始社会后期,由于生产工具的改进,生产成果开始有些剩余。管理者往往利用管理上的便利,把剩余成果占为己有。于是,私有制产生了。"氏族制度已经过时了。它被分工及其后果即社会之分裂为阶级所炸毁。它被国家所代替。"②人类社会进入奴隶制社会。中国的夏商西周时期,实现分封制度,受封者就是受封范围内的治理者,社会治理结构也比较简单。奴隶社会的奴隶占有制生产方式决定着整个社会的基本发展方向。奴隶主是统治阶级,承担社会管理职责,奴隶是被统治阶级。与原始社会相比,奴隶社会的社会结构要复杂一些,特别是开始出现了城市和农村之分。由此,决定社会治理结构也复杂一些。

中国何时开始封建社会,史学界有不同的看法。姑且以较为传统的说法为研究依据,即以公元前 221 年秦始皇统一中国,算作中国开始了封建社会。什么是封建社会?权威的观点是,封建社会政治上专制,经济上私有制,文化上大一统。从整个社会治理来讲,统治者以专制控制社会政治,以族权控制社会基层,以神权控制意识形态,以夫权控制伦理家庭。封建社会的经济基础是自给自足的自然经济,农村可以不依赖城市而独立生存。这一特点深刻地影

---

① 《马克思恩格斯文集》第 1 卷,人民出版社 2009 年版,第 556 页。
② 《马克思恩格斯文集》第 4 卷,人民出版社 2009 年版,第 188 页。

响了中国农村治理结构。在封建社会,社会结构越来越复杂,社会治理结构也逐渐复杂。从全国治理结构看,国家纵向治理结构一般分为三个层级:中央、郡县、基层。中央实现高度集权,皇帝处在治理的塔尖上,"普天之下莫非王土,率土之滨莫非王臣"。郡县制取代分封制,代表皇帝行使权力。由此,基层治理则呈多样性。

这是因为以农村为代表的基层社会的结构非常复杂。众所周知,传统中国以小农经济为基础,分散的小农经济占主导地位,这就决定中国封建社会中的农村社会呈现出高度的分散性特点。由于自然条件、交通条件以及其他原因,在封建社会中普遍出现了"皇权不下县"的局面,导致"以农村建设基层组织为核心,国家间接控制与农村建设社会自治相结合"①的治理模式存在于整个封建社会。

适应这种治理模式的农村治理结构,在几千年封建社会中不断演化。史学界普遍认为,中国封建社会农村治理结构开创于先秦。先秦时期,中国农村实行乡遂制。所谓乡,还不是今天意义的乡下,而是天子、诸侯、士大夫及工商业者的居住区域,相当于现在的城市;而遂,则是农民居住生活的地方,才是真正的农村。秦国把全国分为六乡六遂。关于城市即乡的治理不是本专题要分析的,我们把目光聚焦到农村。在秦国,统治阶级在农村根据人口多少设置了邻、里、赞、鄙、县、遂等管理层级,相对应设立邻长、里长、赞长、鄙师、县正、遂大夫等职务担负治理职责。

秦始皇领导下秦国武力灭亡了其他六国,建立了统一的中国。秦始皇之所以叫始皇,就是因为他希望秦朝是永远的秦朝。为了全国建立有效的统治,秦始皇在全国实行统一政制,将全国划分为郡、县、乡三级。从此,中国开始实行郡县制。由皇帝向郡县派出官员,代表皇帝治理地方。郡县以下的农村治理结构也初步形成,"以县统乡,以乡统亭,以亭统里。大率十里一亭,亭有

---

① 陈万凯:《我国农村基层政权建设的历史沿革和现状研究》,2014 年 7 月 25 日,见 http://gx.people.com.cn/n/2014/0725/c364961-21783029-7.html。

长;十亭一乡,乡有三老"①。不同层级的官员产生办法不一样,亭长、里长由民间推选的"民官"担任,乡一级的管理者则由上级指派。整个社会金字塔形的治理结构已经形成,皇帝处在塔尖之上,中间有完整的官僚体系,农村实行"乡亭制"的农村治理结构,乡是一级正式的基层行政政府,农村治理已经有了自治的萌芽。

秦朝存在的时间并不长,但它所创立的全国治理结构与制度则长期影响后来,无论是汉代,还是隋朝,基本上沿袭秦制。说基本沿袭,并不是照搬、一成不变,也有一定的变化。隋朝进一步明确乡级不同官员的职责。乡设三老、有秩、啬夫、游徼四个职位,有明确的分工,分别负责教化,行政,诉讼、征税和治安的职责,各司其职,各负其责。② 隋文帝时期,农村治理结构也发生了一些变化,实行乡、里两级制。历史上唐朝,存续时间长,国家实力也大增,但农村治理结构没有什么变化,基本沿袭了隋时的制度。

宋朝刚刚建立时,还是基本沿袭了过去的农村基层治理制度和治理结构。到宋神宗时期,王安石实行变法,农村治理制度和治理结构发生了重大变化,全国农村实行募役制度和保甲制度。与过去相比,农村治理结构的变化:一是治理层级上强调农户在农村治理中的作用,每户设户长,由家长充任,对全家承担连带责任。二是正式实行保甲制度,十户为甲,设甲长;十甲为保,设保长。保甲长原则上公推产生,但县长可以撤换不称职者。三是实行联保连坐制,如有"为匪通匪纵匪"等现象,联保各户实行连坐。③ 这些制度安排说明,宋代较过去更加严密,更加有效。后来的统治阶级学习或继承宋朝的做法。元朝实行"村瞳制"、明代实行"里甲制",表面上名称不同,但内容与宋代的保甲制没有实质性差别。

清朝由关外进入关内建立清王朝。如何统治偌大的中国,对清朝统治阶

---

① 《汉书·百官表》。
② 《魏书·食货志》。
③ 《宋史·兵志六》。

级来讲并非易事。"保甲为弭盗安民之良规"①。里甲是防丁口之脱漏,保赋役之平均。② 乡约制度"是清统治者在诸多控制农村大众思想意识手段中最令人关注的一种方式"③。所以,它们仍然沿用保甲制度。与过去不同的是,清朝统治阶级在农村治理中已经有了一定的"乡人治乡"的自治理念,"夫诘奸不出于其家,防护不出于其村,御侮不出于其里,是一家一村一里之民,各自为卫也"④。由于清朝统治阶级的开国之初的强有力,又借用农村自身的力量,农村得到较好的治理,农村保甲制度在"国家定鼎之初,即举而行之,其后屡经申饬,为法甚详且备"⑤。康乾盛世继续实行保甲制,认为这是治理农村行之有效的制度安排和治理结构。康熙皇帝在诏书中高度评价保甲制度:"饵盗良法,无如保甲,宜仿古法而用以变通。一州一县城关若干户,农村落若干户,户给印信纸牌一张,书写姓名、丁男口数于上。出则注明所往,入则稽其所来。面生可疑之人,不许容留。十户立一牌头,十牌立一甲头,十甲立一保长。无事递相稽查,有事互相救应。"⑥实施保甲制度,收到明显效果,"乾嘉以前,政治清明,收效颇巨"⑦。值得注意的是,康熙皇帝提出了"宜仿古法而用以变法"的重要思想,所有清朝的保甲制度即有继承的一面,也有变通的一面。变通则是因为在雍正时期实现摊丁入亩制度引起的,进一步完善保甲制度,强化其作用,使之成为具有综合性职能的农村社会的基本治理制度。

作为治理农村的最主要制度,清朝保甲制的职能主要有:第一,承担维护农村社会治安的职能。按照清政府的要求,保甲长必须对本保本甲的社会治安负责,平时负责维持,一旦发生治安问题,保甲长要及时处理。由于发挥保

---

① 从翰香主编:《近代冀鲁豫农村》,中国社会科学出版社1995年版,第3页。
② 《清朝文献通考》卷二一《职役一》,浙江古籍出版社1988年影印本,第5043页。
③ 《清朝文献通考》卷二一《职役一》,第5045页。
④ 贺长龄辑:《皇朝经世文编》卷二三《吏政九·守令下》,清道光年间刻本,第20—22页。
⑤ 《清朝文献通考》卷二一《职役一》。
⑥ 《清朝文献通考》卷二二《职役二》。
⑦ 潘龙光等修,张嘉谋等纂:《(河南)西华县续志》(1938年铅印本)。

甲长的作用,农村"户婚田土,词讼事件,不待证佐,已可悉其大半。"①矛盾解决了,农村就能实现稳定。第二,保甲长要承办上级交办的任务。由于保甲是基层组织,保甲长也算官员,必须对上负责,"身充保甲,即属在官人役。其所辖村庄一切事务,地方官悉惟该役是问。"②保甲长要落实完成上级官员交办的各种事务,处理好本辖区内的公共事务。第三,教化本辖区民众。保甲长对辖区民众进行"尚德化刑,化民为俗"等活动,以"忠""孝"思想教育民众,养成良好社会风气,提高民众素质。除上述职责外,保甲长还有其他职责。

如上所述,在中国传统农村社会治理结构中,各种政权组织发挥着重要作用,而族权、绅权、民间组织的作用也不可忽视。

关于族权,即由家庭或宗族行使的权力。农村社会的特点是聚族而居,同一家族长期共居一个区域,姓氏相同,有共同的祖先,还有相同的文化传统。以血缘关系和地缘关系为纽带扩展为宗族。因此宗族就是扩大了的家庭,是制度化的血缘群体。无论是家庭,或家族宗族,就是因为血缘、地缘关系而在农村治理中发挥重要作用。具体表现在以下几个方面:一是向族内成员提供经济帮助而吸引族内成员;二是通过制定家法族规管束族内成员;三是建立家族武装保护族内成员的安全和利益。家族宗族的治理结构是由族长、族规、祠堂、族谱、族田等要素组成。家族和宗族族权得到族人的广泛认可,在农村治理中发挥着不可替代的作用。在长幼有序、尊卑有序的中国伦理社会,家族宗族的治理权在农村治理中的作用与影响,超出了行政权,影响更大、作用更明显,更具有社会基础。历代封建统治者从有效统治出发,尊重家庭家族及宗族在族内的治理权,不干涉族内事务,发挥族长的权威作用,即使族长做错了事,或者按照族规剥夺族内成员的生命,也不会惩处族长或否定族长的决定。这又巩固了族权在农村治理结构中的地位,使其发挥更大的作用。

---

① 徐栋:《保甲书》卷二,《成规》。
② 档案《朱批奏折》,(内政)《保警》,乾隆二十二年十月二十七日方观承奏。

关于绅权,即由农村绅士行使的权力。绅士即是其中一个特定等级阶层的称谓,是地方乡下的有文化有社会地位的人。在封建社会,绅权占有重要位置,发挥十分重要的作用。绅权在农村治理中的作用是通过以下渠道表现出来的:一是直接治理农村,绅士告老还乡后,直接参与农村事务,代表农民行使自治权;二是利用自己过去的影响力在农村办一些好事或实事,体现出自己的价值;三是代表统治阶级治理农村,为了统治的需要,统治者直接或间接委托绅士行使某些权力,绅士也能反映农民的某些要求,在统治阶级和农民之间架起沟通的桥梁。绅士是地方官府依靠的对象,农民又需要绅士的保护和帮助,这就导致绅士能够以其自身的威望和优势在农村治理中发挥着重要的作用。许多绅士曾经当官为僚,是统治阶级组成部分,懂得治理术,同时,又与农民联系密切,绅权的作用就更加明显。绅士阶层独特的社会地位,在农村治理中拥有不可替代的功能。绅士阶层成为国家权力与农村社会形成良性互动关系的中介媒体,是政权力量的有效补充,在农村治理上发挥重要作用。这体现着中国传统农村社会治理的基本特点。

关于民间组织。在中国传统农村的民间组织发育比较成熟,分布比较广泛,存在时间非常长。由于"皇权不下县"的政权格局,国家权力无法完全进入农村社会底层,这使农村民间组织就有了生存的空间和发展的条件。民间组织有合法组织和非法组织之分。合法民间组织对农村治理的作用和影响的渠道:一是参与农村公共事务;二是主持或组织祭祀娱乐活动;三是为农民谋取某些社会福利;四是自卫保护等任务。而且,他们往往与农村绅士结合在一起,或者相互利用。那些非法和半合法的民间组织是主要的制衡力量,他们往往通过隐性渠道参与农村治理。大量存在于中国古代农村的民间组织是农村治理结构上重要的一环,与农村其他治理主体分享着治理权力,承担着一定的自治功能。

中国传统的农村治理结构中实现了政权、族权、绅权和民间组织四种力量的相互制衡、相互作用、相互影响,这是中国古代农村相对稳定的重要原因。

当然,这种治理结构的四大要素并不是平行的,其作用也不是对等的。

必须看到,中国封建社会在政治上实行的是中央集权统治,这就决定了政权在中国农村治理结构处在至关重要的位置,也发挥着十分重要的作用。中国古代社会,普通群众,崇拜一统,崇拜皇帝,崇拜权力,儒家思想极力宣传皇权的合理性与合法性,以皇帝为代表的统治阶级在理论上宣传自己的政权符合天意,在行动上对反抗者暴力镇压。这就导致封建皇权统治在中国延续数千年。与皇权统治相适应的农村制度——保甲制度也同时存在几千年,并发挥巨大作用。当然,存在几千年的中国传统农村治理结构,也并非一成不变,但万变不离其宗,中国传统农村治理结构的封建属性不变,少数人对多数人、富人对穷人的治理格局不变,农村治理服务于封建统治的功能不变。在这种结构下,普通农民参与农村治理的机会不多,积极性没有,这又是历史上发生多次农民起义的深层次原因。

必须看到,中国幅员辽阔,交通不便,政权统治力量有限,族权、绅权在农村治理中发挥重要作用。封建社会坚持"皇权不下县"的传统,这又为族权、绅权发挥作用了留下了空间。农村社会关系中,本来是血缘关系和地缘关系占主导地位。长期生活在一个地方的农民,总会因利益关系而产生各种矛盾与争端,因此,农村社会对稳定村庄秩序的规则及组织有内在的需求。这是族权、绅权赖以存在和发挥作用的基础。由家族而宗族,或者说,宗族是由家族深化扩大而成。在宗族发展过程中,一些年龄大、辈分高、有名望的人发挥着重要作用。在中国的宗族制度中,族规发挥着规范本族群众的思想与行为、调整同一家族和宗族内部的利益关系以及解决纠纷的作用。中国几千年来,虽然王朝更迭频繁,战乱频仍,但农村社会却借助于家庭、宗族组织的治理,保持了较为稳定的社会秩序。

必须看到,中国传统农村非常发达的民间组织,在农村治理中也发挥着不可或缺的作用。那些得到政府认可的合法的民间组织,成为政权在农村治理的得力助手。那些不为政权认可的民间组织既牵制政权,也牵制家族和宗族。

对民间组织的作用要作具体分析,必须历史地看待,不可全面肯定,也不可全面否定。

中国古代的农村治理结构与今天的农村治理结构不可同日而语,它们的生存条件与空间截然不同,它们的性质也有根本区别,它们的作用和价值也不一样。不能说今天的农村治理结构就是中国古代农村治理结构的复制或复活,但中国古代农村治理结构是一笔丰厚的遗产。在这笔遗产中,有一些好的传统,包括重视县级政权建设、自治理念、发挥乡贤的作用等等。对于这些好的传统,我们可以也应该继承。在这笔遗产中,也有不好的东西,比如宗族势力的参与、各种帮会、教会干预农村治理,可能会带来一些消极影响。因此,对中国古代农村治理结构具体情况具体分析。正如毛泽东所坚持的,对于中国传统文化,要吸收其精华,剔去其糟粕。事实上,中国共产党在建构农村治理结构之初,虽然学习苏联模式,但不可能完全截断中国传统文化的影响,农村治理结构中也有中国传统模式的基因。

二、近代现代社会中的农村治理结构

鸦片战争引起了中国社会主要矛盾的深刻变化,改变了中国社会的性质,改变了中国历史的前进方向,开启了中国近代的进程。按照明末清初的既定方向,中国也许缓慢地进入资本主义社会。正是因为鸦片战争的发生,中国朝资本主义发展的方向改变了,向资本主义发展的进程也中止了。中国没有经过完整意义上的资本主义社会,进入了半殖民地半封建社会。与此相适应,中国农村也没有经历过资本主义社会。因此,中国也不可能有资本主义的农村治理结构和治理方式。那么,在半殖民地半封建社会条件下的农村治理结构到底如何呢?

鸦片战争后,中国的国门被打开,西风东渐,一切都发生了深刻变化。当然,中国农村治理结构也发生了相应的变化,农村社会的宁静被帝国主义的入侵彻底打破。而此时,清政府对中国社会的控制力大大下降。经历太平天国运动后,清政府已经苟延残喘。太平天国建立了农民政权,但因政权存在的时间短、战事频繁,对农村治理结构也来不及触及就被打压下去。后来发生的一系列运动,几乎很少涉及农村问题。倒是清政府为了维护其统治,加强了对农村社会的控制和农村资源掠夺,开始权力下沉,延伸到农村。

19 世纪末 20 世纪初,中国迎来了社会大变动时期。各种政治力量逐步登上历史舞台,提出了许多政治主张,开出了不同的救国方案。清政府力图主导社会变动,朝着有利于巩固其统治的方向发展。1901 年开始的清末"新政",内容非常多,有关于中央政府的,如试行预备立宪,改革官制等;有关于地方的,如设想实行地方自治。"新政"关于农村治理结构问题,核心是确定乡镇成为正式的政权组织。"新政"是清政府迫于当时情势而发起的一场自上而下的改良运动,如果能够落实的话,也可能引发中国政治体制的一些变化。但可悲的是,"新政"只是一场闹剧,在人们的唏嘘声中收场。

这里重点分析"新政"中的地方自治问题,因为这直接影响农村治理结构。"新政"中不仅提出了地方自治的概念,而且,还有模有样地制定地方自治章程,即 1908 年颁布的《城镇乡地方自治章程》和《城镇乡地方自治选举章程》。

对上述两个章程作文本解读,就会发现有以下几方面值得注意:一是明确城乡之分,实现城乡分治。城市就是府、厅、州、县官府所在地,其余的是农村。二是明确乡镇之分,即以人口为标准,人口满 5 万以上人的为镇,不满 5 万人的为乡。三是明确了地方自治,建立相应自治机构,乡镇都设"议事会"和"董事会"作为地方自治机构。四是乡议事会和乡董的职责"地方自治以专办地方公益事宜、辅佐官治为主",①具体负责学务、卫生、道路、农工商务、慈善事业、公共营业等事务。五是对农村治理方式作出了规定,乡设立议事会和乡

---

① 《城镇乡地方自治章程》(1908 年 12 月 27 日颁布),第 1 条。

董,实行"议行分立"。无论是名称,还是产生的形式,或者是对其职责的规定,都受西方资本主义政治的影响,其中有西方议会政治的影子。

通过以上分析,可以得出这样的结论:"新政"中的农村治理结构已经有了西方资本主义成分,也是近代以来西风东渐的结果。这是值得肯定的东西。但是,它毕竟是在没有从根本变革农村治理结构经济基础上的某种改良,有东施效颦之嫌。更应该看到,由于帝国主义势力的入侵,清政府的腐败无能,中国农村日渐衰落,加上科举制的废除,宗法制度影响力下降,农村中的乡绅阶层发生分化,一部分乡绅流向城市,而驻留农村的绅士出现了"土劣化"趋向。在农村实现自治谈何容易,所谓自治只是一种空想。随着全国"新政"的失败,农村"新政"也逃不出失败的命运。资本主义民主革命不可避免,清政府被推翻的命运也不可避免。

1911 年发生的辛亥革命,推翻了清王朝的统治,结束了中国的封建帝制。中华民国的成立,在形式上标志着民主共和时代的开始。当然,中国社会的性质并没有因此变化,仍然是半殖民地半封建社会,中国农村也没有发生深刻的变化。这是导致辛亥革命半途而废的基本原因。正如毛泽东指出:"国民革命需要一个大的农村变动。辛亥革命没有这个变动,所以失败了。"[1]辛亥革命后相当长时间内,中国农村治理结构只有形式的变化,而没有实质性的变化。对此,鲁迅在他的小说《阿 Q 正传》中形象地描绘道:革命党虽然进了城,倒还没有什么大异样。知县大老爷还是原官,带兵的也还是先前的老把总。[2]山河依旧,农村也依旧。

尽管如此,辛亥革命对中国的影响还是不能低估的,特别是孙中山的一些富有创意的思想,对中国的影响是非常深刻的。孙中山创立的三民主义具有划时代意义,他提出了"地方自治"的重要思想。首先,孙中山强调地方事务由地方人民自治管治;其次,明确中央与地方之间的关系,中央政府不干涉地

---

① 《毛泽东选集》第一卷,人民出版社 1991 年版,第 13 页。

② 鲁迅:《阿 Q 正传》,见《鲁迅全集》第一卷,人民文学出版社 2005 年版,第 542 页。

方自治事务;再次,分析了地方自治与国家治理之间的关系,"国家之治,原因在于地方","地方自治者,国之础石也";最后,强调地方自治对地方进步的作用,"地方自治既日发达,则一省之政治遂于此进步,推之国家亦然"。① 除了地方自治思想外,孙中山主张以平均地权解决民生问题。孙中山的三民主义,包括他的地方自治思想,是中国民主发展进程中的一个重要里程碑,给农村治理结构的建立提供了很多宝贵的政治财富和思想遗产,需要批判性地吸收与继承。同时必须指出,孙中山的民主思想和他的一系列努力终因条件不成熟而没有产生效果。随后则陷入军阀混战,中国农村更加混乱。

1927 年,蒋介石建立了蒋家王朝,形式上统一了中国。为确立其统治的正统性,蒋介石以孙中山事业的继承者自居,举起孙中山的地方自治旗帜,以服务于自己的统治。从 1927 年到 1949 年,国民党领导下的南京政府对农村治理结构有一系列制度安排。

1928 年 9 月,南京国民政府颁布了《县组织法》。这是南京国民政府对农村自治结构的第一个法律,重点对县以下农村治理结构作了制度性安排。主要内容有:明确提出了全国推行农村自治概念;明确了县以下实行区、村、间、邻四级层级。显然,同过去的结构相比,这里增加了层级。且不论法律制度本身的问题,在实施过程中各地农村又各吹各的调,没有按照既定的法律制度去落实。

1929 年,南京国民政府配合《县组织法》,重新颁布了《乡镇自治施行法》《乡镇间邻选举暂行规则》。其中,最重要的改变是将村(里)改为乡(镇),实行区、乡(镇)、间、邻的四级结构。根据这些条例或章程的要求,农村开始实施自治,由村民选举产生间、邻长,间、邻长负责领导居民会。乡民大会选举产乡村公所、乡监察委员会等。从理论上讲,这种设计还是有合理成分的。可惜的是,国民党领导下的南京政府不可能实现真正意义上的农村自治,更不可能

① 《孙中山全集》第二卷,中华书局 1982 年版,第 362 页。

在农村实现民主。

1927 年 8 月至 1937 年,是国共两党尖锐对立时期。国民党要置共产党于死地而后快,多次调集重兵"围剿"中国共产党领导的革命根据地。为了配合军事行动,国民党企图在政治上孤立中国共产党。于是,蒋介石下令在全国推行保甲制度。从历史沿革看,保甲制度并不是新鲜事,但这时的保甲制度与历史上的保甲制度存在重大差别:第一,国民党推行保甲制度的根本目的在于消灭中国共产党,用保甲制度隔离中国共产党与广大农民的联系。国民党强化基层统治,稳定社会秩序,也是为了"剿共"的需要。通过实施保甲制度,中国共产党因不能从农民群众那里获得支持而失去生存能力与生存空间。第二,为了达到上述目的,实行严厉的连坐法。按照国民党颁布的《剿匪区各县编查保甲户口条例》《剿匪区内各县区公所组织条例》《剿匪省分各县分区设署办法大纲》等的规定,十户为甲,十甲为保,联保连坐。各户之间实行联合作保,公具保结,相互担保不做违法之事;如果保结内有一家"通匪",其他人家必须告发,如不举报,结内其他各户都将连带坐罪。[①] 第三,保甲制引起农村治理制度发生了结构性的变化,过去的区、乡(镇)、闾、邻的四级结构不复存在,取而代之的是区、乡、保、甲。第四,实行政、军、文"三位一体"体制,保长与乡(镇)长都兼任国民兵队队长和国民学校校长。根据反共的需要,规定了保甲长的任职条件。国民党推行这一制度,用心险恶,但适得其反,不仅没有防范与切断人民与中国共产党的联系,反倒让人民与中国共产党建立了命运共同体。

进入土地革命战争后期,民族矛盾取代阶级矛盾成为中国社会的最主要矛盾,国民党领导下的南京政府,对农村治理政策作了适当调整。特别是抗日战争爆发后,在国民党统治区推行自治制度。1939 年颁布《县各级组织纲要》,推行新县制。1941 年颁布《乡(镇)组织条例》,对地方治理结构作了新

---

① 王云骏:《民国保甲制度兴起的历史考察》,《江海学刊》1997 年第 2 期。

的安排。与土地革命战争时期比较,主要变化有:一是停止保甲制,地方实现县、乡两级制,乡镇是国家正式的基层政权。二是试行决策议事与执行分立,乡(镇)设立乡(镇)代表会议,是乡(镇)决策和议事机构;乡(镇)公所,为办事机构。三是建立乡(镇)内设机构,乡镇分设民政、警察、经济、文化四股。不同机构有不同的职责。四是试图规范乡镇的职能和乡民的权利与义务。上述文件规定乡镇的主要职责已经包括农村治理的方方面面,所规定的乡民的民主权利也体现民主的基本要素;文件规定了农村治理的内容,包含了农村的基本事务。国民党政府试图通过实施上述变革,实现强化农村基层政权、稳定农村秩序、推进农村发展的目的。但是,这不能不承认存以下矛盾:一是政府主导与农村自治之间的矛盾。名义上要推行地方自治,而实际是政府把控一切,基层自治就没有内生动力。二是存在事权与能力之间的矛盾。乡镇的职责包罗万象,责任重大,但是,乡镇缺乏承担这些职责的能力,没有钱,巧妇难为无米之炊;没有人才,一切都是空谈。三是存在法律规定与现实之间的矛盾。抗日战争时期,区域变化快,战事频频,人们生命财产没有安全保证。也许法律规定中有美好愿景,但实施这些规定无疑是缘木求鱼。

解放战争时期,国民党领导的南京政府重新推行保甲制度,以发挥其在反共和防共中的作用。据南京国民政府内政部统计,到 1947 年 6 月,全国编整的保有 431870 个,甲有 4997345 个。[1] 从形式上讲,南京政府统治下的农村治理结构似乎比较完整,但对农村的治理效果则十分不理想。

应该指出的是,在国民党统治大陆期间,乡绅还继续发挥着作用,但是,此时此刻的乡绅性质发生变化,好乡绅越来越少,土豪劣绅则越来越多。劣绅治理农村的模式,满足了国民党对农村横征暴敛的需求。"故所谓政治者,不操于官,即操于绅,甚或操于地痞恶棍,生杀予夺,为所欲为,民之所能自存、自主、自治者,亦几希矣"[2]。国民党政权联合土豪劣绅治理农村的模式基本上

---

① 转引自张厚安主编:《中国农村基层政权》,四川人民出版社 1992 年版,第 53 页。
② 黄强:《中国保甲实验新编》,中华书局 1935 年版,第 184 页。

在国民党统治区内占据主导地位,而且持续到解放战争结束时。特别是国民党蒋介石在理论上借用封建主义,政治上崇尚法西斯主义,在中国农村运用法西斯手段进行治理,军警特在农村治理结构中地位重要、作用明显、影响很坏,广大农民对此怨声载道。为了有效对农民进行统治,国民党统治时期还企图利用宗教来统治农民,也就是说,宗教在农村治理中占据了重要位置、发挥了重要作用。这一切都是徒然,不堪忍受的中国农民成为中国共产党领导革命的依靠力量。中国共产党紧紧依靠广大农民,最后推翻了国民党在中国大陆的统治。

由于帝国主义列强企图瓜分中国而加紧对华侵略,民族矛盾日益上升为社会主要矛盾。国民党南京政府加强对人民的控制,又激化了国内阶级矛盾,农村问题越积越多,农民苦不堪言,农村社会濒临破产。中国的出路在哪? 中国农村走向何方? 不同的阶级提出不同的解决方案。一些受西方教育、抱有教育救国、实业救国理想的知识分子,也企图在中国走教育救国和实业救国之路。对农村,他们也希望按照他们的设计,通过农村建设运动,解决中国农村问题,而且还形成了气候。全国涌现出六百个左右的各式各样的乡村建设团体,在全国各地组织了一千个左右的实验基地。① 其中,最主要的有:晏阳初在河北定县领导开展"以教育为中心"的农村建设运动;梁漱溟在山东邹平县领导推行"以自卫为中心"的农村建设运动;卢作孚在重庆北碚领导进行"以经济为中心"的农村现代化建设运动。

晏阳初的农村建设,即"定县模式"。晏阳初(1890—1990),四川巴中人,中国平民教育家和乡村建设派代表人物,主要著作有《平民教育的意义》《农村运动的使命》。他曾留学美国,受西方影响,回国后即组织领导"中华平民教育促进会"。1926 年晏阳初在河北定县的全面调查,被认为"在中国历史上,以县为单位进行如此系统全面的调查这是第一次,可以大致说明全国农村

---

① 刘重来:《论卢作孚"乡村现代化"建设模式》,《重庆社会科学》2004 年第 1 期。

社会的缩影"①。通过调查,晏阳初等认为农民的主要问题在于愚、穷、弱、私,并提出了解决办法,形成定县模式,即"用文艺教育攻愚,培养农民的知识力;用生计教育攻穷,培养农民的生产力;用卫生教育攻弱,培养农民的强健力;用公民教育攻私,培养农民的团结力"。② 应该说,晏阳初的主观愿望是好的,调查研究也做得扎实,问题也看得很准。但是由于没有从根本上改造中国社会,所以,晏阳初的农村建设没有达到预期效果。

梁漱溟的农村建设,即邹平模式。梁漱溟(1893—1988),生于北京,著名学者和社会活动家,一生著述颇丰。20 世纪 30 年代,梁漱溟领导成立了"山东农村建设研究院",形成自己的农村建设理论,设计了一套农村治理制度,他们选择在山东邹县试点。梁漱溟主张中国农村官治与绅治相结合的治理模式。在他的新理论和制度设计中,指出中国农村社会的弊端,就是国家官僚体系深入农村所致。解决问题的办法是,为农村建设运动而建立的学校必须脱离官方机构。梁漱溟的另一个重要观点是,中国文化失调是导致农村社会失序的原因,解决的办法是加强农民教育。根据自己的理论,梁漱溟在山东邹平县设立了农村建设研究院,用教育力量代理行政力量,通过改革,力争使行政机关教育化。梁漱溟的农村建设重视教育,未尝不可,但他看问题过于简单,过分看重教育在农村的作用,是教育救国论在农村的实践,愿望虽好,却一厢情愿。

卢作孚的农村建设,即北碚模式。卢作孚(1893—1952),四川合川人(今属重庆),著名爱国实业者,民生公司创始人。他主张教育救国和实业救国,最后走上革命救国的道路。为了实践教育救国和实业救国,卢作孚于 20 世纪二三十年代在重庆北碚开展了乡村建设运动。在北碚,卢作孚坚持经济建设为中心,大力发展交通建设,推进乡村城市化,突出文化教育这一重点。按照卢作孚自己所说,这就是一个"乡村现代化"建设模式。这一建设模式在短

---

① 郑大华:《民国时期农村建设运动》,社会科学文献出版社 2000 年版,第 207 页。

② 郑大华:《民国时期农村建设运动》,社会科学文献出版社 2000 年版,第 142 页。

期、在局部收到了明显的效果。北碚在很短的时间内就由一个穷僻山乡建设成为美丽城市,被誉为"中国现代化缩影"。因此,卢作孚的思想是一个富有远见的思想,在北碚取得了局部成功。但是,在国民党的统治下,"乡村现代化"是不可能的。

以晏阳初、梁漱溟、卢作孚为代表所开展的民国农村建设运动,是知识分子进行的农村治理的探索。虽然他们的探索并没有真正找到解决农村治理的出路,但对他们的探索还是应该肯定。他们的探索之所以不能成功,他们农村建设的美好愿望之所以不能变为现实,根本原因在于国民党统治下不可能真正解决农村问题。

国民党政权在大陆的统治时间只有短短的 38 年时间,此时正是中华民族由传统社会向现代社会快速转型的一个关键时期。农村社会同样也处在这样的转型时期。国民党建立政权后,尽管他们宣称继承孙中山三民主义的政治遗产,在农村推行地方自治,但效果并不理想,而且还被一些地方军阀利用,成为地方割据的理由。在农村治理问题上,国民党进行了某些探索。抗日战争爆发后,国统区也加强了对农村的控制,导致农村自治制度发生了扭曲。所谓的农村治理改革流于形式,并无实效。南京政府统治下的农村治理结构与其主观愿望相距甚远。作为执政党的国民党组织内部派系林立,"国民党在地方层级几乎处于虚拟状态"[①],根本发挥不了作用。还必须特别强调的是,国民党和南京政府的政治整合能力非常差,内部矛盾重重,派系林立,中央与地方、地方与地方或面和心不和,或根本对立。一些军阀在地方自治名义下,拥兵自重,与南京政府分庭抗礼,形成割据局面,中央对农村几乎处在失控的状态。正是因为这些原因,民国时期农村治理结构混乱,农村治理不理想。我们应该引以为戒,一旦农村失控,国家将陷入动乱,进而动摇中国共产党在农村的执政基础,影响党的执政地位。

---

① 王奇生:《党政关系:国民党党治在地方层级的运作(1927—1937)》,《中国社会科学》2001 年第 3 期。

三、中国共产党重构的农村治理结构

1921 年,中国共产党顺应时代的要求,登上了中国政治舞台。从成立时,中国共产党就开始注意中国农村问题,并开始了一系列实践活动和理论探索。中国共产党对农村治理结构的重构,大致经历了三个阶段,即民主革命时期,这是中国共产党对农村治理结构的局部建构阶段;新中国成立到改革开放前,这是中国共产党对农村治理结构全面重构的重要时期;改革开放以来,这是中国共产党对农村治理结构的再度重构阶段。为了叙事的方便,对第三阶段,将放在下一章中分析。

中国共产党从成立后到中华人民共和国成立前,主要任务是砸碎一个旧世界,建立人民政权,主要手段是用革命的武装推翻旧政权。因此,这个阶段中国共产党对农村治理结构的构建表现出鲜明的革命色彩。中国共产党对农村治理结构的重构始于大革命时期,即旗帜鲜明地提出了建设农会和一切权力归农会。

其实,农会也是舶来品。农会是农民协会的简称,或称农协。早在 19 世纪,随着世界上农业生产力水平的提高,农业生产规模不断扩大,农产品产量提高导致供大于求,国内国际的农产品贸易竞争日趋激烈。一些农业大国如英国、比利时为了保持自己的优势,在竞争中保持主动,开始组建一些互助、合作性质的组织。最初的合作组织产生于基层,随后逐步向地区、省一级发展,最终建立了全国性的农民合作组织。其他国家先后仿效,农会成为一种国际现象。随着中国国门打开,农会开始引进到中国。早在 1890 年,孙中山最早倡议"仿泰西兴农之会"①。1895 年,康有为等人变法先锋向清朝建议效法外国,"宜命使者译其农书,遍于城镇设立农会,督以农官"②。1896 年和 1897

---

① 《孙中山全集》第一卷,中华书局 1982 年版,第 2 页。
② 常书明等:《清末农会的兴起与士绅权力功能的变化》,《中国社会科学》1999 年第 2 期。

年,张謇先后两次向清王朝提出了《农会议》和《请兴农会奏》,就建立农会的基本问题,如创办方法、经费来源、组织程序、职能功能以及作用等都提出了建议,提请清王朝考虑建立农会。1898年,清光绪皇帝诏示全国,"各省府州县设立学堂,广开农会,刊农报,购农田,由绅商之有田业者试办,以为之率"①。无论民间,还是官方都重视引进农会,把农会当作改良农村治理结构的重要手段。全国不少地方建立了农会。辛亥革命后建立的国民政府农林部于1912年公布了农会暂行章程。1924年,国民党公布农民协会章程,要求解散旧农会,建立新的农民协会。② 推行过农会制度,农会组织在全国迅速发展,会员人数急剧增加。③

中国共产党成立后,逐步认识到中国革命的本质是党领导下的农民革命,农民是革命的主力,必须动员农民群众、组织农民群众。农会是把农民组织起来的最好形式。在大革命时期,中国共产党的工作重点是领导工农运动,尤其是湖南湖北的农民运动成为大革命的重要组成部分,有力地配合了北伐战争。中国共产党领导下的农会组织形成了对农村旧的治理结构的有力冲击,农会"主要攻击的目标是土豪劣绅,不法地主,旁及各种宗法的思想和制度,城里的贪官污吏,农村的恶劣习惯"④。中国共产党提出了"一切权力归农会"⑤的口号,事实上,农会成为农村的权力机构。"农民协会在现时就是农村中的贫苦农民和其他小资产阶级的革命的政治联盟、农民政权。是农村政权的一个正确形式"⑥。

---

①　《德全景皇帝实录》卷422。

②　《中华民国史档案资料汇编》第5辑第一编(政治三),江苏古籍出版社1994年版,第485页。

③　《中华民国史档案资料汇编》第5辑第一编(政治三),江苏古籍出版社1994年版,第477—478页。

④　《毛泽东选集》第一卷,人民出版社1991年版,第14页。

⑤　《毛泽东选集》第一卷,人民出版社1991年版,第14页。

⑥　《第一次国内革命战争时期的农民运动资料》(中国现代革命史资料丛刊),人民出版社1983年版,第174页。

按照中国共产党对农会的定性和定位,农民协会行使了农村治理的职责。第一,掌握行政权。农会与县长、县政府分享行政决策权,"凡事取决于县长和革命民众团体的联合会议"。农会利用自己的权威,"警备队、警察、差役,一概敛迹,不敢下乡敲诈"。① 如果说在县一级,农会还只是与县长及县政府分享权力,那么,在县以下的乡镇和农村,农会更是有绝对权力,一切都是农会说了算数。农会在农村兴办公益事业,如架桥修路、植树造林、兴学办校等,特别是在妇女解放上取得了重大进步,在维护妇女权益等方面,农会有决策权。第二,控制社会管理权。农会成为农村的政权组织后,加强对农村社会管理,特别是对农村的反革命势力,实行专政,湖南省的农会组织根据 1926 年 12 月湖南省颁布的《惩治贪官污吏土豪劣绅暂行条例》,惩治农村中的土豪劣绅和其他与农会对抗的势力。第三,建立武装力量。农会认识到建立自己的武装的重要性,解散原来掌握在地主阶级手中的武装力量,建立由自己领导的农民武装,配合北伐军和支援北伐战争。第四,发起对族权和绅权的进攻。农会会员一般都是贫苦农民,他们长期受到农村旧的四根绳索的束缚。在他们组织后,"推翻祠堂族长的族权和城隍土地菩萨的神权以至丈夫的男权"②,与农村旧的势力实行最彻底的决裂。农会之所以能够成为农村治理中最有权威的因素,是因为有中国共产党的领导。中国共产党成为农会的主心骨,支持农会,充分肯定农民运动。毛泽东就高度评价农会"是四十年乃至几千年未曾成就过的奇勋。这是好得很"③。农会作为重要的革命因素在农村治理结构中扮演极其重要的角色,发挥十分重要的作用。

1927 年,蒋介石发动"四一二"反革命政变,标志着大革命的失败。湖南湖北的农民运动遭受严重挫折,农民协会被解散和破坏,被迫停止活动或转入秘密状态。中国共产党没有屈服,没有害怕,而是举起武装反抗国民党的大

---

① 《毛泽东选集》第一卷,人民出版社 1991 年版,第 31 页。
② 《毛泽东选集》第一卷,人民出版社 1991 年版,第 31 页。
③ 《毛泽东选集》第一卷,人民出版社 1991 年版,第 15—16 页。

旗,在全国各地举行了武装起义,并建立了革命根据地。这个时期的农会出现了新情况,即面临着在革命根据地建立农会组织的问题,同时,面临着如何处理在国民党统治区的农会问题。

在革命根据地,中国共产党已经局部执政。在这些红色区域中,中国共产党旗帜鲜明地支持恢复建立农会和发挥农会组织的作用。1927 年 8 月 3 日,中共中央明确提出:"以农会为中心,联合一切接近农民的社会力量,实行暴动;夺取农村政权,以至县政权,组织革命委员会,歼灭土豪劣绅及一切反革命派,实行抗租、抗税、抗捐、抗粮;组织土地委员会,决定土地之分配。"[1]这是一套全新的农村治理结构。农会则处在全新治理结构的中心位置。按照中国共产党"政权属于农民协会"[2]的要求,革命根据地农会组织实际成为红色政权组织,担负起农村治理的历史重任。这是中国历史上前所未有的现象,反映了革命根据地农村治理结构的革命色彩。

在国民党统治区,中国共产党是地下党。处在白色恐怖之中的中国共产党没有停止斗争,也没有停止对国统区农会组织的支持,"通过对白区群众的宣传工作,我们先后在一些白区建立了农民协会,争取和团结了一部分白区群众,领导他们与土豪劣绅作斗争"[3]。发动农民群众重建农会组织,是中国共产党在国民党统治区坚持农村斗争的重要形式,并试图通过农村组织影响国民党统治区的农村治理结构,为夺取民主革命在全国的胜利进行了十分重要的准备。

在土地革命时期,农会组织一度被贫农团取代。这是农村阶级路线的反映,也在一定程度上反映党内"左"倾错误的农村治理结构的影响。20 世纪 30 年代,共产国际制定了"左"的路线。按照共产国际的要求,中国共产党在农村建立苏维埃政权。何为苏维埃政权? 苏维埃是俄文的音译,就是工农政

---

①　《中国共产党编年史(1927—1936)》,山西人民出版社 2002 年版,第 476 页。
②　《中共中央文件选集》(三),中共中央党校出版社 1992 年版,第 311 页。
③　《湘赣革命根据地》,中共党史资料出版社 1991 年版,第 1169 页。

府,在农村就是以贫农,顶多加上中农作为政权组织的阶级基础。农会相对可以吸收除贫农中农以外的农民参与其中,"与苏维埃区域里的土地革命任务有密切联系的一个任务,是要组织雇农和农村无产者工会,是要组织贫农团"①。这个时期的中共中央,"左"倾机会主义占统治地位,他们把马克思主义当作教条,把共产国际的指示当作教条。当共产国际要求在各革命根据地建立贫农团时,"左"倾错误统治下的中央便不加分析地执行,认为"贫农团是我们党和苏维埃政权在反富农和反地主残余当中底群众柱石"②。因此,贫农团取代了农会,成为农村治理结构中的主要组织力量。建立贫农团,不利于最大限度地团结一切可以团结的人,相反,把一些中间力量赶到了敌人的阵营。1934 年上半年,中央苏区开展查田运动,发现了贫农团存在的问题,因此,贫农团的活动"日趋减少、停止"了。③ 特别在国民党军队"围剿"革命根据地,中共中央没有更多的精力关注贫农团的事务。至第五次反"围剿"失利后,中国工农红军被迫离开中央苏区,走上长征之路,中央苏区失守,贫农团组织也随之消失。

抗战全面爆发后,中国共产党在抗日民族统一战线新政策的框架下重新提出了建立农会的任务。1937 年 10 月 16 日,中国共产党明确提出,"要使最大多数的农民组织在农会之内"。显然,中国共产党已经走出了关门主义樊篱,希望把更多的农民集合在抗日民族统一战线的旗帜下。各抗日抗根据地响应中共中央号召,组建农会或其他抗日组织。山西开始时组织的农民救国会,随后又改为农会。1939 年,山西全省 111 县都先后成立了农救会组织,会员上百万人。④ 在党组织和政府的领导下,农会组织拓展职能,不仅是农民抗日救国组织,而且还在组织生产、发展经济、互助合作、提高农民文化水平等方

---

① 《中共党史教学参考资料》(三),人民出版社 1979 年版,第 214 页。
② 《中共党史教学参考资料》(一),人民出版社 1979 年版,第 602—603 页。
③ 余伯流等:《中央苏区史》,江西人民出版社 2001 年版,第 658 页。
④ 李永芳:《近代中国农会研究》,社会科学文献出版社 2008 年版,第 519—523 页。

面发挥作用。这个时期的农会,在农村治理结构中具有统一战线性质。

解放战争时期,国内阶级矛盾再度上升为中国社会最主要的矛盾,也是中国共产党领导的人民与国民党为代表的少数人最后决胜的阶段。中国共产党面临新的形势和新的任务,提出了农会组织新要求,赋予其新职能。1947 年10 月10 日,中共中央公布实施《中国土地法大纲》。按照大纲的要求,农会在土改中承担重要任务,实际是农村土改的执行机构。一方面"农村中一切地主的土地及公地,由农村农会接收","农村农会接收地主的牲畜、农具、房屋、粮食及其他财产,并征收富农的上述财产的多余部分";[1]另一方面,又要把土地和财产合理地分给农民。农会在农村治理结构中再次占据举足轻重的地位,在农村土改中发挥着决定性作用。

中华人民共和国成立后,中国共产党成为执政党,更加重视和更有能力把农民组织起来,农会在农村治理结构中也更具有权威性。

第一,对农会的性质作出了明确规定。根据相关文件和法律,农会"为改革土地制度的合法执行机关"[2]。1950 年7 月,由政务院通过并公布的《农民协会组织通则》,重申了土地改革法对农会的定位和定性。[3] 当时,农村土改,是农村的中心工作,是农村治理的最主要环节。作为土改的合法执行机关,农会地位之重要、作用之明显是非常明确的。

第二,进一步明确了农会的任务。地位和性质,决定任务。《农民协会组织通则》明确农会的任务,主要有三个方面:一是团结农民和保护农民;这是农会的政治任务;二是组织农民生产,改善农民生活,这是农会的经济任务;三是保障农民的政治和文化水平,参加人民民主政权的建设工作,这是农会的文化和社会任务。

---

① 张注洪:《中国现代史论稿》,北京图书馆出版社 1997 年版,第 178 页。
② 《中华人民共和国土地改革法》,1950 年 6 月 28 日中央人民政府委员会第八次会议通过。
③ 《农民协会组织通则》,1950 年 7 月 14 日政务院第四十一次政务会议通过。

第三,确定了参加农会组织的对象、条件和程序。加入农会的对象是雇农、贫农、中农、农村手工业工人及农村中贫苦的知识分子,以及到农村工作的一些人员;加入农会坚持自愿原则,并经过乡农村协会批准;加入时,必须经当地农民大会或农民代表大会通过。

第四,明确了农会的组织结构。根据相关文件精神规定,农民代表大会是农会组织的权力机构,而参加代表大会的代表由农民直接选举产生。作为农会的最高权力机构,有权制订章程和工作计划,形成决议,听取相关方面的工作报告。农民协会委员会是农民代表大会闭会期间的常设的权力机关,行使农村代表大会赋予的各种权力。

第五,规范了农会的权利。农会有使用相关经费的权利。农会的经费包括会员缴纳的会费和政府给予的适当补助。农会根据工作需要,合理使用上述经费。农会有使用办公用品的权利。农村的办公用房和其他办公用品,由同级人民政府免费提供。农会组织还可以与同级政府一样,享用其他所需公用设备,方便农会组织办理相应公务。

根据中华人民共和国的相关法律,全国大多数地区都组建了农民协会组织。而这个时期的农会,无论是组织形式,还是赋予的权限,都与农村基层政权等同起来。与过去相比,这时的农会的地位和作用都发生了深刻变化。从地位来看,这个时期的农会实际上是农村基层政权。大革命时期的"一切权力归农会",在这个时候变为了现实。从作用来看,至少包括三个方面:一是在土地改革中发挥执行作用。根据土地改革法,把土地分给广大农民。二是发挥基层政权的作用。由于人民政权尚未建立起来,农会就是基层政权,负责农村治理。三是成为中国共产党教育与组织农民的桥梁。由于农村党的组织还没有建立起来,农会承担了党组织的某些功能。

随着土地改革的完成,农村政权的建立和农村党组织的建立,农会的地位和作用逐步下降,并悄然地退出了历史舞台。这个过程开始于 1953 年春。原因是农村建设政权和党组织建设任务已经完成,在农村治理结构中已经确立主导地位和核心地位。带着战争时期和革命痕迹的农会组织已经不能适应大规模经济建设和农村社会的规范运行，所以开始淡出人们的视野。特别是党组织和基层政权建立起来后，原来的农会骨干力量都转换身份，成为农村党员或农村基层政权的干部。1954年在筹备第一次全国人民代表大会的进程中，基层首先进行民主选举，建立正规的人民代表大会制度。至此，农会的历史任务已经完成，其职能由人民代表大会和各级人民政府行使，农会正式寿终正寝。

本来，中共八大对国内社会最主矛盾作出了正确的判断，但中共八大二次会议又重新确认，阶级矛盾是中国社会的最主要矛盾，对国内和国际形势作出了误判，再次用阶级和阶级斗争观点审视农村治理结构和农民组织问题。1958年，中国共产党在全国组织发动人民公社化运动，简单地搬用革命战争时期的成功经验，重提组建农民阶级组织的问题，即组建贫下中农协会。顾名思义，贫下中农协会由农村中的贫农或下中农组成，是典型的农村阶级组织。按照当时的文件精神，贫下中农协会地位很高，县一级贫下中农协会与县委办公室一起办公。贫下中农协会权力也很大，农村中的一些重大事件都由贫下中农协会决定。贫下中农村协会的作用也非常重要，由于拥有决策权、处置权，它在农村治理中起到举足轻重的作用。在当时的情况下，贫下中农协会对维护农村正常运转发挥了一定作用，但它毕竟是"以阶级斗争为纲"条件下的产物，对农村阶级斗争扩大化负有不可推卸的责任。1978年，各级贫下中农协会组织逐渐消失。到了1982年后，此类组织基本上消失。①

中国共产党最大的政治优势是与人民群众保持着血肉联系。中国共产党的最大的政治能量是善于把广大人民群众组织起来。在各个历史时期，党采取各种形式把农民组织起来。农会、贫农团、贫下中农协会就是不同时期党组织起来的形式，这些组织在各种时期的农村治理中扮演重要角度，发挥重要作

① 郭圣福：《贫下中农协会述论》，《中共党史研究》2005年第6期。

用,当然也有历史痕迹。在主要矛盾、党的工作重心发生转移后,作为革命战争的年代或"以阶级斗争为纲"背景下的农民组织,退出历史舞台具有必然性。当然,值得注意和思考的问题是,中国共产党构建新的农村治理结构时,是不是应该有一个全国性的农民组织去组织和动员农民? 1978 年实施改革开放的基本国策后,中央高层也曾思考过这个问题。湖北省也曾经设想把贫下中农协会改为农会,并于 1979 年 12 月 5 日向中央呈送了《关于建议成立农会的报告》,建议成立全国性统一的农民协会,并代拟了《中国农会章程(草案)》。1980 年 4 月,湖北省武昌县成立了改革开放以来的第一个县级农会。1982 年 2 月,湖北省正式成立了全国第一个省级农会。1986 年 7 月 24 日,湖北省决定撤销省农会。① 至此,农会组织在中国大陆不复存。据杜润生回忆,在改革开放中,中共中央也设想恢复建立全国农会。"80 年代中期的时候我曾经给邓小平同志建议过恢复农会。邓小平说,成立一个农民协会的意见可以考虑,这样吧,我们看三年,真的需要即可筹。"②然而,这只是一个设想,始终没有成为现实。关于要不要建立全国农会的问题,学术界和基层的一些代表有一种声音,希望建议全国性的农会组织。不过,这只是理论界和基层的声音,社会上没有太大的反响,更谈不上行动。中国城镇化的速度非常快,农村人口也急剧下降,但农村人口的绝对性还是很大的。建立全国性的农会组织,并以此作为中国共产党联系全国农民的桥梁和纽带,扩大中国共产党执政的群众基础,可以探讨。

用一定的篇幅分析农会问题,是因为农会是中国共产党构建农村治理结构的重大战略性举措,但不是全部。除此之外,中国共产党还采取了一系列措施来重构农村治理结构。特别是在整个民主革命时期,党领导建立了红色根据地。在这些根据地,中国共产党开始了局部执政。中国共产党利用局部执政的优势,构建与传统农村治理结构及国民党统治区农村治理结构完全不同

---

① 郭圣福:《贫下中农协会述论》,《中共党史研究》2005 年第 6 期。

② 转引自肖瑞、李利明:《农村土地变迁之路》,《经济管理文摘》2003 年第 2 期。

的新型农村治理结构。

大革命失败后，毛泽东等领导秋收起义的部队在井冈山建立了第一块农村革命根据地。中国共产党在其他地方也相继建立了革命根据地。中国共产党在这些区域成为执政党。由于全国政权是在国民党统治之下，中国共产党只是在红色区域局部执政。作为局部执政党，中国共产党也面临着如何治理革命根据地的农村的问题。特别是1931年11月7日中华工农苏维埃第一次代表大会，成立了临时中央政府，毛泽东当选为主席。大会之后，加快了重构红色区域里的农村治理结构。第一，中华苏维埃的纵向结构为五个层级级制，分别是中央、省、县、区、乡。中央属于上层，省县区为中层，乡属于基层政权。第二，从中央到地方实行真正意义的民主。这种民主表现为：一是民主选举。各级苏维埃代表都由选民依法选举产生。二是民主决策。苏维埃代表会议最高权力机关，苏维埃政府是执行机关。实现主席团制。主席团推选主席、副主席各一人。主席团集体决策。三是民主监督，主席团必须向苏维埃代表大会报告工作，接受苏维埃大会的监督。第三，规定了各级苏维埃政府的职能。不同层级的职能不同，在中国共产党的中央人民政府的领导下各司其职。基层苏维埃政府的职能主要在革命根据地实施对农村的治理，重点支援革命战争和维护农村社会的正常运转，发展农村经济和农村其他事业。第四，组建了必要的辅助性组织。大致可分为三种类型：一是政治类，如工会、农会、妇代会、共青团、儿童团、革命互济会、反帝拥苏总同盟、赤色教师联合会；二是经济互助类组织，如生产合作社、粮食合作社、犁牛合作社等群众团体；三是服务革命与战争的组织。当时根据地的特点，一是支持革命战争，二是开展土地革命。因此，农村组织了许多组织，都是围绕和服务这些工作的。不同类型的辅助组织在根据地的农村治理扮演不同的角色，发挥不同的作用，为革命战争、农业生产和农民生活提供了强有力的支持。中国共产党通过这些组织把农民组织于苏维埃之下，去完成一切任务。

这个时期，革命根据地的农村治理结构有以下几个特点：一是战时性特点。土地革命战争时期主要是革命武装反对反革命武装,军事斗争是最主要的斗争,根据地的其他建设都必须服从和服务于革命战争的需要,农村治理结构的构建不能例外。二是革命性特点。土地革命战争时期,两军阵线分明,加上中国共产党实现关门主义策略,所以农村中的地主、富农不可能在农村治理结构中有地位和发挥作用,贫雇农才是政权的基础。三是临时性特点。土地革命战争时期还有解决谁胜谁负的问题,根据地的变动也非常大,所以从中央到基层都有"临时"的标签。这三个方面的特点说明,中国共产党对土地革命战争时期农村革命根据地的农村治理结构的构建还处在初创时期,其始也简,其毕也巨。简是巨的基础,没有简又何来巨。这种简单的农村治理结构对根据地的农村治理收到了很好的效果,推动了政权建设,促进农村建设。根据地的农民紧紧团结在中国共产党周围,为根据地建设,为中国革命作出重大牺牲和重大贡献。中国共产党构建的这一农村治理结构优于历史上一切农村治理结构,克服了旧有农村治理结构的缺陷,使农村治理机构真正成为农民直接表达自己政治要求的政治机构,激发了农民的参与热情,使农民群众直接参与各种公共事务管理和农村治理活动,为中国共产党赢得农民群众支持提供了政治动力。

抗日战争中,中国共产党领导建立了以陕甘宁抗日根据地为主要代表的抗日根据地。这些根据地与土地革命战争时期的根据地存在很大的不同。当时,国民党承认中国共产党的合法地位,无疑,中国共产党在农村治理结构也取得了合法地位。中国共产党领导下在各抗日根据地建立起来的政权,具有双重身份,一方面它们是全国政权的重要组成部分,另一方面,它们又是中国共产党领导下的红色政权。这些根据地首先是抗战的后方基地,承载着夺取全国抗战胜利的希望,也是中国共产党民主实验基地,担负着为全国民主建设示范的历史重任。无论是前者,还是后者,中国共产党必须探索出不同以往的,也不同于国民党统治区的农村治理结构和治理方式。在这种大背景下,中国共产党对农村治理结构也实现了重大创新,加快了农村治理模式的转型。

中国共产党在抗日战争时期创新农村治理结构,首先是在根据地实现民主选举。民主,是中国共产党成立后的不懈追求。在旧的经济基础和上层建筑下,不可能实现民主。以陕甘宁边区为主要代表的抗日根据地与国民党统治区的政权完全不同,中国共产党有信心首先在根据地实现民主政治,让人民成为主人,而且,中国共产党希望通过抗日根据地心建设,使之成为"民主政治之先导"①。在陕甘宁边区进行民主选举并非易事,由于没有民主传统,特别是农民的文化水平非常低,大量的文盲不仅不熟悉民主方式和程序,甚至填写选票都非常困难。中国共产党从实际出发,创造了许多符合选民水平的选举方式,如数豆子等,激起农民参与选举的积极性。陕甘宁边区先后进行了三次民主选举,选出的代表大都体现选民的意愿。

中国共产党在抗日根据地创新农村治理结构,其次是在农村实现"三三制"的政权,真正体现政权的统一战线性质。还在全面抗战爆发前,中国共产党就及时调整政策,实行抗日民族统一战线政策,并经历了从工农共和国到人民共和国到民主共和国的历史演进过程。为了争取更多的力量,中国共产党执行只要拥护抗日的人都有选举权和被选举权的政策,扩大了政权的社会基础。进入抗日战争相持阶段,中国共产党采纳了民主人士的建议,实现"精兵简政",以减轻人民的负担。1940年3月,中共中央在认真总结抗日根据地民主政权建设的历史,根据民主人士的建议,实现"三三制",增加了非中共人士和中间力量在政权中的比例。农村中一些开明绅士和愿意抗日的中小地主,也参与农村治理。1946年4月4日,林伯渠在《边区建设的新阶段》的报告充分肯定这一点,他指出:"发扬人民政治民主的重要任务是加强乡村自治。"②

中国共产党在抗日战争时期创新农村治理结构,再次是构建符合抗战要求的农村政权组织。抗日战争实现了国共合作,中国共产党获得了合法地位,中国共产党领导下工农政府成为国民政府属下的边区政府。这就要求根据地

---

①　《胡乔木回忆毛泽东》,人民出版社1994年版,第123页。

②　陕西省档案馆编:《陕甘宁边区政府大事记》,档案出版社1991年版,第246页。

的农村政权必须体现必反映这一要求,在形式上要与国民政府中其他农村的政权基本一致,因此,根据地也实行区、县(市)、乡(市)三级制。乡(市)是边区政府的基层政权,主要任务是农村治理。与土地革命战争相比,就是建立参议会。参议会具有二位一体的身份,既是乡(市)的民意机构,又是乡(市)的最高权力机构。按照《陕甘宁边区各级参议会组织条例》,参议会履行条例所规定的职能,决定本地重大事项。[1] 参议会选举产生的乡(市)政府委员会是乡(市)政权的行政机关,在乡(市)参议会休会期间,由乡(市)长管理全乡(市)的事务。乡(市)政府由5—7名委员组成,其中一名为乡(市)长。无论是委员还是乡(市)长都在参议员中选举产生。作为农村治理结构的主体,其基本职能:一是实施贯彻中国共产党的指示和上级政府颁布的政纲、法令和政策;二是根据本级参议会议决定管理辖区事务;三是促进本辖区经济、教育文化等事业的发展;四是实施救贫济困;五是维护社会治安;六是调解人民内部矛盾纠纷;七是受理辖区人口与土地;八是开展拥军优属等。这些职能涵盖了农村治理的方方面面,适应抗日战争的需要,也促进了农村有序治理。抗战期间,除中共中央所在的陕甘宁边区外,其他抗日根据地的农村治理结构的构建,也取得了重大进步。晋察冀、晋冀鲁豫等抗日根据地的农村基层政权,在抗日战争中发挥十分重要的作用。晋西北抗日根据地颁发了《村政权组织条例》,规定:一是实行村制,村是基层政权;二是由村国民代表大会取代参议会,是"行政村最高权力机关";三是在村国民代表大会闭会期间,村代表会议是村政最高权力机关,行使村国民大会全部职权;四是村公所为村政权执行机关。村长是村最高行政长官,总理全村政务。村长由民主选举产生,对选民负责。[2] 这是一种比较先进的农村治理结构,在农村治理中发挥重要的作用。

中国共产党在抗日战争时期创新农村治理结构建,然后是组建各类农村

---

① 李志凯、魏文章主编:《乡镇政权建设的理论与实践》,陕西人民出版社1997年版,第1页。

② 《政权组织机构》,档案编号A22-1-5-1。

生产合作组织,并发挥它们在农村治理中的作用。在各抗日根据地的青壮年参军参战,使农村从事农业生产的劳动力大大减少,在陕甘宁根据区,党政工作人员和军队又迅速增加,国民党不仅不给予经济支持,反而对抗日根据地施加起压力。面对困难局面,中国共产党怎么办?是坐而等死,还是自救?毛泽东代表中国共产党作了回答,明确提出了"自己动手,丰衣足食",组织大生产运动,以解决困难。在农村,要求各根据地组织各种类型的合作及互助组织,以提高生产水平。毛泽东号召各抗日根据地"在群众自愿的基础上,广泛组织这种集体互助的生产合作社"。① 各根据地响应党的号召,组建了各种类型的生产合作组织。1944 年,晋绥根据地把更多的农民组织起来,建立各种类型的互助组和生产合作社,广泛开展生产互助。生产合作组织不仅促进农村发展生产,生产更多的粮食满足抗日的需要,而且在农村治理中发挥重要作用,他们配合基层政权,帮助革命军人家属开展生产,为解决革命军人的后顾之忧,动员和发动农民群众参军参战,维护农村社会治安等方面发挥了重要作用。从长远看,通过合作组织,把农民组织起来,形成有效合力,为后来把农民引上集体化的道路作了重要准备。

中国共产党在抗日战争时期创新农村治理结构建,最后表现为培养农民自己的政治意识和民主意识。这是一个管根本、管长远的问题。客观地评价中国共产党领导下的各抗日根据地农民的政治意识和民主意识,不能不说是一个面临重重困难的问题:一是各根据地大部分都是非常落后地区,广大人民普遍为生存而发愁,按照马克思主义的基本观点,人们只有解决了衣食住行问题,才可能从事政治宗教等活动,在为生存而挣扎的人们的政治意愿和民主意识可想而知。二是长期生活在封建专制统治下中国人民没有民主传统,在落后地区就更加严重,不知政治为何物,不知民主意识为何物,根本谈不上民主权利。三是由于落后,当年各根据地的农民中文盲半文盲居多,没有政治能力

---

① 《毛泽东选集》第三卷,人民出版社 1991 年版,第 931—932 页。

和民主能力。面对这种局面,中国共产党通过各种办法启发农民的政治意识和民主意识,提升政治能力和民主能力,主要有:一是革命领袖,深入人民群众,与人民交朋友,如毛泽东在陕北把一些农民请到自己的窑洞,也有时到农民家串门;二是根据农村的实际情况,创造为农民接受了民主方式;三是提高农民的文化水平,如许多根据地开办农民夜校、识字班,为提高农民的政治能力和民主能力创造条件;四是培养农民自己的领袖,如通过评选劳动模范,培养农民自己的榜样。晋绥边区共先后举行四届劳模英雄大会,评出了 1104 名边区级劳模英雄。[①] 这些劳动模范不仅是生产的模范,也是当地治理的积极分子。在他们的带动下,抗日根据地农民的政治意识和民主意识都有所加强,成为农村治理的重要力量。中国共产党注重农民的政治意识、民主意识的培养,注意提升农民的政治能力和民主能力。一些农民过去不想当干部,经过一段时期,也勇敢地站出来,成为农村的治理者。更重要的是,他们的民主意识增加和民主能力提高后,为后来当家作主奠定了基础。

抗日战争时期是民主革命的重要阶段,也是中国共产党重构农村治理结构的重要阶段。在这个阶段,中国共产党在探索构建农村治理结构理论上有重大突破,以毛泽东同志为主要代表的中国共产党人对农村治理结构理论,成为毛泽东思想的重要组成部分,也成为探索农村治理结构的理论基础。中国共产党在构建农村治理结构的实践探索及其成果,反映出与历史上的农村治理结构上本质差异,也与同时存在的国民党统治区及沦陷区的农村治理结构有根本不同。中国共产党在根据地所创建的农村治理结构在抗日战争中发挥重要作用,所积累的构建农村治理结构的经验是宝贵的精神财富,对后来的实践有着直接的启示。

解放战争时期,中国共产党根据国内主要矛盾的变化,把抗日战争时期的减租减息转变为没收地主阶级的土地的政策,消灭封建剥削制度。对于解放

---

① 参见《抗战日报》1945 年 2 月 9 日。

区的农村治理结构也作了相应的调整,把抗日民主政权调整为人民民主政权,改参议会制为人民代表会议制。农村治理结构突出阶级性、革命性、战斗性的特点。阶级性表现在以阶级划线,贫苦农民成为治理主体;革命性表现了凡是支持国民党的都是革命对象;战斗性就表现在治理手段性更加偏激,这也是解放战争时期一些解放区在土地改革出现"左"的偏向的原因。好在是中共中央及时发现问题和解决问题,农村治理并没有受太大的影响。这个时期的农村治理结构,具有向新民主主义的过渡性质。

中华人民共和国的成立,结束了落后挨打的历史,人民真正成为国家的主人,政权成为人民政权。这为中国共产党全面重构农村治理结构提供了可能和创造了条件,中国共产党全面重构农村治理结构的新阶段开启。

全面重构农村治理结构,最根本的是建立健全中国共产党在农村的组织系统,以加强党在农村治理结构的领导。

加强党在农村治理的领导,前提是农村要有党员。在民主革命时期,除了根据地外,中国共产党基本上处在地下。尽管中国共产党也提出要把党建设成"群众性的"党组织,但事实是,受条件、环境、形势的影响,中国共产党不可能在农村大量发展。解放战争时期,在解放区的农村党员有较大增长,但在刚刚解放的新解放区,农村党员人数也不多。中国共产党成为新中国的执政党后,党已经完全公开,发展党员的条件已经成熟,因此,在新中国成立后不久,中共中央要求在农村发展党员,把一些出身好、在土地改革中表现好的优秀农民吸收到党内。据统计,与 1950 年党员数量相比,1953 年农村党员增长了8.7%。[1] 1952 年以后,中共中央要求加快发展农村党员的步伐。因此,1952年以后,中国共产党在农村大规模地吸纳新党员,农村党员迅速增加。中共八大召开时,农村党员数量快速发展到近 400 万人,占农村人口的 0.8%。[2] 这

---

[1]　中共中央党史研究室:《中国共产党历史》(第二卷)上册,中共党史出版社 2011 年版,第 172 页。

[2]　中央档案馆:《中国共产党组织史资料》(五),中共党史出版社 2000 年版,第 11 页。

种发展速度是前所未有。党员人数迅速发展,为提升中国共产党在农村治理结构中的地位,奠定了重要人力基础。

提升中国共产党在农村治理结构的地位,基础是建立党的基层组织。新中国成立时共有 20 万个党支部,其中,地方支部 16.9 万个,农村支部占地方支部总数的 79.8%。[①] 党在农村的基层组织面临的主要问题:一是分布不平衡。过去已经建立起来的农村基层组织,大部分集中在老解放区和半老解放区,新解放区的农村则存在大量的空白点。二是农村党的基层组织的战斗力普遍不强,干部的水平不高。这种状况与中国共产党的执政地位和需要极不相称。经过短短几年的努力,到 1954 年 11 月,在全国农村 22 万个乡中,已有 17 万个乡建立了中共基层组织。但这还是不能适应农村治理的需要,必须做到在农村党的基层组织应有尽有。1956 年 9 月,中国共产党第八次全国代表大会在北京举行。中共八大通过的党章明确规定:"每一个乡和民族乡,每一个镇,每一个农业生产合作社","凡是有正式党员 3 人以上的,都应当成立党的基层组织"。中共八大以后,农民党员和农村基层党组织迅速增加,农民党员增加到 670 人,98.1% 的乡镇和绝大部分行政村都建立了党的组织。[②] 至此,中国共产党在农村的组织形成网络。

加强党在农村治理结构中的地位,要求明确了党的基层组织与农村治理结构中的其他组织或机构之间的关系。中共八大通过的党章规定,党在农村的基层党组织"应当领导和监督本单位的行政机构和群众组织"[③]。农村党员人数的大幅度增加,农村基层党的基层组织基本实现了全覆盖,党的基层组织与其他组织、机构关系的明确,为实现党对农村的领导提供了组织保证,也标

---

① 中共中央党史研究室:《中国共产党历史》(第二卷)上册,中共党史出版社 2011 年版,第 166—167 页。

② 中共中央文献研究室编:《建国以来重要文献选编》第 9 册,中央文献出版社 1994 年版,第 337 页。

③ 中共中央组织部:《中国共产党党内统计资料汇编(1921—2010)》,党建读物出版社 2011 年版,第 331 页。

志中国共产党构建新中国农村治理结取得实质性突破,而且,党的基层组织成为农村治理结构中的核心,并得到长期坚持。实践证明,坚持中国共产党在农村治理结构的核心地位,确保了农村治理结构是科学的,运转也是正常的;党在农村治理结构中的核心地位出现动摇,农村治理结构就会出现问题,农村治理也无法正常进行。党的基层组织在农村治理结构中的核心地位,只能加强,不能削弱,任何时候都是如此。人们对此形成了共识。从新中国成立到 21 世纪,不管如何改,这一条基本没有动摇过。

全面重构农村治理结构的基础,是建立人民当家作主的基层政权。建立人民当家作主的政权,是中国共产党的不懈追求。经过 28 年的努力,我们取得了民主革命在全国的胜利。还在新中国成立前,毛泽东就提出了"重起炉灶"的设想,要建立与旧政权完全不同的新政权。以中华人民共和国的成立为标志,梦想变为了现实。与旧政权完全不同,不只是中央政府,而且包括基层政权。为建立人民当家作主的基层政权,中国共产党做了三个方面的工作:第一,建构与旧法律体系完全不同的新法律体系。1950 年 12 月,政务院颁布了《区各界人民代表会议组织通则》《区人民政府及区公所组织通则》《乡(行政村)人民代表会议组织通则》《乡(行政村)人民政府组织通则》等法规、法令。1954 年,第一届全国人民代表大会召开并通过《中华人民共和国宪法》,标志着新的法律体系基本形成。第二,依法建立农村基层治理结构。按照相关法律,新中国成立后,基本上实行了"区—乡(村)—组"的治理结构。由于解放时间有所不同,新老解放区实现不同的体制。老解放区实行区、村两级政府体制或区乡体制。没有进行土地改革的新解放区,大多暂时沿用了民国时期的区公所—乡(镇)政府—保—甲体制。[①] 在土地改革过程中,新解放区既改造了区乡政府,又逐步废除了保甲制。通过改保为乡,改甲为村,废除了保

---

① 张厚安等:《村基层建制的历史演变》,四川人民出版社 1992 年版,第 188—189 页。

甲制,同时通过合并村乡范围,调整了农村治理范围,①在对农业社会主义改造过程中实现了全国基本统一的治理层级和体制。特别是 1954 年宪法通过后,全国农村政权基本统一。到 1957 年底,全国除广东、山东等省外,基本上实行了大乡制。第三,实现人民当家作主。无论是新中国成立初期,还是"五四宪法"通过并实施后,明确中华人民共和国的一切权力属于人民,由人民直接选举产生的代表组成人民代表会议行使最高权力,人民代表大会是的权力机关,由其选举产生人民委员会是执行机关,执行机关对本级人民代表大会以及上一级人民委员会负责并报告工作。

除了建立党在农村基层组织和基层政权外,中国共产党还在农村建立包括合作社、青年团、妇女会等组织,并发挥他们在农村治理中的作用。这种农村治理结构,适应了当时农村社会发展的需要。从新中国成立到实施过渡时期总路线,中国处在过渡时期,是新民主主义社会,因此,这时的农村治理结构具有新民主主义性质,也有着临时性和过渡性的特点。

全面重构农村治理结构的重点,是实行人民公社管理模式。毛泽东把中国农民组织起来迅速摆脱贫困,作为终身追求。当通过社会主义农业改造,把广大农民引上集体化道路后不久,毛泽东仍然不满足于此,希望提高农民的组织化程度,用更高的形式把农民组织起来。于是,1958 年在中国广大农村开始了人民公社化运动。从 1958 年 8 月中共中央公布《关于在农村建立人民公社问题的决议》,到 1982 年颁布的宪法废止人民公社体制,人民公社持续时间长达 24 年。这个阶段,中国共产党构建了与中国历史任何时期不同的农村治理结构,并具有以下特点:

一是土地集体所有制是农村治理结构的基础。土改和对农村的社会主义改造影响农村最深刻的是废除几千年的土地私有制,实现了土地集体所有制,

---

① 《浙江苏南大部地区基层政权初步改造,为土地改革准备了条件》,《人民日报》1950 年8 月 1 日。

由此引起农村治理结构和治理方式的深刻变化。二是农村治理的层级在县以下实现区、公社、生产大队、生产队四级管理层级。这是中国历史是治理层级最多的时期之一。三是农村治理方式实现高度集中,农村的生产、经营、分配、消费都在国家计划统一指挥下进行。四是政社合一,公社是一个全能组织体系,政治、生产、宣传、教育、服务等功能一应俱全。通过人民公社的四级管理体制,将分散的农村社会高度整合到政权体系中来,国家与社会一体化。五是国家权力通过人民公社达到农村最基层,每一个农民都感受了国家权力的存在,完全改变了过去"皇权不下县"的状态。六是农村组织化程度达到历史最高水平。人民公社是"政社合一"的体制,也是"党政合一"的组织体制。

毛泽东领导发动的人民公社化运动,主观愿望应该是好的,其中建立起来的农村治理体系也有某些合理因素。人民公社时期所形成的农村治理结构,对农村治理的作用必须具体问题具体分析:由于组织化程度极高,由于国家政权已经深入农村的每一个角落,这对于农村的有序运转,对于农村社会的稳定,对于实现上级党组织和政府的意图都是有效的。中国共产党通过努力,将历史上一盘散沙的农民变为有组织的政治力量,并使之成为政权的稳定基础。中国共产党在农村的迅速发展,对农村社会进行整合,从制度上沟通了党和国家与农民之间的联系。但是,这种结构之下,对调动广大农民的积极性、主动性和创造性,在发挥民主方面,在增加农村活力等方面起到妨碍作用,以至于几十年后农村的落后面貌没有大的改变。其根本原因在于,这种结构违背了生产力决定生产关系、经济基础决定上层建筑这一根本规律。因此,人民公社体制下的农村治理结构必然要改革,必然要终结。

全面重构农村治理结构的要害,是构建农村治理的运行机制。中国共产党高举民主的旗帜,承诺让人民当家作主。新中国成立后,广大农民真正成为农村的主人。这极大激发了广大农民参与农村治理的积极性。首先,通过土地改革,广大农民获得了土地,赢得了农民对中国共产党治理农村的衷心拥护和支持;其次,从互助组开始,集中了农村土地,最终结束了中国几年的土地私有制,通过对农村的社会主义改造,基本上终结了中国大陆的小农经济,建立了土地集体所有制,为中国共产党治理农村提供了强有力的经济基础;最后,通过以村为队的模式将公社制度与村落传统结合起来,缓解了公社与村庄之间的矛盾,高度集权的组织形式与"熟人社会"为主的村落相结合,维系了农村社会秩序的稳定和正常运转。虽然中国共产党为在农村推行民主的运行机制作了许多尝试,取得了巨大进步,但由于犯了急于求成的错误,由于农村治理结构中本身也有许多不健全的成分,农村治理的人治色彩还比较浓。这对农村治理也形成了某种伤害,表面上风平浪静,而实际上隐藏着许多矛盾。

中国共产党对农村治理结构从局部重构到全面重构,付出心血和智慧,表现出中国共产党解决"三农"问题的决心和信心。在艰难的探索中,既有成功的经验,也有沉痛的教训。

第一,中国共产党从成立时起没有忘记为人民谋幸福的初心,重视"三农"问题,为解决"三农"问题付出巨大的努力,作出了巨大贡献,赢得了广大农民的支持和拥护。在 28 年的民主革命时期,中国共产党人深入农村,长期坚持在农村建立革命根据地,开展土地革命,到农村中开展革命的宣传和教育,培育农民积极分子,组织农会,为农民谋利益、办实事,与广大农民建立密切关系,是中国共产党取得民主革命胜利的基本原因。新中国成立后,中国共产党继续兑现自己的承诺,重新构建农村治理结构,力争把农民最大限度地组织起来,农民的生活也得到一定的提高。与广大人民保持密切联系,是中国共产党最大的政治优势。发挥这一政治优势,是中国共产党在新的历史条件下实现政治目标的必然选择。如果得不到农民的支持,如果不解决农村的问题,如果农业出了问题,中国可能遇到意想不到的困难。

第二,中国共产党在各个时期,通过各种形式把广大农民组织起来,有效治理农村,这个基本方向应该充分肯定。同时,我们也应该看到,在这个过程中,曾犯急于求成的错误,产生了负面作用。正是因为这样,才有改革开放新时期的农村治理结构改革。在分散落后的农业国土里不可能建成社会主义,必须把广大农民组织起来。这既符合马克思主义的基本原理,也符合中国国情;既为历史所证明,也将为未来的实践进一步证明。因此,我们不能简单地否定历史。历史上的任何进步往往都要付出一定的代价,更何况在中国这样的社会重构农村治理结构。当然,代价不能白付,我们必须总结历史经验教训,从过去的实践中吸取养分,以保证今后的农村治理结构改革更好一些,更稳一些。

第三,继承历史遗产是不以人的意志为转移的,对历史上农村治理结构必须以扬弃的态度来对待。中国共产党在建构农村治理结构的历史进程中,抛弃了旧治理结构中代表封建宗法思想和制度的"政权、族权、神权、夫权",从根本上解除了这四大绳索对中国农村的束缚,继承了中国传统农村治理结构中民主意识以及自治传统。对于近代农村治理结构一些有用的东西,如通过农会把农民组织起来的方法,中国共产党善于为我所用,使农会的作用发挥到了极致。这种科学的态度必须充分肯定。

第四,中国共产党人在继承中国传统的基础上,重新构建了农村治理结构,这种创新精神是前进的动力。从历史进程看,中国共产党无论在革命战争时代,还是在成为唯一执政党后,在重构农村治理结构的伟大实践中,有不少新理念、新结构、新模式、新举措和新成效。如在农村治理结构中建立了现代意义上的政党组织、群众组织、新型农村组织等;农村治理结构模式中经历乡政权、农村生产互助组、人民公社体制等若干阶段。每一个方面都表现出创新意识和创新能力。创新是一个民族进步的不竭动力,也是一个政党进步的不竭动力。中国共产党在构建农村治理结构进程中所表现出来的创新意识和创新能力,是一笔不可多得的财富。当然,由于各种原因,探索中也有一些失误。有些失误所带来的后果也是严重的,比如,严重窒息了广大农民积极性和创造性,不利于农村生产力的解放和发展,甚至危及党群关系,影响了中国共产党执政的阶级基础和群众基础。这又为中国共产党全面重构农村治理结构发出了呼声,埋下了伏笔。因此,改革势在必行,在改革开放的伟大进程,再度重新构建中国特色社会主义农村治理结构。

第二章　农村治理结构改革的
逻辑起点

英语中有过去时、现在进行时和将来时三种语法现象,它反映了人们在不同时期正在做的某一种事情的状态。改革亦如此。习近平指出,改革只有进行时,没有完成时,必须将改革进行到底。昨天进行的改革正是今天进行的改革的源头,明天进行的改革又是今天改革的继续。21 世纪以来中国共产党领导的农村治理结构改革,是 1978 年以来改革的继续,同时,它必然进入新阶段。因此,当问到 21 世纪以来中国共产党领导的农村治理结构的逻辑起点是什么时? 简而言之就是:农村家庭联产承包责任制的实施进一步向农村治理结构提出了新要求,农村民主政治建设进一步向农村治理结构提出新设想,城乡一体化建设进一步推动了农村治理结构改革的新走势,改革开放以来的宝贵经验对农村治理结构改革提供了新启示。

一、生产责任制对农村治理结构的新要求

为了标题的整齐,使用了生产责任制概念,其实不是很精准。完整准确的概念应该是家庭联产承包责任制。这是中国农民的伟大创造,也是中国共产党在农村实施的基本国策,通过实施这项国策,创造中外农业史上的奇迹。关

于如何实施家庭联产承包责任制,不是本书研究的范围。本书需要研究的是,家庭联产承包责任制实施对中国农村治理结构产生什么样的影响,为什么成为 21 世纪以来农村治理结构改革的逻辑起点。

改革开放之初,实施家庭联产承包责任制的过程,也是农村治理结构重构的过程。而农村治理结构再度重构的最初动力,来源于农民自身。众所周知,新时期家庭联产承包责任制的发明权属于安徽凤阳小岗村的 18 位农民。他们只是为生活所迫,并没想到什么青史留名;他们只想经济上解决吃饭问题,并没有想政治有什么大的作为。有心栽花花不开,无意插柳柳成荫。没有想到的是,他们的做法在全国引起如此大的反响。首先,作为一种运动迅速在全国推开,很短时间内全国先后实行了家庭联产承包责任制,并创造中外历史的奇迹。其次,在全国,乃至在中央高层引起了广泛的争议。邓小平一锤定音,高度肯定,指出发明权在于农民自己,具有重要的创新意义。邓小平之所以肯定家庭联产承包责任制,是因为它契合他早在 20 世纪 60 年代的设想,而且实践效果非常好。并且,促进在全党形成共识。家庭联产承包责任制"不同于合作化以前的小私有的个体经济,而是社会主义农业经济的组成部分"[1]。1983 年下发的中央文件,从三个方面肯定联产承包制:一是伟大创造,二是马克思主义的新发展,三是肯定家庭联产承包责任制是社会主义集体经济的生产责任制。在中共中央的推动下,家庭联产承包责任制在全国迅速推广,并由此引起中国农村治理结构发生十分深刻的变化。

家庭联产承包责任制引起农村治理结构的变化之一,就是空前调动了广大农民的生产积极性,他们释放出不可估量的能量。回头看历史,人民公社的最大特点是"一大二公",当年认为这是人民公社的最大优势。大,就是规模大,公,就是公有制。在计划经济条件下,农村最大的特点就是一个"统"字,生产、经营、核算、分配都是统一于人民公社体制。农业生产在人民公社的统

---

[1] 中共中央:《全国农村工作会议纪要》,1982 年 1 月 1 日。

一指挥下进行,农民没有自由,没有民主,没有独立。在这种体制下,农民没有积极性,更谈不上创造性。被动式参与,消极式劳动,责、权、利相分离。家庭联产承包责任制生产什么,生产多少都由农民做主,在分配上交足国家的,留足集体的,剩下的全是自己的。生产的结果与农民的个人直接联系起来,农民的生产积极性空前高涨,从根本上解放和发展了农村生产力。

家庭联产承包责任制引起农村治理结构变化之二,就是它作为完全村民当家作主的行动,是为维护自身基本权利的非制度政治参与。中国的农民是最好的农民,他们根据自己的实践经验,相信中国共产党能够带领大家走上幸福之路。所以,每当党发出号召,希望农村做什么时,中国农民总是毫无保留地跟党走。这是对的。然而,在人民公社化运动几十年后的 1978 年,小岗村的农民却自己做主,创造了这种符合中国国情的生产管理模式。这种非制度性安排,启示我们党:人民群众中蕴藏着极大的创造力,只有顺应民意,才能得到人民的支持和拥护。而家庭联产承包责任制这样的非制度性政治参与,推动了农村治理结构的制度性改革,也推动了农村民主政治建设。

家庭联产承包责任制引起农村治理结构变化之三,就是直接导致人民公社体制的终结。家庭联产承包责任制的分散经营,取代人民公社体制下的集体经营,从表面看是经营方式的改变,实质上是直接动摇了人民公社治理结构的经济基础,人民公社体制已经不能适应农村治理的需要。在人民公社治理结构下,国家的权力边界已经达到了村组一级,或者说,村社组织的行政化使公社权力以前所未有的规模和深度直接渗入农村社会的各个角落,①农村中每一个成员,都感受到国家权力的存在。家庭联产承包责任制,完全由家庭自己作主,这种自主性对农村原有的治理结构带来了很大冲击,诱发了农村治理结构的重大转型。具体说,家庭联产承包责任制的推行,不仅改变了农村社会原有的生产关系,也从根本上动摇了人民公社时期农村社会治理秩序。这就

---

① [美]费正清、罗德里克·麦克法奈尔主编:《剑桥中华人民共和国史(1949—1956)》,王建朗等译,上海人民出版社 1990 年版,第 72 页。

要求农村治理结构必须变革，由此引起了人民公社治理结构的终结。

第一，家庭承包责任制推动后，要求改变人民公社政社合一的治理结构。如前所述，人民公社实行"政社合一"体制，即人民公社既是政治组织，又是经济组织，还是社会组织。在这种体制下，人民公社无所不包，无所不能。而实际上，无所不包导致什么都包不了，无所不能导致什么都不能。在人民公社体制下，大队、生产队成为公社的附庸，家庭则只剩下消费功能了。公社、大队可以任意干预生产队的生产和经济活动，导致强迫命令和瞎指挥的发生，生产队的自主权和集体经济利益得不到切实保障，广大农民的积极性、创造性受到极大挫伤。这是人民公社体制对农村治理结构最大的伤害，因为人是最可宝贵的因素。在这种体制下农民被动地参与各种活动时，很难产生预想的成果，劳动者往往出工不出力，管理者则费力不讨好。家庭承包责任制要求彻底改变人民公社"政社合一"的治理结构，属于政治方面的职能交给政府，属于经济方面的职能交给经济组织，属于社会方面的职能交给社会。

第二，家庭联产承包责任制，要求改变人民公社的高度集中的治理模式。人们不会忘记，在人民公社体制下"一平二调"愈演愈烈。毛泽东等发现了这个问题，并强烈要求制止这种现象，然而总是事与愿违，以"一平二调"为典型特点的"共产风"弥漫全国。个中原因十分复杂，有干部作风问题，但最根本的原因就在于体制高度集中。按照文件规定，人民公社实行"三级所有，队为基础"的治理结构，但实际上，大队、生产队只是公社的附属物，一切权力都在公社。当公社要搞"一平二调"时，大队、生产队、家庭毫无抵抗力。这种状态不改变，"一平二调"之风就不可能刹住。

第三，家庭联产承包责任制，要求改变人民公社体制下的城乡二元结构。新中国成立后，我国逐步出现城乡分割的二元体制。人民公社时期，城乡分割的二元体制得到强化。农村劳动力被强制束缚在土地上，农民不经批准不得离开农村，既不准进城务工经商，也不能从事农业之外的副业。这样，导致了农村劳动力的大量浪费，又严重影响了农村其他多种经营的发展。一方面,有限的土地不需要如此多的劳动力,农村劳动力在农村无用武之地;另一方面,农村剩余劳动力无法向城市转移,造成了劳动力资源的极大浪费。农村大量劳动力失业,但处在隐性状态。家庭联产承包责任制实施后,劳动效率大大提高,出现了大量的显性剩余劳动力。安置这些显性剩余劳动力,成为家庭联产承包责任制实施后一个非常重大的社会问题。农村劳动力不可能再像过去那样强制地束缚在农村,必须改变城乡二元结构,让更多的农村剩余劳动力进城打工经商。

总之,家庭联产承包责任制呼唤改革农村治理结构。换言之,改革人民公社的治理结构,再度重构新的农村治理结构已经势在必行。

再度重构农村治理结构,是从取消农村"革命委员会"拉开序幕的。在"文化大革命"中,农村各级"革命委员会"取代了农村各级政权,成为集党、政、军、审判、检察于一身的临时权力机构。这种治理结构带有革命战争年代的痕迹,是"以阶级斗争为纲"的产物。农村"革命委员会"建立后,使本来作用就不太大的各级社员代表大会完全停止了活动。"文化大革命"结束后,全国开始了拨乱反正,从中共中央到普通老百姓,都认为"革命委员会"已经不适应中国国情,必须取消,应以人民政府取代"革命委员会"。1979 年 7 月,第五届全国人民代表大会第二次会议修改宪法,决定改"革命委员会"为"人民政府"。从此,"革命委员会"从中国人民的政治词典中消失,农村各级政府得到恢复,人民代表大会或代表会议逐步举行,农村治理结构也实现了拨乱反正。

取消农村"革命委员会",是农村治理结构再度重构过程中的重要序幕。但是,这一步还没有从根本上触及人民公社体制。从根本触及人民公社体制的,始于 1979 年秋天的四川省广汉县,他们摘下了向阳公社的牌子,挂上了广汉乡人民政府的牌子,并在内部进行了"政社分工"的改革试点。这一试点在全国引起了广泛关注,也有不同反响,可谓仁者见仁,智者见智。中共中央关注并派人到广汉进行调查研究。时任分管农业的国务院副总理万里在深入调查研究后,充分肯定了广汉的经验。1980 年 7 月 18 日,万里主持召集了农口各部门负责人会议,分析研究广汉的做法与经验。万里指出:看了广汉农村改革的材料,很有说服力。广汉的经验很好,将来一定要政经分开。① 理论界高度评价广汉试点,认为"从四川省广汉县向阳人民公社发轫的中国农村人民公社体制改革,是一场伟大的历史变革,是铭刻在中国历史上的重大事件"②。随后,四川省又在新都县石板滩公社、邓睐县桑元、新民公社加大了试点力度。

试点的内容包括把人民公社改为乡(镇)人民政府,而且进行了较深层次的改革,特别是把人民公社原有的经济职能剥离出去,取得明确效果。新成立的乡(镇)人民政府不再负责生产什么、生产多少和如何生产,由各个家庭自行决定这一切。农民对此非常满意。由于乡(镇)人民政府腾出时间和精力加强农村其他事务的管理,农村社会也有效运转。总之,试点取得了预期效果。

撤销人民公社、建立乡(镇)人民政府的改革,在中共中央的强力推动下迅速在全国展开。所谓强力推进,一是从政策层提供强有力的支持。中共中央、国务院于 1982 年 10 月 12 日发出了《关于实行政社分开建立乡政府的通知》,决定撤销人民公社,建立乡(镇)人民政府。这是撤社设乡的政策依据。二是提供法律依据。五届全国人大五次会议于 1982 年 12 月通过《中华人民共和国宪法》修正案,以法律的形式确立废除人民公社体制,设立乡、镇人民代表大会和人民政府。此后几年间,先后四次修改选举法、三次修改地方组织法、制定并修改代表法,完善乡镇人民代表大会和人民政府体制。1992 年 10 月,八届全国人大常委会一次会议修改《宪法》,正式从《宪法》中删除人民公社的提法,从法律的高度终结了人民公社。这些法律的通过,为这项改革提供了法律依据。

根据政策,依照法律,全国迅速进行了撤销人民公社、建立乡(镇)人民政

---

① 刘文耀:《四川广汉撤社建乡的前前后后》,《中共党史研究》2000 年第 2 期。
② 刘文耀:《四川广汉撤社建乡的前前后后》,《中共党史研究》2000 年第 2 期。

府的改革。到 1986 年,全国 12702 个人民公社摘掉了牌子,建立乡镇人民政府,同时,建立了 92.6 万个村民委员会。① 家庭联产承包责任制要求改革人民公社体制,中共中央顺应时代要求,及时废止了人民公社,在广大农村建立乡镇人民政府。乡镇体制既是对中国社会历史上农村治理结构合理因素的吸收,也是对新中国成立后农村治理结构一些做法的扬弃。

人民公社是新中国成立以来农村社会发展史上持续时间最长、影响深远的农村治理结构,它在我国社会演变史上的地位与作用是不可代替的。当人民公社的历史任务基本完成之后,一种新的农村治理结构在人民公社的胚胎里逐渐成熟了。所以,与其说历史抛弃了人民公社,不如说历史在扬弃了人民公社制度的基础上,选择了家庭联产责任制;前者为后者打下了基础,积累了经验。从公社到乡镇,这不是名称的简单转换,而是体制的变化,是农村治理结构的改革。这种改革是中国农村治理结构改革的重要一步和重要一环。"撤社建乡"是改革开放以来农村治理最重要的改革之一。这一改革真正改变了中国农村的治理结构,也引起中国政治体制的深层次的改革。从中国农村治理结构改革和农村治理现代化的历史进程来认识,这一改革既是对过去中国共产党构建农村治理结构进程所走弯路的一次成功修补,又开启了农村治理结构改革和农村治理现代化的新征程。这一改革,无论是对农村本身,还是对国家治理体系和治理能力现代化,都具有非凡的意义。

第一,废社设乡,是适应农村改革新形势需要的重要措施。改革开放是中共十一届三中全会作出的决定中国命运的战略决策,是不可阻挡的潮流。这一战略决策反映到农村,就是推行家庭联产承包责任制。应该说,中国共产党一直重视"三农"问题,但实践中效果并不理想。人民公社化运动后几十年,农民的温饱问题没有从根本上得到解决。这不能不引起人们对推行几十年的人民公社体制进行深刻的反思。反思的结果,就是实现家庭联产承包责任制。这种

① 参见《潇湘晨报》2008 年 6 月 16 日。

改革之所以能在短期内迅速在全国展开,实践效果也是出乎意料地好,是因为这一治理结构符合生产力决定生产关系这一基本规律。农村家庭联产承包责任制的最大优势,就是最大限度地调动广大农民的生产积极性,而调动生产积极性在当时就是最大的民主。这就要求农村的管理机构适应民主管理的需要。"政社合一"的人民公社体制已经不能适应这种需要,废止人民公社体制成为必然。与此同时,实行新的体制也成为必然。乡镇人民政府的恢复,就是应运而生。

第二,废社设乡,是再度重构农村治理结构的突破口。人民公社体制实行的高度集中的管理体制。尽管在建社之初,就提出了民主管理的口号,但那只是一种口号而已,在实践中根本就没有实行过民主管理,广大农民在人民公社的行政压力的束缚下,完全失去了自主性。农民生产什么,如何生产,生产多少完全由公社作主,从而严重地挫伤了农民的生产积极性。家庭联产承包责任制,对民主有更高要求,所以,中国共产党在再度重构农村治理结构时,改变了过去人民公社的运行机制,重新恢复乡镇人民政府,按照《中华人民共和国地方各级人民代表大会和地方各级人民政府组织法》的规定行使职权,领导本乡的经济、文化和各种社会事业。同时,按照有关规定,乡政府要加强自身建设,乡政府对乡人民代表大会负责,定期向乡人民代表大会报告工作,听取代表的建议、批评和意见,接受乡人民代表的监督。乡人民代表实行直接选举,乡人民代表大会实行直接民主,选举乡人大主席、乡长和副乡长,对于那些不称职、不能代表人民利益的乡长、副乡长,乡人民代表大会有权罢免。这些都体现了农民自己当家做主,符合治理结构建设的要求。

第三,废社设乡,除了乡镇本身外,对整个农村治理结构改革和农村治理现代化作出了重大贡献。这些贡献主要表现在:一是为进一步改革农村治理结构和实现农村治理现代化开辟了广阔的前景。废社,是结束旧的历史;设乡,是开辟新的未来。由于人民公社体制已经严重制约农村治理结构的发展,不废除这种体制,农村治理结构改革就无法推进;设立乡级人民政府,适应改革农村治理结构潮流的需要,从而就有力地推进了农村治理结构改革,为进一步推进农村治理结构改革创造了良好的条件。二是为进一步改革农村治理结构和实现农村治理现代化树立了民主榜样。乡镇人民政府是我国的基层政权，是直接联系广大农民的纽带。乡镇政府和干部的民主形象如何，直接关系到和影响广大农民对治理结构建设的积极性。可以假设，如何继续坚持人民公社体制，又高喊推进农村治理结构改革，广大农民的治理结构建设的积极性会怎么样？历史已经给作出了回答。农村治理结构改革和农村治理现代化的根本要求是实现民主。改革后实行的乡镇人民政府体制，坚决执行政社分开的原则，又是以农村家庭联产承包责任制作为基础，这就使民主管理有了科学的基础，成为农村治理结构改革和农村治理现代化的民主榜样。三是为进一步改革农村治理结构和实现农村治理现代化指明了方向。这个方向是什么？就是实现村民自治。无论是实行家庭生产承包责任制，还是废社设乡，都从根本上提出了村民自治的要求。那么，进一步改革农村治理结构和实现农村治理现代化的方向，就是坚持实行村民自治。当然，坚持村民自治又会对农村治理结构提出新的要求。

应该说，撤销人民公社、建立乡（镇）人民政府，是满足家庭联产承包责任制对改革农村治理结构的基本要求，但不是全部要求。特别是家庭联产承包责任制实施几十年后的今天，即进入 21 世纪以来，又对农村治理结构提出了新要求。如家庭承包生产责任长期稳定后，家庭在农村治理中的主体地位如何进一步确立；在土地所有权、承包权、经营权三权分置后，土地所有者、土地承包者、土地经营者在农村治理结构中的地位和作用问题……诸如此类的问题还很多。正是这些问题的提出，表明了作为必须长期坚持的家庭承包生产责任，仍然是 21 世纪农村治理结构改革的逻辑起点。也就是说，改革还必须继续进行。换句话说，一方面，农村家庭联产承包责任制推动下的农村治理结构的初步改革及其成效与经验，是继续推进农村治理结构改革的起点；另一方面，家庭承包责任制对农村结构提出的新要求，又成为农村治理结构进一步改革的动力。两者的合力使家庭联产承包责任制必然继续成为 21 世纪以来农村治理结构改革的逻辑起点之一。

二、村民自治制度与农村治理结构的新变化

如果说,家庭联产承包责任制对农村治理结构改革的影响是间接的,需要中间环节作为转换的话,那么,村民自治制度的实施对农村治理结构的影响就更加直接,因为它们同属于政治范畴。而随着家庭联产承包责任制的推行、人民公社体制的解体、村民自治制度在中国农村的普遍推进,农村的治理结构发生了必然性连锁性变革。

农村治理结构因家庭联产承包责任制的实施和人民公社体制的解体而发生了第一个连锁性变革,就是建立村民委员会和村民小组。在人民公社之下,有生产大队和生产小队两个层次。后来,由于急于过渡,有的地方只剩下了生产大队,生产大队成为基本核心单位。现在人民公社制度已经终结,那么,生产大队和生产小队是去还是留,又是一个现实问题。几乎在人民公社改为乡(镇)人民政府的同时,村民委员会和村民小组取代了生产大队和生产小队。1980 年,广西合寨村"组织村民选举产生了中国第一个村"①,选举产生了第一个村民委员会,拉开了中国农村最基层农村治理结构改革的序幕。农民的创新得到高层的认同。1982 年 12 月 4 日,第五届全国人民代表大会第五次会议通过《中华人民共和国宪法》,给予了村民委员会的合法地位。1983 年,中共中央在《关于实行政社分开建立乡政府的通知》中,鼓励各地设立村民委员会。从此,建立村民委员会工作在全国迅速推开,以村民民主选举村民委员会为核心的村民自治制度基本确立。

在人民公社体制下,生产大队和生产队有以下特点:第一,生产大队和生产队是最基本的经济组织。或者说,它们的经济职能是最基本的职能。它们

---

① 王布衣:《震惊世界的广西农民——广西农民的创举与中国村民自治》,广西人民出版社 2008 年版,第 14—15 页。

不仅代表农民占有农村所有的生产资料,而且在生产、流通、分配、消费四个环节中是组织者、领导者,是直接责任者。在生产环节中,尽管生产大队和生产队没有多少自主权,但必须根据国家计划指令组织本地农民生产;在流通环节,在农村商品率不高的情况下,生产大队和生产队必须完成国家的统购派购任务;在分配环节,生产大队和生产队是独立核算单位,根据当年的收成和社员的劳动情况进行年终核算和年终分配;在消费环节,分为两个阶段,在公共食堂存在阶段,生产大队和生产队是直接消费单位,社员在公共食堂直接消费;公共食堂解散后,生产大队和生产队在消费环节的作用下降,家庭成为基本消费单位,但家庭的消费水平和质量由生产大队和生产队的生产水平决定。第二,生产大队和生产队作为基层社会组织,承担农村社会事务的管理职能。农村社会相对封闭的特点,决定农村的一切社会事务都由自己承担,农村社会治安、各种矛盾和纠纷、农民的生老病死、各类婚丧喜庆喜事都由生产大队或生产队承担,保证农村社会的正常运转。第三,生产大队和生产队作为准政权组织,担任着一定的行政职能,包括贯彻党的路线、方针和政策,完成上级交办的各项任务,组织参加各种政治运动,等等。由于是准政权组织,生产大队和生产队的干部由上级党委和政府任命或指定,而不是由农民自由选举,因此生产大队和生产队的干部只需要对上负责,而不需要对下负责。

总之,生产大队和生产队具有全能性和万能性特点。这是人民公社体制造成的。实践证明,生产大队的全能性和万能性都实现不了。在人民公社体制终结时,生产大队和生产队的终结也是必然的,取而代之的是村民委员会和村民小组。村民委员会和村民小组是群众自治组织,与过去生产大队、生产队存在重大区别。一是法律地位的不同。1982 年修订通过的宪法明确规定"村民委员会是基层群众性自治组织",即村民委员会和村民小组是村民自治组织,而不具有国家基层政权机关的法律属性。二是隶属关系的不同。村民委员会和村民小组与乡(镇)人民政府的关系不同于生产大队和生产队与人民公社的关系。1987 年通过的《村民委员会组织法(试行)》,第三条明文规定：乡镇人民政府与村民委员会之间"指导、支持和帮助"关系，而不是上下级关系，不是领导和被领导的关系。1998年修订后的《村民委员会组织法》除重申上述规定，还增加了禁止性条款，即"乡镇政府不得干预属于村民自治范围内的事项"，进一步强调村民委员会的自治地位。这些法律条文，使村民委员会与过去的生产大队、生产队有了实质的区别。三是授权方式的不同。生产大队和生产队的干部由上级任命，村民委员会成员和村民小组组长由村民直接选举。首先，村委会的授权主体是村民，前提条件是村民群众的共同参与和普遍支持。其次，从村委会的权力构成来看，村委会代表全体村民群众行使自治权力，村民根据需要，授权村民委员会管理本村政治、经济、文化以及其他各方面的社会事务。再次，从权力的行使方式看，村民委员会的每一项政策或决定是民主决策的结果，对村民群众具有一定的约束力，而不具有强制力。最后，从权力行使手段看，主要是村民的自我认同，或者通过说服、教育、批评、帮助及公众舆论等来执行。四是职能职责的不同。村民委员会、村民小组没有像生产大队、生产小队全能和万能职能，只能根据村民的授权带领村民依法自治。1982年通过的宪法规定，村民委员会是基层群众自治性组织，就是村民自己处理自己的事务，在国家的法律、法规规定的范围内，依法自我管理、自我教育和自我服务。

在改生产大队为村级自治组织的同时，把原来的生产队改为村民小组。村民小组，一般是一个自然村或几个小的自然村组成，是中国农村社会最底层的社会组织，是党和政府联系农民群众不可或缺的桥梁和纽带。从规模来看，它与人民公社时期的生产队有相同或相似的地方，但从职能定位和社会地位来看，则存在很大的不同。人民公社时期的生产队长由上级指派，而村民小组长是由村民小组会议推选产生，有的地方还实现轮流担任。人民公社时期的生产队也基本上是全能的和万能的，而实现家庭联产承包责任制后，生产管理为主要的经济职能基本由家庭承担，在集体经济发展较好的地方，村民小组还有一点经济职能，在集体经济处于空白状态下的地方，经济职能已经完全没有了。在村民自治条件下的村民小组组长的主要任务就是上传下达。一方面，把上面的精神传达到村民中；另一方面，把村民的意见要求反映上去。当然村民小组的一些具体事务，也需要村民小组组长出面解决。这些向人们提出了另外一个问题，即如何发挥村民小组在村民自治中的作用问题。从目前情况看，村民小组变得可有可无，这就需要进一步改革农村治理结构。

农村治理结构因家庭联产承包责任制的实施和人民公社体制的解体而发生了第二个连锁性变革，就是开始试行村民自治中民主选举、民主决策、民主管理和民主监督的运行模式。中国封建社会是以中央集权为典型特点，在半殖民地半封建的近代中国，也无民主可言。中国共产党以民主为旗帜，把广大农民团结在旗帜下。新中国成立后，人民开始享有民主。但是，民主作为一种制度安排似乎有不尽如人意的地方。在人民公社体制下民主似乎还是一种奢侈品。农民没有享受更多的民主权利。而改革开放后开始的村民自治，则是民主的良好开端。

农村自治中的民主包括民主选举、民主决策、民主管理和民主监督。这四大民主中，相比较而言，民主选举起步早，效果明显。在村民委员会和村民小组制度建立过程中，就逐步实行了直接选举。直接选举，有利于发挥群众的自治作用。在人民公社的高度集中的体制下，广大农民很难谈得上有多少民主权利，不少人甚至不知民主为何物。村委会的直接选举的最大现实价值，就在于让广大农民直接选出自己的"当家人"。村委会及其成员由村民直接选举产生，村委会必须对村民直接负责，他们必须向村民报告工作，涉及全村村民利益的大事，村委会必须提高村民会议或村民代表会议讨论决定。这就真正体现了由民作主、自我管理，发挥治理结构的巨大魅力。

广大农民在民主选举中创造了多种形式的直接选举。在人民公社体制，生产大队和生产队的干部大多是由上级任命。由此导致只对上负责，而不对下负责。大队干部和生产队干部官不大，但却官僚主义严重，工作中往往是简单粗暴、强迫命令，而农民对此却毫无办法。官僚主义与村民自治水火不相容。官僚主义与农民格格不入。如何反对农村治理中的官僚主义？列宁曾经说过："只有当全体居民都参加管理工作时，才能彻底进行反对官僚主义的斗争，才能完全战胜官僚主义。"①实现直接选举，则是反对和战胜官僚主义的第一关。通过直接选举，村民可以把那些素质低、村民不喜欢的人挡在治理者之外；通过直接选举，村民把选票投给那些政治素质良好、作风正派、能力强的人，授权他们担负起治理的担子；通过实施民主选举，村民可以撤换那些对人民不负责的官僚主义者，把他们从治理者队伍中赶出来，确保村民授权于那些真正能代表自己的根本利益的代表，为农村治理找到靠得住的人。

农村民主选举，不仅有利于选出好的治理者，而且有利于提高农民群众的民主意识和民主能力。列宁曾经指出："难道除了通过实践，除了立刻开始真正的人民自治以外，还有其他训练人民自己管理自己、避免犯错误的办法吗？"②在农村民主选举的伟大实践中，村民从中学到了不少的东西。首先，体会民主选举给自己带来的好处，从而增强了民主意识。过往，面对那些自己不喜爱、不能带领自己走上富裕幸福之路的村干部和村民小组干部，村民只能无可奈何。现在有了民主选举，就可以选出自己喜欢的人，而把不喜欢的人选下去。其次，认为民主是自己的权利，而不是别人的恩赐，民主与物质生活一样重要，不是可有可无的奢侈品。再次，通过民主选举，提升了民主能力。这些能力包括识人的能力、评价的能力、表达的能力、投票的能力。最后，熟悉民主选举的程序。从推荐候选人、到投票、到宣布结果，村民参加选举的全过程。村民在学中干，在干中学。民主选举，就是培养农民民主意识的课堂，提高农民民主能力的场所。农村通过直接选举村委会，从中学到许多东西，他们就能更好地行使他们的民主权利，选好县、乡两级政权机关，保证县、乡两级直接选举真正体现广大人民的意愿。

在村民自治中，做得比较好的是民主选举，当然也有不尽如人意的地方。

---

① 《列宁选集》第3卷，人民出版社1995年版，第788页。
② 《列宁选集》第3卷，人民出版社1995年版，第319页。

而民主决策、民主管理和民主监督有一些探索,但是还做得很不够。村民在授权后,村民委员会成员反客为主,越俎代庖。所以民主决策、民主管理和民主监督还有很大的空间,村民也对这些充满期待,正是这些期待,成为 21 世纪推进农村治理结构改革的内生动力之一。

不仅如此,村民还期待村民自治和家庭联产承包责任制对农村治理结构引发更深层次的变革。村民自治在中国古代就有了思想萌芽,近代受西风东渐的影响,村民自治有了一些尝试,但真正推进村民自治,是改革开放以来才有实质进展。从 1978 年到 20 世纪末,中国农村村民自治取得骄人的成就,但从总体上来讲,还是新鲜事物。村民自治在运行过程中暴露出一些新矛盾和新问题,村民自治与农村治理结构也存在一些矛盾。村民自治是中国农村治理的基本方向,不可能倒退,也不可能走偏,要使村民自治健康稳妥地推进,除了深化农村治理结构改革,没有别的路可以走;另一方面,村民自治对农村治理结构提出新的要求。村民自治是与过去任何时期的农村治理结构有许多重大的不同,如何使村民自治落到实处,需要科学的制度安排,需要与之相适应的体制和机制。这就是进一步深化农村治理结构改革的内在动力所在。

三、城乡一体化与农村治理结构的新走势

据统计,我国耕地总面积大约 51 亿亩。1952 年,每人平均占有的耕地面积 20.28 亩,平均每个农业劳动力负担的耕地面积约 9.94 亩。人口的增长,特别是农村人口的增长,使这个数字发生重大变化。1980 年我国人均占有耕地面积为 4.18 亩。每个劳动力负担的耕地为 1.25 亩。不比不知道,一比吓一跳。人均占有耕地面积和劳动力人均承担的耕地面积比新中国成立初期都减少了将近一半。[1] 下降速度是前所未有的。这还是问题的一个方面,问题

---

① 孙鑫:《试析农村剩余劳动力形成的原因及解决途径》,《兰州大学学报》1984 年第 1 期。

的另一面是,家庭联产承包责任制解放和发展了农村生产力,大大提高了劳动生产率,加上农业机械化的程度不断提高,农村出现大量的剩余劳动力就成为必然。如果按1952年每个农业劳动力平均负担耕地面积9.53亩计算,1980年则只需要15936万个从事农业生产的劳动力就够了。大致形成剩余劳动力1.5亿。这是一个理论推算,不一定很精准,但有一个事实不容置疑,就是大量的农村剩余劳动力向城市,特别是向改革开放的前沿地区流动。

面对滚滚而来的农村剩余劳动力,我们多少有些措手不及。如何安置数目极大的进城务工经商人员成为改革开放之初的当务之急。正是这种现象向我国的城乡二元体制发起了冲击。

所谓城乡二元体制,就是城乡分治的体制。本来,农村先于城市存在,后来随着生产力的发展才出现城市,统治阶级和有权有钱有势的住进了城市里。但长期以来,城乡之间是自由迁徙的,一直到中华人民共和国成立后的1958年。中华人民共和国成立后,结束了长期战乱,百废待举。为了发展工业,城市吸收大量的农村劳动力。因每年都有大量农村人口流入城市,导致城市人口迅速增长。出于对稳定的考虑,中共中央、国务院从1953年开始对农村人口向城市迁徙实现严格限制。当年4月,国务院发出了《劝止农民盲目流入城市的指示》,第一次出现了"盲流"的称呼。但效果并不理想。此后几年内仍然有大量农村人口流向城市,国务院先后于1956年底和1957年初两次发出《防止人口盲目外流的指示》。从劝止到防止,反映出对农村人口流向城市的截然不同的态度。如何防止,就是提出政策安排和制度安排,于是便出现两种户籍制度,通过城市户籍和农村户籍把城乡分割成二元体制,自由迁徙制终结了。这种城乡二元制在人民公社体制下更加强化,农村人口向城市迁徙比登天还难。

如果说,在人民公社体制下,农村劳动力的剩余是隐性的话,那么家庭联产承包责任制使劳动力的剩余由隐性变为显性,农村剩余劳动力以"民工潮"的形式向城市流动,向城乡二元体制发起冲击。根据不精准的统计,1982年和 1990 年流动人口分别达 2000 万和 6500 万左右。1989 年全国流动人口数为 6000 万左右,1991 年则为 7000 万左右。[①] 到 2010 年,农村人口流动规模达到 1.5 亿。2012 年,全国人口流动更是达到 2.36 亿。这是一个什么样的概念?相当于欧洲人口的总数。对任何国家来讲,都是一个天大的问题。

在这里,必须指出,本书既不研究农村剩余劳动力转移的问题,也不研究中国城乡化问题,而需要研究的是大量农村劳动力向城市转移,国家对加快城市化或城乡一体化,两个方面夹击下对农村治理结构带来广泛而深刻的影响。

第一,在国家城市化和城乡一体化的大背景下,农村人口大量流向城市而致大量的空心村的出现,向农村治理结构提出了治理谁的问题。在国家政策允许的情况下,农村人口向城市转移出现了与改革开放初期不同的情况:一是由剩余劳动力的转移到举家的转移。改革开放的最初几年,只是农村劳动力进城务工经商,后来发展成为农民工带上全家进入城市,导致原有的家庭只剩其屋,而不见其人。二是由过去的候鸟式转移到长期转移。改革开放早期,进城务工的农村劳动力一般采取农闲时进城务工,农忙时回家务农。后来就不一样了,一旦进城务工了,就长期在外务工,家中的田地或者让给别人耕种,或者干脆荒芜不管。三是新老两代农民工的许多不同。改革开放之初产生了第一代农民工,虽然他们长期在城市务工经商,虽然他们也长期不回家,但在他们的骨子里还把心留在农村老家,对家乡还是有一份牵挂。后来出现的新生代农民工同第一代农民工在家乡观点上有很大的不同,他们甚至不再认为自己来自农村,没有故乡的概念,对老家的人与事根本不关心,不在乎。上述这些变化说明了什么呢?经常到农村去转一转就会明白,这就是部分存在的"空心村"现象。湖北省云梦县的最南端下辛店镇很有典型意义。[②] 笔者的老家也能说明问题。对于这种现象,不同学科从不同的角度关注它。经济学更

---

① 王建民:《中国人口流动》,上海财经大学出版社 1996 年版,第 86 页。
② 湖北省云梦县下辛店镇人民政府:《下辛店镇农村"空心村"基本情况调研报告》,2016 年 3 月 10 日。

多地关注土地闲置和资源浪费的问题;管理学更多的是关注如何管理的问题。无论是管理还是治理,其对象是人。当农村人口下降,一些村落荒废时,农村已经无人可管或可治。这当然对农村治理结构,特别是传统的治理结构提出严重的冲击。由于大量的农村人口长期离开自己的家乡,离开农村,他们对农村的事情不关心,不关注,不参与。一些已经转移出本村的人参加农村民主选举的积极性有所下降。这些都是农村人口向城市转移后给农村治理提出的新问题。

第二,城乡化和城乡一体化大背景下农村人口向城镇转移,农村人口的结构与现状给农村治理结构改革提出了新要求。如前所述,说农村无人可管或无人可治,有些绝对化。因为,尽管农村人口大量向城市转移,但并不是所有的农村人口都向城市转移,留在农村的人口从绝对量来讲,仍然是一个非常大的数字。从人口结构来讲,中国农村形成了一个以妇女、儿童和老人为主体的留守群体,被人们戏称为"386199部队"。因为有一个三八妇女节,而使"38"成为妇女的代号。因为有一个六一儿童节,而使"61"成为儿童的代号。因为有一个九九老人节,而使"99"成为老人的代号。2012年全国有8700万农村留守人口,其中包括2000万留守儿童、2000万留守老人和4700万留守妇女。① 这种情况导致农村出现了一些新问题:一是农村党员年龄结构出现问题,党员偏向年龄大的比例增加影响党员的先锋模范作用的发挥。二是农村干部年龄结构不合理,一些年轻人离开农村后不愿当干部,一些年龄大的干部长期滞留村组干部队伍,很难胜任农村治理任务。三是农村治理主体和治理对象与治理要求不相称。农村的治理主体和治理对象是二位一体,这是农村自治的应有之义。如前所述,大量农村人口向城市转移后,剩下的多是老人、妇女、儿童。村民的民主意识、民主兴趣、民主能力本来就不高,而农村这些留守人口就更逊一筹。这就导致农村治理难度加大,有的村出现会荒,村里或无法开会,或纯粹走形式。有的村议定某一件事时,要么是干部说了算,强行做

_____

① 陈乔柏:《中国农村的"空心村"现象原因分析》,《古今农业》2012年第2期。

这一件事;要么就是农村留守人口由于自身的原因而会议开不成,或事情办不成。所有说,民主要求与民主能力之间的巨大反差对农村治理结构提出新的要求。

第三,城市化和城乡一体本身对农村治理结构提出新要求。对这个问题可以从两个方面来认识:一方面,大量农村人口进城后民主意识增强,民主素养提升,民主能力提高,这对农村治理结构提出了新要求。大量农村人口进城后,不仅因为务工而增加了财富,物质生活并得到改善。同时,进入企业后,现代管理方式也给进城农民留下了深刻印象,他们在实践中逐步有了自己的民主诉求,眼界开阔后也提升了维护自己权利的能力。这些变化影响他们回到老家后的思想与行为。如果过去他们能够忍受村干部的为所欲为,现在则与过去发生质的变化,他们往往以新的面貌、新的要求、新的办法来维护自己的权利,所以,过去的治理结构必须变革,否则就会发生冲突。另一方面,发达地区的城郊农村已经城市化。农村城市化是一种趋势,当生产力发展到一定水平后,就会提出城市化的在求。而这一要求是任何力量都无法阻挡的。农村城市化是一个过程,社会生产力水平并不完全处在同一水平。生产力发达的国家已经完成了城市化。而我国是发展中的国家,生产力水平不完全一样,在东部经济发达地区,城市化水平高一些,而中部、西部经济条件要差一些,城市化水平也相对落后一些。城市化的内涵十分丰富,主要内容包括:农村人口向城镇人口转化,生产方式与生活方式由农村型向城市型转化,传统的农村文明向现代的城市文明转化等。它是一个国家和地区经济社会现代化程度的重要标志。中国农村城市化已经进入新的历史阶段。1992 年,深圳特区内撤销 68 个行政村,4 万农民改变户籍身份成为"城里人"。华西村是农村城市化的典范。河南固始县加大把农村改为社区的步伐,2012 年新建 7 个农村社区,2013—2015 年新建、改建、扩建 66 个。① 全国其他地方也有把农村改为社区

①《固始建设农村新型社区主要做法》,2012 年 5 月 16 日,见 http://www.gsw.gov.cn/html/xinnongcunjian/shenongzhengce/48463.html。

的。在福建厦门，如果农村不再以农业生产为主，至少有 2/3 的农民不再从事农业劳动，不再以农产品收入为来源，就可以把农村改为社区。[①] 把农村改为社区，这决不是名称的简单改动，而是农村城市化进展的象征。这一改动对传统的农村治理结构提出了全新的要求。

城市化或城乡一体化，这是历史发展的必然。它对农村的影响是不可避免的，对农村治理结构的影响也是不可以避免的。在这种大背景下，随着农村生产力的发展，随着农业机械化、自动化和信息化程度高起来，农村不需要那么多的劳动力，农村劳动力向城市、向其他行业转移是必然的，在城乡二元结构被冲破的形势下，不能去指摘已经转移到城市或其他行业的农民为什么不回到农村，为什么不关心老家的那些事，为什么忘记故乡情。也不可以埋怨城市化和城乡一体化对农村冲击如此之大，必须面对农村现实，充分利用城市化和城乡一体及城乡二元体制解体给农村治理结构改革带来的正能量，以改革农村治理结构来迎接各方面的挑战。中国共产党顺应历史，努力从政策层面和法律层面推进城市化和城乡一体化。虽然中国城镇化水平与发达国家相比还有较大差距，虽然城乡二元体制改革还刚刚起步，但是，21 世纪农村治理结构改革应该抓住这个机遇，促进中国农村治理结构由传统向现代的转型，以满足城市化和城乡一体化对农村治理结构的需求。这恰恰是城市化和城乡一体化大背景下，农村治理结构改革的新趋势，也使之成为 21 世纪农村治理结构改革的逻辑起点之一。

四、新时期农村治理结构改革经验的新启示

农村治理结构改革几乎与农村其他改革是同时起步的。这样算起来，从 1978 年到 20 世纪末也经历了二十多个年头。可以肯定地说，这二十多年的

---

① 《厦门海沧城镇化脚步不断加快　东孚镇三个村改设社区》，《小城镇建设》2015 年第 7 期。

农村治理结构改革积累了极其丰富的经验,因为伟大实践创造伟大经验。现在需要进一步回答的是,这二十多年的农村治理结构改革到底积累了哪些经验?这些经验对 21 世纪继续推进农村治理结构改革提供了哪些启示?为什么说,前二十多年农村治理结构改革的经验及其新启示又成为后一个时期农村治理结构的逻辑起点之一?

首先,回答前二十多年农村治理结构改革积累了哪些宝贵的经验。按照邓小平提出的"摸着石头过河"的思路,农村治理结构改革也是在摸索中前进,在前进中摸索。二十多年的伟大实践,可以概括为如下经验:

第一,农村治理结构改革必须紧紧依靠广大农民,必须坚持农民的主体地位。中国是一个传统的农业大国,农民是中国社会的主体。在革命战争年代,中国共产党人逐步认识到,中国革命实质上是中国共产党领导的农民革命。在中国离开了广大农民的参与和支持,革命不可能胜利。中国共产党人在实践和理论上认识农民在中国革命中的地位和作用的时候,创造性把马克思主义同中国实际相结合,开辟了农村包围城市的革命道路,中国共产党长期深入农村、发动农民、组织农民、依靠农民,调动农民的革命积极性,取得了民主革命的最后胜利。中国共产党成为中华人民共和国唯一执政党后,一直把解决"三农"问题作为工作的重中之重。通过土地改革,使广大农民成为土地的真正主人;通过合作化道路,引导农民走上了社会主义道路。此后,在相当长的时间在农村治理结构问题走了一些弯路,留下极其深刻的教训。中共十一届三中全会后,实现了伟大的历史性转折,把工作重心转移到经济建设上来,改革开放成为主旋律。

在改革开放的历史进程中,中国共产党尊重农民的主体地位,表现为尊重农民的首创精神。在农村治理结构改革的伟大实践中,广大农民创造了家庭联产承包责任制,创造了村民自治,创造了民主选举中的"海选",等等。邓小平给予了高度评价,大力支持。对农民的创造性抱什么态度,这是对我们是否真正坚持群众路线,是否真正依靠农民群众的试金石。党在指导农村治理结构改革的过程中充分尊重了广大农民群众的首创精神。显然,对待农民的创造,一是要尊重,二是要加工提高。尊重,则体现了党依靠群众的路线和方针;加工提高,就体现对人民负责的科学态度。提高,就是正确引导广大农民正确处理好长远利益和眼前利益、全局利益和局部利益的关系。在推进农村治理结构改革的过程中,可能会损害部分农民的眼前利益和局部利益。如加强农村法制建设,使农村治理结构更好地在法制的轨道上运行,就可能要废止一些与国家法律相违背的乡规民约,而乡规民约又可能是保护一部分村民的利益的;在民主选举中实行"海选",一部分村民的选举意志就可能体现不了;加强农村公共权威的建设,就可能要打击那些代表某些少数人利益的家族势力;等等。中国共产党是广大农民根本利益和长远利益的忠实代表,在农村推进治理结构改革,正是农民根本利益和长远利益的集中反映。必须从这个高度来认识农村治理结构改革。如果因为担心损害部分农民的眼前利益和局部利益而放弃农村治理结构改革,那就是对农民根本利益和长远利益的最大损害。要依靠农民群众推进农村治理结构改革,就必须充分利用现有的,并进一步创造更多的能够让广大农民群众为推进农村治理结构改革发挥作用的渠道和形式。在推进农村治理结构改革的过程中,已经创造了如村民代表会议制度、村民议事制度、村务公开制度等多种形式,广大农民群众通过这些渠道行使民主权利,他们找回了主人翁的感觉,主动参加农村治理结构改革,促进了农村的各项工作;广大农民通过参与农村治理结构改革的进程,也密切了农村干群关系。实践证明,什么时候坚持了农民的主体地位,尊重农民的首创精神,农村治理结构改革就能顺利推进。这是一条铁律。任何时候都不能违背。这一铁律,对中国共产党在 21 世纪进一步推进农村治理结构改革,只能遵循,不可违背。

第二,农村治理结构改革,必须增强规律意识,必须尊重客观规律。农村治理结构是一个复杂的系统。要使农村治理结构有利于促进农村社会经济的发展,有利于改善农村治理,必须增强规律意识。改革开放以来,邓小平坚持以"摸着石头过河"的原则指导改革,指导农村治理结构的改革。邓小平之所以坚持这一重大原则,是因为改革本身就是一个过程,矛盾暴露也有一个过程,规律的认识更是一个复杂的过程,如果急于求成,超出了当时的条件和认识水平,就可能出现欲速则不达的后果。根据邓小平的总体设计,中国共产党领导全国人民加强了规律意识,不断地认识规律,遵循规律,健康而稳妥地推进农村治理结构的变革。在此基础上,邓小平在指导农村改革还坚持"不争论"的原则。① 人们对事物的认识不可能整齐划一,提高认识也有一个过程。如果一争论,就可能引起混乱。在实践中,农村治理结构改革不搞"一刀切",必须把党的路线、方针和政策与当地的实际相结合,必须从实际出发,而不是从概念出发。当某一个地方推进农村治理结构改革的条件逐步成熟了,农村治理结构改革的步伐就快一些,当一个地方的农民对推进农村治理结构改革缺乏认识,缺乏内在的动力时,农村治理结构改革就暂缓进行或放慢速度。比如废社设乡,如果作为一般的改换基层政权的名称,那是非常简单的事情。由国务院,甚至由国家民政部下一个红头文件,就在很短的时间内可以解决。由于这是农村治理结构改革的重要步骤,党中央在指导这项工作再三强调必须稳妥,必须先试点后铺开。这与当年建立人民公社时形成了鲜明的对比。当年是全国各地敲锣打鼓搞人民公社化运动,在很短的时间内实行了农村治理结构的重大变革。而在废止人民公社,建立乡镇人民政府和实行村民自治过程则尊重人民的意愿,尊重客观规律,农村治理结构改革的步伐十分稳妥,实现了在农村实现重大政治变革的同时又推动农村社会生产力的迅速发展。

总结 1978 年到 2000 年农村治理结构改革的历史经验,不难发现,在这一历史进程,中国共产党在指导农村治理结构改革时,坚持了积极稳妥,同步发展,渐式推进。

所谓积极稳妥,就是科学掌握农村治理改革的速度、力度和承受程度之间

① 《邓小平文选》第三卷,人民出版社 1993 年版,第 374 页。

的关系。邓小平特别强调实事求是,最佩服毛泽东的地方也是毛泽东从实际出发。① 新中国成立后,农村采取什么样的治理结构,是中国共产党根据当时的国情决定的,既继承了中国农村治理的传统经验,又结合当时的实际情况,从总体上讲,那一阶段的农村治理结构符合中国实际,成功地实现了从乱到治的转变,促进农村社会的稳定和发展,也促进了广大农民的解放,加快了农村经济社会的复苏与发展。农业社会主义改造,是中国历史上最深刻的农村变动,广大农民与私有制彻底决裂,中国共产党领导农民走上了社会主义道路。后来,由于党在指导思想上犯了急于求成的错误,因此,在构建农村治理结构中同样犯了急于求成的错误。特别是在人民公社化运动中,急于穷过渡,导致人民公社化下的农村治理结构明显超出了农村生产力水平,违背了生产力决定生产关系的基本规律,最后受到规律的惩罚。中共十一届三中全会实现了伟大的转折后,中国共产党科学地坚持积极稳妥原则,农村治理结构改革积极稳妥地推进。所谓积极,就是以最大的政治勇气,充分肯定农民的创造性和积极性。改革之初,各种阻力不言而喻,但在改革开放总设计师的精心指导下,先通过真理标准讨论,解放人们的思想,把工作重心转移到经济建设上来,再制定改革开放的基本国策。这种科学的态度保证了农村治理结构改革的强劲势头。所谓稳妥,就是面对农村层出不穷的新生事物,中国共产党通过调查研究,掌握真实情况后再决策;在改革农村治理结构的进程中,先试点再推广;遇到问题或阻力时,允许看,耐心等,不搞"一刀切",不搞齐步走,从而使农村治理结构改革健康稳妥推进。

所谓同步发展,就是把农村改革与其他改革同步发展,就是把农村内部各项改革的同步发展,就是农村治理结构改革措施的同步发展。首先,一个社会是大系统,既有农村,也有其他方面。如果只是在农村改革,而其他方面不改革,农村改革也无法进行。中共十一届三中全会后,改革首先从农村开始后,

---

① 《邓小平年谱(1975—1997)》(上),中央文献出版社2004年版,第627页。

随后其他方面的改革迅速跟进，这样就形成互相促进局面，改革便成为主旋律。其次，农村本身也是一大系统，既有自己的经济结构，也有政治结构。农村治理结构是属于上层建筑，当农村经济结构发生了深刻变革后，农村治理结构也必须同步变革。马克思主义曾经认为，人们只有在解决衣食住行以后，才可能对政治、宗教、文化等有兴趣。他又认为，人们的任何思想动机后面都有深刻的经济根源。这说明只有在一定的物质基础之上，才会产生一定的思想观念，才会形成在政治上的某种追求。在远古时代，由于生产力水平十分低下，生产的物质产品刚刚维护人们的最低生活需要，甚至还不能满足最低需要，人们为了生存而挣扎着。这个时候谈不上什么民主。资本主义治理结构是资本主义社会的产物，因为随着生产力水平提高，物质生产已经出现过剩，在物质生活得到满足后，资产阶级开始了政治上的追求，从而形成了资本主义的治理结构。这种治理结构也启发了其他社会制度下的人们开始对民主的追求。中国的"五四运动"高举"民主"与"科学"两面大旗，中国人民为了民主而前赴后继地战斗着。中华人民共和国成立，特别是社会主义制度建立后，实现治理结构改革的政治条件已经初步具备；经过 50 年，特别是经过改革开放二十多年的经济建设，我国综合国力得到了前所未有的提高，实现治理结构改革的经济条件也已经初步具备。因此，中国共产党在推进农村经济体制改革的同时，也大力推进农村治理结构的改革。最后，在农村治理结构系统中，既要科学设置农村治理结构，使其最大限度促进农村经济社会的发展，又要使农村治理结构的运行机制更加科学合理。农村治理结构改革包括的内容十分丰富，如民主意识的培养、民主制度的建立、民主能力的提高、民主渠道的形成、民主方式的更新、民主内涵的丰富等，这些都是农村治理结构改革中的子系统，要求这些方面都同步发展，强调某一个方面，而忽视另外几个方面，就破坏农村治理结构改革的进程。在农村治理结构改革的内容也包括许多方面的内容，如政治民主、经济民主，还包括治理结构建设中组织建设、制度建设、思想建设、法制建设等，这些都在农村治理结构改革中占有十分重要的位置，它们的建设程度都会影响农村治理结构改革的整体水平,某一个方面落后了,都会影响整个农村治理结构改革的进程。

所谓渐式推进,就是把改革农村治理结构作为一个过程而逐步推进。邓小平认为,"民主化和现代化一样,也要一步一步地前进。"①之所以改革农村治理结构要渐式推进,一是因为中国是一个有五千年文明史的古国。在漫长的封建社会中,其政治结构是中央集权的专制政权,经济结构是地主占有土地的私有制,文化结构是文化专制主义,统治阶级奉行愚民政策,即"民可使由之,不可使知之"。在这种情况下,生活在社会最底层的农民根本就没有民主可言。封建统治阶级不可能给农民以民主,农民自身也没有民主意识。进入中国近代以后,民主之风在中国大地开始兴起,但由于中国的半殖民地半封建社会的性质决定了当时的所谓民主,只是新形势下封建统治阶级欺骗民众的一种手段,人民,特别是农民毫无民主权力可言。只有在中国共产党领导下的红色根据地开始迈出了民主的第一步,但红色根据地的民主既是局部的,也是初步的。完全可以这样认为,中国农民在封建社会里既没有民主传统,也没有在资本主义条件下接受民主熏陶。那么,在这种缺乏民主传统的国家里推进农村治理结构改革,无论是难度,还是来自各方面的阻力都比人们想象的要难得多和多得多。

二是我国的生产力水平还比较落后。尽管经过长期的社会主义建设,特别是经过改革开放的努力,我国的综合国力得到了空前的发展,但就整体而言,我国的综合国力同世界发达国家还有很大的差距,特别是由于我国是一个人口大国,如果把国民生产总值按人来平均的话,我国同发达国家的差距就更大了,甚至与一般的发展中国家也有差距。农村治理结构与农村现实的物质条件有着更直接的关系。农村的整体实力还比较落后,传统农业依然占据统治地位;农村经济中的商品经济比例还不是太高;农村经济发展不平衡,东西

---

① 《邓小平文选》第三卷,人民出版社 1993 年版,第 168 页。

部之间还存在很大的差距,就是在比较发达的东部沿海地区也有落后区域。这三个方面的情况至少给农村治理结构改革带来以下几个方面的制约:(1)由于农村整体经济实力不高,就导致它给农村治理结构改革所提供的物质条件不够充分,或者说,农村治理结构改革所需要的物质条件不能得到充分满足;(2)由于农村经济中的商品率不高,就导致了农民之间的交往空间有限,也就导致农民的治理结构建设的视野比较狭窄;(3)由于各地经济发展不平衡,必须导致各地治理结构建设发展的不平衡。所以说,农村治理结构改革的速度与质量都受到现实中的物质条件的制约。而现实中物质条件的改变不是一日之功,是一个充满艰险、充满困难的过程。这也就决定农村治理结构改革是一个充满艰险、充满困难的过程。

三是农村治理结构建设进程受中国农民本身素养的影响。如前所述,农村治理主体是广大农民。那么,广大农民的自身素质就成为影响农村治理结构建设的决定性因素了。农民的素质应该包括哪些内容呢?农民现有的素质能不能适应农村治理结构建设的需要呢?农民的素质是一个复合体,应该包括政治素质、思想道德素质、文化素质以及表现为各种能力的综合素质。经过社会主义革命和建设的洗礼,特别是经过改革开放和现代化建设的锤炼,农民的素质有了很大程度的提高。这是农村治理结构建设能够依靠广大农民的关键因素。看不到这一点,就说明我们还没有牢固地树立唯物史观。但是,我们也应该看到,农民的自身素质还有同农村治理结构建设的要求存在不相适应的地方。农民的政治素质方面存在的问题是:对党的农村工作方针政策缺乏深入的了解和准确的把握;法治观念和法治意识淡薄;等等。在文化素质方面存在的问题是:我国现有的文盲和半文盲主要集中在农村,这就影响他们接受新生事物的能力,也影响他们的识别能力和认识能力。这些问题的存在都可能直接地或间接地影响农村治理结构建设的进程。

四是农村治理结构建设进程受中国其他治理结构发展速度的影响。国家治理结构是一个大系统。农村治理结构只是国家治理结构中的一个子系统。

全国治理结构中其他子系统的发展速度和质量都会影响和制约农村治理结构建设的速度和质量。然而,在中国这样的大国进行治理结构建设是不可能指望在短期内取得重大突破。其实,世界上的治理结构建设也没有在很短的时间有火箭般速度,也有一个发展过程,何况在中国这样一个大国。邓小平深刻地指出:"至于各种民主形式怎么搞法,要看实际情况。……像我们这样一个大国,人口这么多,地区之间又不平衡,还有这么多民族,高层搞直接选举现在条件还不成熟,首先是文化素质不行。"①农村治理结构改革亦是如此。

第三,农村治理结构改革,既要"摸着石头过河",又要在科学理论指导下稳健推进。在中国这样的大国进行改革,没有现成的模式,也不可能有现成的答案。农村社会的复杂性,农村治理结构的多样性,又决定了农村治理结构改革的艰巨性。按照改革开放总设计师邓小平的设计,改革必须是"摸着石头过河"。② 在新的历史时期,改革农村治理结构对农民来讲,也是非常陌生的事,也许在开始的时候,他们的积极性并不很高。这是可以理解的,如果我们企图用单纯的宣传鼓动来激起农民的农村治理结构改革的积极性恐怕效果不会很理想。中共中央在指导农村治理结构改革的过程,吸取了以往的教训,采取了典型引路、分类指导、循序渐进、耐心等待等好的办法,在实践中提高农民的积极性,让农民群众从农村治理结构改革中感受到这是关系到自己切身利益的伟大事业,既然是自己的事业,就要以主人翁的精神去做好这件工作。

"摸着石头过河"的过程,就是一个不断创造经验、积累经验和总结经验的过程。一个缺乏理论思考的民族是一个没有希望的民族。一个不善于总结经验的党也是一个没有希望的党。总结经验也是建设中国特色社会主义事业成功之道,还是农村治理结构改革健康稳步前进的重要法则。中国共产党在领导中国农村治理结构改革的实践中,坚持事求是的思想路线,科学总结历史经验,对自己在实践中的某些失误,也敢于正视。这是一个成熟政党的标志。

---

① 《邓小平文选》第三卷,人民出版社1993年版,第242页。
② 《邓小平文选》第三卷,人民出版社1993年版,第374页。

科学总结历史经验,不仅关系到农村治理结构改革的成败,而且也关系到整个农村治理现代化的成败。从这个意义上讲,善于总结农村治理结构改革的经验又是党领导农村治理结构改革的成功经验之一。

第四,农村治理结构改革必须坚持党的领导。改革农村治理结构的成功经验告诉人们,什么时候坚持党的领导,农村治理结构改革就取得进步,什么时候动摇了党的领导,农村治理结构改革就会走弯路。农村治理结构改革需要坚持中国共产党的领导,这是不以人的主观意志为转移的。这是从历史发展过程中得到的科学结论。在中华人民共和国成立后,特别是改革开放以来的历史中,中国共产党人都非常重视农村治理结构改革。毛泽东所提出的正确处理人民内部矛盾的理论是农村治理结构改革的理论基石,他所提出的"造成一个又有集中又有民主,又有纪律又有自由,又有统一意志、又有个人心情舒畅、生动活泼,那样一种政治局面",正是农村治理结构改革的理想境界。只是在构建农村治理结构的方法上和实现农村治理结构改革的速度脱离了实际,才导致我国农村治理结构改革出现了不应有的失误。在"文化大革命"中,全国出现了"踢开党委闹革命"的现象,党在农村的组织也受到破坏,党对农村的领导也大大削弱,这个时候农村出现了"大民主"。这种"大民主""实际上是无政府主义"①。这种无政府主义式的民主只能是对农村治理结构的破坏。改革开放以来恢复了毛泽东所倡导的实事求是的路线,从中国的实际出发,取消了不适合中国国情的"大民主",坚持在党的正确领导下推进民主政治建设,从而卓有成效地推进了农村治理结构改革。

在我们总结农村治理结构改革的基础上,我们必须进一步分析前一阶段的改革对后一阶段改革的关系问题,或者说,前一阶段农村治理结构改革的历史经验对后阶段的改革有哪些启示。改革开放到 20 世纪末,我国农村治理结构改革经历了二十多年的历程,积累了极其丰富的经验。这些经验是我们进

---

① 《邓小平文选》第三卷,人民出版社 1993 年版,第 243 页。

行理性思考的思想资料。从宏观上来讲,党在领导农村治理结构改革的过程中,积累了依靠农民群众,充分调动农民群众积极性以推进农村治理结构改革的经验;积累了尊重规律,按照农村治理结构改革的内在要求推进农村治理结构改革的经验;积累了既要加强党对农村治理结构改革的领导又避免包办代替的经验;积累了在加快农村经济政治文化改革和农村经济建设的同时推进农村治理结构改革的经验;等等。从微观上看,党还积累了农村治理结构改革中的民主选举、民主决策、民主管理、民主监督等方面的经验;积累了农村治理结构改革中制度建设、组织建设和思想建设等方面的经验;积累了正确处理政治民主和经济民主关系方面的经验。这些经验都是非常宝贵的。如何科学对待这些经验,是对我们党一个严峻的考验。中国共产党人对此作出了令世人满意的答卷。

启示之一,必须随时总结经验。强调理论的指导作用,并不意味着否定实践第一的原则;强调借鉴人家的实践经验并不等于提倡经验主义。邓小平在指导中国改革开放和现代化建设的伟大事业时,既要坚持"摸着石头过河",又要重视理论的指导;既要反对忽视理论、漠视理论的经验主义,又要反对把经验神圣化的经验主义。在中国共产党的历史上,总结不同时期的历史,使党不断走上成熟。特别是十一届三中全会以来,中国共产党及时总结正反两个方面的经验教训,形成了党的基本理论、基本路线和基本方针。这些理论成果对后来的实践提供了强有力的支持。在理论上,邓小平关于总结经验的系统而深刻的论述,如他认为,总结经验,必须坚持解放思想,一切从实际出发;必须从大局确定总结经验的重点;必须用辩证的方法总结不同的经验;必须坚持试验,通过试验创造和总结新鲜经验;等等。这些是邓小平理论体系的重要组成部分,是我们总结农村治理结构改革经验的指导原则。中国共产党也的的确确重视总结经验和善于运用经验。实践也证明,当党对以往的经验采取了科学的态度和作出了科学的总结时,以往的经验就能发挥更好更大的作用。如前所述,改革开放二十多年来农村治理结构改革积累了丰富的经验。对此,党及时进行总结。这二十多年来,几乎每年都以中共中央的名义召开一次农村工作会议或座谈会,及时总结中共农村工作经验。同时,还专门召开关于农村治理结构改革座谈会。1990 年 8 月,中共中央召开了农村村级组织建设工作座谈会。1997 年,中央纪委、国家监察部在天津宝坻县召开了"村务公开,民主管理"工作座谈会,农业部、民政部、中组部的领导同志出席了会议,河北、天津等七省市的部分县的农村代表分别介绍各地实行村务公开民主管理的经验。通过总结各地农村治理结构改革的经验,为更好地推进农村治理结构改革提供有力的支持。1997 年 9 月,江泽民在安徽考察农村工作时精辟地概括农村的深刻变化。他指出,在中国共产党的领导下,经过改革开放,中国农村发生了一系列历史性变化。这些变化,既有经济方面,也有政治方面,还是思想文化和社会方面。这种变化来之不易,必须倍加珍惜。胡锦涛在主政期间好多次总结农村治理结构改革的历史经验。2018 年,正值我国改革开放40 周年。习近平站在历史与现实的交汇点上,站在党和国家工作战略高度,总结改革开放 40 年的宝贵经验。在此基础上,科学总结农村治理结构改革和农村治理现代化的历史经验。这是最可宝贵的精神财富,是改革开放再出发的总动员令,也是全面深化改革的宣言书,更是深化农村治理结构改革的集结号。

启示之二,就是善于把经验上升为理论。中国共产党人关于农村治理结构改革的理论,就是这些经验的科学总结。一般地说,经验是处在感性认识层面的东西,只有把经验上升为理论,才能使经验发挥更大的作用。中国共产党坚持把马克思列宁主义毛泽东思想的基本原理同当代农村治理结构改革的实际相结合,形成了关于农村治理结构改革的理论。这一理论同农村治理结构改革的实践经验有着密不可分的关系。例如,关于民主是一个渐进的过程的思想,就充分反映了农村的实际,是农村治理结构改革充满矛盾和艰险这一实际的反映;关于实行家庭联产承包责任制,就是最大限度地调动农民积极性,而调动积极性就是最大的民主的思想,就是对我国实行家庭联产承包责任制经验的科学总结。中国共产党人科学分析中国农村的实际,提出了农村工作千头万绪,最基础的工作是基层组织建设的思想。加强农村基层组织建设,一是党支部建设,二是村委会建设,三是村级经济组织建设,四是抓好青年、妇女、民兵等组织建设。他还指出,加强农村基层组织建设,主要是做到有人管事,有钱办事,有章理事。这些重要的理论,首先是来源于农村治理结构改革的经验,其次,又高于一般的经验,它已经是经过理论思考上升为理论原则,更具有普遍意义。根据农村治理结构改革的经验,中共中央制定一系列文件,并把党的路线方针政策通过立法转换为国家意志。无论是中共文件决定,还是法律规章,都是我国农村治理结构改革经验的科学总结,它源于农村治理结构改革的经验,又高于这些经验,更重要的是对这些经验的理论结晶,对农村治理结构改革有着更加长远的指导意义。

启示之三,过去的经验只可借鉴,不可照搬照抄。农村治理结构和城市治理结构都是国家治理结构重要组成部分。农村治理结构改革的经验对城市,对其他方面的治理结构改革有着重要的借鉴意义。邓小平为代表的中国共产党人注重运用农村治理结构改革试点的经验指导全国农村的治理结构改革,又把农村治理结构改革的经验应用到城市和其他方面的治理结构改革。在这个问题上,要正确处理好农村治理结构改革试点的经验与全国农村治理结构改革的关系,通过试点,积累农村治理结构改革的经验,这既是中国共产党的传统工作方法,又是被实践证明是成功的工作方法。党指导工作的时候,非常重视试点工作。党也非常重视试点工作的经验总结。一般选择试点单位或地区时,都会考虑到它的代表性,但是,它毕竟是局部的。中国农村幅员辽阔,各地的情况千差万别。东部与西部,沿海与内地,城郊与边远山区,经济发达地区与经济落后地区,等等,它们之间无论是推进治理结构改革的主观条件,还是客观条件都存在比较悬殊的差别。既然如此,在学习别人的经验的时候,就不能机械地套用,不能囫囵吞枣,也不能邯郸学步,必须从当地当时的实际出发。与此同时,还要正确处理好运用农村治理结构改革的经验到城市的关系。

邓小平指出:"农村改革的成功增加了我们的信心,我们把农村改革的经验运用到城市,进行以城市为重心的全面经济体制改革。"①城市治理结构改革同农村治理结构改革有许多共同点,这就决定农村治理结构改革的许多经验可以运用到城市治理结构改革。城市治理结构改革同农村治理结构改革又有许多不同的地方,又决定在借鉴农村治理结构改革的经验时,必须从城市的实际情况出发。而党在这个问题上是处理得非常成功的。

既然前一阶段农村治理结构改革的历史经验对下阶段农村治理改革具有强烈的启示价值,那么,它就必然成这下一个阶段农村治理结构改革的逻辑起点之一。历史经验之所以宝贵,是因为它来自伟大实践;历史经验之所以有价值,是因为它揭示了规律,在以后的征程中必须遵循;历史经验之所以具有指导意义,是因为它成为下一阶段农村治理结构改革的逻辑起点的重要组成部分。

中国共产党人从中国传统的农村治理结构中的历史遗产吸取了有用成分,也从国外农村治理结构学到了价值的东西,在局部执政和全面执政的历史进程重新架构了新型的农村治理结构。这些对 21 世纪农村治理结构改革都产生了广泛而深刻的影响。作为 21 世纪农村治理结构改革起点,也可以包括这些东西。但从科学意义讲,21 世纪农村治理结构改革的逻辑起点,从内涵来讲,即新的历史时期进一步推进农村治理结构改革的基础条件和动力。从外延来讲,其逻辑起点包括:一是改革开放历史进程家庭承包生产责任促进农村经济的发展,对农村治理结构的新要求。这是进一步改革农村治理结构的强大物质基础,也是 21 世纪进一步改革农村治理结构的最大动力。二是改革开放以来农村民主政治建设所取得的巨大成就,这是 21 世纪进一步推进农村治理结构改革的内生动力和政治基础。三是城市化的历史进程对农村治理结构带来的影响。这是 21 世纪进一步推进农村治理结构改革的社会环境和条

---

① 《邓小平文选》第三卷,人民出版社 1993 年版,第 238—239 页。

件,虽然从表现上看是一种外部力量,实际也是来自农村的需求。四是包括农村治理结构改革在内的农村改革的历史经验的启示。这是 21 世纪进一步推进农村治理结构改革的理论基石。上述四个方面,构成了 21 世纪农村治理结构改革逻辑起点的全部内容。

第三章　农村治理结构改革的
顶层设计

一代人有一代人的历史责任,一代人有一代人的历史使命。在 1989 年中共十三届四中全会上,江泽民当选中共中央总书记,中国开始了以江泽民同志为主要代表的中国共产党人建设中国特色社会主义的实践。这 13 年可分为两个阶段。第一阶段,即前 10 年,属于 20 世纪,不是本书研究的范围。但必须看到,这一阶段的农村治理结构改革的理论、实践、成就及经验,为 21 世纪进一步推进农村治理结构改革奠定了坚实基础;而 21 世纪以来中共中央对农村治理结构改革的深入思考,直接影响和推动了此后的农村治理结构改革。自 2002 年中共十六大以来的 10 年,以胡锦涛同志为主要代表的中国共产党人对农村治理结构改革又作了进一步的深入思考,并不断推进农村治理结构改革伟大实践。2012 年中共十八大以来,形成了以习近平同志为核心的党中央。从此,改革开放进入全面深化的阶段,农村治理结构改革也进入快车道。以习近平同志为核心的党中央在全面深化改革的背景下,从实现国家治理结构和治理能力现代化的战略高度谋划农村治理结构改革。21 世纪以来中共历届中央领导集体对农村治理结构改革的思考,构成了农村治理结构改革顶层设计的主体内容,成为 21 世纪以来农村治理结构改革的指导思想,也成为推动不同阶段农村治理结构改革的精神动力。

一、中共十三届四中全会以来对农村治理结构改革的战略思考

此时，正处在新旧世纪交替之际。此时，人类文明面临着新的问题与挑战，当然也面临着新的发展与机遇。站在世纪之交，中共中央领导集体再次展现出厚重的历史责任感和巨大的政治理论勇气。2000年2月，江泽民在广东考察时提出了"三个代表"重要思想。在此后一年多时间内，他紧密结合实际，不断阐释和丰富"三个代表"的内涵。在2001年的"七一"讲话中，他第一次全面阐述了"三个代表"重要思想的内涵，提出一系列新观点和新论断，使"三个代表"重要思想发展为一个完整的理论体系，成为中国共产党理论创新的一个重要成果。中共十六大通过修改党章，"三个代表"重要思想成为党的指导思想的重要组成部分，也成为以江泽民同志为主要代表的中国共产党人谋划改革农村治理结构的理论基石。

农业、农村和农民问题，事关中国革命、建设和改革全局。进入21世纪后，农村还要不要改革？改革的方向是什么？改革的内容包括哪些？农民如何从改革中获得更多的实惠？农村治理结构要不要改？如何改？这一系列重大问题，是中共中央必须回答和解决的问题。为此，中国共产党人坚持把马克思主义与中国实际相结合，在"三个代表"重要思想的理论框架下，在21世纪初对农村治理结构改革进行了战略思考。

（一）强调按社会主义市场经济方向深入推进农村改革

在社会主义条件下能不能搞市场经济，是一个长期困扰中国共产党的重大问题。对此，直到1992年邓小平才明确回答。这一年召开的中共十四大，正式确立社会主义市场经济作为改革的基本方向。"按照建立社会主义市场

经济体制的目标,坚定不移地把农村改革引向深入。"①如何按照社会主义市场经济来改革农村治理结构改革? 1998 年召开的中共十三届五中全会通过了《中共中央关于农业和农村工作若干重大问题的决定》,科学总结过去,并确立了农业和农村的发展目标:农村经济体制改革的目标形成以公有制为主体、多种所有制经济并存的发展模式,促进农村生产力的不断解放和发展;政治体制改革的目标是坚持和改善党对农村的领导,农村民主政治建设取得巨大进步,农民享有更多的民主权利,农村基层民主进一步得到扩大;文化体制改革的目标是全面提高农村精神文明建设水平,提高农民的整体素养,培养更多新理想、新道德、新文化、新纪律的新型农民。经济、政治和文化三重目标都涉及农村治理结构。经济目标涉及农村治理经济结构,即农村中的公有制与非公有制之间的结构比例及它们在农村经济中的地位与作用。政治目标涉及农村政治治理结构,即党在农村治理结构中的地位,农村民主政治建设的努力方向,村民自治中的民主法治运行轨迹。文化目标涉及提高农村治理主体的整体素质,为农村治理提高人才保障。三重目标的确立,为 21 世纪农村治理结构改革指明了方向。

(二)按照社会主义市场经济的需要建立农村服务体系

1953 年第一个五年计划的制定与实施,标志着我国开始了计划经济体制。对于这种体制,我们应该看到它对中国经济起到十分重要的作用,但是,也不能不注意,计划经济本身存在重要缺陷,在实施过程中又存在重大偏差,受影响最严重的是农村服务体系问题,在计划经济条件下,农村公共服务供应远远落后于城市。而农村公共服务体系本身就是农村治理结构的重要组成部分,在农村治理结构中占据十分重要位置,发挥十分重要的作用。改革开放以来,农村服务体系建设取得重大进展,但仍然不能满足农村需要,仍然不能满

---

① 中共中央文献研究室编:《十五大以来重要文献选编》(上),人民出版社 2000 年版,第529 页。

足农村治理的需要。江泽民坦诚地承认,农业是特殊产业,具有周期长、风险大、效益差的特点。农村生产力水平整体不高,现代农业和传统农业交集在一起,农产品的商品率低,农民对市场不熟悉、不了解,对市场变化不敏感,所以,必须加强对农业的保护和支持。"通过不断探索,逐步建立起有中国特色的对农业强有力的支持和保护体系,并使之制度化、法律化。"[1]农业的发展才会有基本保障。按照江泽民的设想,建立农村服务体系,主要是形成农产品收购保护机制、粮食专项储备机制和风险防范机制等。这些机制对农村经济治理起到了"安全阀"的作用,农民减少了后顾之忧和经济压力,发展农业的积极性提高了,参与农村政治、经济、文化治理的积极性自然高涨。

(三)强调必须长期稳定以家庭联产承包责任制为基础的双层经营体制

家庭联产承包责任制是我国农村最重要的治理制度,实践证明,它适合我国生产力水平,促进了农业生产的发展,改变了农村面貌,提高农民在农村治理中的地位。对此,江泽民认为,实践证明,家庭联产承包责任制,"具有广泛的适应性和旺盛的生命力"[2]。既然如此,江泽民代表中国共产党向全国农民庄严承诺,坚持家庭承包生产责任长期不变。最初提出 30 年不变,后来再次声明 30 年后也不变,并通过立法肯定家庭联产承包责任制长期不变,给全国农民吃下定心丸。肯定家庭联产承包责任制长期不变,不等于坚持这一制度一成不变。特别是当农村土地经营出现新情况,农民对土地的依赖程度下降,农村土地出现大量抛荒,农村土地自发出现土地转包和流转的大背景下,中共中央因势利导,2001 年及时提出了在依法、自愿和有偿的原则下,允许农村土

---

[1]　江泽民:《加强农业基础地位　深化农村改革　推进农村经济和社会全面发展》,《人民日报》1996 年 7 月 15 日。

[2]　中共中央文献研究室编:《十五大以来重要文献选编》(上),人民出版社 2000 年版,第530 页。

地使用权流转。这对农村土地制度是一个重大的创新。通过土地流转，逐步发展适度规模经营，促进土地资源合理配置。这是一个具有前瞻性的战略决策，既坚持了家庭联产承包责任制的长期不变，又促进农村生产资料的合理配置，促进农村土地的有效利用。

（四）必须改革城乡二元经济社会结构，以城镇化推动农村发展

新中国成立初期形成的城乡二元经济社会结构，"是长期制约我国经济良性循环和社会协调发展的重要因素"①。如果说，当年形成城乡二元结构有其必然的话，那么，经过 20 多年的改革开放和经济建设，破除这种体制的条件已经基本成熟。所以，江泽民作出了一个基本判断，这就是我国已经开始工业反哺农业，城市支援农村的时期，用城乡一体化来取代城乡二元体制。②破除城乡二元体制路径是发展小城镇，小城镇是"大战略"，这是中国特色的城镇化道路，③通过发展中小城市，"把农村人口尽可能多地转移出来"④，这是一个富有创见的思想，非常符合中国的国情。中国城市化水平不高，大城市的辐射能力有限。如果把农村剩余劳动力集中转移到大城市，可能会引起其他社会问题。因此，江泽民主张用发展小城镇的办法来解决农村劳动力转移问题，可以减轻大城市的压力，也可能避免在发达国家已经出现的大城市病。江泽民反复强调这一思想。农村剩余劳动力转移和安置，事关国家经济社会发展和社会稳定，事关农村经济社会发展，事关农村治理的重大问题。在江泽民看

---

① 中共中央文献研究室编：《十五大以来重要文献选编》（中），人民出版社 2000 年版，第1074 页。

② 陆学艺：《"三农"论——当代中国农业、农村、农民研究》，社会科学文献出版社 2002 年版，第 184 页。

③ 江泽民：《全面建设小康社会　开创中国特色社会主义事业新局面——在中国共产党第十六次全国代表大会上的报告》，《人民日报》2002 年 11 月 19 日。

④ 《江泽民文选》第三卷，人民出版社 2006 年版，第 407 页。

来,农村劳动力转移就业问题解决不好,农民的生活就不会富裕;农民摆脱不了贫困农村就难以稳定,农业也就难以很好地向前发展,农村治理就会有问题;农村治理不好,农村社会不稳定会直接关系到全国的稳定与发展。解决这个问题的根本出路就在于城镇化或城乡一体化。

（五）以扩大农村基层民主促进农村治理结构改革

促进农村经济社会发展靠什么? 归根到底是靠农民自己。一旦农民觉醒起来,积极性高涨起来,农村的一切事情就好办了。问题是如何调动农民积极性? 历史的经验告诉人们,舍民主没有其他别的办法。当江泽民从前人手中接过主政的接力棒时,也深刻地认识到这个问题。特别是他提出"三个代表"重要思想后,他就常常思考一个十分重要问题,即中国共产党作为中国人民根本利益的忠实代表,如何把广大人民紧紧团结在中国共产党的周围。当人民群众解决温饱问题,更需要民主,更需要政治上的当家作主。21 世纪以来,江泽民强调,充分发挥广大农民的积极性、主动性和创造性,是我国最大的政治,也是最好的民主。没有民主,就不可能调动农民的积极性,没有农民群众积极性,就无法搞好农村工作,促进农业发展。推进农村基层民主建设,是确保农村长治久安的一件根本性的大事。中共十五届三中全会明确提出农村民主建设的基本内容,这就是民主选举、民主决策、民主管理和民主监督。并正式确立为农村民主政治建设新目标。围绕四大民主,建设三大制度,这就是以保障农民选举权和被选举权的民主选举制度;以搭建民主决策和民主管理平台的民主议事制度;以落实农民知情权监督权为目的的民主监督制度。这就是农村治理结构改革中的制度建设。有了这些制度,农村治理就可能在法治的轨道上运行。

（六）加强农村党的建设，强化党在农村治理结构中的领导地位

中国的问题,关键在党,农村治理的关键也在党。农村村民自治不是离开

中国共产党的领导,而是"健全村党组织领导下的充满活力的村民自治机制"。① 建立这种机制,首要的是,农村党的组织要健全,农村党员要发挥先锋模范作用,如果农村党的组织不完善,农村党员不能发挥作用,就不可能建立党组织领导下,充满活力的村民自治机制。其次,是农村基层党组织在农村民主选举中依法参加选举,成为村民委员会的成员。村民委员会中的党员成员通过党内选举,兼任村党支部委员成员;在优秀村民委员会成员和村民小组长、村民代表中吸收发展党员,不断为农村基层党组织注入新生力量。农村党组织和党员不能体外循环,必须参与其间,掌握村民自治的大方向,成为民主决策、民主管理和民主监督的核心力量。最后,农村基层党组织紧紧依靠村民委员会和农村其他治理组织,推进村民自治。江泽民认为,坚持农村基层党组织对村民自治的领导,不是包揽一切,不是越俎代庖,而是充分调动村民委员会和农村其他自治组织的积极性,这样才能产生活力,才能调动各方面的积极性。

(七)明确提出转变乡镇职能和改革乡镇机构的任务

乡镇党委与政府在农村治理结构中处在关键位置。转变乡镇职能和改革乡镇机构是农村治理结构改革中的关键环节。江泽民非常重视转变乡镇职能和改革乡镇机构。首先,江泽民认为,乡镇机构人员太多,是农民负担过重的根本原因。他提出"养民之道,必以省官为先务",乡镇机构改革,要认真研究解决养人过多的问题。② 根据这一设想,中共中央在 2001 年发出一号文件,提出要以农村税费改革为契机,积极稳妥地推进乡镇机构改革。乡镇政府要转变职能,下决心精简机构,裁减人员,减少村组补贴干部人数,优化农村教师队伍。有条件的地方,可以在不影响社会稳定的前提下适当撤并乡(镇),以利于精简机构和人员,减轻农民负担。其次,强调切实转变乡镇政府职能。江

---

① 江泽民:《全面建设小康社会 开创中国特色社会主义事业新局面——在中国共产党第十六次全国代表大会上的报告》,《人民日报》2002 年 11 月 19 日。

② 参见《江泽民论有中国特色社会主义(专题摘编)》,中央文献出版社 2002 年版。

泽民提出,根据适应发展农村社会主义市场经济和依法行政的需要,强化引导功能,强化服务功能。再次,提出了改革乡镇党政机构任务。江泽民强调,要因地制宜,分类设置。对改革乡镇站所管理体制,推动乡镇事业单位改革。除政法系统和已经明确实行省以下垂直管理的系统外,其他有关部门管理的站所,原则上都下放给乡镇。结合核定编制,精干教师队伍,大力压缩行政后勤人员,清退各种编外人员,清理占用或变相占用中小学教职工编制的各种人员,严格教师资格制度。最后,提出因地制宜地撤并乡镇。从1998年,开始了以"撤并乡镇、精简机构、分流人员"为主要标志的乡镇机构改革。

进入21世纪后,中共中央对农村治理结构改革一系列重大问题的战略思想,丰富了马克思主义理论宝库,是指导农村治理结构改革的指导思想和理论基础。正是有了这样的战略思想,农村治理改革迈出了坚实的步伐,取得了可喜的成就。在农村治理结构中诸多重大问题中,有些问题开始提出,有些问题开始思考,有些问题开始破题,有些问题开始着手解决,当然也有些问题未能发现。江泽民对农村治理结构中一系列重大问题的战略思考,为其继任者进一步思考和解决这些问题奠定了基础。

二、中共十六大以来对农村治理
结构改革的战略构架

2002年11月8日至14日,中国共产党第十六次全国代表大会在北京举行。胡锦涛当选中共中央总书记。到中共十八大之前,胡锦涛主政十年。他于1992年中共十四大进入中央核心层,此前长期在基层工作,后又历任团中央第一书记、中共贵州省委书记和中共西藏自治区党委书记。也就是说,先后经历了邓小平领导下的改革实践,参与了江泽民主政时期的一系列重大决策。这些经历为他主政创造了条件和积累了经验。

胡锦涛科学总结人类文明的发展史的宝贵经验,深刻认识理论创新的重要性,他强调,没有创新的理论思维,一个民族不可能兴旺发达,不可能在世界民族之林站稳脚跟。作为创新理论思维的典范,胡锦涛深入思考影响中国人民能否幸福生活等深层次问题,深入思考一系列事关中国前途与命运的重大问题,深入思考事关中国共产党能否长期执政的根本问题,形成了科学发展观。科学发展观的内容极其丰富,包含了执政兴国的一系列重大理论原则和重要思想,涉及社会基本矛盾和社会生活的各个方面,贯通于我们正在干的伟大事业和党的建设新的伟大工程的各个环节。科学发展观的价值不可低估,从发展历史来讲,它继承和丰富了马克思主义、毛泽东思想和中国特色社会主义理论体系。从科学价值看,它是中国共产党认识人类社会发展规律、社会主义发展规律和中国共产党执政规律的理论成果。从历史地位来看,中国共产党必须长期坚持的指导思想,是深化了对人类社会发展规律、社会主义建设规律和共产党执政规律的理论成果。从与农村治理结构的关系看,科学发展观是对精准判断农村治理结构改革的形势理论基础,是正确认识农村治理结构改革中的新情况、新问题的思想武器,是推动农村治理结构改革精神动力。

这十年,国际形势面临多重挑战,中国社会也处在急剧转型阶段,中国农村也发生了极其深刻的变化。在科学发展观的视域下,中国共产党人对农村治理结构改革中重大理论问题和实践问题进行了战略构架。这些战略构架成为农村治理结构改革顶层设计的重要组成部分。

(一)构架"三农"工作是党的工作中的重中之重思想,为农村治理结构改革提供理论基础

王以民为本,民以食为天。这是总结古今中外历史得出的科学结论。在人类发展史证明,"人们首先必须吃、喝、住、穿,然后才能从事政治、科学、艺术、宗教。"[1]这是毋庸置疑的真理。中国共产党人从历史中吸收了智慧,以马

---

[1]《马克思恩格斯选集》第 3 卷,人民出版社 1995 年版,第 776 页。

克思主义为指导,高度重视解决"三农"问题。胡锦涛在继承的基础上,不断深化对农业重要性的认识。强调农业在国民经济发展中的基础地位,强调农村对国家社会的特殊地位,强调农民在全国人民中间的关键作用,深刻揭示了"三农"问题的极端重要性。① 胡锦涛强调,农业始终是国家安天下、稳民心的战略产业。做好新形势下农业、农村、农民工作,一直为以胡锦涛为代表的中国共产党人所挂念。他在先后在江西、湖南、黑龙江、云南、新疆、山东、河北等地考察时,重点考察"三农"问题。在田野和农业龙头企业大棚里,胡锦涛察看庄稼作物;在农业院校,他与师生座谈,思考和分析发展农业技术问题,体现对"三农"问题的高度重视。在胡锦涛心目中,"三农"工作是党的工作的重中之重,无可替代,任何时候都不可忽视,不可松懈,确保粮食生产不滑坡,确保农民收入不徘徊,确保农村发展好势头不逆转。"三个确保"思想的提出标志着对"三农"工作重要性的认识达到了前所未有的高度。2010 年 1 月 23 日,胡锦涛在主持中共中央政治局第十一次集体学习时,正式提出了做好"三农"工作是全党工作重中之重的思想,强调坚定不移走中国特色农业现代化道路,加快推进社会主义新农村建设,更加扎实地做好农业、农村、农民工作。胡锦涛对"三农"问题重要性的科学论述,对于统一全党思想具有十分重要的作用,为推进新世纪包括农村治理改革在内的农村改革奠定了坚实的理论基础。农村治理是"三农"工作的重要组成部分,"三农"工作的成败与农村治理结构的好坏关系非常密切,重视"三农"工作,必然重视农村治理结构改革。

（二）以免除农业税的惠农政策，为农村治理结构改革创造良好的经济环境

皇粮国税,自古有之。不管朝代发生变化,也不管征税的形式不同,但交税纳赋一直不变。这个历史在 2005 年终于改变,延续几千年的皇粮国税——

---

① 《胡锦涛温家宝等领导同志分别参加审议讨论》,2006 年 3 月 8 日,见 http://www.china.com.cn/zhuanti2005/txt/2006-03/08/content_6146370.htm。

农业税终于成为了历史。这是胡锦涛主政十年中为农村治理结构改革作出的重要贡献。

首先,基于总结历史经验。胡锦涛认为历史上每一个王朝建立之初,轻赋减徭,人们获得休养生息机会,社会正常运转。但是,到每个王朝的后期,赋税繁重,人们不堪忍受,纷纷揭竿而起,农民起义成为改朝换代的重要工具。历史的经验教训不可忘记。中华人民共和国是人民政权,中国共产党是最广大人民根本利益的忠实代表,党与人民没有根本利益冲突。但是,新中国成立后,农民继续交纳农业税,特别统购统销政策实施后,广大农民也有负税过重的问题。改革开放以来,农村经济发展了,农民也开始走上了富裕之路。但是,农村税费过重成为影响党群关系和干群关系的重要因素。对此,党中央已经认识并采取措施解决这个问题,但是,并不能从根本上减轻农民负担,社会上仍然有农业真落后,农民负担真重,农村真穷的呼声。党中央知民情,懂民意,从 20 世纪末开始试点减轻税费和给予补贴,到 21 世纪初加大了试点的力度,以期减轻农民负担。

其次,基于国家综合实力已经具备了取消农业税的能力。改革开放以来,党把工作重心转移到经济建设上,取得了让世人瞩目的成就,国家经济实力大幅度上升。到 20 世纪末,提前实现经济总量翻两番的目标,成为仅次于美国、日本之后的第三大经济体。如果说,当年为了发展国民经济,农业大力支持工业,甚至作出重大牺牲,农民作出了重大贡献,那么,国民经济发展,工业已经有条件支持农业的发展,城市有能力为农村的发展作出贡献。所以党中央决定加快取消农业税的步伐,2004 年 3 月,温家宝在十届全国人大二次会议上作政府工作报告时,代表中共中央和国务院正式宣布,自 2004 年起,五年内取消农业税。实践结果,一年后就全面停止征收农业税。

再次,基于有利于农村治理结构改革。农村治理结构是农村治理的骨骼,经济是农村治理的血液,文化是农村治理的灵魂。没有骨骼,农村治理就会瘫痪;没有血液,农村治理就会梗塞;没有文化,农村治理就失去方向。家庭联产承包责任制实行后,农村经济的造血功能不强的问题表现出来了。为了保证农村治理结构正常运转,不至于因为缺血而停止运转,各地农村在征收农业税的同时,以各种名义向农民收费。农村基层干部工作中有"三难":一是收粮难,即统购统销粮食带来的困难;二是收费难,即征收农业税和其他各种费用带来的困难;三是计划生育难,即在农村推行计划生育工作来的困难。正是这"三难",不仅占用农村干部的大量时间与精力,而且因为"三难"导致干群关系紧张,从而导致农村治理无法正常进行。统购统销,是农业税的征收形式,后来被合同制所取代,但仍然征收农业税,农村各种收费问题也是一个老大难的问题,后来在实现村民自治"一事一议"制度中看到改善。从根本上解决问题就是停止征收农业税。2005 年 12 月,十届全国人大常委会通过了废止农业税条例。随后,胡锦涛签署主席令,从 2006 年 1 月 1 日起实行这一条例。正如吴邦国所指出:"决定废止农业税条例,取消农业税这一税种,让农民吃上了定心丸。"①延续了几千年的农业税从此彻底退出历史舞台。废止农业税,大大减轻了广大农民的负担,而且把农村组织和农村干部从繁重的收税和收费工作中解放出来;广大农村干部不再为征粮和收费问题发愁,他们有更多的时间和精力去思考与解决农村经济社会发展问题,农村的干群关系得到改善,农村治理问题也相应进入良性循环。

(三)科学判断两个趋势,坚持城乡一体化条件下改革农村治理结构

关于农村与城市的关系问题,既是一个古老的问题,又是一个具有重要现实意义的问题。说它古老,是因为自从有了城市与农村之分,就有了城市与农村的关系问题。说它现实,是因为这个问题一直存在,只要有农村与城市之分,就有农村与城市的关系问题,即便实现共产主义,城乡差别不再存在,城乡

---

① 《十届全国人大常委会十九次会议闭会　吴邦国主持》,《人民日报》2005 年 12 月 30 日。

关系问题还是存在。在认识城乡关系问题上,马克思提出富有远见的思想,即"农村城市化"理论。① 恩格斯则主张,以城乡融和来缩小城乡差别和其他差别。② 这些重要思想是中国共产党人认识和解决城乡关系的理论基石。毛泽东对解决中国城乡关系,既有成功经验,也有深刻的教训。改革开放以来,我国发生了极其深刻的变化,并由此引起城乡关系和工农关系的深刻变化。这些变化中有积极的,具体表现为城乡的互动关系增强,城市对农村的带动能力迅速增加,特别是大城市周边的农村因城市的辐射作用而改变了落后面貌。农村劳动力转移到城市后为城市的发展作出贡献的同时,也提升了素质,增加了收入。但是,不能不看到,城乡之间的差距不仅没有缩小,而是拉大了。有人戏称,中国城市像欧洲,中国的农村像非洲。由于政策导向出了问题,导致城市发展速度快,农村发展速度慢,城市居民收入增长速度与幅度都高于农村。特别是当家庭联产承包责任制的红利释放得差不多时,农民增收遇到瓶颈,农业发展形势严峻。面对这种形势,胡锦涛作出了正确判断,提出了"两个趋势"的重要思想。第一个趋势,发生在工业化初期。由于社会生产力水平低,工业化需要原始积累,这个时期农业支援工业,农村支持城市是必然趋势。第二个趋势,发生在工业化有了相当高的时期。国家实现工业,生产力水平大幅度提高,社会财富迅速增加,综合国力明显增强。国家有条件有能力支持农村和农业。这是一种必然趋势。③

　　"两个趋势"的重要思想提出后,在全国特别是在农村引起强烈反响。胡锦涛继续思考这一重大问题,在中共十七届三中全会及相关决定中,使"两个趋势"的思想更加系统,更加深刻,更具有理论形态,提出了三个重要思想:一是发展新阶段的重要思想。这是对历史的科学总结。中华人民共和国成立后,特别是改革开放以来,中国人民为发展国民经济付出了艰辛的努力,取得

---

① 《马克思恩格斯全集》第 46 卷(上),人民出版社 1979 年版,第 480 页。
② 《马克思恩格斯选集》第 2 卷,人民出版社 1972 年版,第 223 页。
③ 《胡锦涛文选》第二卷,人民出版社 2016 年版,第 247 页。

了巨大成就,巨大成就足以支撑进入以工促农、以城带乡的发展阶段。二是关键时刻的重要思想。这是基于对现实的深刻把握。机遇总是垂青于有准备的人。当以工补农,以城带乡的条件成熟后,就提供了良好的机遇,机遇稍纵即逝。当以工补农以城带乡的条件成熟后不及时转换为政策,趋势也只能是趋势,不能成为现实。三是重要时期的思想。这是对未来的预期。这里都包括目标模式,又包括持久作战的思想。目标就是破除城乡二元结构、形成城乡一体化新格局,而实现这一目标非一日之功,是要经过较长时期的艰苦奋斗才能达到预期。①

　　"两个趋势"的科学判断和三个重要思想,是改革城乡二元体制的理论依据。胡锦涛以宽广的国际视野和深邃的历史眼光,认为当年建立城乡分割的体制有其必然性,这种体制在当时有重要积极作用,同时,当条件成熟后,破除城乡二元体制也是必然的。随着社会主义市场经济体制的日益完善,市场诸种要素按照市场规律合理流动,减少人为因素,减少体制机制障碍。随着农村生产水平的改进,劳动生产率的不断提高,农村会有更多的劳动力需要向城市或其他行业转移,形成统一的城市劳动力市场以及其他要素市场,发挥市场在配置资源中的基础性作用。既然已经出现"两种趋势",就要把握好趋势,因势利导,实现城乡真正的共同发展,共同前进。按照"两个趋势"和三个重要思想,加快城乡一体化发展,对农村治理结构改革具有重要意义。农民进城后,接受现代文明的熏陶,大幅度地提高农村治理者和治理对象的综合素质,利用农村治理结构改革,实现农村治理现代化。

　　"两个趋势"的科学判断,为农村治理结构改革指明了方向。应该承认,在城乡二元体制下,由于历史和现实原因,城乡存在巨大差别,破除城乡二元体制,不是城市向农村看齐,而是通过补齐农村发展短板,在城市的支持下,国家运用政策杠杆,大幅度提高农村公共服务水平,实现城乡公共服务均等化。

---

　　① 《中国共产党第十七届中央委员会第三次全会公报》,2008 年 10 月 12 日。

城乡差别不再主要表现物质上差别,主要表现综合素养和文明程度。因此,按照"两个趋势"和三个重要思想,花大力发展农村的教育,提高农民的素质,提高农民的思想道德水平。通过改革,建立农村教育分级负责的保障机制,让农村儿童享受更好的教育,让农村的孩子不输在起跑线上。大力发展农村的医疗卫生事业,让农民看得起病,不因病致贫,不因病返贫,不再发生"小病不治""大病治不起"的现象。建立农村保障体系,农民的生活更有保障,有了一定依靠。一旦这些问题得到解决,农村治理现代化就基本实现,城乡差别也就不复存在。胡锦涛"两个趋势"的判断和用城乡一体化改善农村治理结构的思路是对马克思主义和中国共产党人正确处理城乡关系理论的重大贡献。在此基础上提出的城乡一体化的改变农村落后面貌的思想对中国农村改革产生了重大而积极的影响。

(四)《中共中央关于推进农村发展改革若干重大问题的决定》对农村治理结构改革作了全景式构架

这个《决定》是在中共十七届三中全会上通过的。讲《决定》是农村治理结构改革全景式构架,是因为它在规划农村全面改革的同时,对农村治理结构改革也进行了全方位的规划。关于农村其他方面的改革此处不作分析,重点分析《决定》中关于农村治理结构改革的构架。首先,牢牢把握农村治理结构改革的正确方向。《决定》提出,建设社会主义新农村中国共产党的战略任务,农村发展的基本方向是坚持中国特色的农业现代化道路,根本要求是架构城乡经济社会一体化新格局。农村改革战略任务、基本方向和根本要求决定了农村治理结构改革的方向和价值取向。其次,农村治理结构改革在农村改革十大任务占据重要地位。《决定》提出农村改革十大任务,其中直接关于农村治理结构改革内容,就包括进一步加强农村基层党组织,进一步完善村民自治制度;进一步保障农民民主权利;进一步推进城乡公共服务均等化;进一步完善农村社会管理体系。对于这些涉及农村治理结构的任务,提出非常具体的要求。最后,对农村治理结构的运行机制进行了科学构架。通过改革,形成党和政府主导的维护农民合法权益的维权机制,及时排查化解矛盾纠纷的调处机制,社会治安综合治理机制,各种突发事件和群体事件应急管理的机制,家庭家族宗族和宗教事务的处理机制。① 通过这些机制,保证农村治理结构的正常运转。

改革开放以来形成的农村治理结构,在扩大农村基层民主、实现对农村有效治理方面发挥了积极作用。但不容忽视的是,这个时期的农村治理结构是在城乡分治的二元体制框架下设计的,还在着不足,影响农村治理。要让城镇化的推进与农村发展协调统一起来,就需要在城乡一体化的框架下进一步改革和完善农村治理结构,也就是将农村治理结构纳入城乡一体化的公共管理和社会管理体系之中。按照城乡一体化方式,建设和完善农村基层社会生活领域里的农村治理结构。

（五）在集约化、专业化、组织化、社会化等新的农业集体化条件下构架农村治理结构

把中国农民组织起来,一直是中国共产党的追求。早在 1943 年,毛泽东在《组织起来》一文中就提出通过集体化把农民群众组织起来的重要思想。② 新中国成立后,按照毛泽东的设想,通过对农业的社会主义改造,把农民引上了集体化的道路和社会主义道路。人民公社化运动把农民最大限度地组织起来了,但超越了生产力水平。后来,才有家庭联产承包责任制的推行。必须指出,家庭联产承包责任制不是简单地回到私有制条件下的个体农业。但在推行过程,有的地方走到另一个极端,农民的组织化程度大幅下降。这与邓小平"我们总的方向是发展集体经济"的初衷有些背离。事实上,邓小平在支持家

---

① 《中共中央关于推进农村改革发展若干重大问题的决定》,《人民日报》2008 年 10 月 20 日。

② 《毛泽东选集》第三卷,人民出版社 1991 年版,第 931 页。

庭联产承包责任制的同时,也赞同集体化,而且是更高水平的集体化。① 到晚年,随着农村形势的变化,他越来越重视农业集体化、集约化的问题。他说:"以后分工越来越细,工艺越来越新,一家一户办不了,最终要走集体化道路。不过,农民愿意怎样就怎样,不要搞运动,他们实际上会朝这个方向走,集体化也是社会主义。"②

如果说家庭联产承包责任制在实践中有失误的话,那么,失误就在于"分"有余,而"统"不足,甚至只有"分",而没有"统",本该是以"统分结合、双层经营",却出现了严重的缺陷与偏差。由于没有经济实力,农村党支部和村委会说话无人听,做事无实力,指挥不动,管理不到位,特别是遇到不可抗拒的天灾人祸时,依靠个体农民已经无济于事和无能为能,由此,影响农村治理。农村"分"有余而"统"不足,只能是传统的小农生产方式。千百年来的实践反复证明,小农生产方式的种种缺陷和局限,铸就了农业在经济领域中的弱质性。它几乎没有"免疫"能力和"造血"细胞,经受不起自然灾害的袭击,抗御不了市场变化的风险。相反,在中国农村也有少数村坚持了新型合作化道路。这些村集体经济实力雄厚,从而"村支两委"领导坚强有力、群众生活富裕、村务管理民主、乡风文明进步、公共服务完善、社会稳定和谐。

正反两方面的经验教训引起了中国共产党人对集体化的重新审视。江泽民指出,"农户承包经营以后,集体统一经营层次很薄弱,除了土地以外,集体基本上没有经济收入,有些单靠一家一户办不了、办不好的事,集体也无力去办"。他提出,"采取因地制宜的办法,在巩固农户承包经营的基础上,逐步建立好集体统一经营的层次,从而为不断提高农户承包经营的水平提供有力的服务和支持"。江泽民提出这个问题及其解决的初步设想,为其继承者奠定的基础,指明了方向。

---

① 《邓小平年谱(1975—1997)》(上),中央文献出版社 1994 年版,第 641—642 页。
② 《邓小平年谱(1975—1997)》(下),中央文献出版社 1994 年版,第 1338 页。

胡锦涛在认识和解决这个问题迈出了一大步,即提出在集约化、专业化、组织化、社会化的新的农业集体化条件下构架农村治理结构的重要思想。一是在充分肯定坚持家庭联产承包责任制长期不变,是"党的农村政策的基石"的同时,提出了"两个转变"的思想。首先是在"分"的层面上,促进传统农民向现代农民的转变,用现代科学技术手段培养更多的经营主体,现代经营主体也就是现代治理主体。现代治理主体是实现农村治理必不可少的条件。其次,在"统"的层面,改变农民单打独斗的格局,提高专业化、组织化、社会化水平。从理论上讲,一个组织起来团体很容易打败一群游兵散勇,从事实来讲,中国近现代历史已经给出了答案,由于中国人民的组织化程度低,近代百年外国列强肆意欺负中国人民。二是无论是集约化,还是专业化、组织化和社会化,都必须坚持自愿原则,不能忘记历史教训。按照"服务农民、进退自由、权利平等、管理民主"的要求推进这一进程。三是以科学机制提升农村治理现代化水平。农村有了现代治理主体,包括新式农民和新型治理组织及治理结构还不足以实现农村治理现代化,必须有科学运行机制,才能保证农村涌现现代化的理想变为现实。中共十七届三中全会所通过的决定,除重申原来的机制,还特别提出建立"紧密型利益联结机制"①。这是极富有创建的思想,符合农民的实践。农民最实际,他们对虚头巴脑的东西不感兴趣,政策只有与他们的切身利益紧密相连,才能调动他们的积极性。

（六）在建设社会主义新农村的愿景下推进农村治理结构改革

胡锦涛在2005年10月召开的中共十六届五中全会上,提出了建设社会主义新农村这一重大历史任务。这在全国特别农村引起了巨大反响。关于新农村,从字面上看,似不是新提法。因为在新中国成立后和20世纪六七十年代,中国共产党也提出要建立社会主义新农村。但是,如果对提出社会主义农

---

① 《中共中央关于推进农村改革发展若干重大问题的决定》,《人民日报》2008年10月20日。

村的相关文件作文本解读,就会发现它们之间的巨大差异。一是两者提出的背景不同。20 世纪提出的新农村,是在生产力非常低,国家经济不可能为新农村建设提供强有力的经济支撑的背景下提出的。21 世纪初,在生产力已经达到相当高的水平,国家经济实力雄厚的背景下提出建设新农村。二是两者的建设思路不同。20 世纪,中国还处在城乡二元结构的条件下进行新农村建设,只能在农村内部进行,外部没有力量介于其间。21 世纪初建设社会主义新农村时,城乡二元结构已经开始解体,中国共产党人解放思想,从宽广的国际视野,成熟的战略思维,认识、解决中国"三农"问题,把建设社会主义新农村放到全党全国工作大格局中谋划,放到整个社会的进步中推进,放到实现全国人民共同富裕的追求中建设,进而引进社会力量,形成全社会合力。三是政策措施的不同。前者的政策手段,主要是政治上,以群众运动作为推动力。21 世纪建设社会主义新农村,是综合性的政策措施:在政治上,党中央从事关全面建设小康社会和社会主义现代化建设的全局的高度来认识,发挥中国共产党的政治动员和整合力量的优势,调动全社会的力量为建设社会主义新农村贡献力量;在经济上,打出"组合拳":引进社会资本参与新农村建设;加大财政对建设新农村基础建设的投入;实行统一规划,分步实施的行动谋划;建设强有力农村保障制度体系和惠农政策。在文化上,推进乡风文明,开展文化下乡,为建设文明新风贡献力量。最后,结果不一样。前者虽然起了一定的作用,但农村的落后面貌并没根本改变,一些农村建设的典型如山西省昔阳县大寨,变了味,走了样,由此在全国开展的"农业学大寨"运动也被利用而掺杂了别的东西。21 世纪以来的社会主义新农村建设,对改变农村的落后面貌发挥了重要作用。

这一时期,中国共产党人不仅确立了建设社会主义新农村的战略目标,而且精心部署如何推进实现这一目标,特别是按照建设社会主义新农村的基本要求推进农村治理结构改革。建设社会主义新农村当然可以借助外部力量,但归根到底要靠内生动力,要靠调动广大农民自身的积极性和创造性,建立符合中国国情的、充满生机与活力的、最大限度调动农民积极的农村治理结构。这对建设社会主义新农村具有决定性意义。因此，以胡锦涛同志为主要代表的中国共产党人特别强调以扩大农村基层民主路径，以村务公开为平台，以法治为保障，以加强党的领导为核心，以尊重农民首创精神为依托，以调动农民积极性为目的，推进农村治理结构改革，服务于建设社会主义新农村。

为了保证建设社会主义新农村战略目标，中共中央召开了一系列会议，制定了一系列政策文件。胡锦涛及其他中央领导人到全国各地调研、督办，确保建设社会主义新农村取得实质性进展。

（七）在不断推进社会主义政治制度自我完善中加快乡镇及村组改革

经济体制改革要求和推动政治体制改革。农村改革，特别是建设社会主义新农村的伟大实践，对乡镇改革提出了新的要求。一是从坚持中国特色社会主义政治发展道路、"不断推进社会主义政治制度自我完善和发展"[①]的高度来认识村民自治制度。改革开放以来实施的农村自治制度与国家民主政治建设密不可分，它是全国民主政治建设的重要组成部分。这种制度的最大优点就在于能最大限度地调动广大农民群众的积极性，所以，胡锦涛强调农村自治制度必须坚持、不断完善。二是下决心解决乡镇职能的"错位、缺位、越位"问题。乡镇在农村治理结构的地位和作用毋庸置疑，但是，由于传统的惯性作用，由于体制和机制的原因，由于乡镇干部的个体和整体素质问题，乡镇在发挥职能作用方面还是管了一些不该管的事，管了一些管不了的事，管了一些应由别的人、别的组织该管的事。这种状态对农村治理影响很大，必须"深化乡镇机构改革，加强基层政权建设，完善政务公开"[②]。三是重点推进社会主义民主政治的基础性工程。胡锦涛深刻认识到，农村是整个社会的重要组成部

---

① 《胡锦涛文选》第二卷，人民出版社 2016 年版，第 635 页。
② 《胡锦涛文选》第二卷，人民出版社 2016 年版，第 636 页。

分,农村基层民主政治建设既是全国民主政治建设的组成部分,又是它的基础性工程,必须夯实这个基础。他提出,民主不是摆设,民主不是别人的恩赐。让人民群众享有更多的民主权利,也要让民享有更切实的民主权利。在我国,人民群众有被民主、被代理的现象。所以,胡锦涛提出要用制度保障,让人民依法直接行使民主权利。民主也不抽象的,只有通过具体的实实在在的渠道和平台,人民群众的民主积极性才能调动起来。所以,胡锦涛提出农村的事要由农民自己来做,农民通过自我管理、自我服务、自我教育、自我监督感受民主的真实性,让农民真正监督基层干部,他们才会感受到民主的客观性。农村基层党组织必须加强对村民自治和领导,把农村建设"管理有序、服务完善、文明祥和的社会生活共同体"。胡锦涛要求调动各方面的积极性,在农村治理中形成合力,"发挥社会组织在扩大群众参与、反映群众诉求的积极作用,增强社会自治功能"。①

这一时期,中共中央对农村治理结构改革的战略构架,是在科学发展观的大视野下进行的,是在世纪千年交替之际进行的。胡锦涛为代表的中国共产党人站在时代和战略的制高点上,对农村治理结构改革进行战略构架。这种战略构架既有时代特征,又有理论个性。时代特征,它反映时代的呼唤,顺应时代之变,满足时代之需。其理论个性,它是科学发展观的重要组成部分,表现出对农民群众的深厚情况,体现出对农村治理结构规律的认识高度,作用于推动农村治理结构改革的伟大实践。这些战略构架对这个阶段农村改革、农村治理结构改革产生了最直接最深刻的影响。有些设想通过努力变成现实,有些设想正在变为现实,当然也有些设想因为时空的变化未能兑现。这恰恰说明,实践是活生生的,理论永远是灰色的。这就给继任者留下了巨大的空间。这也说明,农村治理结构改革还有许多未曾遇到的新情况、未曾发现的新问题,期待后来者在继承中创新,在探索中前进。

---

① 《胡锦涛文选》第二卷,人民出版社 2016 年版,第 636 页。

三、中共十八大以来对农村治理
结构改革的战略谋划

2012 年 11 月 8 日至 14 日,中共十八大在北京举行,形成了以习近平同志为核心的新一届中央领导集体。需要特别强调的是,习近平曾经当过七年知识青年,与农民有过零距离交往。他还当过几年的大队支部书记,做过中国农村最基层的领导干部。这些经历表明,他对农民有最深厚的感情,对中国农村有最直观的认知,对农村治理有最直接的经历。这对于从战略高度谋划农村治理结构改革具有重要意义。从中共十八大到十九大,中国特色社会主义进入新时代,形成了习近平新时代中国特色社会主义思想。这一思想是当代中国共产党人坚持把马克思主义与中国实际相结合,不断推进马克思主义中国化的最新理论成果,是中国特色社会主义理论体系的重要组成部分,是全党和全国人民必须坚持的指导思想。当然,这也是推进农村治理结构改革的理论基础。以习近平同志为核心的党中央,对改革农村治理结构进行了科学的战略谋划。

(一)以习近平同志为核心的党中央在全面深化改革背景下谋划农村治理结构改革

中共十八大以来,我国的改革进入了攻坚期和深水区。攻坚,意味着都是硬骨头,啃起来不容易;深水,意味着这是深层次的问题,牵一发而动全身。怎么办? 以习近平同志为核心的党中央开出了"全面深化改革这剂良方"[①]。全面深化改革,是过去改革的"升级版"。全,不是某一个方面、某一个局部的改革,而是从经济、政治、文化、社会、生态、军队以及党的建设等各个方面,是从

---

① 转引自《掀起改革新浪潮——党的十八大以来历史性变革系列述评之三》,《人民日报》2017 年 10 月 12 日。

中央到基层的每个层级。深，就是深层次的问题。经过几十年的改革，一些好改的已经改了，一些容易改的也改了。现在面临的问题，都是硬骨头，都是一些棘手的问题，都是一些牵一发而动全身的问题。而且，由于改革的实质是利益调整，有些人从短期看失去了部分利益，有些人成为既得利益者。不同利益主体对改革的态度不一样，有些可能从过去改革的推动者转变成改革的阻碍者，这就增加了改革的难度。全面深化改革需要有明知山有虎，偏向虎山行的政治勇气，发扬中国共产党人不畏艰辛的光荣传统，逢山开路，遇河架桥；全面深化改革，需要政治智慧。仅有匹夫之勇远远不够，必须善于抓住关键，善于找准突破口，善于调动全党和全国人民的智慧，善于运用新思路、新办法。[①]全面深化改革，是中国历史上也是人类发展史上涉及面最广、受众最多、程度最深、难度最大、持续时间最长的一场轰轰烈烈的革命。

改革进入攻坚期的同时，也进入了加速期。下面一组数据很能说明问题。2014 年，中共十八届三中全会通过了关于全面深化改革若干重大问题的决定，成立了以习近平为组长的全面深化改革领导小组。从该小组成立到中共十九召开的三年多的时间内，全面深化改革领导小组共召开 38 次会议，审议通过 277 个文件，1500 多项改革举措推动改革全面发力、多点突破、纵深推进。[②] 这组数据，一是说明了以习近平同志为核心的党中央全面深化改革的决心之大。在习近平当选中共中央总书记后不久，他就到改革的最前沿深圳考察，释放出推进改革的强烈信号。习近平强调坚持改革开放正确方向，敢于啃硬骨头，敢于涉险滩，既勇于冲破思想观念的障碍，又勇于突破利益固化的藩篱。二是说明以习近平同志为核心的党中央推进改革的速度之快。三年多时间就出台这么多文件、采取这么多改革措施，这是前所未有的。三是说明以习近平同志为核心的党中央推进改革的力度之强。三年多的时间内就确立全

---

① 参见《人民日报》2014 年 4 月 2 日。
② 参见《掀起改革新浪潮——党的十八大以来历史性变革系列述评之三》，《人民日报》2017 年 10 月 12 日。

面深化改革的四梁八柱。关于全面深化改革若干重大问题的决定绘制了全面深化改革的蓝图,是全面深化改革顶层设计的基本载体;各项具体的改革措施体现了全面深化改革的基本要求,是到达全面深化改革胜利彼岸的桥与船。

全面深化改革,重点在全,核心在深。全,自然包括农村;深,自然涉及农村改革中的深层次问题。如何在全面深化改革的大背景下,谋划农村改革和农村治理结构改革? 以习近平同志为核心的党中央,用其理论贡献和实际谋划向人民交出了满意的答卷。一是坚定回答了在全面深化改革的大背景下推进农村改革和农村治理结构改革的必要性。2016 年 4 月 24 日至 27 日,习近平在安徽凤阳小岗村考察。此前,江泽民和胡锦涛先后到小岗村考察。小岗村为什么能够吸引三任总书记前往? 这缘于它是农村改革的策源地。到这里考察本身就是一种宣示,一种表态,一种象征。习近平到小岗村考察,就表明以习近平同志为核心的党中央推进农村改革的决心。二是科学谋划全面深化改革背景下的农村改革。习近平提出,农村改革是全面深化改革的重要组成部分,做好"三农"工作,关键在于向改革要活力。

首先,习近平在全面深化改革的高度上更加精准定位农村改革。没有农村改革,全面深化改革中的"全"就打了折扣;没有农村的深入改革,全面深化改革中的"深"就没有到位。中国改革是从农村开始的,改革也给农村带来了生机与活力,农村面貌也发生了深刻的变化。对农村、农业和农民作出精准的判断是制定科学政策的依据,也是制定全面深化农村改革的出发点。为此,习近平和中央其他领导人深入农村进行全面系统的调查研究,在肯定我国农业战线取得巨大成就的同时,认识到农业是现代化建设的短腿、农村是全面建成小康社会的短板。木桶理论认为,短板是影响木桶容量的决定性因素。农业是现代化建设中的短板,这就决定我国现代化建设的质量:没有农业的现代化,就不是真正的现代化。农村是全面建成小康社会的短板。没有农村的小康,绝对不是真正的全面小康。习近平提出了"短板论",具有振聋发聩之功效,使全党保持清醒的头脑,不因农业的成就和农村的进步而飘飘然。农业作为短板,的确存在农民发展速度不快、发展质量不高、发展后劲不足的问题;农村作为短板,的确存在农村面貌变化不大,农村贫困人口还比较多,农村中一些深层次的矛盾不仅影响农村建设小康、而且成为全国全面建成小康的瓶颈的问题。抓住短板,是中国共产党善于抓主要矛盾的光荣传统。补齐短板,不是劫富济贫,而是通过全面深化改革,向改革要动力,要活力,要效益。

其次,习近平在全面深化改革的构架下更加科学规划农村改革。中共十八届三中全会通过的关于全面深化改革若干重大问题的决定,明确了全面深化改革的指导思想,设计了全面深化改革的宏伟蓝图,提出了全面深化改革的总体目标和实现目标的路径、基本要求、主要任务及过硬措施。作为全面深化改革的重要组成,农村改革应该也必须按照上述《决定》的要求去推进。根据这幅宏伟蓝图,从提高农村改革的系统性、整体性、协同性出发,中央全面深化改革领导小组会议、中央政治局常委会议审议通过了《深化农村改革综合性实施方案》,并于 2015 年 8 月 31 日公布。该《方案》充分体现了全面深化改革的精神,在全面深化改革的总体构架下深化农村改革的战略谋划,是深化农村改革的顶层设计。

最后,习近平在全面深化改革的进展中更加强力推进农村改革。做好一般的事情都不容易,更何况全面深化改革。习近平强调,要以"抓铁有痕,踏石留印"的精神与作风去推动全面深化改革。中共十八大以来,在以习近平同志为核心的党中央的坚强领导下,"咬定青山不放松",将全面深化改革任务全面推开,使改革大潮席卷神州大地。农村深化改革也随潮而动。中国农村情况千差万别,农村改革也是困难重重。如何推进农村改革?习近平强调:"把选择权交给农民,由农民选择而不是代替农民选择,可以示范和引导,但不搞强迫命令、不刮风、不一刀切。"①这是习近平新时代中国特色社会主义思想"以人民为中心"在谋划农村改革中的体现,对推动农村改革具有重要意义。

---

① 《习近平在农村改革座谈会上强调:加大推进新形势下农村改革力度　促进农业基础稳固农民安居乐业》,《人民日报》2016 年 4 月 29 日。

（二）以习近平同志为核心的党中央在推进国家治理体系和实现国家治理现代化的大背景下谋划农村治理结构改革

中国全面深化改革的总体目标是什么？《中共中央关于全面深化改革若干重大问题的决定》已经作出明确回答，即完善和发展中国特色社会主义制度，推进国家治理体系和治理能力现代化。从概念上讲，国家治理体系和治理能力是西方政治学的重要范畴。这表明，主政者具有宽广的国际视野，善于从外来文化中吸取被实践证明有效的文明成果，为我所用。更重要的，主政者没有东施效颦、套用人家的概念，而是赋予其中国内涵、中国气概、中国特色。习近平对中国国家治理体系和治理能力作出了科学界定。2014 年 1 月 1 日，他在《人民日报》发表题为《切实把思想统一到党的十八届三中全会精神上来》的文章，阐明了国家治理体系和治理能力的基本含义。① 根据相关定义，中国国家治理体系，就是中国特色社会主义制度体系，包括中国基本政治制度、经济制度、文化制度、社会制度和政党制度。中国国家治理体系的最大特色，是坚持中国共产党的领导。实践证明，中国特色社会主义制度体系符合中国国情，具有巨大的优越性，充满无限生机与活力，是中国道路自信、理论自信、制度自信和文化自信的坚实基础。全面深化改革，就是使中国特色社会主义制度体系与时俱进，发挥更大的效能，改革我国制度体系与生产力发展要求不相适应的环节和部分，而不是背离中国特色社会主义方向，更不是搬用西方的所谓"三权分立"和实现私有化，也不是回到僵化的苏联模式。这一点最为要紧，事关改革的方向，容不得半点含糊。与国家治理体系现代化相适应的，是国家治理能力现代化。国家治理能力是指运用国家制度管理社会各方面事务的能力。这种能力是立体的，是综合的，是与时俱进的。共产党作为中国唯一的执政党，国家治理能力首先是中国共产党的治国理政能力。在这种大背景

① 《人民日报》2014 年 1 月 1 日。

下,科学谋划农村治理结构改革和农村治理能力现代化。

过去更多的是使用管理,现在则使用治理。从管理到治理,一字之差,但存在重大区别。管理,主体单一,由上而下,以刚性为主;治理,则是主体多元,上下结合,刚柔相济。相比较而言,治理比管理更具现代意义。中共十八届三中全会提出国家治理的概念,这是与国际接轨的新命题,是一次重大的转变,反映了中国共产党人的与时俱进。这首次从国家总体战略的高度,为深化改革确定了全新目标和鲜明指向。确定全面深化改革的总体目标后,中国共产党领导全国人民为实现这一目标进行了艰辛的探索和不懈的努力,取得巨大的进步。中共十九大对党和国家的领导体制进行了通盘考虑,一并推进,朝着既定目标前进了一大步。在新一轮改革中,国家治理对农村的结构也进行了重大改革,设立了国家农业农村部。应该说,这是农村治理结构按照国家治理体系改革要求的具体步骤,是中国农村从"管理"向"治理"演进的历史逻辑和辩证逻辑的真实写照。

一是从国家治理体系的战略高度深刻认识农村治理结构的地位和作用。国家治理体系是一个由不同子系统组成的大系统。农村治理体系或治理结构就是大系统中的一个特殊子系统。这一特殊子系统的特殊性就表现农村治理结构是国家治理体系的基础部分。万丈高楼平地起。毫无疑问,农村治理结构或体系是国家治理体系的重要组成部分,相对应的,国家治理农村能力必然是国家治理能力的重要组成。按照逻辑推理,实现国家治理体系和治理能力现代化也包括农村治理体系和治理能力的现代化。当然,这不只是逻辑推进。现实生活中,农村治理结构受国家治理体系的制约,国家治理体系的性质决定农村治理体系的性质,国家治理体系的改革方向决定农村治理体系的改革方向,国家治理体系的改革节奏决定农村治理体系的改革节奏。历史发展的脉络充分说明了这一点。以中华人民共和国成立七十多年为坐标,以中国政治经济文化及社会制度的变迁和农村治理结构的变迁为两根比较线,发现两者的高度一致。当国家政治、经济、文化、社会制度在正确轨道上运行时,农村治理结构也在正确轨道上运行而当它们偏离正确轨道时,农村治理结构的运行轨道也会出现错乱。改革开放以来,我国政治、经济、文化、社会制度发生前所未有的深刻变化,农村治理结构也发生了相应的变革,形成了与国家治理体系基本吻合的运行轨迹。当全面深化改革的航船沿着正确的方向驶离港湾,向胜利的彼岸进发时,农村治理结构改革必须跟随全面深化改革的洪流乘风破浪,向既定的目标前进。在习近平新时代中国特色社会主义思想的指引下,准确把握两者关系,精准定位农村治理结构改革方案,科学实施农村治理结构改革举措。

二是构建与国家治理体系和治理能力现代化相适应的农村治理层级。国家治理结构的层级过多,就会增加治理成本;国家治理结构的层级过少,就会因"天高皇帝远",一些偏远地区而出现治理死角。建立与国家治理层级和治理能力相协调的农村治理层级,无论是对国家整体治理,还是对农村自身的治理,都极为重要。

在习近平对农村治理结构改革的战略谋划中,县级治理和县级改革是重要的一块。历史经验告诉我们,"郡县治,天下安"。习近平善于从历史中吸取智慧,运用历史智慧来谋划县级治理。当然,他更多的是立足中国现实来谋划县域治理。从微观看,县级改革直接关系农民与农村发展的问题;从中观看,县级改革涉及县域治理问题;从宏观看,县级改革关系治国安邦的大问题。可以说,农村虽小乾坤大,事关天地人。县域治理既是国家治理体制改革的重大战略问题,也是系统解决"三农"问题的重要治理保障。经过几千年历史的沉淀和积累,县域已经成为稳定承载着多样性的自然生态、政治生态与文化生态的一个特别重要的区域。县域是我国最基本的行政单元。国情决定了中国不能走向西方式的以"城域"替代"县域"的单一治国之路。20世纪90年代以来,尝试走的市管县的管理体制,实践证明并不适应中国国情。

中共十八大以来,习近平从三个方面谋划县域治理:首先,科学定位县域治理在国家治理中的地位与功能。习近平把县域治理形象地概括为既"接天线"又"接地气"的重要国家组织。县一级工作做好了，党和国家全局工作就有了坚实基础。接天线，就是联结党中央和中央人民政府，接地气，就是直接与人民群众发生联系。县级作为重要的中间关键环节，承上启下。承上，负有落实党中央、国务院和省委、省政府的决策部署的重任，启下，负有把上级指示的部署落地生根，开花结果的责任，是建设民主政治、发展经济、保障民生、维护稳定的重要基础。其次，果断抓住县委书记这个县域治理的关键人。县级领导岗位是领导干部干事创业、锻炼成长的基本功训练基地，也是成长的平台。对一个县，少则几十万人，多则上百万人，他们的吃喝拉撒、生老病死，从某种意义上讲，要由县委书记或县长负责。有人说，一个干部能当好县委书记，再去当其他领导都问题不太大。中国共产党历来重视县委书记和县长的选拔。习近平曾担任过县委书记，对县委书记的重要性有着深切的感受，他主政后，更加重视县委书记，更加重视县委书记队伍建设。习近平站在执政兴国的战略高度，强调县委是中国共产党执政兴国的"一线指挥部"，县委书记就是"一线总指挥"，是我们党在县域治理的重要骨干力量。① 众所周知，战场上的"一线总指挥"决定战争的胜负，县委书记也是决定县域好坏的关键因素。这就要求县委书记必须具备高素质。习近平提出，县委书记，要做政治的明白人，做发展的开路人，做群众的贴心人，做班子的带头人。做好这种人，不容易，做不好这四种人，不是合格的县委书记，更不是优秀的县委书记。最后，在县委书记中树立治理标杆。主义犹如一面旗帜，当旗帜树起来了，人们才知所趋附。标杆立起来了，人们才有学习的榜样。早在 20 世纪 60 年代，中国共产党就树起焦裕禄这个县委书记的榜样，影响了无数县委书记。直到今天，焦裕禄依然是县委书记的榜样。为了让焦裕禄的精神发扬光大，习近平三次考察兰考县，都号召学习焦裕禄。用习近平的话来说，只要我们搞中国特色社会主义，只要我们还是共产党，这种精神就要传递下去。历史的榜样当然重要，现

---

① 参见习近平：《做焦裕禄式的县委书记》，中央文献出版社 2015 年版。

实中的榜样更具有直观的影响力。事隔二十多年后的 2015 年,全国共评出 102 名优秀县委书记。为了树立县委书记中的新榜样,习近平倾注了满腔热情,亲切接见了受表彰的优秀县委书记,并发表重要讲话,殷切期望受表彰的县委书记不负众望。他要求全国的县委书记学赶先进、见贤思齐,成为执政兴国的优秀一线总指挥。① 习近平对县域治理和县级改革的谋划,是县域治理和县级改革的精神动力,不仅有力推动了县域治理和县级改革,对农村治理结构改革产生了深刻的影响,还对推动国家治理体系和治理能力现代化具有重要意义。

在习近平对农村治理结构改革的战略谋划中,把乡镇治理和乡镇改革提到更加突出的位置。对乡镇治理和乡镇改革的战略谋划,集中体现在 2016 年 12 月 5 日专门下发的《关于加强乡镇政府服务能力建设的意见》之中。这个文件的下发有几点值得注意:首先,这是中国共产党历史上第一个关于乡镇服务能力建设的文件。为什么中央把目光聚焦最基层的党委和政府? 是因为乡镇这一级特别重要,也是因为乡镇服务能力已经制约乡镇功能发挥,到了非加强建设不可的时候了。其次,这个文件涉及乡镇服务功能建设最重要最基本最核心的问题,是加强乡镇服务能力建设的纲领性文件。上述《意见》分析了加强乡镇服务能力建设的特殊背景,明确了加强乡镇服务能力建设的指导思想,体现了以习近平同志为核心的党中央对乡镇治理和乡镇改革的新要求,确立了乡镇服务能力建设的重点,制定了加强乡镇服务能力建设的措施,指明了乡镇服务能力建设的方向。再次,绘制了乡镇服务能力建设的蓝图。乡镇服务能力建设的目的是主动适应经济社会发展新要求和人民群众新期待,乡镇服务能力的发展方向是实现基本公共服务均等化,乡镇服务能力的关键是增强乡镇干部宗旨意识,乡镇服务能力建设的重点是强化乡镇政府服务功能,乡镇服务能力建设的手段是优化服务资源配置,乡镇服务能力的途径是创新服

---

① 习近平:《在会见全国优秀县委书记时的讲话》,《求是》2015 年第 17 期。

务供给方式,提升乡镇政府服务水平,改革的成果惠及更多的人民群众,为精准扶贫脱贫创造良好条件,实现中华民族伟大复兴的中国梦作出新贡献。最后,确立了乡镇服务能力建设的原则、时间表、内容、措施、路线图。关于乡镇服务能力建设的原则,分别是:坚持党的领导,保证正确方向原则;坚持改革创新,严格依法行政原则;坚持以人为本,回应民生诉求原则;坚持统筹兼顾,实施分类指导原则。这些原则是乡镇服务能力建设规律的集中体现,在推进乡镇服务能力建设的历史进程中必须坚持和遵循。关于时间表,《意见》明确提出具体时间要求,即 2020 年乡镇政府服务能力全面提升,服务内容更加丰富,服务方式更加便捷,服务体系更加完善,基本形成职能科学、运转有序、保障有力、服务高效、人民满意的乡镇政府服务管理体制机制。时间紧,标准高,任务重,唯有撸袖子加油干,方能到达胜利彼岸。《意见》对乡镇其他问题也进行了谋划。《意见》是谋划农村治理结构改革中乡镇改革的纲领性文件,既体现了习近平对乡镇的高度重视,也反映了他对乡镇的严格要求。在党的领导下,加强乡镇干部队伍建设,改革评价体系和奖罚机制,强化乡镇政府监督管理,真正发挥乡镇在农村治理结构中的关键作用,进而推动农村治理结构的整体改革。

在习近平对农村治理结构改革的战略谋划中,重视村组治理和村组改革。七年知青岁月,几年大队支部书记的经历,习近平对当年的大队、生产队,现在的村和组的认识自然与众不同。九层之台,起于垒土,千里之行,始于足下。农村处于最基层,是社会的"终端"和"末梢"。农村稳则天下安,农村和则天下兴。因此,重视农村治理、打牢基层基础,是古往今来执政者都必须抓在手上的大事。习近平指出,深刻认识农村最基层的治理,无论是对国家、对社会、对农村自身的意义,因此,他倾注了满腔热情关心农村,关注农村,关爱农村。为了科学谋划农村治理结构改革,他进农家,入田头,提出农村治理结构的完整思想,从战略高度提出农村基层治理必须坚持"系统治理、依法治理、综合治理、源头治理"。农村基层系统治理,就是发挥农村基层结构结构各种治理主体作用,党的基层组织承担领导责任,农民群众是农村主体,村民委员会和村小组在党的组织领导下,根据人民群众的授权,有效治理农村。依法治理,就是农村基层必须在法治思维方式,以法治手段对农村进行治理,农村治理必须有法律根据、法律支撑和法律保障。综合治理,就是在农村基层治理实践中,除法治手段,还必须运用行政手段、经济手段,也需要运用道德、文化等方面发挥其作用。源头治理,就是在农村治理中坚持标本兼治,从小事抓起,从具体的事抓起,让农民群众感受到农村治理给自己带来的好处与实惠。习近平对农村基层"四种治理"理念的提出,上与全面深化改革、实现国家治理体系和治理能力的长远战略目标对接,下与农村实际相符,对推进农村治理结构改革具有极其重要的指导意义。

（三）以习近平同志为核心的党中央在城乡一体化的战略中谋划农村治理结构改革

城乡一体化是历史的必然。充分利用城市的辐射和带动作用促进农村发展,既是世界上通用的手段,也是被实践证明是有效的办法。中国共产党人运用世界文明的优秀成果,促进我国提速城市化水平。随着改革的不断深入,城镇化和城乡一体化的速度在不断加快。城市人口已经达到了总人口的一半以上。尽管如此,农村人口的绝对数字仍然很大,如何在城镇化和城乡一体化的背景下加快农村治理结构改革,以适应城镇化和城乡一体化对农村治理的新需求。习近平继承前人的理论成果和实践,创新谋划在城乡一体化战略中的农村治理结构改革。

首先,以从中国实际出发的城乡一体化,促进农村治理结构改革。当人类社会发展到一定阶段,产生了城市。当生产力水平到达一定程度时,城市化水平加速提高。因为城乡化是一个国际现象,所以世界城乡化中一共具有共性的东西,我们应该遵循共有的规律,别国的成功经验应该学习,同时别国的教训也应该吸取,这样才能使我国的城市化少走弯路。各国的国情又有很大的不同,必须从本国的实际出发,走出一条与别的国家不同的城镇化道路。按照习近平所谋划的中国城镇化①或城乡一体化道路,就是坚持从实际出发,根据中国的国情,根据中国城乡发展的特点,我国经济社会发展的需要。同时,深刻认识我国的自然禀赋、历史文化传统、制度体制的优势与不足,遵循城乡发展客观规律,积极探索,大胆创新,探索出中国特色的城乡一体化的发展战略。然后,根据这一战略谋划中国农村治理结构改革,谋划推进农村治理现代化。

其次,以精准的城乡一体化的着力点推动农村治理结构改革。城乡一体化是一个复杂的系统工程,城乡一体化也是实实在在的惠民工程,它不是几句口号就可以解决问题,也不是一阵风一阵雨就可以解决问题,必须精准发力。为了认识中国城乡一体问题的复杂性,提高对规律的认识与运用,2015 年 4 月 30 日,中共中央政治局第二十二次集体学习,专题学习全城乡发展一体化体制机制问题。习近平在主持学习时提出许多重要思想。一是双轮驱动的思想。一轮为新农村建设,一轮为新型城镇化。车之两轮,鸟之两翼,协调推进,才能平衡致远。二是改革动力论。中国城乡分割的体制已经形成很长时间,甚至可以用根深蒂固来形成,破除它,实在不容易。要破除这一体制,没有其他办法,唯有改革一途。三是城乡规划一体设计,多规合一的思想。城乡分割,首先表现在规划分头设计。习近平强调通盘考虑城乡规划问题,统一编制规划,一张规划图,一张施工图,从根本上解决城乡脱节的问题。四是建立城乡融合的体制机制。这是突破城乡分割,实现一体化发展的着力点。这些机制包括城乡居民基本权益平等化、城乡公共服务均等化、城乡居民收入均衡化、城乡要素配置合理化,以及城乡产业发展融合化。② 强调了"平等化、均等化、均衡化、合理化"的科学命题,为城乡一体化指明了方向。城乡差别主要体现在不平等、不均等、不均衡和不合理。通过融合机制,才能解决这四个方

---

① 中国共产党从中国实际出发,没有使用城市化的概念,而是使用了城镇化概念。城市化与城镇化之间的区别就在于对待小城镇的态度不一样,我国更偏向于发挥中小城和小镇的作用,促进城乡一体化。这正是吸取别的国家城市化的教训而从中国实际出发的创新成果。

② 《中央城市工作会议在北京举行》,《人民日报》2015 年 12 月 23 日。

面的问题。为了解决这四个方面的问题,农村治理结构改革也必须在城乡一体化的背景下精准发力。找准了着力点,既有利于推动城乡一体化,又有利于是推动在城乡一体化背景下的农村治理结构改革。

再次,在条件具备的情况下,必须抓住机遇,促进城乡一体化格局和农村新的治理结构的形成。机遇,抓住了,就促进了发展,抓不住,就稍纵即逝。当年也提出过工业支援农业的问题,但是,力不从心。现在是其势已成,其时已至。基于这样的判断,习近平提出,因势利导,加快促成城乡一体化格局的形成,加快农村治理新结构的建立。为此,习近平提出,举全社会之力,调动一切可以调动的积极因素,利用一切可以利用的资源。农业发展需要借用外力,但起根本作用的还是内生动力。所以,习近平提出,农村要发展,根本要依靠亿万农民。这是一个带根本性的大问题。农村发展依靠谁?农村治理结构改革依靠谁?这是关系农村发展的根本问题,也是关系农村治理结构能否成功的根本性问题。习近平提出了共建共享的科学命题。2015 年 12 月 24—25 日,中央农村工作会议在北京举行,重点研究和部署加强农村社会管理。会议强调城乡一体化速度加快,为农村发展提供了新机遇,农村发展,农村治理结构改革必须抓住这个机会。但是,需要注意的,城乡一体化,不是照搬城市治理模式去治理农村。习近平强调在城乡一体化的背景下同步加快新农村建设。城乡一体化,不是把城市建设的模式搬到农村,要体现农村特色,留得住乡愁,看得见青山绿水,留得住中华文化的根基、农耕文化的精粹。农村的特殊性在于它是传统文明的发源地,是乡土文化的根。如果把城市模式搬到农村,就可能毁掉中国传统文化的发源地,挖掉乡土文化的根。由于工作的失误,一些农村成为荒芜的农村、留守的农村、记忆中的农村。这就会上对不起祖先,下对不起子孙。必须通过改革从根本上改变这种状况,把广大农村建设成农民幸福生活的美好家园。①

---

　　①　《习近平在湖北考察改革发展工作时强调:坚定不移全面深化改革开放　脚踏实地推动经济社会发展》,《人民日报》2013 年 7 月 24 日。

（四）在全面深化农村改革的同时，深化农村治理结构改革

在全面深化改革的大背景下，农村也必须深化改革；在农村深化改革的背景下，农村治理结构改革也必须改革。在这个问题上，以习近平同志为核心的党中央是如何顶层设计的呢？

首先，科学制定了《深化农村改革的总体性方案》。中共十八大和十八届三中、四中全会对深化农村改革作出了重要部署。习近平多次主持召开中央全面深化改革领导小组会议，审议了一系列深化农村改革的指导意见和试点方案，并多次作出重要指示批示，为创新和完善农村治理结构指明了方向，确立了原则，划出了底线。李克强也主持召开了一系列有关农村改革的会议，对深化农村改革、释放改革红利、推动农业现代化建设作出了重要部署。

既然是总体方案，就必然要解决农村改革一系列重大问题。一是科学分析深入农村改革的背景，把深入农村改革与全面深化改革紧密联系起来。中共十八大以来，党中央作出了经济发展新常态的判断，发展由高速度向中高速度转变，由重视发展速度向重视质量的转变。这必然影响农村发展和农村改革。中共十八大以来确立"四个全面"战略布局和五大发展理念，农村发展和农村改革必须与之相适应，必须体现这些战略。二是全面规范农村改革。农村发展曾经遇到瓶颈，农村改革曾经发生过"碎片化"的问题。这是发展和改革之大忌。上述《方案》涉及农村经济政治文化社会生态和党的建设，真正按照总体方案推进农村改革，就可以从根本上解决单兵冒进和"碎片化"的问题。全面规范，不等于没有重点。《方案》确立了 5 个关键领域 26 个方面的改革任务。这就是农村改革的抓手，就是农村改革的突破口。三是《方案》确立了农村改革的指导思想、基本原则、基本方法。这些是管根本的，如果出现偏差，就可能导致灾难性后果。有了这些规定，农村改革就不会迷失方向，就不会犯颠覆性错误。《方案》强调坚持农村多种所有制经济共同发展，坚持和完善农村基本经营制度，坚持社会主义市场经济改革方向，坚持保障农民权

益,坚持统筹兼顾,坚持循序渐进、试点先行,坚持加强党对"三农"工作的领导。《方案》还强调各级党委、政府要加强对农村改革工作的组织和领导。

农村改革如同全国改革一样,也已经进入了攻坚期和深水区。农村改革与全国改革的关联度更高,农村改革内部之间的关联度也更高。在这种情况下,更需要总体方案,从战略的高度,从全局的角度,从内部的深度,解决一系列重大理论与实践问题,既解决与全国改革一盘棋的问题,又解决农村改革内部一盘棋的问题。《方案》是协调推进农村改革的总遵循,是深化农村改革的总体"施工图"。按照《方案》的要求,积极"施工"、规范"施工",确保农村各项改革落地生根、见到成效。

其次,在实现农村土地"三权分置"基础上推进农村治理结构改革。习近平通过对农村土地制度的深层思考,提出了实现农村土地所有权、承包权和经营权分置的重要思想。

习近平充分肯定农村家庭联产承包责任制后出现了农村土地"两权分离"的合理性及其积极作用。农业社会主义改造后,中国农村的土地实现了所有权和经营权的"二合一"。土地集体所有,集中经营。这种制度的优点是让广大农民摆脱了私有制,成为土地的主人,不足之处就在于不创造更多的财富以满足人们的基本需要。改革开放以来,实现了土地所有权和经营权的分离。土地仍然是集体所有,但农民通过承包土地而长期获得土地使用权。这种制度的优点就调动广大农民的生产积极性,用占世界不到7%的土地养活了占世界20%的人口。所以,在中国"两权分离"的土地制度有存在的必要。

习近平分析了农村土地"三权分置"制度出现的必然性。农村改革解放了农村生产力,提高了劳动生产率,使农村产生了大量的剩余劳动。而且,改革开放给农民带来了更多的机会,对土地的依赖程度下降。于是,一方面,家家包地、户户务农的局面发生变化,一些地方的农民担心失去土地承包权,宁可让土地荒芜,而不愿转包给人家耕种。另一方面,农村又出现了种粮专业大户、家庭农场、农民生产合作社、农业企业、职业农民等各类新型经营主体,他们希望经营更多的土地,而这种集约化规模化的农业经营模式是现代农业发展的必然趋势。一方承包了土地宁可抛荒而不愿流转,是因为他们有顾虑。一方需要更多的土地以扩大经营规范而不能不满足要求。解决这对矛盾成为重大的现实问题。就在这个时候,习近平通过深入调查研究,找到了解决问题的路径,即实现土地"三权分置"。家庭联产承包责任制使集体化下的土地所有权与使用权的合二为一,改变土地所有权与承包权的分离,这一分离调动农民的生产积极性。当这种改革红利释放得差不多时,土地必然要寻找新的出路。出路在哪?这就是习近平提出的"三权分置"。三权包括所有权、承包权和使用权。所有权归集体,这是不能触及的红线,也是家庭联产承包责任制与土地私有制的本质差别。不坚持这一点,就是重大倒退,因为一旦土地私有化,就会出现两极分化,就从根本上动摇了社会主义制度的根基。现在的问题是,在承包权可不可分出承包权与使用权。通过调查研究和思考后,习近平作出了肯定性回答。他强调,坚持农村土地集体所有不能动摇,土地承包权归承包者长期不变,土地经营权从承包者手中分离出来,流转到土地需要者手中,实现土地的集约化和规模化经营。① 习近平高度评价"三权分置",认为这是继家庭联产承包责任制后,农村的又一次新的革命。习近平的这一重要论述在中共十八届五中全会上转换为政策,要求在全国各地农村贯彻落实。

习近平明确了"三权分置"的底线原则。作为新的革命性变革,农村土地"三权分置"改革必须以科学的态度对待和推进。习近平认为,农民和土地的关系从古至今都是一个根本性问题,进入改革深水区,要防止在这一根本性问题上犯颠覆性错误,就必须依靠和坚持正确的政策。一旦出现颠覆性错误后果极为严重,甚至可能导致社会动乱。如何防止出现颠覆性错误?习近平提出了四条红线,即"不能把农村土地集体所有制改垮了,不能把耕地改少了,不能把粮食生产能力改弱了,不能把农民利益损害了。"②既然是底线,就不可

① 转引自《光明日报》2016 年 1 月 26 日。
② 参见《京华时报》2016 年 4 月 29 日。

逾越,不可碰撞,不可突破。

最后,习近平科学应对"三权分置"后农村治理结构出现的新情况。"三权分置"给农村治理带来的冲击是不可避免的。一是加快农村农村人口向城市转移,进城的农民接受现代文明的洗礼,给农村带来新的东西;二是农村新型治理主体的涌现和参与农村治理。"三权分置"后,新式农民、种粮大户、各种生产合作社、现代农业企业等农村新型治理主体不断出现,他们参与农村治理带来许多新理念、新办法、新模式等。面对这种情况,既不能任其自然发展,也不能采取抽刀断水的办法。所以,习近平提出,因势利导,培养造就一支懂农业、爱农村、爱农民的"三农"工作队伍。[①]

(五)在全面依法治国的大背景下谋划农村治理结构改革

依法治国是我国基本治国方略。通过实施这一战略,无论是立法、司法还是执法,都取得了可喜成就。中共十八大以来,以习近平同志为核心的党中央继承前人依法治国的理论成果和实践成果,开辟依法治国新境界和新领域,提出了全面依法治国的战略思想。2014 年 10 月,中共十八届四中全会作出《关于全面推进依法治国若干重大问题的决定》,全面规划全面依法治国的重大基本问题。这是全面依法治国的纲领,也是全面依法治国的总蓝图、路线图、施工图。习近平要求全党,继续推进法治国、依法执政、依法行政,而且加快法治国家、法治政府、法治社会建设。根据全面依法治国的战略,习近平科学谋划农村治理结构改革。

首先,对依法治理农村的形势作出了科学判断。应该说,在中国共产党领导下,实施依法治国基本方略,取得明显效果,人们的法治意识明显增加。但是,也有不尽如人意的地方。正如习近平严肃批评的,在一部分党员干部中仍然存在人治思想、长官意识和家长制作风。这些人不想依法治国,不会依法治

---

① 习近平:《决胜全面建成小康社会　夺取新时代中国特色社会主义伟大胜利——在中国共产党第十九次全国代表大会上的报告》,人民出版社 2017 年版,第 32 页。

国,总觉得依法办事条条框框多,束缚手脚。他们习惯于自己说了算,习惯于搞以言代法,以权压法。习近平一针见血地指出:"这种现象不改变,依法治国难以真正落实。"①既应该看到依法治国所取得的成绩,也清醒地认识到存在不可低估的问题,有的地方还比较严重。比如,涉农法律体系中还有空白,导致在某些方面无法可依;也有司法不公的问题,某些力量操纵或影响司法;还有执法不严格的问题,存在人情执法、金钱执法等现象;等等。所以,无论是全国,还是农村,依法治国任重道远。

其次,提出了"依法治国的根基在基层"和"运用法治思维谋划县城治理"的重要论述。② 依法治国是宏伟大厦。万丈高楼从地起,如果基础不牢,大厦就有倒塌的可能。那么,依法治国这座大厦的根基在哪? 习近平明确指出,"依法治国的根基在基层。"基层当然包括农村。农村不能依法治理,全国依法治国就不可能实现。农村实现依法治理,领导干部是关键。所以,习近平在与在河南兰考县考察时,强调"县委书记要做学法尊法守法用法的模范,善于运用法治思维谋划县城治理"。③ 县域者,农村是其最主要部分。运用法治思维谋划县域治理,就是用法治思维谋划农村治理。

最后,提出"自治、法治、德治"的农村治理机制。实现农村治理现代化,不仅关系到农村,也关系到全国。对此,中共十九大提出了一个全新的课题,这就是"健全自治、法治、德治相结合治理体系。"④自治,就是村民自治,这是农村基本治理制度,已经载入宪法,必须坚持。法治,就是依法治理,这是治国的基本方略,也必须贯彻。德治,就是发挥道德的力量在农村治理中的作用。法治与德治相相辅相成,法律是成文的道德,道德是内心的法律,它们的作用

① 习近平:《坚定不移走中国特色社会主义法治道路》,见《人民代表大会制度重要文献选编》(四),中国民主法制出版社、中央文献出版社 2015 年版,第 1829—1830 页。

② 习近平:《做焦裕禄式的县委书记》,中央文献出版社 2015 年版,第 11 页。

③ 习近平:《做焦裕禄式的县委书记》,中央文献出版社 2015 年版,第 11 页。

④ 习近平:《决胜全面建成小康社会 夺取新时代中国特色社会主义伟大胜利——在中国共产党第十九次全国代表大会上的报告》,人民出版社 2017 年版,第 32 页。

形式和作用方法不一样,都能在农村治理中发挥重要作用。三者有机配合,就能把农村治理好。一旦三者形成农村治理体系,并充分发挥各自的作用,农村治理结构改革就达到了预期目的,农村治理现代化也就实现了。

（六）在精准扶贫和决胜全面小康的背景下谋划农村治理结构改革

建设小康社会是 20 世纪邓小平提出的战略目标。在 20 世纪末中国共产党宣布建成初步小康后,提出了全面小康的新的战略目标。中共十八大审时度势,提出决胜全面小康,要求在 2020 年实现这一战略目标。要实现这个目标,最大困难是农村,特别是农村贫困人口。习近平指出,没有农村的全面小康,就没有全国全面小康。在决胜全面小康的进程中,一个也不能少。既然一个都不能少,就必须提出和解决所有农村贫困人口的问题。中国共产党致力于解决贫困问题。从相对数来看,我国贫困人口下降数度之快,是世界上罕见的。中共十八大以来,党中央确立每年让 1000 万人口脱贫的阶段性目标。这一阶段性的战略目标如期实现,实现了贫困总人口和贫困率发生率双下降。这一成就为全世界所赞叹。但是,我国贫困人口基数大,而且主要集中在农村。导致贫困的原因非常复杂,其中一个重要原因与农村治理结构有密切关系。人们注意到,一些先富起来的农村,与当地强有力的领导班子,特别是好的带头人分不开;而那些贫困地区,往往是领导班子战斗力不强,没有好的领路人。因此,如何让这些人口真正脱贫,仍然是一个重要的问题。2013 年 11 月 3 日,习近平在湖南湘西土家族苗族自治州花垣县十八洞村考察时,提出了"精准扶贫"的战略思想。这一思想有一个完整的体系,包括了精准识别、精准帮扶、精准管理和精准考核。按照到 2020 年实现全部脱贫的战略目标要求,决胜脱贫阶段的农村治理结构改革必须与之相适应,为决胜全面小康和决胜脱贫提供强大组织动力:一是从农村治理结构内部增加动力,主要是通过责任制来加速脱贫工作,实现"一把手扶贫工程",各级党委和政府一把手是扶贫第一责任人,特别是那些贫困县实现不脱贫不能离开该地到别的地方任职,更不能提拔重用。二是选派扶贫工作队驻村包户。派工作队是中国共产党传统工作方法,但选派扶贫工作队到农村与扶贫,与以往选派工作队到农村搞中心工作不一样,作为专项工作的扶贫工作队,身兼五员:摸清情况的统计员,党的扶贫政策宣传员,调解民间矛盾的调解员,为民办事的帮扶员,兼任党支部第一书记的战斗员。三是借助第三方力量参与扶贫。脱贫不脱贫,贫困人口自己说了算。为了防止数字脱贫等虚假脱贫,各地借用第三方力量参与评估,让扶贫落到实处,让脱贫不走样,不变味。四是打造不走的扶贫工作队。能不能真正脱贫,借助外力肯定会起到良好的作用,但真正起决定作用是依靠农民自身的力量,是建立有战斗力的农村党支部和村民委员会,所以,习近平提出"打造一支'不走的扶贫工作队'。"①习近平在决胜全面小康和决胜扶贫的背景下所谋划的农村治理结构改革,不仅对决胜全面小康社会和决胜扶贫有决定作用,对推进 21 世纪农村治理结构改革也具有重要意义。

(七)在全面从严治党的背景下谋划农村治理结构改革

办好中国的事情关键在党。中国共产党执政是历史的选择,是人民的选择。已经走过近百年光辉历程的中国共产党,始终代表中国人民的根本利益,始终为人民谋福祉,始终为民族振兴而奋斗。历史证明,只有中国共产党而没有其他的政党能够承担起这个历史责任。但是,中国共产党经历了许多考验,党的建设面临许多新挑战。早在 1989 年 6 月 1 日,邓小平就告诫全党,"要聚精会神地抓党的建设,这个党该抓了,不抓不行了"。中国共产党要担负起历史使命,首先必须把自己建设好。进入新时代,党的建设的形势更加严峻,"全面从严治党"的科学命题应运而生,并与全面深化改革、全面建设小康、全面依法治国一起成为治国理政的四大战略。在这样的背景下谋划农村治理结

---

① 《习近平在中共中央政治局第三十九次集体学习时强调:更好推进精准扶贫精准脱贫确保如期实现脱贫攻坚目标》,《人民日报》2017 年 2 月 23 日。

构改革,首先就是全面从严治理农村党组织。习近平提出了反腐败斗争,必须既打老虎,又拍苍蝇。所谓苍蝇,就是在群众身边的腐败分子。这些人官不大,但他们生活在群众身边,影响恶劣,破坏了党的形象,破坏了党群关系,破坏了农村治理的正常秩序,所以,必须坚持反对发生在群众身边的腐败现象。习近平指出:"推动全面从严治党向基层延伸。对基层贪腐以及执法不公等问题,要认真纠正和严肃查处,维护群众切身利益,让群众更多感受到反腐倡廉的实际成果。"①通过反对基层腐败,为农村治理改革营造风清气正的环境,为实现农村治理现代化保驾护航。

(八)在实施乡村振兴战略背景下谋划农村治理结构改革

中共十九大第一次提出了乡村振兴战略。习近平对我国社会的主要矛盾作了全新的判断:"我国社会主要矛盾已经转化为人民日益增长的美好生活需要和不平衡不充分的发展之间的矛盾。"②主要矛盾决定主要任务。在中国特色社会主义新时代,我们的主要任务就是要解决发展不平衡不充分的问题,以满足人民日益增长的美好生活的需要。发展不平衡不充分,最大的不平衡在农村,最大的不充分也在农村。现在理论界普遍认为,党中央提出乡村振兴战略是基于农村发展好的一面。应该说,有这方面的因素,农村发展好的一面是振兴乡村的基础,但更多的考虑,是农村发展中存在的问题。按照习近平一贯强调问题导向的工作思路,是因为农村发展的问题,促使中国共产党大胆提出乡村振兴战略。承认农村发展存在问题,需要政治勇气;发现农村发展中的问题,需要政治智慧。正视农村发展中的问题,是解决农村问题的起点,乡村振兴战略除了从国家整体战略出发外,更多的是基于农村在取得重大成绩的

① 习近平:《在第十八届中央纪律检查委员会第六次全体会议上的讲话》,《人民日报》2016 年 5 月 3 日。
② 习近平:《决胜全面建成小康社会　夺取新时代中国特色社会主义伟大胜利——在中国共产党第十九次全国代表大会上的报告》,人民出版社 2017 年版,第 11 页。

同时,已经成为发展中的短板,农村出现了衰落的趋势。所以,这一战略的提出,有振聋发聩之功效,农民看到了希望。这就是乡村振兴战略在全国,特别在广大农村引起强烈反响的原因。

乡村振兴战略,是全方位的振兴,而不是某一个方面的振兴。乡村振兴战略的实施,也必须举全国之力。那么,作为农村治理主体,当然在担当起主体责任。因此,乡村振兴战略也包括了农村治理结构改革和实现农村治理现代化问题。具体说,就是进步培养农村新型治理主体,进一步创新与乡村振兴战略相协调的治理机制。这就习近平提出的"自治、法治、德治相结合的乡村治理体系",培养造就一支懂农业、爱农村、爱农民的"三农"工作队伍,等等。

乡村振兴战略是总揽"三农"工作的全新战略,是一个全方位的战略,是以习近平同志为核心的党中央对"三农"工作,包括农村治理结构改革顶层设计的最新成果。这一战略的实施必将引中国农村发生更深刻的变化,一个真正意义上的社会主义新农村必将建成。

中共中央对农村改革的战略谋划,继承前人的理论成果,又根据新形势的需要不断创新,成为中国共产党改革农村理论的重要组成部分。以习近平同志为核心的党中央对农村改革的谋划,为全面深化农村改革指明了方向,对农村改革特别是深化农村治理结构改革产生广泛而深刻的影响。

21 世纪以来,中国共产党把马克思主义同中国农村的实际相结合,对农村改革特别是农村治理结构改革进行了顶层设计。中国共产党人站在世纪交汇的战略高点上,从党和国家工作的大局出发,从发展中国特色社会主义事业的背景下出发,从实现中华民族伟大复兴的战略目标出发,精心谋划农村治理结构改革。无论是江泽民,还是胡锦涛,或是习近平,他们对农村治理结构改革的顶层设计,既具有时代特点,又有显明的个性特点。他们之间的关系,是继承与发展的关系,是马克思主义与中国农村实际相结合的产物,是中国特色社会主义理论体系的重要组成部分,是指导农村治理结构改革的理论。正是有了这些顶层设计,包括治理结构改革在内的农村改革才朝着预期目标不断前进。完成顶层设计,只是改革的开始。一旦按照顶层设计,不断推进农村治理结构改革以及其他方面的改革,我国农村改革和发展将如同中共十九大所设计的一样,一定能振兴。

第四章　农村治理结构改革中的县乡变革

中国共产党人对农村治理结构改革的顶层设计,为推进农村治理结构改革伟大实践,提供了强大的思想基础和理论指导。如何把顶层设计变为现实,则需要付出更加艰辛的努力。按照顶层设计,21 世纪以来农村治理结构改革有序推进。农村治理结构可分为两种结构,一种结构是线型结构。中国的行政层级可分为五级:中央—省级—地(市)级—县(市、区)级—乡(镇)级,每一个层级都担负着对农村的治理功能。而越往下走,与农村关系越密切。县乡是线型农村治理结构中的关键层级。本章就是研究农村治理结构改革的县乡两级变革。农村治理结构中的另一种结构,即农村内部的网状结构。看似简单的农村,内部治理结构十分复杂,形成点、线、面相互交织的网状结构。这个问题留待以后各章中研究。

一、县级变革

在国家治理体系中,县制源远流长。中国古代实行郡县制,是在中央集权体制下的地方行政制度。西周时县大于郡,《逸周书作雒》:"千里百县,县有四郡";在分封制时,不同战功受封不同地域。"克敌者,上大夫受县,下大夫受郡。"①春秋时期,群雄并起。秦、晋、楚等国把在边境地区或兼并的小国设为县,为由国王直接统治。春秋后期,晋国首先把县制推行到内地,县成为地方的行政组织,为了加强管理,君主直接任命不得世袭的郡县官员,使分散的权力集归于中央,不因分封而致分裂。当然,真正意义的县制是起源于春秋时期的秦国。秦武公十年(公元前 688 年),秦武公率军平定叛乱后,建立了中国历史上的第一个县级行政管理机构——冀县(今甘肃省甘谷县)。秦始皇统一中国后,在全国推广郡县制。从此,郡县制在国家治理体系中正式确立,其中县制沿袭至今。郡县制是对分封制的否定。通过实施郡县制打破了西周以来分封割据状况,实现了中央对地方的强力管理。这一制度有利于防止地方割据分裂,有利于维护国家的统一。

"郡县安,天下治",这是关于县级政权在国家治理体系中的作用的正面评价。由于当时的交通条件,中央集权的影响力不可能深入最底层,郡县的作用更加明显。统治阶级根据自己的经验,提出了这个至理名言,但在评价郡县制的问题上,历史上有不同的声音。其中,唐朝的柳宗元是中国历史上专门著文充分肯定郡县制的第一人。在他的著名的《封建论》中,对郡县制产生的必然性,进步作用和历史地位都给予高度评价。"秦之所以革之者,其为制,公之大者也;其情,私也,私其一己之威也,私其尽臣畜于我也。然而公天下之端自秦始"②,充分肯定秦朝推行郡县制的历史贡献。对郡县制度持否定态度的代表是明末清初的大思想家顾炎武。顾炎武曾经在《郡县论》一文中,分析郡县制度的弊端,③否定郡县制的地位。仁者见仁,智者见制。不管是肯定,还是否定,都说明历史上人们都在关注郡县制。这一点给后人以深刻启示。

中国共产党对郡县制的认识经历了较长的过程。建党之初,中国共产党党员人数不多,主要分布在大中城市里,中国共产党最初也没有认识农村在中

---

① 《左传·哀公二年》。
② 《唐宋文举要》,上海古籍出版社 1980 年版,第 459 页。
③ 《顾亭林诗文集》,中华书局 1959 年版,第 11—17 页。

国革命中的地位与作用,也没有派人深入农村开展建党活动。建党之初的组织是,支部——地方委员会或地方执行委员会(简称"地委"),——区执行委员会(简称"区委")——中央委员会。这种结构存在不统一,不完善之处。具体表现:一是隶属关系不同,有的省没有省委或区委,地方党组织由中央直接管理;二是县级党组织不健全,基层支部由省委、区委,甚至直接由中央领导;三是大量的地方还存在空白,没有党的组织。总之,中国共产党初期的组织结构网络呈现出跳跃式的非规范性特点。其始也简,其毕也巨。这种组织结构状态具有必然性,但不能持续太久。持续太久,必须影响党的事业。早期中国共产党人也逐步认识到了建立完整组织网络,特别是建立县委的重要性。大革命时期,中国共产党在组织上扩张,党员人数在增加,建立县一级中共领导机关的条件已经成熟,建立中共县委的工作也提上了议事日程。1927 年 5 月中共五大判断中国共产党已经发展为"真正群众的党",要求建立完整的组织结构。[1] 中共五大通过的《中国共产党第三次修正章程决案》,规定分设市委和县委,县委是中国共产党法定常设组织,[2]为中共县级组织的设立提供了依据。其实,此前中国共产党在一些地方早已建立了县委。1924 年 8 月经选举产生的中共安平县委员会是中国共产党最早的县委。[3] 1926 年夏选举产生的中共隆平县委员会。[4] 湖南在毛泽东的领导下,党的组织建设以及党的工作走在全国前列。时任党的最高领导人陈独秀在中共三大上肯定:"唯有湖南的同志工作做得好一些。"[5]最早成立中共湘区委员会,成为全党的第一省级

---

① 中央档案馆:《中共中央文件选集》第 3 册,中共中央党校出版社 1983 年版,第 66 页。

② 中央档案馆:《中共中央文件选集》第 3 册,中共中央党校出版社 1983 年版,第 128—129 页。

③ 中共中央组织部等:《中国共产党组织史资料》第 1 册,中共党史出版社 2000 年版,第 108 页。

④ 中共中央组织部等:《中国共产党组织史资料》第 1 册,中共党史出版社 2000 年版,第 114 页。

⑤ 《中共中央文件选集》第 1 册,中共中央党校出版社 1982 年版,第 172 页。

组织。在县委组织建设也有不俗的成绩。[①] 在较短的时间风先后建立了长沙县委、汉寿县委、沅江县委、溆浦县委、安乡县委等等。[②] 当然，中国共产党县一级党组织的普遍设置是在中共五大修改党章之后。中共组织上的扩张，既提出了建立县委的要求，又为县委的建立创造了条件。中共县委的建立又推动了党组织的发展，也推动了当地的革命运动。在土地革命战争时期、抗日战争时期和解放战争时期，中国共产党领导的革命根据地、抗日根据地和解放区都比较普遍地建立党的基层组织和县委。在白区或沦陷区，中国共产党处在地下，组织机构的设立就不一定规范，但中国共产党的影响力仍然存在。中国共产党深入基层建立组织，是中国共产党领导开展民主革命，最后夺取全国政权的组织保障。新中国成立后，中国共产党成为唯一执政党，党的组织完全由地下转向公开，在全国各县建立党组织的条件已经完全成熟，中国共产党抓住有利时期，及时在全国加速党的组织建设，每一个县有党的委员会，成为本县各项事业的领导核心，

新中国成立后，中国共产党成为执政党。什么是执政党？执政党就是通过制度性选举或暴力革命执掌政权的政党。中国共产党是通过武装斗争夺取国家政权的。夺取政权后的首要任务是打碎旧的国家机器，建立全新的国家政权体系。中国共产党领导下的政权体系，既有学习苏联模式的成分，也吸收中国传统的政权结构中的某些合理因素，形成了既不同于苏联的政权体系，又完全区别中国传统的政权结构。从层级看，新中国成立之初，推行大区行政体制，分别设立东北、华北、华东、中南和西南等六大行政区，中国政权层级分中央、大区、省市、地市（行政专署）、县、区、乡、村，一共有八个层级。1952 年至 1954 年中央调整了省级和省级以上行政区划。1954 年 6 月 19 日中央人民政

---

① 中共中央组织部等：《中国共产党组织史资料》第 1 册，中共党史出版社 2000 年版，第 390 页。

② 中共中央组织部等：《中国共产党组织史资料》第 1 册，中共党史出版社 2000 年版，第 390—391 页。

府通过了《关于撤销大区一级行政机关和合并若干省市建制的决定》,使全国行政区划基本定型。省以下设立地—县—区—公社(乡镇)—大队(村)五个层级,包括中央和省,共七个层级。后来的实行农村自治制度,加上撤销区一级,正式形成五级管理架构。

中国共产党从古人重视县级政权建设的传统中吸取智慧,也非常重视县级党组织和县级政权建设。在中国共产党领导下国家治理体系中,县这一层级的位置十分特殊、十分重要,它处在承上启下、协调左右的位置。承上,就是要接受党中央、国务院及省委、省政府、市委、市政府的领导,贯彻上级指示精神和交办的任务。启下,就是担负起领导所属地区的下级单位、部门,特别广大人民群众为实现党和国家的目标而工作,带领本县人民过上幸福美好生活。协调左右的任务也非常繁重。因为,一个县,多则是上百万人口,少也有几十万人口,所属部门、单位上百,所属乡镇也有十到二十个不等,人们的吃喝拉撒睡、衣食住行,生老病死,等等,县委和县政府都必须担起责任。所属部门单位的各类关系都必须处理好,才能正常运转。县域内的经济、政治、文化、社会、生态建设都要担负领导责任。难怪古人说:"官之至难者,令也。"[1]也难怪当代有人说,能当好县委书记,再去干别的事,再当更大的官,都不会感到困难。县委书记和县长乃一方要职,上连中央,下接百姓,是党和人民政府的最具体的形象代表,形象好则党和人民政府的形象就好,形象恶则党和人民无政府的形象就坏,县一级工作的好坏,关系国家的兴衰安危。县委书记、县长的权力大、责任重,如何选拔、如何管理、如何监督事关重大。因此,在农村治理结构改革中,县级改革,既关系农村治理结构改革的成败,也关系国家治理体系改革的成败。

鉴于县治在国家治理体系和农村治理结构的特殊重要地位,中国共产党特别重视县治建设和县级改革。在改革开放以来的中国八次大规模的行政管

---

① (明)海瑞:《令箴》。

理体制和机构改革中,县级改革紧随其后。

改革开放以来的第一次行政体制改革和机构改革,是在 1982 年进行的。这次机构的重点是精简机构,国务院的部门由 100 个精减到 61 个,工作人员减少 2 万。相应地,县级党政机构也大由裁减,减少工作人员 35 万多人。①

第二次是 1988 年的改革。这次改革的创新之处在于提出了"转变职能"的问题,触及实质问题。按照"转变职能"的思路,国务院重组经济职能部门,实现由微观管理到宏观管理、直接管理到间接管理的转变。与之相适应的,是县级机构改革也按照"转变职能"的思路推进改革。

第三次是 1993 年的改革。这次改革的突破,在于提出按照社会主义市场经济的要求改革行政管理体制。中共十四大确立了我国改革的社会主义市场经济方向。行政管理体制改革也必须符合社会主义经济的要求。所以,这次改革以转变职能、理顺关系、精兵简政为核心,根本途径是实行政企分开。县级改革的重点是以推行国家公务员制度为契机,全面推进机关、事业、企业人事制度的改革。

第四次是 1998 年的改革。这次改革要求建立办事高效、运转协调、行为规范的行政管理体制。首次提出建立国家公务员制度,对不同类别的人才队伍实行分类管理,逐步建立与社会主义市场经济体制相适应的行政管理体制和人事管理机制。这次机构的撤并和人员的减少都是空前的。县级撤并了一些直接担负经济管理的职能部门,转制分流了一批国家工作人员。

第五次是 2003 年的改革。这次改革在中国已经加入世贸组织的背景下进行的,因此,提出了与国际接轨的口号。改革的目标与第四次改革既有相同之处,也有不同之处,相同之处是继续强调行为规范和运转协调,不同之处是增加了公正透明、廉洁高效的要求。这说明中国共产党加大了反腐败的力度,公正透明则是与国际接轨的表现。改革的重点是放在经济领域的管理体制,

---

① 翁仕友:《7 次政府机构改革难逃怪圈:以精简开始以再膨胀结尾》,《财经》2013 年 5 月 20 日。

改善微观管理,加强宏观管理。县级的相应改革,是政府从微观管理中退出。

第六次是 2008 年的改革。这次改革前,已经发现过去行政体制存在膨胀—精减—再膨胀—再精减—再膨胀的问题,通过大部制的新思路来解决这个问题。因此,这次改革的最大特色是国家根据职能相近的原则建立大部制,以真正加宏观管理。县级改革也是根据大部制的要求,进一步撤并职能相近的部门。

第七次是 2013 年的改革。中共十八大后,改革进入快车道。按照全面深化改革的要求,加快行政体制改革,继续推进组建大部制,形成自司其职、各尽其责的体制。

第八次是 2018 年的改革。这次的特点是改革党政领导体制,真正形成党对各方面的领导。这次改革还在进行中。

对改革开放以来八次行政体制,发生在 20 世纪的有四次,发生在 21 世纪的有 4 次。应该说,改革的频率还是比较高的。改革的效率从总体上讲,不乏可圈可点之处,每一次改革都各自特点。但不能不指出,行政体制改革还有走出膨胀—精减—再膨胀—再精减的怪圈。与之相适应的县级改革,也同样没有走出这个怪圈。特别在处理条块关系问题,有一些深刻教训值得总结和吸取。一些部门为了强化自己的地位和作用,强调垂直管理,而需要更多投入的系统,双实现块块管理,交给县里,从而导致事权配置不当。有权者不管事,管事者没有权。虽然人们都认识到县治在国家治理体系和农村治理结构中的特殊重要地位,但往往出现心有余而力不足,甚至还受多方因素的制约而无法让县委、县政府有效治理。这就是说,无论是从国家治理体系建设,还是从农村治理结构改革,县级改革的任务还非常繁重。如何让县委、县政府在国家治理体系中发挥更大的作用,如何真正让县委和县政府在农村治理结构发挥举足轻重的作用,需要进一步改革。

在农村治理结构改革的实践中,既要做好规定性动作,还要从当地农村实际出发,在对农村治理结构顶层设计的总体框架下,做好自选动作。考虑县治的特殊性,全国先后在一些地方进行了旨在强县、扩权、简政、惠民的县级综合改革试点。中共中央、国务院批准湖南华容、内蒙古卓资、甘肃定西、四川邛崃、广东宝安、河北藁城、山西原平、河南滑县、浙江上虞等9个县为全国县级机构改革试点单位,为全面展开县级改革探索路子、提供经验。

在中央的统一部署下,各试点县从本地实际,各显其能,各具特色,形成了各具特色的县级改革模式:

一是湖南华容模式。华容县是湘北的一个重要的商品粮基地,人口70万,地处洞庭湖平原。改革前,由于财政供养人口多,财政入不敷出。当地人戏说,"有钱养兵,无钱打仗"。"有钱养兵",就是县级财政勉强满足财政供养人员的刚性需求。"无钱打仗",就是在发展经济、民主政治、文化生活、改善民生、修复生态等方面无所作为。可想而知,哪里有钱改善县治?哪里有钱推进农村治理结构改革?哪里有县委和县政府的权与威。当华容县被授权为县级改革试点时,他们壮士断腕:抓转业,当年全县1700多行政人员中留下597人,其余人员都改行或下海;抓转体,对于涉农、涉商、涉工的专业经济管理局转为企业经营,逐步取消其行政编制和行政经费,最后与财政脱钩;抓拆庙,县内设机构由100多减少到26个。由于大大地减少行政运行成本,加上创业人员的创利,华容开始有钱发展事业,出现了"既有钱养兵、又有钱打仗"的新局面。①

二是福建石狮模式。福建石狮市是著名侨乡,在对外开放政策的推动下,引进侨资发展经济是石狮的优势。通过引资侨资企业,石狮的经济社会发展,但也有不如人意的地方,主要原因还是体制机制的问题。作为县级改革试点,其侧重点在处理好政府与企业的关系,让侨资企业更好服务于侨乡发展。石狮确立的试点原则是"体制更活一点,机构设置更小一点,经济管理权限更大一点,干部素质更强一点"。根据这些原则,只设经济局、国土建设局、侨台外

---

① 参见《中共湖南省委办公厅湖南省人民政府办公厅关于深化华容县深化县级机构改革方案的批复》(湘办发13号),1992年5月4日。

事局、内务局、科卫文体局等 18 个工作部门,机构数量只相当于同级市县的三分之一。为了搞活企业,石狮提出的口号是"你投资我欢迎,你赚钱我收税,你违法我查处,你倒闭我同情",把生产经营权还给企业,石狮对国有企业实行政企分开,把产品的生产和经营自主权还给企业,企业摆脱对政府的依附关系,成为市场主体,政府减少对企业的干预,增加对企业的服务。政府与企业新型关系,促进了当地经济社会的发展。① 石狮把负责"三农"工作的"农委"作为经济局的内设机构,反映了石狮的工作重心不在农村而在引侨资办企业上的特点。

三是河南新郑模式。新郑县是紧靠郑州的城郊县,也是一个比较富裕的县,属全国百强县之一。即使这样的富裕县,也有财政负担不起的问题。中央选择新郑县作为改革试点,可能是基于探索如何推进城郊县城的治理的路子。新郑县的基本思路是,先请神,后拆庙。先请神,就是通过分流,把行政人员中的富余精减少下来;后拆庙,就是把职能相近或者重叠的部门撤并掉。当年,先后分流机关干部 1900 多名,占全县机关干部的 44%;撤并和精简局(科)级机构 13 个,削减内设机构 66 个。新郑县的请神拆庙,使其轻装上阵,促进了经济社会健康发展。②

四是辽宁鞍山模式。辽宁鞍山市是老工业基地,曾经为共和国的经济作出了重大贡献。但是,改革开放以来国有大中型企业负担过重而举步维艰。中央选择鞍山作为改革试点,旨在探索老工业基地如何加强县治,更好发挥其在国家治理和农村治理中的作用。鞍山的主要做法是,横向相切,纵向分权,着眼宏观,反弹琵琶。横向相切就是,重新规范各部门的职能,划清职责,职责只可相切不可相交。可由一个部门承担的职责不多口承担;必须由两个以上部门承担的职责,明确主管和协管部门,明确责权。纵向分权,就是下放权力,

---

① 参见《中国农村经济》1992 年第 7 期。
② 曹文光、唐成山:《转变职能 强化服务——县级机构改革调查报告》,《郑州大学学报(哲学社会科学版)》1992 年第 4 期。

把政府不该管、管不了、管不好、管得太多，太细的权力，全部归还给企业。全市总共下放了 200 多项权力。着眼宏观，就是推行"小机关、大社会"，把政府部门从具体事务中解放出来，发挥企业、农村家庭、生产合作组织的市场主体作用。反弹琵琶，就是转变职能后，立即精简合并内部机构，对于分流干部，既做"先走和尚再拆庙"的工作，又做开渠放水工作，让分流人员干事有希望，不再回头恋栈。[①]

五是山西隰县模式。隰县是山西有名的贫困县，地处吕梁山区。选择隰县作为改革试点，是希望探索贫困县如何进行县治的新路。隰县贫困原因是多方面的，有自然条件差的客观原因，也有财政供养人员过多的主观原因。全县人口仅有 7 万人，却有县级党政机构 77 个，行政人员 1944 人。稍加分析就可以看到县财政负担之重，更何况隰县是一个典型的农业县，财源十分有限。隰县的改革：一是分离政府部门的管理和服务职能，对政府部门的 648 条职能进行分解，其中 257 条属于调控方面的职能，继续由政府保留；对 181 条服务性职能，委托给服务实体；对 210 条本属企业的职能，全部放给企业。在农村治理结构改革的探索上，隰县很有特色，率先成立农技、林业、牧工商、果树、科技、农田等十大涉农开发服务中心，承担涉农开发和服务任务，服务中心财务单列，自主经营，开始时实行"收支两条线"，逐步与财政脱钩。二是精减党政机构。由于分离了职能，隰县的党政机构由原来的 77 个减为 28 个，职能不重叠，不遗漏，办事效率大大提高。[②]

六是内蒙古卓资模式。卓资县是内蒙古乌兰察布盟的一个县，地处草原，以蒙古族为主体，汉族人不多的少数民族聚居县。选择这样的县作为试点，是探索民族地区如何加强县治的新路子。卓资改革的重点是分解县政府及相关部门的职能。他们的具体做法是，把政府机构的职能一分为四；其中一部分转化为企事业经营职能，一部分转化为市场职能，一部分下放乡镇，一部分留在

---

① 陈光明：《对撞中的跨越——鞍山市重塑政府职能纪实》，《瞭望周刊》1993 年第 39 期。
② 晓燕：《隰县为县级行政机构改革闯出一条新路》，《乡镇论坛》1992 年第 5 期。

政府手中。这是一个重要的尝试。通过改革,县委只设办公室、组织部、宣传部和工委四个部门,另设纪委。县政府只设办公室、经济行政管理局、财政税务局、社会事业局、公安局和法制监督局 6 个机构,被人称为"中国最小的县政府"。①

七是四川邛崃模式。邛崃县隶属四川成都市,是四川最早的四个历史文化名城之一。成都是全国城乡综合改革的试点。邛崃的改革也有城乡综合改革的样子,走的是"小机关、大服务"的路子。具体做法是,(1)转变职能,强化服务,这与其他地方没有什么太大的差别。(2)理顺关系,减少不必要的层次和环节,这是邛崃的鲜明特点。1999 年,邛崃有 18 个镇,15 个乡,通过撤并,到 2015 年全市共有 2 个街道办事处,18 个镇,4 个乡。(3)精简机构 24 个,分流人员 607 人。通过改革,有力地推动了全县的经济发展。②

八是广东顺德模式。顺德隶属广东省。广东是改革开放的最前沿。顺德享受改革开放红利,经济发展快,成为广东"四小虎"之一。选择顺德作为改革试点,意在探索经济发达地区如何改革县治。顺德改革力度超过其他试点县,特别是在改革国营工业的管理体制上,改革的步子大,撤销了一些主管局,按行业归口组建了 8 个集团公司,把人事调配权、机构设置权、产品定价权、内部分配权全部下放给所属企业。企业得到更多自主权,充分发挥市场主体作用,产值、税收、利润分别比改革前增长 6.2 倍、3.6 倍和 4.3 倍。③

九是湖南湘潭模式。湖南湘潭市是个地级市,是新中国成立后建立起来的老工业基地,仅第一个五年计划时期就有六家大型国有企业落户湘潭。湘潭大型国有企业为国家经济社会发展作出了重要贡献,但是,由于企业成立时间早,改革开放过程中又遇到转制、转产、转业困难,国有大型企业的历史包袱

① 国务院机构改革办公室赴卓资调研组:《卓资县实行综合配套改革面貌大变》,《中国经济体制改革》1990 年第 6 期。

② 许志远、林平凡:《"小机关,大服务"改革的有益尝试》,《中国行政管理》1994 年第 6 期。

③ 郑智立:《党政联动:顺德区行政体制改革研究》,汕头大学硕士学位论文,2011 年。

导致企业不景气。选择一个地级区作为综合改革试点,旨在探索中等城市和老工业基地如何治理问题。湘潭转体、分流、断奶等措施改革行政管理体制。转体,就是把原来主管工业职能局成建制地转变为相应的工业企业集团,具有法人资格的集团公司和所属企业,实行两级法人企业集团制度,两级法人均具有相对独立性。分流,就是原主管局机关干部和职工分流到企业。断奶,就分流出去的人员不再享受行政机关的工资待遇,政府停拨行政经费。[1] 通过改革减轻了政府负担,也激活了企业,促进了经济发展。

十是山东昌邑模式。昌邑隶属山东潍坊市,地处环渤海经济圈,经济发达,是全国经济百强县之一。选择昌邑作为改革试点,目的在于探索沿海经济发达县的治理问题。昌邑的主要做法是政府的 14 个经济管理部门改制为了14 个具有法人地位的总公司。14 个总公司分别向县政府政府承包相关业务,然后又分包给下属企业。政府对企业不直接参与经营管理,而是实施监督、提供服务。[2]

上述这些县级改革试点的具体模式,各有侧重,各有千秋,各有特色。它们探索的路子,有的可以复制,有的可以推广,有的可以借鉴。既然是试点,也不是完美无缺的,需要总结提高,继续探索。因此,除了这些试点县外,全国还有内蒙古的乌海市、湖南的双峰县、四川广汉市、河南三门峡市湖滨区、甘肃定西、河北藁城、山西原平、河南滑县、浙江上虞、广东云安等县市,进行不同程度不同层次的探索。这些地方从本地实际情况出发,从经济建设的需要出发,从"小机构,大服务"的原则出发,无疑是正确的。这些试点县的改革,有的直接涉及农村治理结构,有的则间接影响农村治理结构。无论是直接的,或是间接的,都反映中国共产党通过县级改革来完善农村治理结构的基本思路。通过试点,基本达到了预期效果,农村治理结构得到了

---

① 范多富:《机构改革与体制转换结合的有效形式——湘潭市经济主管局转体为集团公司的探索》,《经济体制改革》1993 年第 5 期。

② 余可远:《山东县级综合改革的调查与思考》,《人民日报》1993 年 1 月 18 日。

一定的改善。提请注意的两个词:一个是"基本",一个是"一定"。也就是说,对试点的作用不能估计过高。之所以不能估计过高,原因在于,有的试点县的经验不可复制,没有推广价值;有的试点县的经验虽然可以自制,但因斗转星移,没有在全国推广。所以,才有后来的进一步新试点,改革才出现新措施。

在国家治理体系中,治理层级越多,治理的边际效应会递减。这是一条基本规律。中国的治理层次从中央到农村的村组,多达七八层,那么,中央的政策因"中梗塞"而影响农村治理效应。为了解决"中梗塞"问题,如何发挥县治在国家治理和农村治理中作用,在"市管县",还是"省管县"之间进行了艰难选择。

"市管县"体制,建立于新中国成立后不久。基于发挥中心城市对县域经济的聚集效应和辐射作用,也基于农村农产品保证对城市的供应。说到底是建立在以农养城,以农助工的基础之上。应该说,设计者的主观愿望是无可非议的。旅大市最早实施市管县体制。1958 年河北省撤销天津地区,将其所管辖的县划归天津市管理,实行市管县。随后北京、上海、无锡、常州等大、中城市跟进,当年年底,全国就有 29 个市管辖了 120 个县。1959 年 12 月,全国人大常委会通过立法决定在全国推广这一体制,并取得重大进展。一年之内全国就有 52 个市管理 243 个县,占全国总县数的 18%。这种体制在后来相当长的时间内没有大的变化,直到 1982 年,中共中央下发《关于改革地区体制,实行市管县的通知》,"市管县"体制在改革开放以来得到强化。1999 年,中共中央、国务院再次发出通知,全面要求实行"市管县"体制。① 市管县的行政管理体制正式确立后,不仅大城市担负管理辖区内的县,而且地级市也承担了管县的任务,特别在是大量的行政公署撤销后,地级市正式成为省与县之间的管理环节。到 21 世纪初,336 家地级行政建制市中的 265 个市,管理全国近 70%

---

① 《中共中央、国务院关于地方政府机构改革的意见》,1999 年 1 月 5 日。

的行政县,人口占总人口的 80%以上。①

对于开始于新中国成立之初,强化于改革开放期间,在中国实施很长时间的"市管县"体制,既不能简单地肯定,也不能简单地否定。其积极作用在于,发挥城市的带动和辐射作用,来推动全国,特别是农村发展。随着时间的推移和实践的检验,其弊端也开始显现:第一,造成虚假城市化。实现"市管县"体制后,在统计口径上往往把县域中的农村与城市一起统计,给人们的印象是,中国城市已经高度发展,实际上,中国城市化的比例并不高。第二,"市管县"体制导致"市卡县"和"市压县"。无论是行政级别,还是经济实力,市都在县之上。处在强势地位的市控制了话语权,处在弱势地位的县,则往往是被动地接受市的管治,一些市截留上级下放的权力和利益,县级则根本无力抗衡。第三,增加了中间环节和管理层次。实行市管县体制后,行政区划的层级由省、县、乡三级变为省、市、县、乡四级。凡是县与省之间需要上情下达或下情上达时,不得不经由市一级中间层次,既耽误了时间,又因中间环节而影响效果。对农村治理来讲,增加治理的层次,又削弱了农村治理的效果。

行政管理扁平化是国际大趋势。少层级、大幅度结构是世界上大多数国家实施的行政管理模式。随着对外开放大门越开越宽,在推动农村治理结构改革的进程中,必须吸收被实践证明是有益的西方文化中的合理因素,为我所用。推行省直管县,可能也受行政管理扁平化趋势的影响。进入 21 世纪后,陆续有地方提出实现省直管县的问题。中共中央审慎地推进省管县的试点。中共十六大以来,中央通过各种途径把经济社会管理权限下放到县级,强化县委和县政府的管理职权。2008 年 8 月,中央下发地方机构改革方案,要求加快试行省直管县体制。同年 10 月举行的中共十七届三中全会上,党和国家主要领导人更加关注省直管县体制问题。2010 年,中共中央、国务院决定在安徽等 8 省区 30 个县(市)进行省直管县体制改革试点,调整垂直管理体制扩

---

① 参见《财经时报》2003 年 11 月 1 日。

大县级管理权限,并在试点县进行党委、政府、人大、政协体制改革,探索改革司法体制,等等。省直管县体制改革试点,在以下几个方面取得重大突破:

其一,在经济社会管理权限上取得突破。省直管县后,县(市)行使地级市相同的经济、社会、文化等方面管理权限。安徽省通过省管县改革,将原归属地级市审批或管理的经济社会管理事项,改由试点县自行审批、管理。由地级市管理的权限也采取委托或授权下放到试点县。河南省扩大试点县的经济社会管理权限,除特殊情况外,试点不再通过地级市,直接从省政府和省直职能部门获得社会经济管理权限。经过改革,试点县获得了与地级市同等的经济社会管理权限。

其二,在管理机制上取得突破。试点县不再向地级市请示和报告工作,而是直接向省委和省政府请示和报告工作。湖北省的试点县的党委、政府、人大、政协直接由省委、省政府、省人大和省政协管理,试点县的工作部门与省直工作问话直接对接。黑龙江省在试点县同步调整党委政府的关系,同步调整垂直部门的关系,调整群团管理关系。安徽省在试点县调整党委、政府管理体制,要求县委、县政府直接向省委、省政府负责并报告工作,省政府职能部门指导或领导县委、县政府各职能。宁夏要求试点县的县委、县政府直接向自治区党委、政府报告情况,请示工作。自治区召开人大或政协会议时,试点县单独组团出席。河南省、江苏省分别在试点县(市)不再通过地级市试行直管,各种工作与计划在省内单列。

其三,在干部管理体制上取得突破。改革前,县(市)的主要领导任免权,都在地级市,最多向省委报备。改革后,试点县(市)主要领导,特别是县委书记、县长的任命、管理权限收归省委。黑龙江省调整试点县干部管理权限,将原来由地级市管理的干部调整为省委直接管理。湖北省也调整干部管理权限,规定试点县的党政正职由省委直接管理,试点县的四大班子成员和纪委副书记、法院院长、检察院检察长由省委组织部直接管理,其他副县级干部由试点县管理,但必须向省委组织部报备。安徽省委直接管理试点县的县委书记和县长,委托省委组织部管理试点县的其他副县级干部。宁夏试点县的做法与安徽大同小异。河南省由省委直接管理试点县(市)党委、政府主要领导,其他干部领导体制不变。有的省对试点县(市)党委、政府、人大、政协正职领导高配为副厅级,有的还高配为正厅级。从中央到地方对县委一层进行限权探索,2009年3月,中央纪委、中央组织部在成都武侯区、江苏睢宁县、河北省成安县等进行县委权力限制试点,限制不当用权,强化正当用权,制度规范用权,将权力关进制度的笼子里,从源头上防止权力的滥用,防止贪污腐败的发生。

其四,在垂直管理部门体制上取得突破。为了解决条块之间的矛盾,一些重要职能部门实行垂直管理,一般是一级下垂一级,即省级垂直部门管理到地级市,地级市的垂直部门管理到县。实现省直管县,省级垂直部门一竿子到底,直接到达县。不少省区市在试点县调整垂直部门的管理体制,主要有两种调整模式:一种湖北、河南、黑龙江等省的模式,即在试点县把省以下垂直部门收归省直部门管理。另一种是安徽模式。垂直部门实现双重管理。试点县的党委和政府有权管理工商、地税、质监等垂直部门,省级主管部门从业务上指导这些部门。

其五,在司法管理体制上取得突破。改革前,法院、检察院是按照行政区划设置的。改革后,打破了行政区划的限制,实行跨区设置或办理案件。湖北省跨行政区设立了湖北省江汉中级人民法院和省人民检察院江汉分院,承担试点县内跨行政区划的涉法案件的检察和审办任务。宁夏回族自治区高级人民法院和自治区人民检察院直接管辖试点县的二审案件,并指定吴忠市中级人民法院和人民检察院负责监督试点县的重大案件的一审,保障司法公正。

截至2016年,全国实行省管县的有:湖北省:仙桃市、潜江市、天门市、神农架林区;河南省:济源市;海南省:五指山市、文昌市、琼海市、万宁市、东方市、定安县、屯昌县、澄迈县、临高县、琼中黎族苗族自治县、保亭黎族苗族自治县、白沙黎族自治县、昌江黎族自治县、乐东黎族自治县、陵水黎族自治县;新疆维吾尔自治区:阿拉尔市、图木舒克市、五家渠市、北屯市、铁门关市、双河市、可克达拉市;宁夏回族自治区:同心县、盐池县;辽宁省:昌图县、绥中县;广东省:佛山市顺德区;浙江省:义乌市;吉林省:公主岭市、梅河口市;安徽省:广德县、宿松县;陕西省:韩城市、神木县、府谷县;河北省:定州市、辛集市;江苏省:昆山市、泰兴市、沭阳县;黑龙江省:绥芬河市、抚远县;江西省:共青城市、瑞金市、丰城市、鄱阳县、安福县、南城县;贵州省:仁怀市、赤水市、威宁彝族回族苗族自治县、福泉市、镇远县、黎平县;湖南省:浏阳市、茶陵县、湘乡市、平江县、石门县、耒阳市、武冈市、慈利县、安化县、宜章县、蓝山县、溆浦县、新化县。

在现代信息和交通高度发达的情况下,实行"省直管县"体制,也是可行的。利用网络技术和发达的交通网络,省委、省政府可以迅速、直接、准确地掌握各县情况,省委、省政府向县委、县政府做出决策指示;县委、县级政府可以利用上述技术手段及时、快速、直接向省委、省政府请示报告,并落实上级党委和政府的指示精神。由于减少了地级市这一行政层次,降低了行政成本,提高了行政速度和效率,这是现代行政管理扁平化的具体体现。"省直管县"就是要用最小的行政成本产生最大的行政管理效益,而且这一改革带动了地方整个行政效率的提高,降低了行政成本。"省直管县"体制也降低了经济运行和管理成本。"市管县"体制下的县级政府往往权责不对等、经济管理较弱、自主发展的空间较小等不足。实行"省直管县"体制后,这种不足得到缓解,省下放到县的管理直接发挥效益,有力推进县域经济发展和城乡一体化;从财经的角度看,实行"省直管县"后,县成为最大的受益者:一是省对县的转移支付直接到县,减少了被截流的风险;二是省级财政从全局考虑,调整财政收入分配格局,逐步提高了县级财政在省以下财力分配中的比重;三是县一级基本公共服务、社会管理与民生改进方面获得更多的财力支持,县在履行它的事权的时候,将获得财力的保障。实行省管县体制后,带来了另一个效果,即增加了城市对农村剩余劳动力的吸纳能力。地级市不管县后,也减轻了负担,促进了城市的发展,有能力安置更多的农村劳动力,农民工进城后,也加快实现市民化的转变,对农村治理结构改革和农村治理现代化带来意想不到的效果。这些市民化的农民工接受现代文明的洗礼,经过现代文明的历练,利用他们与农村有着千丝万缕的联系,促进现代文明向农村输送,也加快了传统农村向现代农村的变革,农村治理结构因此得到改善,农村治理能力也因此得到提高。

如同评价"市管县"一样。对"省直管县",既不能绝对肯定,也不能绝对否定。"省直管县"也不是包医百病的灵丹妙药,吃下这服药就可以解决国家治理体系和农村治理结构中的各种问题。在这个问题上,应该继续思考,继续探索,继续改革。实事上,对县级改革还有其他措施,特别把城乡接合部——郊区改为市区,并把一些县改为市。对农村治理结构改革影响很大。

郊区,就是城乡接合部。改郊区为城区,就是用城市的管理办法来管理郊区。这个问题相对简单些。通过这一改革,使原属于郊区的农村的治理结构发生了新的变化。县改市相对复杂些,对农村治理结构的影响也更大一些。县市的区分,不仅仅是名称上的,二者最大的不同就是功能上各有侧重,县的工作重心是三农工作,而市的主要功能是发展工业、城市建设。从表面上,县改市后,工作重心由农村转移到城市,是对农村的削弱,而实际,只要把握到县改市的正确方向,农村工作不仅不会削弱,而且还有可能加强。当经济实力增强后,政府有能力支持解决"三农"问题,农民的负担减轻,农村治理结构因此得到完善。

由于中国是一个农业大国,国土面积以农村为主,人口以农业人口为主,因此,我国普遍实行县制,加上 1959 年实施粮食统购统销政策和居民户口管理条例等人为因素,城乡分割。城市发育相对滞后,影响我国经济社会的发展。培育更多的城市成为改革的重要目标之一。因此,改革之初就提出了"以大中城市为依托,形成各类经济中心,组织合理的经济网络",是"我国经济体制改革的基本方向"。[①] 后来,又提出了发展小城镇的战略。作为落实这

---

① 《当前的经济形势和今后经济建设的方针》,1981 年 11 月 30 日和 12 月 1 日第五届全国人民代表大会第四次会议。

一战略的措施,就是将一些有一定经济实力的县改为市。1983 年全国有 31 个县改为县级市,根据需要,新设立了 7 个县级市。并把临近城市的郊区县改为区,以增强城市的辐射能力,带动这些区域的经济社会的发展。[①] 1993 年国务院出台了撤县改市的标准,明确了财政、人口等一系列的指标,以期规范县改市改革。但是,没有想到的是,从此县改市正式进入井喷期,一时间地方行政体制改革迅速推进。[②] 为什么这么多的县急于改市? 直接原因在于许多县长急于改市长。因为市长比县长好听,当上市长,意味不再是农村干部,而是城市干部了。当然深层原因是因为县改市,无论是给干部,还是给城市建设带来好处,而受到伤害的则是农村。好在是 1997 年,中共中央和国务院及时发现了县改市进程中存在严重问题,明确提出"暂停审批县改市"。所谓严重问题,一是"假性城市化"。所谓"假性城市化",是指地方政府把城市管辖范围的扩张、城市数量的增加、城市级别的提升当作城市化的指标,并不是真正意义上的城市。人还是那些人,城区还是原来那个城区,唯一发生变化的就是换了招牌,县已经改为市。二是治理方法换汤不换药。一些县改为市后,农业人口仍然占据主要的比重,农业还是最主要的产业,城市建设没有大的改观,城镇的辐射作用依然不大,市郊的发展与城区的发展失衡等一系列的"泡沫"现象。三是伤害了农村,由于改为市,党委和政府的工作重点转移到城市,把有限的资金用于县城建设,农村成为"被遗忘的角落",投入农村的资金更少。所以,党中央、国务院暂停了县改市。

叫停县改市,是不得已的办法,既然是暂停,就有一个重启的问题。重启工作在进入 21 世纪后开始。主要原因是发展市场经济有需要,而且通过几十年的努力,经济社会发展水平要求重启县改市改革。2010 年初,国家发改委代表国务院向社会传递了重新调动县改市的信息,强调制定设立县级市的标

---

① 1983 年,内蒙古赤峰县及山东福山县、潍县、济宁县作为全国首批"县改区"的四个县,分别改为赤峰市郊区、烟台市福山区、潍坊市寒亭区、济宁市市郊区。

② 吴明华、张占斌、李铁:《"县改市"开闸?》,《决策》2013 年第 5 期。

准、把达到一定规模和标准的县(镇)适度改设为市。2013 年,国家发改委、财政部、国土部、住建部等 11 个部委联合下发国家新型城镇化综合试点通知。2014 年,国家发改委向国务院上报城镇化改革方案,明确提出"推进行政区划创新,完善城市行政区划设置和布局"。由此,新一轮县改市在全国启动。据不完全统计,有 130 多个县谋求改市。进入 21 世纪后,县级治理结构的改革又迈出了坚实的步伐。

　　无论是县改区,还是县改市,或是保留县的称呼,对农村治理结构都会产生影响。无论名称如何变,农村治理只能加强,不能削弱,农村治理结构只能改善,不能搞乱。从农村治理结构的角度来观察和思考县级改革,21 世纪以来的县级治理结构改革以及由此引起的县级内部治理结构的改革,值得肯定的地方很多。改革的主观愿望是通过县级改革,促进农村治理结构的改革。从实际效果看,县级改革,为改革农村治理结构营造了良好的氛围和创造了条件。一方面,21 世纪前的县级治理结构的改革,为 21 世纪县级改革提供了经验,创造了条件。同时也应该看到,此前的改革也有一些教训,也有值得进一步深化的空间,这些空间就是 21 世纪以来县级治理结构改革的动力源之一。另一方面,县级治理结构的改革,就是农村治理结构改革的重要组成部分,县级机构改革是整个农村治理结构改革的龙头所在。为了农村治理结构改革的顺利推进,必须改变县委、县政府"责任无限大,权责不匹配"的状况,通过改革使县委和县政府责权利高度一致;应该减少行政层次,实行省管县体制,停止市管县体制,进一步放权强县,建构省、县、乡镇三级治理层级;加强对县委和县政府的监督,特别加强对县委书记及县长的监督,防止权力的滥用。经过 21 世纪前近二十年的改革,县级改革取得了巨大成就,但县级行政体制改革尚未完全到位,还可以用任重道远来形容。当然,我们有理由相信,根据中共中央对国家政治体制的顶层设计,积极稳妥地推进县级行政体制改革,进而推进农村治理结构的改革,促进农村经济社会的科学发展。

二、乡镇变革

如果说,县级党组织和政府在农村治理结构中占据核心位置,县治改革对农村治理结构改革自然而然会产生十分重要影响。但是,县级与乡镇一级相比,乡镇一级与农村治理结构关系更直接、更密切。因为县域,不仅包括农村,而且还包括城镇。特别随着城镇化速度的加快,城镇在县域中的比重在不断加大,城镇人口所占比重也在加大。乡镇就与县域情况大不一样。而且,县与农村中间还一个缓冲环节,这就是乡镇。乡,几乎全部是农村,镇,也绝大部分是农村。乡镇干部每天打交道的几乎是农民,要处理的政务也几乎全是农事,他们与农民的交往不再有中间环节,不再有缓冲地带。从这个意义讲,农村治理结构和乡镇改革关系也更直接、更密切,是农村治理结构中的关键,也是农村治理结构改革的中心环节。

当代中国的乡镇制,可谓源远流长。追根溯源始于西周王朝。当时的"乡"是地方最高管理组织。春秋战国时期演变为基层行政建制。这一体制在秦始皇统一中国后得以确立,并在中国持续两千多年,中间一些朝代也有一些改变,但没有从根本上改变乡制。晚清时期随着西风东渐,中国开启了向近代国家转型,有了近现代意义上的乡制。清政府被推翻后,乡镇地方自治制度为国民政府所继承。

镇,最初指"一方之首山",即一定区域内最高最大的山,通常驻扎兵马,据地守关之处。历史上的"镇",首先是作为军事镇守之处,然后才有行政建制单位。唐朝时藩镇拥兵自重,统治阶级无可奈何,对唐朝造成极大危害,可以说,藩镇对中央政权造成了威胁,导致了安史之乱的发生,"诸州听命帅府如臣之事君,虽或因朝命除授,而事无巨细,皆取决于帅,与朝廷几于相忘"。[1]

---

[1] 严耕望:《中国政治制度史纲》,上海古籍出版社 2013 年版,第 165 页。

藩镇割据的局面加速了唐朝的灭亡。进入了五代十国时期,镇继续发挥着军事统治职能,整个社会动荡不安。直到北宋时期,镇确立了行政地位和行政职能。此后,在中国持续了上千年的历史,镇的地位与职能没有太大的变化,包括晚清和民国时期。

经过 28 年的努力,中国共产党领导人民取得了新民主主义革命的伟大胜利,建立与过去完全不同的由人民当家作主的新生政权。在建立新生政权的过程中,中国共产党努力探索建立符合中国国情的基层政权。从 1949 年到 1953 年,基层政权建设有过渡性质,甚至还保留了革命战争时期的某些痕迹。直到 1954 年中华人民共和国第一届全国人民代表大会召开和通过《中华人民共和国宪法》,基层政权建设进入全新阶段。宪法以及与之配套的其他法律对乡镇建制、规范、设置标志及领导机构和领导人的配置都作出了明确规定。这个时期所建立起来的乡镇体制既是当年基层政权建设的主要内容,又是后来一切变革的基础。

1958 年 8 月,人民公社运动在全国各地迅速推进,开始了撤乡建社的热潮。到 1958 年底,"全国 74 万个农业合作社合并为 26000 个人民公社,全国农户的 99% 以上参加了公社。"①1983 年废社设乡,全国基本上恢复了乡镇建制。到 1985 年,全国共建立乡镇 91590 个,经过 1986—2004 年的大规模"撤乡并镇"改革,截至 2005 年年底,全国乡镇总数下降到 35473 个。② 乡镇是我国社会的基础,乡镇政府处于中国政府体制的最末一级,是农村经济建设和社会发展的组织者,直接面对我国人口中大多数的农民。其改革的成败,关系到农村治理结构的成败。

尽管党中央在推进废社设乡的改革时,反复强调要吸取人民公社化运动的教训,不要搞强迫命令,不能急于求成,但在实践中,废社设乡改革在较短时间内就完成。这说明这项改革的难度相对小一些。农村治理结构改革的真正

---

① 胡绳:《中国共产党的七十年》,中共党史出版社 2005 年版,第 316 页。
② 赵树凯:《县乡改革的历史审视》,《中国社会导刊》2008 年第 4 期。

硬骨头是转变乡镇职能。说转变乡镇职能是个硬骨头,是因为转变乡镇职能的意义大,影响深;是因为转变乡镇职能,从某种意义上讲是权益的调整,一旦涉及权益,就会遇到一些权益既得者的反对。

转变乡镇职能,意义非同小可。

一是乡镇政府职能转变,是适应农村新变化的客观要求。农村改革不只是促进农村经济的发展,更重要的是引起了农村一系列深刻变化:第一,农村所有制结构发生了深刻变化。改革前,农村以土地为主的生产资料是单一的集体所有制,农民个人占有的生产资料基本可以忽略不计;改革后,以上状况发生了深刻变化,除了集体所有制外,其他性质的所有制迅速增加,比例不断提升。第二,农业产业结构发生了巨大的变化。改革前,农村产业过于单一。主要集中为种植业,顶多加一点家庭副业。改革后,种植业稳定发展,其他的农林牧副渔等现代农业成立体式发展。第三,农村社会结构发生了明显变化。改革前,农村以集体生产、集体经营、集体分配、集体消费为主,农村社会相对简单,就是生产大队、生产队,家庭在社会中的地位很低,作用也不大。改革后,村、组取代了大队和生产队,家庭对社会的影响迅速扩大,还出现许多新的经济组织、政治组织、社会组织和文化组织。第四,农民的思想观念发生意想不到的变化。改革前,囿于接触范围和对象的限制,农民的思想一般比较保守、陈旧,一些封建的臣民意识、权威的敬畏、盲目服从、官本位等思想对农民影响比较多。改革后,农民走出了农村,加上现代的传播手段,农民的思想中增加了许多新内容,如政治参与意识、发展意识、维权意识。农村还有其他一些变化。面对这些变化,如果乡镇不转变职能,就不能适应这些变化,就很难搞好农村工作,就很难治理好农村。

二是乡镇政府职能转变,是实现全面小康、建设新农村和实施乡村振兴战略的必要保证。实现全面小康是中国共产党的不懈追求,是对中国人民的庄严承诺,现在已经到了决胜阶段。小康不小康,关键看老乡,没有农民的小康不是真正的小康,不是全面的小康。在决胜全面小康的阶段,乡镇职能不转变,实现农村小康,就是一句空话。中共中央提出2020年建成全面小康,已经到了时不我待的关头了,乡镇政府应发挥科学引导、宏观指导的作用,综合运用一切可以运用的手段和方法,在发挥市场在配置资料基础作用的同时,调动一切可以调动的积极因素,为实现建设新农村和实现全面小康的战略目标去努力奋斗。建设社会主义新农村是中国共产党的愿景,新农村新在哪里? 新就新在农村经济发展,新在农村有新面貌,新在农村有新风尚,新在农村有新的生活,而这一切都要求乡镇职能的新举措。振兴乡村战略是中共十九大后中国共产党搞好"三农"工作的总抓手。振兴农村,不是一个方面的振兴,不是一时的振兴,不是局部的振兴,而是全方位的振兴,是长期的振兴,是全中国农村的振兴。全国的乡镇不发挥其职能作用,这一目标是无法实现的。

三是乡镇政府职能转变,是满足实现国家治理体系和治理能力现代化的应有之义。全面深化改革的目标是实现国家治理体系和治理能力现代化。按照这个目标建立起来的政府是有限责任政府、服务性政府、法治政府。这就对作为国家治理体系中的重要组成部分和基础性部分按照总目标,实现乡镇职能的重大变革,从传统治理之道向现代治理之道转变。乡镇政府应该是有限责任政府,而不是全能政府、全责政府。否则,国家治理体系和治理能力现代化就成为空中楼阁。而且就乡镇自身而言,必须把一些不宜且不应由政府承担的经济活动和经济行为,逐步交由农民和社会经济组织承担,实现直接管理经济为间接管理转变,发挥各种市场主体真正成为农村市场经济的主角,乡镇在提供服务、加强市场等方面发挥应该发挥的作用,管不了、管不好的事务交给管得了、管得好的部门,乡镇政府回归本位角色。

四是乡镇政府职能转变,是乡镇改革的"牛鼻子"。改革开放以来,历经了几次乡镇政府机构改革,但并没有从根本上解决乡镇政府深层矛盾和问题。原因在于过分考虑机构设置和乡镇治理范围的调整,而没有抓住转变乡镇职能这个"牛鼻子",导致机构变动频繁,管理范围的变化幅度过大。时过境迁后,又重新考虑乡镇的机构和治理范围。这种"折腾"既没有解决问题,又造成了乡镇财产损失,还拉大了乡镇与农民群众之间的距离。抓住乡镇改革中转变职能这一"牛鼻子"就可以带动乡镇其他方面的改革,加速农村治理结构改革的步伐,加快农村治理现代化的进程。随着党对农村治理结构的高度重视,特别是中共十八大以来,党中央制定和实施了一系列农村治理结构改革措施,乡镇转变职能的良好机遇,同时也对乡镇基层治理提出了更高的要求,使乡镇政府工作面临新的挑战,迫切需要乡镇进一步转变职能,加强乡镇能力建设,提高政府凝聚力,不断提高政府执行力和战斗力,才能真正实现农村治理的现代化。

因为转变乡镇职能意义重大,也引起了各方面的关注,并从中引发了乡镇的存废问题的争论,出现了两种截然不同的声音。一种意见是主张不保留乡镇这一层级,另一种意见则主张保留乡镇。

主张废除乡镇层级的人,主要根据是改革导致农村社会阶级阶层分化。[1] 他们认为,因为农村社会利益分化和阶层分化使农村运行方式发生了深刻变化,即过去主要是权力机制在农村配置资源方面发挥基础性作用,现在主要是利益机制在农村配置资源方面发挥基础性作用。既然如此,作为权力机制载体的乡镇就变得可有可无了。

主张保留乡镇层级的人,也承认农村社会发生了阶层分化,也承认利益机制在农村配置资源上的作用,但是,他们同时认为,权力机制并没有完全退出农村社会,乡镇还有继续存在的理由。

关于乡镇存废争论,表面上看是权力机制和利益机制的作用之争,而实质是乡镇的职能之争。乡镇的职能是什么?这是一个值得思考的问题。人民公社是政社合一的基层组织,公社既有政治职能,也有经济职能,还有社会职能。

---

[1] 农村社会出现的新的阶层,即农业劳动者阶层、从事工业和服务业的农民工阶层、受雇于私营企业或个体户的雇工阶层、个体工商户和手工业劳动者阶层、农村知识分子阶层、私营企业主阶层、乡镇企业管理者阶层、农村管理者阶层。参见陆学艺:《社会学要重视当今农民问题》,《社会学研究》1989 年第 9 期。

政社合一的人民公社利用政治、行政、经济和其他手段,管了一些管不好、管不了、不该管的事,国家权力渗透到了农村最底层,农民的组织化程度到了最高限度。然而,人民公社坚持用强制手段来治理农村,规范农民,实际上,过多使用强制手段恰恰证明了人民公社的脆弱,并没有真正得到农民群众的拥护。从理论上讲,一种社会制度靠强制力量维持正常运转,不可能坚持太久,这就是人民公社走向终结的深层原因。这也可能是改革开放后不久,人们就发现转变职能是行政体制改革的关键所在。农村治理结构改革又能何尝不是如此。

转变乡镇职能并非易事。从现有材料看,从撤社设乡时,中共中央、国务院就已经注意到乡镇职能问题,并在很多红头文件和法律中对乡镇的职能有明确规定。最早提出转变政府职能,是在 1987 年召开的中共十三大上。1988年,第七届全国人民代表大会的《政府工作报告》中,第一次提出"机构改革主要着眼于转变职能"①。此后的历次行政机构改革都围绕转变政府职能而推进,但效果并不理想。进入 21 世纪后,对转变政府职能的认识进一步提高,形成了"在社会主义市场经济条件下,政府职能主要是经济调节、市场监管、社会管理和公共服务"的共识。② 转变政府职能的力度进一步加大,每一次改革都减少了不少宏观管理机构,力争达到宏观管好、微观搞活的效果。客观评价历次行政机构改革,在转变政府职能上取得一定成效,但离人们的预期有一定距离。国家行政体制和转变职能也影响乡镇体制改革和转变职能。对于乡镇体制和转变职能,温家宝曾指出:"要在总结试点经验的基础上,在全国推进乡镇机构改革,而深化乡镇机构改革的核心是转变政府职能,建设服务型政府"③。从一定意义上说,乡镇职能能否实现根本性转变直接关系机构改

---

①　李鹏:《政府工作报告——1988 年 3 月 25 日在第七届全国人民代表大会第一次会议上》,《人民日报》1988 年 4 月 15 日。

②　朱镕基:《政府工作报告——2003 年 3 月 5 日在第十届全国人民代表大会第一次会议上》,《人民日报》2003 年 3 月 16 日。

③　温家宝:《不失时机推进农村综合改革,为社会主义新农村建设提供体制保障》,《求是》2006 年第 18 期。

革乃至整个行政体制改革的成败。改革开放以来,我国先后经历了多次行政体制改革,乡镇职能已经实现较大程度的转变,乡镇宏观管理与公共服务的能力不断提升。但与中共十八大所确立的行政体制改革的目标以及我国经济社会发展需要相比,乡镇职能转变的任务还很艰巨。

通过调查研究发现,乡镇政府在发挥职能作用方面总体应该肯定,但也存在一些问题。具体表现在:一是存在一些"任务型政府"乡镇。这类乡镇被动地应对各种任务。无论实行条条管理,还是实行块块管理,乡镇都是最基层,所有的上级都可以向乡镇下达任务,发布命令。乡镇很少有主动权。乡镇的工作就是围绕上级布置的各项"中心"任务转,乡镇领导和工作人员疲于应付各种升级达标的评比、考核事务。为了完成任务,专注于一些表面文章、政绩工程,以满足达标和评比的需要。二是存在一些"经济建设型政府"乡镇。这些乡镇依然抓住经济职能不放,在经济领域里继续既当运动员,又当裁判员,导致农村治理内涵的单一性。本来,实现家庭联产承包责任制后,生产什么、生产多少、如何生产等一系列经济活动完全由农民自己根据市场需求来决定。但是,一些乡镇和乡镇干部觉得不管经济就没事干。所以,乡镇政府直接成为市场主体,从事经济活动。改革开放以来由乡镇直接抓的经济活动,大约有大办乡镇企业,调整产业结构中的大棚菜、连片果木等,拉郎配式的招商引资和建立各类经济组织,等等。结果是费力不讨好,许多经济项目因为主观盲目而成为包袱,乡镇政府成为"风箱里的耗子,两头受气",农民群众并不领情。三是存在一些"全能型政府"的乡镇,沿袭人民公社时期的做法,政经不分、政社不分、政事不分,眉毛胡子一把抓。乡镇无所不知,无所不能,无所不管。乡镇干部一天到晚,忙忙碌碌,大到政治、经济、文化、社会无所不管,小到修路架桥、婚丧嫁娶、邻里矛盾无所不干,然而,费力不讨好。乡镇的职能泛化导致乡镇在农村治理中的越俎代庖,村组和农民不配合,不支持,不买账。

转变乡镇职能之所以难,究其原因:一是体制原因。改革不是对社会主义制度的否定,也不是修修补补,而是从根本上改变那些不适应生产力的环节和部分。正因为这样,邓小平称改革是第二次革命。习近平则提出,改革要攻坚克难。革命就要伤筋动骨。攻坚克难,就有预见得到的困难,也有预想不到的困难。这个过程是痛苦的,也是漫长的。虽然改革已经进行了四十多年,体制改革不到位的问题依然存在,这又成为制约职能转变的因素。二是传统的惯性作用。人民公社体制在中国存续三十多年,对农村的影响是非常深刻的。当年的公社干部在撤社设乡后,又成为乡镇干部,他们对人民公社的管理方法的那么非常熟悉,用起来还得心应手。而家庭联产承包责任制推进,改社设乡后,依然沿用原有运行模式和管理方式参与农村经济活动,参与农村治理。尤其在农村治理的指导和决策上,面对各级交办一项接一项工作,一环扣一环任务,乡镇只能被动跟进,穷于应付。至于如何因地制宜,突出优势,创造性地治理,则往往乡镇无暇无力无法思考,拿不出长远的、管用的、科学的发展方略。体制的惯性和干部的惯性作用是不可低估的,或直接或间接影响乡镇职能的转变。三是治理者和治理对象的影响。治理者主要是乡镇干部。在乡镇干部中,其中有一部分是由人民公社时期的干部转换过来,随着时间的推移,这些干部即将退出历史舞台,但他们的潜移默化影响还继续存在,乡镇干部的另一部分主体是改革开放以来参加工作的,他们的思想应该说更活跃些,也没有什么思想包袱,但他们的问题是人微言轻,对乡镇的影响不及老同志那么大。许多乡镇领导一时找不到新的历史条件下农村治理的动因和有力支点,常常处在"老办法不能用,新办法不会用;硬办法不敢用,软办法不顶用"的恶性循环之中,导致乡镇缺少应有的权威,很难发挥应有的作用,表现出决策指导能力弱化,行政执行能力弱化,组织服务能力弱化,驾驭稳定能力弱化。农村治理对象主要指农民。农村劳动力向城市转移,主要是年轻人,留在农村的大多是中老年人,他们在人民公社体制生活了很长时间,他们习惯于也愿意被人指挥,被人安排,当没有安排和指挥时,他们往往不知所措。他们认为,乡镇职能转变与自己没有太大的关系,这就导致乡镇职能转变的内在动力不足。四是乡镇的基层地位。在国家治理体系中,乡镇处在最底层,在它上面有无数个

"婆婆",都可以发指示,下命令,交任务。在整个国家治理体系职能转变不彻底的情况下,必须对乡镇职能转变产生负面影响。来自上级每项工作任务都有硬指标、硬要求、硬时限,都要求乡镇签订责任状,实行目标管理,奖罚分明,完不成任务者就要追究责任,和升迁晋级挂钩,乡镇干部压力过重,精神紧张,疲于奔命,被动应付。乡镇为完成上级的工作任务,合法的不合法的办法、老办法新办法一齐上,哪里还管什么职能转变。由于上面布置的工作任务太多,传导的压力太重,许多乡镇为了对上级负责,就做表面文章,做政绩工程。有的乡镇为应付上级的检查评比,就以会议传达会议,以文件落实文件,以报表对付报表。个别乡镇干部在各种问责制面前,只有招架之功,没有还手之力,只好做一天和尚撞一天钟,任其自然,得过且过,无可奈何。

因为转变乡镇职能特别困难,因此,必须扭住不放。进入全面深化改革的历史阶段,的确面临着包括转变乡镇职能在内的许多硬骨头。在以习近平同志为核心的党中央领导下,以高度的使命感和责任感,逢山开路,遇水架桥,向改革的难题发起冲击。2015 年 11 月中共中央明确提出:"必须坚持党政主导、农民主体、社会协同"的基本原则,通过努力奋斗,"形成规范有序、充满活力的乡村治理机制。"①2017 年 2 月,中共中央、国务院又发表了《关于加强乡镇服务能力建设的意见》,这是中国共产党历史上第一个关于加强乡镇能力建设的专门文件,旨在加强乡镇治理体系和治理能力现代化建设。这是推动乡镇职能转变的集结号,是加快农村治理结构改革中乡镇变革的集结号。完全有理由相信,通过若干年的努力,乡镇职能转变一定会取得实质性进展,形成与国家治理结构相匹配的乡镇治理结构和与国家治理能力现代化相适应的乡镇治理能力。

按照中共中央的统一部署,全国各地从本地实际出发,努力探索乡镇职能的转变,取得了较大的突破:一是初步实现了由指令型治理向指导型治理的转

---

① 参见《人民日报》2015 年 11 月 3 日。

变。长期以来,乡镇党委和政府在治理农村时,习惯于指令性的、强制性的治理方式。农民也能被动地接受乡镇的包罗万象式的服务。经过改革,乡镇党委和政府面临的情况与过去大不一样。乡镇面对一家一户的生产经营,经营方式、经营项目、经营形式都是千差万别,如果继续包罗万象式服务可能导致费力不讨好。因此,各地乡镇都不再提供包罗万象式服务,实行差异式服务。所谓差异式服务,就是从本地实际出发,以最大限度调动农民自己积极性为落脚点,不提供面面俱到的服务,不提供同一标准的服务。除国家规定的诸如义务教育、重大疫情防治等硬性规定农民必须接受的项目外,乡镇创造条件,既提供农民迫切需要的服务,又不包办农民一切事务,不强迫农民接受服务,不干预农村正常经营活动。农民有自由选择的权利,有自主经营的权利。乡镇工作重点是做好千家万户的小生产与千变万化的大市场对接的文章,减少市场风险,降低风险给农民带来的损失。二是初步实现了由治理简单化向治理多样化转变。在改革前,人民公社对农村治理主要是通过权力树立威信,一切都归于统一指挥,统一管理,统一组织。改革初期,有的地方乡镇走到另一个极端,就是从高度统一的治理走向撒手不管的治理。进入21世纪,农村经济成分多元化,利益主体多元化,人们的思想多元化,无论是高度统一,或是撒手不管,都会给农村治理带来伤害,都是乡镇错位或缺位的表现。面对农村治理结构的立体化,乡镇在转变职能后对农村治理也实现了治理的多样性的转变。对不同层次的治理对象实行不同的治理方式,对不同层次的需求提供多样性的服务,对不同的利益主体的不同要求,实行不同的治理模式。按照服务型乡镇的要求,乡镇党委和政府及其工作人员把服务作为职责,既为农民提供综合配套服务,又为农民提供他们急需的专项服务,还为农村其他利益主体提供多样性服务。三是初步实现治理与有偿服务并举的转变。改革前,乡镇包揽一切,然而,乡镇的财力物力都非常有限,很多事情乡镇想为而不能为,所以农村出现两种现象,第一种现象是乡镇为了做好某一件事,在缺乏财力的情况,向农民摊派,农民在不理解的情况下,乡镇很难做好这件事;第二种现象就是不作为,农村公共服务不到位,与某些地方不作为有很大关系。改革后,乡镇不再包揽一切,有所为有所不为。能为的事,乡镇做好组织协调工作,不能为的,则不勉强,不强求。一些乡镇还开创出市场化的路子,一些能够由市场提供有偿服务的项目则由乡镇政府或其他市场主体提供有偿服务。农民在自愿的基础上接受有偿服务。四是初步实现由随性治理向规范性治理转变。2015 年12 月,中共中央、国务院公布了《法治政府建设实施纲要(2015—2020 年)》,对建立法治政府提出了明确要求,按照纲要的要求,乡镇也必须是法治乡镇。依法治国是基本国策。建立法治乡镇,就是乡镇在行使权力履行职责过程中坚持法治原则,严格依法行政,乡镇的各项权力都在法治轨道上运行。过去在乡镇,我即法的现象比较严重,长官意志、以言代法导致乡镇本身治理和在农村治理中有很大的随意性。按照建立法治乡镇的要求,这种随意性必须克服。现在,乡镇基本上做到了法无授权不可为。按法律办,按制度办已经成为常态,农民也学会用法律保护自己的利益。五是初步实现了乡镇由无限责任向有限责任的转变。过去,由于乡镇是全能、全责政府,乡镇习惯于大包大揽,农民也容易不管事情大小,不分青红皂白,都找政府,引发了一些不必要纠纷,带来了一些"后遗症"。改革后,乡镇政府是有限责任政府,分内的事该管的一定管好,不该管和管不了的事让渡于社会,调动其他力量发挥作用。

虽然在转变乡镇职能上取得了重要进展,但不能不指出,转变乡镇职能是一项非常艰巨的任务。之所以这样,是因为转变职能的实质是调整权利,是乡镇自身的革命。往往是这样的,革命革到自己头上来的时候,革命者就会失去勇气,就会产生动摇。如何做好乡镇职能转换,必须以高度的责任感、坚强的担当精神、勇于探索的求是态度。在推进农村治理结构改革的全过程中,紧紧抓住转变职能这个牛鼻子,探索转变职能的新路子,创新转变职能的新模式,使乡镇职能更加有利于促进农村治理结构改革,更多有利于推动农村工作,更加有利于实现党在农村的战略目标。

除了转变乡镇职能外,科学设置农村治理结构中的层级,合理调整农村治理范围,对农村治理结构改革的乡镇变革同样是一个非常重要的问题。中共十八大报告明确指出,要优化行政层级和行政区划设置,深化乡镇行政体制改革。十八届三中全会的决定进一步要求优化行政区划设置。① 根据中共中央的统一部署,在转变乡镇治理结构职能的同时,全国各地还着力减少治理层次和合理调整治理范围。

在减少治理层次上,主要是撤销区一级行政建制。在县与乡镇之间,还有一个不是正式的,但占有重要位置的层级,即区公所。区公所出现于民国初年,袁世凯篡位后,企图以假民主来欺骗全国民众,设立区公所搞农村自治,以失败告终。蒋介石也坚持设立区公所,以加强对农村的控制,但没有达到目的。新中国成立后,根据当时的条件,继续保留了区公所的设置。根据《中华人民共和国各级人民代表大会和各级地方人民政府组织法》规定,县人民政府在必要的时候,经省政府批准,可以设立若干区公所,作为县级政府派出机构。随后就开始提出了区公所的存留问题。关于区公所的存留问题,全国各地的认识并不统一,或撤或留做法也不统一。早在1958年人民公社运动开始后,有的省就撤销了区的建制。1958年9月5日,陕西省人民委员会发文,"为了适应工业生产发展的需要,给建立人民公社、乡社合一创造条件",撤销全省区一级建制。② 其他省保留了区的建制。

一切现实的都是合理的。区公所在新中国成立后存在了四五十年的历史,肯定有其合理性。事实上,区公所在特定的历史阶段和特定的历史条件下,发挥了重要的积极作用。但是,也必须指出,随着时空的变化,区公所的存在越来越不适应市场经济发展的客观要求,在运行过程中,因区公所存在引发的一些体制性、深层次的矛盾和问题日益暴露。进入改革开放时期后,不少省认为,区一级建制在农村治理结构中显得多余,甚至还不利于改进农村治理,因此加快了撤区的步伐。1995年,中共湖南省委、省人民政府决定撤销全省

---

① 《中共中央关于全面深化改革若干重大问题的决定》,人民出版社2013年版,第19页。
② 《陕西省人民委员会关于撤区并乡的指示》,1958年9月5日。

48 个县的 395 个区公所。① 进入 21 世纪,撤销区公所的步伐在加快。到 2012 年,全国仅存两个区公所,即河北省张家口市涿鹿县的南山区和新疆维吾尔自治区喀什地区泽普县的奎依巴格区,其他地方的区公所全部撤销。至此,撤销区公所的改革任务已经完成。

区公所的撤销,对于农村治理结构改革的意义重大。首先,是减少了农村治理结构中的一个中间环节。按照最初设想,区公所是县政府的派出机构,而实际运行中,区成为县乡之间的中间环节,增加了治理层级。撤销区以后,县(区、市)就可以直接管理到乡镇,大大降低了中梗阻的风险,强化了县(区、市)政府的权威性。其次,还权于乡镇。乡镇是农村治理结构的关键环节,直接面对农村。过去由于有区公所这一中间环节,上级党委和政府赋予乡镇治理农村的权力要与区公所分享,区公所成为乡镇治理农村的制约因素。区公所撤销后,这些权力由乡镇直接行使,减少中间损耗,乡镇在农村治理和促进经济社会发展发挥更加直接的作用,成为一级真正的政权实体。再次,实现了减员增效。区公所,无论是作为派出机构,还是事实上的一级治理层级,有一整套班子,有一套完整的机构,有相当数量的"吃皇粮"人员。区公所撤销后,这一切都被消化,减少了领导层级,减少了领导人数,减少了"吃皇粮"的人数,而工作效率也因此提高。最后,减轻了农民和财政负担。我国财政供养人员较多,其中相当数量是基层干部。撤销区公所,实现人员分流,其中一部分人到了企事业单位,不再由财政供养。过去一些审批权在区公所。从农民的角度来看,为了解决问题,他们需要到离家很远的区公所去办理,增加了办事的难度和成本。区公所撤销后,农民就近到乡镇办事,当然减轻了负担。总之,撤销区公所,是农村治理结构改革的重要举措,它带来的好处和便利还不止于此。

① 《中共湖南省委、湖南省人民政府关于全省农村撤区并乡建镇、简政放权工作的意见》,1995 年 3 月 10 日。

　　合理调整治理范围,是农村治理结构改革的重要内容。一个乡镇的治理范围到底多大最为合适? 没有统一的标准。新中国关于乡镇治理范围的设置,一般是从以下因素考虑的:一是历史因素,历史上已经形成的相对稳定的治理范围,在现实中必须尊重历史。二是自然因素。如平原地区的乡镇,面积相对少一些,人口可能会多一些。山区的乡镇则是面积大一些,人口少一些。三是人口因素,设置乡镇有一个相对人口标准。从这些因素考虑问题,有很大的合理性。但是值得注意的是,在考虑乡镇范围时考虑经济因素少了一些。这就导致一些乡镇,经济势力相对薄弱,发展空间不大。尽管一些乡镇地域小、人口也不多,但依然是"麻雀虽小,五脏俱全",机构设置、人员编制与其他乡镇没有什么差别,运行成本也非常高。特别是由于受自然条件、社会环境、人口因素等多方面条件的限制,自身发展能力十分有限,外部支援又是杯水车薪,因而处在绝对贫困和相对贫困状态。由于乡镇规模偏小,区内市场分割,区内资源无法盘活,区内基础设施落后,导致本地农村经济和社会事业整体发展水平不尽如人意。而且,随着社会主义市场经济体制的建立,农村经济发展,农村的交通、信息条件也有了很大改善,科学调整乡镇治理范围的条件已经成熟。

　　科学调整乡镇治理范围,就是撤并一部分乡镇,减少乡镇总量,适当扩大乡镇治理范围。2001 年以来,民政部等六部委联合制定了《关于乡镇行政区划调整工作的指导意见》(民发〔2001〕196 号),撤并乡镇工作逐步在全国展开。当年,全国 20 个省共撤并乡镇 864 个,相应地精简机构 17280 个,裁减财政供养人员 8.64 万人。[1] 经过近 10 年的撤并乡镇,我国的乡镇数量从 2000 年的 43511 个下降到 2009 年的 34170 个,合计撤并乡镇 9341 个。[2]

　　全国各省的情况不完全一样,有的省进度快,如甘肃省进度快,2002 年起

---

[1] 《中国青年报》2004 年 11 月 16 日。
[2] 《领导决策信息》2010 年第 25 期。

步,到 2005 年 7 月,全省 14 个市(州)已撤销乡镇 316 个,占拟撤并乡镇的 102%。① 有的省力度大,陕西省从 2014 年开经过两年多的调整,乡镇就减少了 204 个,全省共保留了 1012 个乡镇。② 有的省决心大,湖南从 1995 年进行了第一次比较大的乡镇区划调整乡镇数从 3415 个减少到 2063 个。2015 年再次调整乡镇区划,合并 500 个乡镇。③ 有的省效率高,广东从 2001 年就已开始撤并乡镇的试点,2002 年全面推开,到 2004 年底全省已撤并乡镇 391 个,撤并率达 24.6%。④ 有的省幅度大,山东省对全省乡镇规模和数量进行调整,大幅度撤并乡镇,2007 年 1 月为止共撤并乡镇 600 余个,占全省乡镇总数的四分之一左右。⑤ 全国各地情况不一而足。

从这些情况中可以得出以下结论:第一,撤并乡镇是一个漫长的过程,这一过程并不一帆风顺,也不是一步到位;第二,从总的趋势,撤并乡镇是一个不可避免的趋势,而且乡镇总数是一个下降的趋势;第三,全国各地情况非常复杂,如何正确引导和把握是撤并乡镇成功的关键;第四,通过撤并乡镇,使乡镇的治理范围更加合理,也降低了行政成本,这为优化农村治理范围创造了条件。

撤并乡镇是科学调整乡镇治理范围的重要举措。通过撤并乡镇,减少了乡镇总数,乡镇布局趋于合理,乡镇在农村治理发挥了更大的作用,农村治理的效果也明显好转。但是,在撤并乡镇的过程中,也有一些教训值得总结,一些地方存为了撤并乡镇而撤并乡镇,有的地方也有不尊重历史,不尊重规律的现象,有的地方表现长官意志,撤并缺乏民意基础,有的地方乡镇被撤并了,但善后工作做得不好,导致国有资产的流失。有的地方还留下后遗症,新乡旧乡

---

① 《甘肃撤并乡镇工作取得重要进展》,《甘肃民政信息》2005 年 11 月 11 日。

② 参见《陕西日报》2016 年 4 月 11 日。

③ 参见《湖南在线》2015 年 9 月 22 日。

④ 参见《羊城晚报》2005 年 2 月 21 日。

⑤ 《山东对乡镇规模和数量进行调整 撤并 600 余个乡镇》,2007 年 1 月 16 日,见 http://www.gov.cn/jrzg/2007-01/16/content_497841.htm。

之间存在矛盾,影响正常运转。这是在进一步推进农村治理结构改革必须注意的问题,解决这些问题的办法也只有靠改革。

三、条块关系

条块关系问题是国家治理体系的基本关系之一。农村治理结构中的条块关系问题,也是农村治理结构中基本关系之一。如果我们用一张网来形容国家治理体系和农村治理结构的话,那就可以清楚地看到国家治理体系中条块结构,"政府是有组织的权力系统"①,农村治理结构也是由点、线、面组成的网状结构,自然而然地必须处理好条块关系。

农村治理结构中的条,就是垂直关系。从中央到最基层都是农村治理结构中的垂直关系,通俗说,就是条条关系。在高度统一的前提下,一级管理一级,一级对一级负责。而且中国特色社会主义的最本质特点是坚持中国共产党的领导。中国共产党是一个纪律严密、结构严谨的政治组织。为了保证中国共产党的执政地位不动摇,从中央到最基层都有自己的组织机构,发挥着领导核心作用。对于农村治理结构而言,各级党委、政府都担任着农村治理的重要职责,通过各级党委和政府的涉农职能实现对农村的垂直治理。

块,即横向关系。农村治理结构中的每一个层级都有自己的横向联系。中央机关有各部办委之间的横向联系。各省区市之间、各县市之间、各乡镇之间以及省市县乡镇各部门之间都有横向联系。在农村治理结构中,各级党委和政府中涉农职能部门与非涉农部门之间的横向联系,各涉农部门之间的横向联系、各涉农职能部门与乡镇、农村之间的联系都属于农村治理结构中的块块关系。

农村治理结构条块关系是一种客观存在。社会之所以是社会,就是因为

---

① 〔美〕埃尔金:《新宪政论》,周叶谦译,上海三联书店1997年版,第148页。

各系统之间存在密切联系,政府之所以成为政府,就是存在上下左右之间的联系。条块关系,就是一张网中线条与板块关系,没有线,何谈网,没有块通过线的联结,也无以谈网。因此,条块关系是政府内部、政党内部、团体内部之间的基本关系。农村治理结构中的条块关系也是一种客观关系。

处理好农村治理结构中的条块关系十分重要。首先,它有利于克服或降低农村治理中的阻力。物理学有一种现象,就是两种物体摩擦时产生阻力。在人类社会中,两种关系处理不好也容易产生阻力。在农村治理结构中,条块关系之间肯定有矛盾,在运行过程中极容易产生摩擦。这种摩擦就是农村治理中的阻力。当然这种阻力不是不可克服的,克服的方法就是处理和协调条块之间的关系,至少可以把这种阻力降到最低点。其次,它有利于形成农村治理中的合力。既然条块关系是客观存在,处理好条块关系也是农村治理改革中的重要内容。每种关系都有自己存在的理由,每一种关系都有自身的优势和资源。在处理和协调条块关系,就是最大限度地发挥条块关系中的优势,最大限度地利用条块关系中的资源。在物理学有两种力,一种是向心力,一种是离心力。当向心力大于离心力时,物体就可能向前移动,当离心力大于向心力时,物体就可能向后退,当向心力与离心力相等时,物体就可能僵持。在处理和协调农村治理结构中的条块关系时,必须使向心力最大化,而尽量减少离心力,把农村治理结构中的各种力量整合起来,向着共同的目标前进。中国共产党有非常强大的整合力量的能力,无论在革命战争年代,还是在建设时期,或者在改革开放的当代,都善于调动各方面的积极性,把各种力量整合在一起,形成强大的合力。在农村治理结构改革的历史进程中,中国共产党完全有能力把各种力量整合成振兴乡村的强大动力。最后,它有利于增加农村治理结构的活力。在农村治理结构中的条块关系,都是宝贵的资源,各种资源合理调配,科学搭配,灵活选配,就能产生意想不到的效果,它不只是降低阻力,形成合力,更能增强活力。一旦活力形成农村就会充满生机,农村治理就充满希望,实现振兴乡村战略就可指日可待。在处理农村治理结构的条块关系中,减少阻力是底线,形成合力是中线,增强活力是上线。实现底线是近期目标,形成合力是中期目标,增强活力是长期目标。提升三力贯穿于农村治理结构改革的全过程。

处理好农村治理结构中的条块关系并非易事。这是因为农村治理结构中的条块关系十分复杂。用一张网来描写农村治理结构的条块关系,这只是一个形象比喻,而实际生活中农村治理结构中的条块关系,远比网式结构要复杂得多。以条条为例,表现上看,条条关系就是垂直关系,而认真对条条关系进行分类分析,条条关系并不简单,有的条条关系是绝对垂直,乡镇对这些垂直部门无权过问,或与乡镇毫无关系,如国家安全和海关等。有的条条关系是半垂直,即业务归上级职能部门,而党的关系归当地党委,人事安排是上级主管部门和当地党委共同商量。有的条条关系是特殊垂直。一些上级主管部门把特定的权力控制在自己手中,而一般的权力交给当地党委和政府。块块关系,也是这样,它不是简单的块与块的邻里关系,有交叉关系,有重叠关系。对于不同类型的条块关系处理方法是不同的。

这是因为农村治理结构中的条块关系,存在难以处理的冲突矛盾。在农村治理结构中的条块关系中,至少有权事、权责和权利三种冲突。权事冲突,是指权力与事务之间的冲突,无论是条,或是块,都赋予了一定的权力,分别管理一定的事务。但是,因社会复杂,在赋予不同权力后,所管的事务不一定都涉及,有些权力过大,而所管事务不一定配备,有一些事务又超出权力覆盖范围。权责冲突,就是权力与责任相脱节。一般讲,在乡镇范围内,乡镇党委书记和乡镇长是第一责任人,只要发生问题,出现事故,就以必须对第一责任人问责。然而,由于条块分割,乡镇党委书记和乡镇长对属于条条管的事无权过问,对他们问责多少有些勉强。权利冲突,就是权力与利益之间存在矛盾。一般讲,垂直管理的部门,既有权又有利,因此,这些部门把权力抓住不放手。而在一段时间存在利益部门化、部门利益权力化、部门权利法制化的情况下,很多部门通过合理途径或非法手段从农村治理中获得利益。相反,把一些关系民生的又没有太多利益却需要大量投入的事情,如教育、卫生、农技、文化交给乡镇,但乡镇无力办好这些事。这可能就是农村公共服务落后的重要原因。

这是因为诱发农村治理结构中条块关系存在各种矛盾的原因非常复杂。处理条块关系,既是一个历史难题,也是一个世界难题。作为历史难题,中国历史上的条块关系处理得并不理想,"皇权不下县",但又必须把皇权的影响深入到最底层,自然就提出了垂直影响问题,农村社会又有自己的治理体系,条块矛盾就产生了,如何解决这些矛盾是历代统治阶级头痛的事。作为世界难题,国际社会许多国家在处理条块关系上有一些成功的经验,但也在许多问题上遇到难以克服的矛盾,中央政府和地方政府以及基层难以形成合力,更谈不上活力了。中国共产党在处理条件条块关系有很多优势,其中最大的优势就是中国共产党是一个严密的组织系统,党的组织高度统一,使全国上下形成合理的金字塔结构,只要中国共产党的各级组织出面协调,一切矛盾都可以化解。但必须看到农村治理结构中条块关系中存在各种矛盾是不争的事实。究其原因:一是体制原因。中国行政体制高度集体,有很强大的控制能力,设置在乡镇的条条部门是代表主管部门行使权力,其权威性不容置疑,更不容挑战,而乡镇作为最基层,只能被动地服从,一方强势,一方弱势,在不对等的情况下,矛盾的发生是必然的,而调整矛盾又是困难的。二是在权责利设置上的问题。无论是条,还是块,最初的愿望都是为了更好地治理农村,加强制衡,加强监管。任何矛盾都有一个暴露过程。最初设计权责利更多是从理论上考虑问题,未经实践的检验,不知是否合理,也不知问题在哪儿。在设计过程中,就存在权力交叉,相互重叠,实际动作中主出现权力之争。在职责上也有分工不明的问题,哪些职责是垂直部门,哪些职责应归当地政府,实际工作中就互相扯皮。在利益分配上,没有边际界限,导致有利益的事大家争着管,争着干,没利益的事你推我让。三是人为的因素。在处理农村治理结构中的条块关系,有诸多因素在起作用,其中人的因素是最根本最关键的因素。农村治理结构的条块关系各类矛盾有许多是人为原因造成的。或者说,是因为人的素质不适应新的条件下的条块关系,人的素质没有达到新的历史条件下农村治理结构下处理条块关系。当矛盾发生时,不知所措。甚至有人人为地制造矛盾,制造事端。

唯其农村治理结构中条块关系是客观存在,所以不能视而不见;唯其农村治理结构中条块关系非常重要,所以必须高度重视;唯其农村治理结构中条块关系难以处理,必须以高度的政治责任和政治智慧来对待。解决农村治理结构的条块关系,唯有改革而没有别的道路可以走。

农村治理结构中的条块关系,具体体现为上级职能部门在乡镇设置垂直管理部门与乡镇关系。

每到一个乡镇政府办公楼,你会发现,除了乡镇党委、乡镇政府、乡镇人大和乡镇政协四块主要牌子外,主要是各种办事机构,俗称"八大办"和"七站八所",[①]对这些机构进行分类,大致可分三大类。第一类,是乡镇本身内设机构,如党办、政府办、经济办、民政办,等等。这类机构是乡镇办事机构,由乡镇党委和政府直接领导。第二类,就是上级主管部门或职能部门派驻乡镇的,如公安、财政、税务、工商等,这些部门实现垂直管理,其人财物都归口上级主管部门管理,与乡镇没有关系,但负责本乡镇内的相关事务。第三类,就是企业、事业单位。如银行、保险、学校、医院等。这些单位的某些方面归口乡镇党委、政府管理,有的方面与乡镇没有关系。

上面千条线,下面一根针。乡镇的这三类机构的特点表现在:

第一个特点是多。表现之一是机构多,乡镇虽是基层,却五脏俱全,应有

---

①　这是乡镇内设机构的俗称。所谓"八大办",通常指乡镇即党政综合办公室(加挂纪检监察室牌子)、经济发展办公室、社会事务办公室(加挂民政办牌子)、社会管理综合治理办公室(与群众工作部室合署办公)、人口和计划生育办公室;所谓"七站八所",指县、市、区及上级部门在乡镇的派出机构。这里的"七"和"八"都是概指,并非确数。这样的机构,通常在20个以上,有的高达30多个。一是乡镇直属事业站(所):包括房管所、农机站、农技站、水利站、城建站、计生站、文化站、广播站、经管站、客运站等;二是县直部门与乡镇双层管理的站(所),包括司法所、土管所、财政所、派出所、林业站、法庭、卫生院等;三是"条条管理"的机构:包括国税分局(所)、邮政(电信)所、供电所、工商所、信用社等。各地情况不一样,名称也不一致。

尽有。七站八所只是概数,实际上大大超过这个数,最多的机构达 30 多家,表现之二是领导职数多,一些乡镇党委书记、副书记、乡镇长、人大主任、各办主任加在一起几十人。表现之三为乡镇工作人员多,有的乡镇工作人员上百人或数百人。2004 年,全国县乡两级吃财政饭的约 3000 万人,约占全国吃财政饭人员的 70%。而且,对全国进行问卷调查发现,越是贫困地区,一些年轻人越愿意到乡镇谋职,乡镇工作人员越多,因为找工作难,创业更难,能到乡镇找个工作,既脸上有光,又保险。表现之四是,负担多,债务多。县乡两级财政收入占全国财政总收入的 20%。而乡镇财政支出数量非常大,收支差距巨大。大量的乡镇入不敷出,靠举债维持正常运转,全国乡镇债务保守估计在 2000 亿元,平均每个乡镇 450 万元,加上村级债务,负债数字大得吓人。① 第二个特点是杂。具体表现在:一是单位性质复杂,有行政部门,有派出机构,有事业单位,有企业,等等。二是隶属关系复杂,有的属于垂直管理,有的属于属地管理,有的属于代管,有的交叉管理。三是人员结构复杂,有的是公务员,有的属于事业编,有的属于工勤人员,有的属于临聘人员。四是人员的素质复杂,学历、资历、经历、能力、水平都表现得五花八门。第三个特点是乱。表现之一是职责乱。由于一些垂直部门,只对上级主管部门负责,而不对乡镇,特别是不对农民群众负责,在考虑职能上只从部门利益出发,乡镇又无力制约,导致垂直部门的职能超出法定范围而无法约束。表现之二是收费乱。中央政府反复强调不能乱收费,但还是屡禁不止,原因是一些乱收费是相关部门制定的政策所致。如修建乡村公路,这本是一件利国利民的好事,但是一些地方的公路管理部门规定,在农村修路,政府负责路面费用,当地负责路基费用。这一规定导致向农民收取修建公路费,而且这笔费用数额很大,因为农村的自然条件都比较差,修建路基费时费工,如果不向农民收取费用,农村公路就建不起来。此类事情还比较多,这是农民对乡镇党委和政府有意见的地方。表现之三是

----

① 参见《领导决策信息》2004 年第 3 期。

管理乱,由于分属不同的管理部门,垂直管理部门的人事、工资、福利、升迁由上级主管部门管,乡镇党委和政府无权干预,而主管部门又"天高皇帝远",对下属部门管不了,垂直部门处在无人管的状态,劳动纪律、工作作风、组织生活等日常管理无法正常进行。

农村治理结构中的条块关系早已到了非改不可的时候。这种状况已经影响党和政府的形象,破坏了党和政府与人民群众的关系,大大降低了农村治理结构的效益,损害了农村治理的正常运转。

理论界对这个历史难题和世界难题给予了高度关注。有专家认为,处理农村治理结构的条块关系,应该坚持"属地化管理"和"条块结合,以块为主"的原则。[1] 当然,也有不同意见。在如何协调好农村治理结构中条块关系上,提出要明确条块的不同职责,实行科学分工协作,更重要的是简政放权,让乡镇党委和政府克服现在的责任重大,而权力很少,付出很多,而无正当得利的现状,真正成为有责有权有利的实体,发挥乡镇在农村治理中的基层性作用,使条块关系和谐共处,形成农村治理的强大合力,充分发挥条块关系中各方面的积极性,产生巨大无比的活力,实现农村治理结构的科学化,实现农村治理能力的现代化,实现农村治理的正常化。通过调适农村治理结构的条块关系,使之适应农村社会政治、经济、社会、文化和生态功能的需求,科学合理地配置农村治理结构中的政治、经济、社会、文化和生态资源,在当地乡镇党委和政府的统一领导下,条块关系各尽所能,各展所长,各得其所。科学设置垂直管理部门,解决乡镇政府"看得见、管不着、惹不起",而县有关部门对这些机构却"看不见、管得着"之间的矛盾。在加强作风建设的大背景下,对那些"没有好处不办事,有了好处乱办事"的人员,施之以责,肃之以纪,绳之以法,为调整农村治理结构中条块关系创造良好的条件。

中共十八大以来,全面深化改革的一个十分重要的内容,就是简政放权。

---

[1] 陶振:《基层治理中的条块冲突及其优化路径》,《理论月刊》2015 年第 1 期。

从 2013 年到 2017 年 2 月,国务院已分 9 批审议通过取消和下放行政审批事项共 618 项,其中取消 491 项、下放 127 项。[①] 这为农村治理结构改革中调整条块关系提供了良好背景,也指明了方向。21 世纪以来,党中央、国务院又在浙江,四川,江苏常熟市、无锡县,山东莱芜市,湖南双峰县等,进行向乡镇放权的试点。这些试点单位以宪法第 107 条和《地方组织法》第 52 条之规定作为法律依据,以中央的相关文件作为政策依据,以促进农村社会发展和优化农村治理结构及实现农村治理现代化为目的,对农村治理结构中的条块关系作探索性调整,积累了宝贵经验。

调整农村治理结构中条块关系的,就是向乡镇放权。最典型的试点就是浙江省。浙江省是东部沿海经济发达地区。经济社会的快速发展在求对农村治理结构中的条块关系进行科学调整,也要求向乡镇放权。2001 年,《浙江省市县乡机构改革实施意见》落实中共中央和国务院下放权力的指示,提出的能下放的坚决下放,能下放的要真正下放,让乡镇成为权责利高度统一的治理主体,要求在处理条块关系中以块为主,把能够下放到乡镇的垂直部门都下放到乡镇,即使不能下放的垂直部门,也强调双重管理,以乡镇为主。通过这种简政放权,使乡镇真正成为基层政府,真正担当起领导本地经济社会发展的历史重任。2006 年,浙江省再次出台政策,在一些重要领域和重要工作中给予乡镇足够的权力,乡镇真正成为事、权、责高度统一的治理单位。浙江的经济迅速发展的表现在于农村中心镇的迅速发展,中心镇与城市没有太大的差距,是农村经济社会增长极。浙江省又聚焦农村中心镇的发展问题。为了促进中心镇的发展,浙江省提出了"依法下放、能放就放"的原则。根据这一放权原则,把过去一些由县委、县政府控制的权限下放给中心镇,赋予中心镇 10 个方面的县级经济社会管理权限,发挥中心镇在农村治理中的特殊作用。简政放权,使乡镇获得了人财物的管理权,既调动了乡镇的积极性,也调动了全社会

---

① 参见《人民日报》2017 年 2 月 10 日。

的积极性,同时又避免了垂直部门的过多干预而产生的矛盾,真正形成合力,产生活力,促进了经济社会的发展。

调整农村治理结构中的条块关系,对乡镇的权力有放有收。这种试点主要在成都市进行。成都市于 2007 年成为"全国统筹城乡综合配套改革试验区"。这里有几个关键词:一是统筹城乡,就是把城市和农村捆一起,统筹规划,统筹安排,统筹推进。二是综合配套,无论是对城市,或者是农村的改革不是单方面的,而是全方位的。在调整农村治理结构中的条块关系,首先是向乡镇放权,把能够下放的垂直管理部门下放给乡镇,把实现双重管理的部门调整为以乡镇管理为主。① 其次,根据实际情况的需要,把一些不应该由乡镇承担的职责收归县属职能部门。把乡镇承担不了又不应该承担的职责交由区(市)县政府职能部门承担,多数乡镇事业单位整合之后归县级政府部门进行业务指导。② 再次,适当调整乡镇的经济职能。在改革中,明确乡镇的经济职能主要是环境保护、政策宣传和监管,对农村集体资产和财务管理、农地和农民负担监管等,不具体负责招商引资和经营管理。③ 最后,根据放权和收权的需要,调整乡镇机构。对权力下放到乡镇,又需要机构落实的,设立相应机构;对权力上收到县级职能部门的不再保留或增加机构,总的原则是减少乡镇机构,减少领导职数,减少乡镇工作人员。改革使对县乡关系的进一步调整,县乡职权分工进一步明确,农村治理结构中的条块关系得到理顺。

山东省在调整农村治理结构的条块关系,是结合山东的具体情况,对加强乡镇政权建设做了全面部署,通过莱芜市的试点,分 3 批把市直部门设在乡镇

---

① 中共四川省委、四川省人民政府:《关于四川省市县乡机构改革的意见》(川委发〔2001〕12 号),2001 年 3 月 7 日。

② 中共成都市委、成都市人民政府:《关于深化我市乡(镇)机构改革的意见》(成委发〔2004〕47 号),2004 年 8 月 13 日。

③ 四川省人民政府:《印发〈关于进一步推进乡镇机构改革的意见〉、〈关于进一步深化农村义务教育管理体制改革的意见〉、〈关于进一步推进县乡财政管理体制改革的意见〉、〈关于做好控制和化解乡村债务工作的意见〉的通知》(川府发〔2007〕2 号),2007 年 2 月 26 日。

的分支机构下放给乡镇政府;与此同时,对乡镇的管理体制也进行了改革,强化了乡镇政府的职能,让乡镇促进了农村经济和各项事业、农村治理中发挥更加充分的作用。

湖南省双峰县对县直部门设在乡镇的机构采取"分批放权,稳中求进,逐步完善"的方针,确定人财物和工作指挥协调权全部下放到乡镇管理的有农机、畜牧、水产、教育、文化、广播、卫生、财政、环卫等 12 个分支机构;下放部分职权,实行乡镇和县直主管部门共管的有工商、税务、保险、派出所等 9 个部门。放权以后加强乡镇政权建设,着重理顺三个方面的关系:一是理顺乡镇机构内部的关系。在此基础上,完善各部门的工作条例、办事细则,使新体制工作运行逐步制度化、规范化。二是理顺乡村关系,乡镇工作重点放在村一级,他们拟用 3 年时间把村一级建设好,达到服务功能、经济功能、自治功能齐全。三是理顺条块关系,放权后县直各部门继续加强业务指导和服务工作,乡镇政府与县直部门相互支持,相互配合,共同管好分支机构。

江苏省无锡县在洛社镇进行了试点,该镇是无锡县第一大镇,经济繁荣,有 22 个行政村,人口 5.2 万人,其中城镇人口 1.2 万人,有 54 个县属驻镇单位。他们自 1985 年以来改革管理体制,将原来以条条管理为主的县直基层单位,改为行政领导以块为主、业务指导以条为主、经营决策以企业为主的管理体制。具体分两种类型:一是在坚持单位性质不变、人员性质不变、工资福利待遇不变的前提下,将人、财、物的管理权限下放给镇。对这些单位,镇乡镇对其领导成员有任免权、镇辖范围内干部的调动权、干部职工的奖惩权和财物的协调权。二是下放部分权限,实行双重领导。这些单位行政领导任免条块协商,党组织关系均属镇党委领导。洛社镇经过改革后理顺了条块关系,凝聚了多方优势,扩大了镇的管理权限,推动了全镇经济发展。1988 年,全镇工农业总产值达 4.67 亿元,其中镇村工业产值 4.2 亿元,分别比改革前的 1984 年增长了 2.8 倍和 3.1 倍。同时加快了城镇建设的步伐,集镇规划区由原来的2.73 平方公里,扩展到 5.22 平方公里;4 年中拓宽了 4 条交通干道,新建了商场、农贸市场、金融商业区、教学大楼,并扩建了自来水厂,使镇容镇貌发生了巨大变化。

从各省试点看,情况虽有很大的不同,各地采取的措施也不一样,进度也存在差异,效果也有所区别,但在以下几个方面的大同小异。

综合各个试点的经验,在调整农村治理结构中的条块关系,一是根据需要按区域设置垂直管理部门,主要包括工商所、法庭、司法所、土地所、环保所、城建所、计划生育站以及公安派出所,并不是所有的职能部门都在乡镇设置派出机构,从总量上减少驻乡镇的垂直管理单位。即使是垂直管理单位,党组织关系和人事任免权由乡镇负责,乡镇对垂直管理部门担负起切实的领导责任。对未在乡镇设置派出机构,可通过授权和委托的形式,把所需管理的事务和管理职能交乡镇,乡镇能够代表主管部门行使管理职责。而上级主管部门承担对下设的垂直派出机构垂直部门下费用,未设派出机构的主管部门承担授权和委托事务所需经费。

二是按照社会主义市场经济的方向,改革乡镇附设的站所,建立新型农业服务体系。在乡镇的"七站八所"中,有的本来就没有行政管理职能,只是为"三农"提供服务。对于这一类的站所实现整体转制,脱离行政关系,停止财政供养。这一类站所提供的服务分为无偿服务和有偿服务。无偿服务,指的是公益性服务,经费由委托单位负责;有偿服务,则按照市场规律,按照物价部门核定价格收费,经费由接受服务的对象承担。乡镇根据需要和自己的实力,向服务机构购买服务无偿提供给农民。

三是科学合理核定"七站八所"的职能。以"七站八所"为代表的乡镇附设机构,情况非常复杂,隶属关系、社会地位、经费来源、人员结构、工作性质与内容等等,都存在很大差异,如何发挥这些附设机构的作用,对理顺条块关系重大。按照中共中央和国务院的总体思路,就是科学合理核定这些机构的职能。而核定职能的思路是"行政职能整体转移、经营职能走向市场、公益服务职能面向社会",即指导行政管理职能从这些机构身上剥离出来,使其由原来的行政部门改革为事业单位或企业,赋予其经营职能,而经营职能必须走向市场,再也不能坐吃"皇粮",独立核算,自负盈亏。对于这些附设机构的公共服务职能则根据社会需要,分别不同情况实现有偿服务和无偿服务。

通过调整农村治理结构中的条块关系,乡镇实现了绝对减人、相对减支的目标,同时强化乡镇在农村治理中的责任,实现减人不减政府责任、减支不减政府公益性支出的目的。农村治理结构中条块关系的理顺,大大减少了农村治理的阻力,形成了农村治理的巨大合力,也增强了农村治理的活力。

县、乡镇改革以及条块关系的调整,是中国改革事业的重要一环、农村治理结构中的重要组成部分。这一改革直接关系到社会主义新农村建设、农村治理结构改革和治理现代化,关系到农村打赢脱贫攻坚战,实现乡村振兴战略。县、乡镇两级以及条块关系,在农村治理结构中地位之重要,作用之大不言而喻。但在运行过程中有许多不尽如人意的地方,既有体制本身的问题,也有职能设置的问题,更有人为因素。解决这些问题的出路在于改革。只有通过深化改革,才能进一步密切党和政府与人民群众的关系,提高党的执政水平和领导水平。农村治理结构改革中县乡变革和理顺条块关系,需要全党形成共识,需要举全社会之力,需要高度的政治智慧和历史担当,借鉴历史的和国际的经验,从横向和纵向的立体角度理清县乡在农村治理结构中特殊位置、复杂关系、关键作用,积极稳妥地推进县乡变革,处理好条块关系,对推进农村治理结构改革和实现农村治理现代化都具有十分重要的意义。

第五章　改革农村治理结构中的基层党建

中国共产党登上历史舞台后,从根本上改变了中国政治生态。经过自身的努力后,成为中国革命、建设和改革的领导核心。在中国农村,中国共产党是坚强领导核心,党的基层组织在农村治理结构处于核心位置。农村基层党组织是党在农村的路线、方针、政策的组织者、执行者、实施者。在农村治理结构的改革中,党在农村基层组织也同样面临着改革,即确立党在农村结构中核心地位的党建原则,革新党在农村中的组织设置,形成完备的党的组织网络,选派农村基层党组织的第一书记,从外部增加农村党的基层组织的领导,以改善党对农村治理的绝对领导,加强农村流动党员管理,既解决流动党员有党员无组织的状态,又发挥流动党员在农村治理中的特殊作用。

一、党建原则

加强农村基层党的建设,事关党在农村的执政地位,事关农村能否发展,事关农村治理结构改革能否成功。历史的正反两个方面的经验都充分证明,不管农村治理结构如何改革,党在农村的核心地位不能动摇,党对农村的领导不能削弱,只能加强。中国特色社会主义农村治理结构最鲜明的特点就是党在农村治理结构中占据核心地位。21 世纪以来,不同历史阶段的中国共产党人站在新的历史时期,站在全党工作大局的高度,思考和解决如何加强党在农村治理结构中的核心地位,思考和解决如何加强党对农村治理的领导,形成了一系列具有时代特征,反映时代需求的农村党建原则。

从战略高度认识加强农村基层党的建设的特殊重要性。"基层组织是我们党的细胞。如果它都发生了病变,党的整个肌体就不可能健康,最后甚至可能垮掉。"①因此,进一步加强农村基层党组织的建设有着十分重要的意义。

第一,加强农村基层党组织建设,是巩固党的执政地位的需要。中国共产党是中华人民共和国唯一执政党。这种执政地位是全方位、全范围、全过程的,当然也包括农村。要巩固党在农村的执政地位,就必须加强在农村的党的建设,即在思想上引领农村发展方向,在党的组织设置上必须实现全覆盖,在影响力上必须树立党的权威,在建构关系是真正建立与人民群众的血肉联系。改革开放 40 年来,农村党的建设取得了巨大成就,但也存在相当严重的问题。农村经济社会发展日趋复杂,对加强党的领导提出了更高要求。而农村党的建设又差强人意,不能适应农村经济社会发展的需要,加强农村党的建设成为最紧迫的任务之一。农村基层党组织强大起来后,才能实现对农村的坚强领导,农村改革发展稳定才会有可靠保障,才能扩大党在农村执政的阶级基层和群众基础,党的事业才能全面协调推进。

第二,加强农村基层党组织建设,是建设社会主义新农村的需要。何谓新农村,它有两个参照系,即传统的中国农村和20 世纪 60 年代的新农村。中国传统农村相比较,两者的根本区别,传统中国农村没有中国共产党领导,因而中国农村呈现为一盘散沙的状态,社会主义新农村是在中国共产党领导下进行的,呈现出生机盎然的状态。与20 世纪60 年代的新农村相比较,两者的共同点都是有中国共产党的领导,但是,两者的领导方式存在很大的不同。20

① 江泽民:《论党的建设》,中央文献出版社 2001 年版,第 376 页。

世纪 60 年代实行党的一元化领导,出现了党的组织越俎代庖,党包揽一切,而且还急于求成。21 世纪的新农村建设既坚持党的领导,又不包揽一切,就要求党在农村更高的组织、协调、服务、带动功能,真正成为新农村建设的领导核心,同时要求基层党组织有更强的责任意识和推动能力,能够带领村民推进城乡统筹发展,全面深化农村改革,大力发展农村公共事业,千方百计增加农民收入,努力促进新农村建设的各项目标要求的实现。可以说,农村基层党组织搞好了,新农村建设就有了坚强的领导者和组织者。

第三,加强农村基层党组织建设,是维护农村稳定的需要。"农村稳定是全国稳定的基础,农村安定和谐是全国安定和谐的基础。"[1]没有稳定,就不可能发展,没有农村的稳定,就没有全国的稳定。影响农村稳定的因素非常多:多层次的农村生产力之间的矛盾,农村既有现代生产力,也有传统生产力,既有机械化、自动化和信息化的农业生产,还有相对落后的刀耕火种。不同生产力导致不同的生产方式,不同生产方式容易发生矛盾;多元化的治理主体之间的矛盾。农村的治理主体有各种政治经济文化组织,也有个体的治理主体,有传统治理主体,也有现代治理主体,不同治理主体的认识水平、能力本领,特别是思想观念和代表不同利益集团,当他们汇集于农村治理结构之中,自然而然地容易产生矛盾,甚至引起冲突;多元化农村经济成分之间的矛盾,在农村中有集体经济,也有个体经济,还有私有经济,在农村中有现代经济,也有传统经济,等等,不同经济成分的背后,有不同的阶层,不同阶层之间的矛盾是难以避免的。除了上述因素外,还有多元的思想、多元的农村利益结构、多元的利益群体、多元的传统习俗等等。这些都是产生矛盾的土壤。有了矛盾怎么办?需要一种力量为调解矛盾、维护稳定发挥作用。实践证明,一个强有力的基层党组织,对农村社会稳定起着至关重要的作用。"为什么农村有些秩序混乱,消极现象丛生,甚至封建帮会也出现了,而且有些问题又长时间得不到解决

---

① 中共中央文献研究室编:《十六大以来重要文献选编》(上),中央文献出版社 2005 年版,第 227 页。

呢？一个重要的原因就是那里的基层组织已经涣散到不起作用了,丧失了战斗力,这是很危险的。这种状况如不尽快扭转,不仅农村的经济搞不上去,而且会危及农村的稳定,削弱和动摇我们党和政府在农村的基础。"①

第四,加强农村基层组织建设,改革农村治理结构的需要。优化农村治理结构,创新农村治理机制,提升农村治理能力,实现农村治理现代化,这一切取决于党的农村基层组织的执政水平和领导能力。这是农村基层党组织在农村治理结构中的地位决定的。农村基层党组织与村民自治组织分别属于两个不同的组织系统。按照中国共产党章程和相关法律规定,党在农村基层组织是农村治理结构的核心,是农村的领导核心。所谓核心,就是中心,就是主心骨。"中国共产党是全中国人民的领导核心。没有这样一个核心,社会主义事业就不能胜利"②。作为核心,中国共产党具有强大政治领导力、思想引领力、群众组织力、社会号召力。作为农村的核心,党在农村的基层组织同样需要这四种能力。有了这四种能力,就能把农村各种组织团结在党组织周围,就能引领农村的发展方向,就能把农民群众组织起来、动员起来,就能实现对农村社会的有效治理。不加强党在农村的基层组织建设,就不能成为核心,就不具备这种能力。

据中央组织公布,截至 2018 年底,中国共产党有基层组织 461 万个。③其中,农村基层党组织实现基本全覆盖。农村基层党组织总体上发挥了核心作用,具有很强的战斗力、凝聚力、影响力和号召力。农村党员干部埋头苦干、默默奉献,关键时刻勇挑重担,危险时刻冲在前头,为农村经济社会发展和进步作出了重要贡献。同时也毋庸讳言,农村基层党组织和农村党员还存在着突出问题,表现在:一些农村基层党组织软弱涣散,发挥不了领导核心作用;有

---

① 中共中央文献研究室编:《十四大以来重要文献选编》(上),人民出版社 1995 年版,第 1431 页。
② 《毛泽东文集》第七卷,人民出版社 1999 年版,第 303 页。
③ 《我国党员超 9000 万名 基层党组织 461 万个》,《解放日报》2019 年 7 月 1 日。

的农村党的基层有组织有党员但没有力量,长年不开展活动;有的农村基层党组织缺乏好的带头人,书记素质不高、能力不强,没有威信,说话没人听、办事没人跟,而且私心重,只考虑自己的利益,不考虑大家的利益;有的村"两委"各唱各的调,各吹各的号,关系不协调,相互扯皮,相互拆台,形不成合力。有地方农村基层党组织及其带头人,不做实事,只对上负责,不对下负责,民主管理做样子,发展经济搞花架子,集体经济空白化。有的地方党员队伍严重老化,要求入党的年轻人少,多年没有发展新党员;有的农村党员长期游离于组织之外,不参加党的活动,党员不仅没有发挥先锋模范作用,甚至连普通农民都不如;少数基层干部作风不正、漠视群众,甚至违纪违法、出现"小官巨贪"现象。中共十八大以来,以习近平同志为核心的党中央看到这个问题的严重性,对农村基层党组织的状况作出精准分析。① 他强调,党的工作最坚实的力量支撑在基层,最突出的矛盾和问题也在基层,必须把抓基层打基础作为长远之计和固本之举。针对农村基层党组织状况,习近平强调不重视农村基层党的建设的认识和行为"都是错误的、十分有害的"②。这些问题严重制约农村基层党组织功能的发挥,影响党的农村政策和决策部署的落实,影响农村治理,影响农村的稳定。

加强农村党的建设,重点在制度建党。无规矩不成方圆。同理,改革农村治理结构进程中加强农村基层党的建设也必须有规矩,有章程,有制度。党章,是党内根本大法,全党都必须牢固树立党章意识,强化党章观念,严格执行党章。农村也不例外。但是农村有自己的特殊情况,也有自身的不同。为了规范农村基层党的建设,1999 年 2 月 13 日中共中央颁布了《中国共产党农村组织工作条例》。条例总结以往的成功经验,深刻认识农村基层党组织建设的规律,明确了党的基层级组织在农村治理结构的地位和作用,就农村基层党

---

① 《习近平在党的群众路线教育实践活动第一批总结暨第二批部署会议上强调:扎实开展第二批教育实践活动　努力取得人民群众满意的实效》,《人民日报》2014 年 1 月 21 日。

② 参见习近平:《做焦裕禄式的县委书记》,中央文献出版社 2015 年版。

的建设一系列重大问题作出明确规定。在实施过程中取得了明显的效果,各地按照条例的要求,加强农村基层党的建设。但是,在实践中也发现了一些问题,需要对条例作适当的修改。中共中央更加重视农村基层党的建设。党中央审时度势,向全党提出修订条例的任务,号召全党深入调查研究,认真修改条例,使其更加科学、更加符合农村实际,更加有利于加强农村基层党的建设。2018 年底经修改后新的《中国共产党农村组织工作条例》向全党公布,是农村基层党的建设的基本遵循。

修改后的《中国共产党农村基层组织工作条例》,是以习近平同志为核心的党中央对农村基层党组织建设的顶层设计,体现全面从严治党要求,为农村基层党的建设指明了方向,体现了方向性、原则性,又突出实践性、针对性。条例规范农村基层党组织运行,把农村基层党组织的权力关进制度的笼子,建设好能够发挥领导核心作用的农村基层党组织。按照条例加强农村基层党的建设,农村基层党组织才能发挥领导核心作用,才能促进农村的和谐稳定,更好地带领广大农民群众建设社会主义新农村,才能打好扶贫攻坚战,才能使农村在建设全面小康的道路上实现"一个也不能少"的战略目标。

作为农村基层党的建设的基本遵循,科学解决了农村党的基层组织在农村治理结构在农村治理结构中的定位问题。农村基层党组织在农村治理结构中有定位不精确的问题,出现错位、越位、缺位的问题,也有农村基层党组织的各种功能也有发挥不尽如人意的地方。例如,政治功能比较弱,对包括党员在内的农民群众的教育引导不够、宣传党的路线方针政策能力不强、主动意识不强,在整合农民的意愿并及时反映的主动精神和能力达不到应有的要求,协调解决农村社会矛盾的能力比较弱;在经济功能上,更多的是攀比式地争项目、争资金。但如何结合本村实际,从长远出发,动员群众、领导群众发展产业的观念,尤其是能力比较差;农村集体经济发展慢,有虚化、弱化、空心化的倾向;在文化功能上,有的地方农村基层党组织并不代表先进文化的前进方向,不能引导广大村民践行社会主义核心价值观,一些落后的腐朽的甚至反动文化在农村重新泛起;在社会管理功能上,农村基层党组织不能很好地整合各种治理主体,协调各种矛盾的能力较弱,民主意识不强,民主能力不高,民主效果不好,不同程度存在着主要村领导集权、个人说了算的问题。这些问题的存在,已经或将进一步动摇农村基层党组织在农村治理结构中的地位,影响其作用的发挥。解决这些问题的办法,依然是靠改革。在社会主义新农村建设中的农村基层党组织的建设是一个系统工程,需要从各方面入手,统筹考虑,在形成系统合力上下功夫。《中国共产党农村基层组织工作条例》对农村为党的基层组织的定位作了更加明确、更加精确的规定,党在农村的基层组织,是党在农村全部工作和战斗力的基础,全面领导乡镇、村的各类组织和各项工作。必须坚持党的农村基层组织领导地位不动摇。①

关于乡镇党委的定位和主要职能。由于乡镇在农村治理结构中的特殊重要地位,决定对乡镇党委的精准定位和规范其职能具有特殊的重要性。但要解决这个问题也非一日之功,经历了不定位到模糊定位到精准定位的过程。由于定位不准,乡镇就成为全责和全能的乡镇。什么事都管,却又什么都管不好;由于模糊定位,就导致年年喊转变职能,但总是不得要领,不见成效。新修改后《中国共产党农村基层组织工作条例》规定了乡镇党委的六个方面职能,第一方面的职能,可称得上是执行职能,主要是对上,包括上级党组织,特别是党中央制定的路线、方针、政策,还包括同级党代会的决议。第二方面的职能,是决策职能,就是作为当地的最高领导机关,决策本乡镇的重大事件、重大问题、重大项目。第三方面的职能,体现党管干部的职能。这不需作解释。第四方面的职能,是对下的职能,即领导对基层的治理。四个方面的六条职能,定位比较精准,有所为有所不为,这就为乡镇正确行使职能,发挥在农村治理的核心作用指明了方向。

关于农村党支部的定位和主要职能。如果说,乡镇是一级正式国家机构,

---

① 《中共中央印发〈中国共产党农村基层组织工作条例〉》,《人民日报》2019年1月11日。

那么,农村行政村是一个有自治功能的治理单位。这种特殊地位决定其职能也具有特殊性。对行政村党支部的定位和职能与对乡镇党委的定位与职能经历了大致相同的过程。不同的认识,产生不同的政策,不同的政策,带来不同的治理效果。新修改的《中国共产党农村工作条例》除科学定位农村党支部,也是从六个方面规范职能。规范的方式也同规范乡镇党委的方式差不多,只是职能的层次更低一档,具体内容有所不同。这种定位和规范职能保证了村级治理结构中的核心地位,发挥村党支部在村级治理中发挥主导作用。

《中国共产党农村工作条例》对农村基层党组织的科学定位和规范主要职能,使得农村基层党组织在农村治理中充分发挥特有的政治功能、特有的经济功能、特有的文化功能、特有的社会功能:

关于政治功能。政党本身就是政治组织,发挥其政治功能,是农村基层党组织的应有之义。何谓农村基层党组织的政治功能?作为执政党的"神经末梢"或"毛细血管",农村基层党组织必须以理论武装为己任,发挥政治传导的功能。中国共产党之所以有力量,就是因为有先进的理论武器。这些理论武器包括马克思主义、毛泽东思想、邓小平理论、"三个代表"重要思想、科学发展观和习近平新时代中国特色社会主义思想。对于农村基层党组织和党员,不可能像其他党组织和党员一样系统学习,深入思考,全面掌握,精准运用。但必须用通俗的语言、灵活的形式,掌握基本要义,用这些理论武装农村党员。在当前,就是特别用习近平新时代中国特色社会主义思想教育和武装他们。作为执政党的"神经末梢"或"毛细血管",发挥组织功能,实现党组织全覆盖,把广大农民群众团结在党旗下。关于实行党组织全覆盖的问题,放在下一节专题论述。作为执政党的"神经末梢"或"毛细血管",发挥政治领导功能,坚持正常的政治生活,搞好党内"三会一课"活动,在党内开展批评和自我批评,为人民利益坚持好的,为人民利益改正错的。作为执政党的"神经末梢"或"毛细血管",就是树立服务意识,发挥政治服务功能,教育党员,关心党员,服务党员,管理好党员。作为执政党的"神经末梢"或"毛细血管",坚持日常管理,发挥政治监督功能。监督党员和党员干部不敢贪,不能贪,不想贪,净化党内政治生态,养成风清气正的氛围。农村治理结构改革的同时,加强农村基层党组织改革,使农村基层党组织真正成为农村治理结构的核心。

理论来源于实践,实践又丰富了理论。加强农村党的基层组织建设,强化党在农村的政治功能,是这些年来农村加强党的建设、强化农村党组织政治功能经验的科学总结,又进一步推动这一伟大实践。

江苏省南通市为了发挥农村党组织的政治功能,坚持用理论武装武装党员和干部,通过"正能量加油站"、服务教育引导"十小工程"等载体,引导党员增进爱党、忧党、兴党、护党的政治认同和行动自觉,凝聚了推动改革发展稳定的强大正能量。坚持以群众需求为导向,在具体的、现实的、最直接的维护群众利益和满足群众诉求中体现党的宗旨,真正做到接地气、聚民心、促发展,使广大群众得到实惠。牢固树立"大党建"理念,在党内以党委统揽,通过"联助书记""第一书记""党员志愿者"等发挥作用,发挥党组织的政治核心和党员先锋模范作用,凝聚广大群团组织、社会组织和人民群众积极参与,形成队伍整体联动、平台共建共享、活动联合共创的生动局面。各级党组织书记尤其是乡镇和村两级党组织书记坚持管党责任制,强化目标考核,形成了责任明确、运转有序、保障到位、常抓长效的履职机制。[1]

农村基层党组织的政治功能决定着农村治理结构的发展模式和发展方向。同时,基层党组织的政治功能又必须适应和满足农村治理形势和治理结构不断发展变化的需要,二者统一于建设中国特色社会主义伟大实践中。强化农村基层党组织政治功能,核心在于构建党群联动格局,必须克服条块分割、各自为战的弊端,充分发挥党组织的政治核心和党员先锋模范作用,形成队伍整体联动、平台共建共享、活动联合共创的生动局面。强化基层党组织政治功能,必须积极转变党的领导方式、工作方式和活动方式,推动党的组织优

---

① 《江苏南通:"四个突出"强化农村基层党组织政治功能》,2016 年 8 月 31 日,见 http://dangjian.people.com.cn/n1/2016/0831/c406978-28681106.html。

势转化为治理服务优势。

关于经济功能。这是农村基层党组织最重要的功能。在这个问题上曾经有过认识的误区。很长时间,人们曾经认为农村党的基层组织的经济功能就是直接抓生产。无论是当时的人民公社党委,还是大队党支部,都直接管理了生产什么和怎么生产,造成了严重错位。实现家庭生产责任制后,又一度走到另一个极端,一些地方的农村基层党组织放任集体经济的发展,导致经济职能的严重缺位。在实践中,党逐步认识到农村基层党组织的经济职能既不能错位,也不能缺位。在全面建设小康社会的新形势下,农村基层党组织是农村经济又好又快发展的组织保障,是推进社会主义新农村建设的关键力量。

在新的历史条件下,发挥农村基层党组织的经济功能,农村基层党组织首先要扮演好集体经济的建设者的角色。集体经济是农村基层党组织生存与发展的依靠。集体经济发展的好与坏,关键在于农村基层党组织的眼光与能力。全国各地集体经济健康发展的村,与一个强有力的支部和书记紧密相连,集体经济出现空白,责任也在党支部和支部书记身上。习近平提出发展集体经济是农村基层党组织的"重大而又紧迫的任务",强调农村基层党组织要"破解村级集体经济发展难题"。[①] 即引进好的项目,提高集体经济管理水平,为发展集体经济排忧解难。发挥农村基层党组织的经济功能,农村基层党组织其次要扮演好农民增加收入的助跑者的角色。2003 年,党中央清醒地看到,"当前农业和农村发展中还存在着许多矛盾和问题,突出的是农民增收困难"[②]。农民增收成为突出问题,不仅是增收速度缓慢,而且是缺乏增收渠道和平台。农业生产成本增加,农民增产不增收。农村基层党组织必须为农民增加收入扫清障碍,搭建平台,提高农村基层党组织"带领农民增收致富的自觉性和本

---

① 《习近平在全国组织部长会议上强调:为"十二五"时期开好局提供坚强组织保证》,《人民日报》2010 年 12 月 18 日。

② 《中共中央国务院关于"三农"工作的一号文件汇编》,人民出版社 2010 年版,第 79 页。

领"①。发挥农村基层党组织的经济功能,农村基层党组织要扮演好联系市场的引领者的角色。市场是一把"双刃剑",既可为人们创造财富,也可能让人迅速破产。而且市场又变幻莫测。对于一般农民来说,因不知深浅而被市场淹没。在这种情况下,农村基层党组织就必须提高农民参与市场经济的能力,领导农民抱团抵抗市场风险。发挥农村基层党组织的经济功能,农村基层党组织要扮演农村贫困者脱贫致富责任者的角色。在我国农村,还有一定数量的贫困人口。这些贫困人口的贫困程度不一样,贫困的原因千差万别,这就决定脱贫的道路各有不同。农村基层党组织作为农村贫困人口脱贫致富的第一责任人,就应该针对不同情况,采取不同的办法,因人施策,因地制宜,使本地的贫困人口摆脱贫困,同全国人民一起走上富裕之路。发挥农村基层党组织的功能,农村基层党组织要扮演好农村经济活动的裁判者的角色。吸收历史的经验教训,农村基层党组织不能既是农村经济运动员,又是农村经济活动的裁判员。除了党员干部个人的经济活动外,农村基层党组织在农村经济活动中的主要任务是当好裁判员,维护农村经济秩序,维护公平正义,调整经济纠纷。提升农村基层党组织领导经济发展的能力是我国农村基层党组织建设的一项重要工作。随着我国社会主义市场经济体制改革的不断推进,农村基层党组织带领农民群众发展经济的环境也在发生着巨大变化,农村经济也发生了深刻变化,这就对农村基层党组织提出了空前的挑战,迫切要求农村基层党组织不断地去提升自身领导经济发展的能力。

没有农村基层党组织的强有力的领导,发展农村经济,特别是发展农村集体经济,那是不可能的。农村治理结构改革,就是要发挥农村基层党组织的特殊经济功能。众所周知,中国农村有许多先进,如江苏的华西村、河南省的刘庄,等等。当人们走进这个农村时,人们首先看到的是村容村貌,就会感叹社会主义新农村就是如此,就应该如此。经过一番考察后,人们为这些集体经济

---

① 《中共中央国务院关于"三农"工作的一号文件汇编》,人民出版社2010年版,第93页。

的实力感叹不已。当然,更让人们赞叹不已的是这些农村有一个坚强的党组织,有一个特别优秀的支部书记,所以人们就会得到结论,好的农村基层党组织和优秀的支部书记是先进农村的决定因素,并且会认识到,这就是代表农村治理结构改革中党的基层组织改革的方向,代表着中国农村的未来。农村基层党组织特别有战斗力,农村基层党组织有特别能战斗的带头人,发展农村经济就有希望,中国农村就能跟随全国全面建成小康的步伐一起建成全面小康社会。农村基层党组织建设在农村治理结构改革中发挥战斗堡垒作用。

关于文化功能。文化职能是农村基层党组织的重要功能之一。文化是民族的命脉,是人民的精神家园。文化事业发展繁荣是实现社会主义大发展大繁荣的重要组成部分。农村文化发展在中华文明史上留下了重重一笔。今天农村文化发展对于社会主义新农村建设至关重要。农村文化涵盖面广。其中传统文化、乡村文化、通俗文化属于原生态文化,事关民族精神的传承与发展,是现代文化的基础。发挥农村基层党组织的文化功能,必须成为用先进文化占领农村阵地的旗手。用先进文化占领农村阵地既十分紧迫,又十分艰巨。当年毛泽东说,对于农村阵地,社会主义不去占领,资本主义必然去占领。今天仍然可以说,先进文化拱手让出农村,其他文化必须争相占领农村,在用先进文化占领农村问题上,农村基层党组织必须敢于亮剑,旗帜鲜明地担当起用先进文化占领农村阵地的旗手。农村基层党组织发挥文化功能,就必须自觉当好农村优秀传统文化的传承者。农村是优秀传统文化的发源地之一,农村治理结构改革的重要指向是保留乡愁。好的优秀文化并不一定自发地传承下来。农村基层党组织应该以身作则,传承优秀道德、优良家风、优秀习俗,在继承的基础上培育良好乡风。农村基层党组织发挥文化功能,就必须当好农村大众文化的操盘手。农村大众文化丰富,为老百姓喜闻乐见。大众文化的传播虽然有自发的属性。但也有另外一种可能,就是自生自灭。让优秀的大众文化消失也是一件容易的事。为了防止这种现象,农村基层党组织当好大众文化的操盘手,既当好大众文化的观众,又当好大众文化的演员,让优秀大众文化在农民发挥重要作用。发挥农村基层党组织的文化功能,必须当好农村文糟粕文化的清道夫。在农村文化中也有一些糟粕文化,而且它们往往顽强地表现自己,影响农民,这就要求农村基层党组织成为糟粕文化的抵制者、批判者和斗争者,把糟粕文化的影响控制得越来越小,最后让它们在农村没有生存的空间。农村基层党组织发挥文化功能,就要当好农村文化建设的集大成者。农村文化事业来不得半点虚的,要有实实在在的投资,要有实实在在的实物载体,要有实实在在的专业文教。农村基层党组织作为农村文化建设的集大成者,必须让更多的资金,包括国家投入和社会资金参与农村建设文化事业,必须通过努力建设好的学校、好的医院、好的体育设施和其他文化,满足农民对文化生活的需求,必须引进人才,让人才在农村留得住,能发挥作用,能得到该得到的回报。

21世纪以来,在推进农村治理结构的历史进程中,农村基层党组织较好地发挥文化功能,推进了农村文化和文化事业,农村文化和文化建设取得重大进展,全国也出现不少先进典型。其中,《人民日报》著文推介河北省文安县的做法与成功经验①:一是以乡镇综合文化站为龙头。全县各乡镇都建立了文化站。在乡镇党委和政府的领导下,担负各乡镇的文化建设和文化活动的组织协调任务。二是以村民文化活动中心为阵地。全县123个行政村都建了农民文化活动中心,成为农民文化活动的主要阵地。三是以农村文化社团为骨干。全县共建立了各类农民文化社团283个,有3万多村民是这些文化社团的成员,他们积极参加文化社团组织的文化活动。四是以农村文化示范户为延伸。全县共各种文化示范户3200余户,引领农村文化活动,特别是提高农民文化素养、科技素养和经营管理能力。五是以惠农文化服务窗口为平台。全县都建立惠农文化窗口,向广大农村宣传党的路线、方针和政策,传播农村实用技术,开展文化活动,进行各种培训。通过一系列文化活动,积极将文化

---

① 参见《人民日报》2008年10月6日。

知识转化成社会生产力,养了一大批"土专家""科技能人",不仅发展了农村文化及其文化事业,而且促进农村经济的发展,促进了农村良好风气的养成。

农村文化建设也有不尽如人意的地方。有的农村思想道德文化感召力减弱,文化公共设施陈旧老化,文化事业发展缓慢,文化教育阵地严重失守,科技文化推动力滞后,娱乐文化生活单调乏味,文化建设人才严重不足。具体表现为:一是拜金主义、享乐主义、个人主义有所滋长。一部分农民认为,"政治是空的,理想是远的,道德是虚的,唯有金钱是真的",在他们眼里,似乎除了金钱和享乐外,其他一切都不重要,只求实惠,不讲理想,世界观、人生观和价值观被扭曲,有的农民缺乏正义感,责任感意识淡漠,只要权利不尽义务,不分好坏,不分是非,不分荣辱,没有国家和集体,只有自己,只有个人,不懂廉耻,损人不利己。二是文化生活贫乏和文化市场不健康,没有广播电视,没有书籍报刊,没有文化生活,黄赌毒死灰复燃,一些粗俗的、格调不高的和内容不健康的书刊、音像制品占领农村市场,成为败坏农村社会风气,毒化农民精神世界的重要因素。三是文化项目难引进。政府部门出台了不少扶持农村文化发展的好政策,并且有大量专项资金扶持农村文化建设,诸如农村文化体制、设施、人才、阵地等方面的问题,但是,好政策不能落地,好机会擦肩而过,农村文化基础建设仍然不尽如人意。四是宗教及其组织在农村在大行其道,传统宗教继续扩大影响,外来宗教不断渗透。封建迷信活动死灰复燃,一些陈规陋俗有相当的影响,农村社会治安形势不容乐观。这就是说,农村基层党组织发挥文化功能,引导农村先进文化建设任重而道远。

关于社会功能。21 世纪以来,中国共产党人特别重视社会建设,提出了建设和谐社会的目标。在农村社会建设中,党的基层组织承担了社会功能。而农村基层党组织的社会功能,一是发挥把群众组织起来的组织功能。农村社会由农民组成。农民的生活条件是分散,生活习惯也是个体的,这就导致农民组织化程度比较低。把群众组织起来团结在党的周围,是农村基层党组织的重要社会功能,分散的农民存在不容忽视的缺陷,而把农民组织起来,才能成为党在农村执政的社会基础和群众基础。二是发挥代表农民利益的表达功能。河流只能疏不能塞,河流一旦阻塞,就可能泛滥成灾。听取群众意见渠道只能通而不能断,防民甚于防川。农村基层党组织在与农民群众打交道的过程,必须知民情,懂民意,及时把农民群众的要求与呼声反映上去,把党和政府的关怀及时传递给群众,这样,才能防患于未然,把矛盾化解于萌芽状态。三是发挥把农民群众聚集起来的整合功能。农村社会是复杂的,有不同的利益集体。不同利益对农村治理结构改革有不同的要求、不同的价值追求。农村基层党组织就是要善于把不同的力量整合起来,减少阻力,增加合力,提升活力,把农村社会整合成充满生机与活力的和谐社会。四是发挥调处各种矛盾的化解功能。和谐社会不等于没有矛盾,按照矛盾的普遍性规律,矛盾无时不有,矛盾无处不在。当然,在农村社会大量的是人民内部矛盾,可以调处。农村基层党组织要深入农村,及时发现矛盾,正确认识矛盾,科学处置矛盾,防止矛盾转换为冲突,防止个体矛盾转换为群体矛盾。五是发挥确保农村平稳运行的维护功能。农村社会不稳定的因素很多,维护稳定的工作任务很重。农村基层党组织成为稳压器、安全阀,防震网。作为农村社会的稳压器,就是成为群众的主力骨,消除群众的恐惧心理,满足群众对稳定的期盼。作为安全阀,就及时发现问题,及时解决问题,不给坏人可乘之机,让群众没有安全之虞。让农村安全有保障。作为防震网,就是防止小灾变大灾,防止农村出现动乱。发挥农村基层党组织的社会功能,促进农村社会系统协调运转,对农村的组成部分,农村社会生活的不同领域以及农村社会发展的各个环节进行组织、协调、服务、监督和控制的过程。①

　　在发挥农村基层党组织的社会功能上,农村基层党组织大有可为。浙江省衢州市 2009 年开始,实施"建立民情档案、定期民情沟通、为民办事全程服务"为主要内容的"三民工程"。2016 年,衢州市提出在品牌不变、为民宗旨不

---

① 李学举:《加强社会建设和管理,促进社会和谐与发展》,《求是》2005 年第 7 期。

变的基础上,打造"三民工程"升级版建设,以政治功能引领服务功能,实现政治功能和服务功能的统一,不断强化农村基层党组织领导核心作用。①

思想认识上高度重视农村基层党的建设,依照《中国共产党农村工作条例》加强农村基层党的建设,农村基层党组织在农村治理结构中准确定位,牢牢抓住转变农村基层党组织的职能这个"牛鼻子",充分发挥农村基层党的组织的政治功能、经济功能、文化功能和社会功能,是农村治理结构改革的关键环节。

如前所述,农村治理主体出现多元化趋势。这一趋势,有利于农村治理现代化。与此同时给农村社会治理问题提出许多新问题,也遇到许多未曾遇到的困难。各种社会为了实现各自的价值和利益,展开激烈的竞争,甚至会出现非理性、无序的或恶性的竞争,有可能成为对社会破坏性的力量。农村社会管理的难度骤然增加。农村治理主体多元化可能导致农村治理的"权力离散"与"权威虚拟"的现象。由于趋利的原因,在农村治理进程中,一些治理主体可能选择性参与,有利可图的事情,不同治理主体都争相参与治理,而无利可图的事,不同治理主体互相推诿,从而导致农村治理的无序和恶性竞争。

这种状况要求更好地发挥农村基层党组织的核心作用。一方面,农村基层党组织可以成为农村治理结构中的核心,这是党的性质、地位决定的,是党的先进性决定的。但是,这种核心地位不是天然的,也不是一成不变的。党的先进性也不是一成不变的。昨天的先进,不等于今天的先进,今天的先进不等于永远的先进。农村基层党组织在农村治理结构中的核心地位,也不是一劳永逸的。因此,思想认识上高度重视农村基层党的建设,依照《中国共产党农村工作条例》加强农村基层党的建设,农村基层党组织在农村治理结构中准确定位,牢牢抓住转变农村基层党组织的职能这个"牛鼻子",充分发挥农村基层党的组织的政治功能、经济功能、文化功能和社会功能,是农村治理结构

---

① 李晶:《论农村基层党组织政治功能的有效发挥——以衢州"三民工程"升级版为例》,《党史文苑》2017 年第 4 期。

改革的关键环节。把这些改革改到位,农村基层党组织在农村治理结构中的核心地位才能巩固,农村治理结构改革才能顺利进行,农村治理才能事半功倍。应该说,这是农村治理结构改革中加强党的建设必须注意到和解决的问题。否则农村治理结构改革就会偏离党的领导。一旦偏离党的领导,农村治理结构改革就犯了颠覆性错误。

二、党建网络

近代中国之所以落后挨打,一个根本原因就在于整个社会缺少高效的组织力量和坚强的领导力量,处于一盘散沙的状态。中国共产党的建立和发展有力地改变了这种局面,她不但以坚强的领导力和组织力引领人民攻坚克难,而且构建新型国家制度,重塑中国社会组织,从而彻底破除了国家的分裂和社会的分散状态。而中国共产党广大基层组织的坚强有力和千百万中共党员的团结奋斗,更是成为民族复兴大业的核心组织支撑。中国共产党是中国工人阶级的先锋队,也是中华民族的先锋队。中国共产党因有科学理论为指导,集合中国各方面的最优秀人才,有严格的组织系统,有铁的纪律,因而成为中国人民的领导核心。

中国共产党的组织架构,包括中央、地方和基层三个层次。中央和地方这两个层级不是本书的研究范围。基层,包括农村,也包括其他方面的基层。在这里只分析农村基层党组织的基本特点、特殊地位、特殊作用。农村治理结构改革则需要研究农村基层党组织的设置问题。

关于农村基层党组织的特点。中国共产党的组织架构特点是层级分明。一级领导一级,一级对一级负责,全党服从中央。这就使党的组织形成一个整体,特别有战斗力。中共十八大以来,特别强调"四个意识",其中包括这样几层意识:一是中国共产党是全中国人民的核心,这是历史的选择,人民的选择,不是中国共产党自封的,历史、现实和未来都证明,没有中国共产党这个核心,不可能取得民主革命的胜利,也不可能取得社会主义革命、建设和改革的伟大胜利。二是中共中央是全党的核心。这是全党形成统一思想、统一意志、统一行动的关键。按照中国共产党章程的规定,全党必须服从中央,任何一级党的组织,任何一个党员都不能凌驾于党中央之上。三是在中央领导集体中必须有一个核心,这个核心对于凝聚全党力量,确保中国共产党真正成为全国人民的领导核心至关重要。不同时期,党的中央领导集体有不同的核心。毛泽东经过 1935 年遵义会议之后,成为党中央的领导核心。有了这个核心,中国共产党才带领全国人民取得民主革命的胜利和社会主义革命与建设的巨大成就。邓小平在十一届三中全会后成为中央领导集体的核心。有了这个核心,才有改革开放,才有中国奇迹的发生。江泽民在中共十三届四中全会后成为党中央领导集体的核心。有了这个核心,才实现中国平衡发展,开创建设中国特色社会主义新局面。中共十八大以后,习近平成为党中央的领导核心。有了这个核心,才能全面深化改革开局面,才能进入建设中国特色社会主义新时代。核心非常重要,全党应该,也已经形成共识,增强核心意识,自觉维护习近平在党中央领导集体的核心地位,自觉维护中共中央在全党的核心地位,自觉维护中国共产党在全中国人民中的核心地位。

中国共产党组织架构的层级性特点也决定了农村基层党组织的层级性特点。在农村基层党组织的层级分别是:基层党委—基层党总支—基层党支部—基层党小组。这种层级同样实现下级对上级负责。这种体制特点反映了党的组织的严密性,也体现了党组织的统一性,是党组织特别有战斗力的保障。除了层级性的特点外,农村基层党组织还有基础性的特点。农村基层党组织是中国共产党的基础之一,没有这个基础,中国共产党就没有战斗力。当年国民党就是败在这一点上。由于国民党没有基层组织,特别是没有农村基层组织作为支撑,所以,它们得不到人民群众的支持,在抗日战争中只能是节节溃退,在解放战争中兵败如山倒。中国共产党吸取正反两个方面经验教训,从基础做起,打牢基础,从而特别有力量。

关于农村基层党组织的作用,农村基层党组织的基础性地位,决定其基础性作用。具体讲,一是农村基层党组织是中国共产党在农村执政的基础。中国共产党是全国唯一的执政党,在农村体现党的执政地位就是党在农村的基层组织。如果某一个农村基层没有中国共产党的组织,党的执政地位就是一句空话。二是农村基层党组织是联系农民群众的桥梁和纽带。实话实说,一位普通的农民,要见党的总书记、省委书记,甚至县委书记都不容易,除了通过电视网络外。他们接触最多的身边的干部和党员。从支部书记和党员感受党的存在,通过他们观察党的形象,并通过基层干部和普通党员的所作所为对党作出评价。所以,农村基层党组织联结两头:一头是党,通过农村基层党组织把党的路线、方针和政策,以及党对农村的重视,党对农民的关爱传递给农民群众;另一头是农民群众,他们在认真听取群众的呼声,把农民群众的要求及时反映给上级党组织,使党的路线、方针和政策更加符合农村实际。三是吸纳农村新生力量的出入口。中国共产党之所以有朝气,之所以有战斗力,就是因为不断地吐故纳新。无论是吐故,还是纳新,除了特殊情况外,从制度和程序上讲,党支部要做好基础性的工作,或者作出清除出党的决定,或者完成吸纳新鲜血液的手续。蜕化变质的党员能不能清除出党,优秀的农民能不能吸收到党内,党的支部起决定性作用。四是管理普通党员的重要平台。按照中国共产党章程规定,中国共产党的每一个党员都必须参加一个党支部,这是因为党支部是党的最基层组织,承担着党员的日常管理和教育工作,党支部组织经常性党务工作,承担提高党员素质的任务,组织党员参与农村治理等等。这些都说明,构建农村基层党组织的全覆盖的党建网络对农村治理结构改革意义十分重大。

按照传统模式,中国共产党在农村的组织网络已经形成,并且发挥了重要的作用。但是,改革开放以来,特别是21世纪以来,农村发生了前所未有的深刻变化,遇到了前所未有的新情况,承受着前所未有的严峻挑战。

第一,农村基层党组织设置的行政化与农村经济市场化之间存在矛盾。

随着农村经济市场化进程的加快,市场在农村经济发展中越来越发挥基础性调节作用和配置资源作用,各种生产要素必须以市场为导向,在更广阔的空间合理流动,实现优化配置,形成了新的业态、新的经济组织、新的治理主体。传统的农村基层党组织设置,主要是依行政区域为单位设置党组织的模式。这种模式在很大程度上造成了农村资源如土地、劳动力、资产等生产要素的自我封闭和人为分割状态,难以跨行政区域、跨行业、跨所有制进行优化配置,难以实现优势互补、资源整合、共同发展,成为农村经济的发展的制约因素。"农村经济社会发展的差异性与农村基层党组织设置同一性的矛盾"[1],要求改变按行政体制设置党组织的单一模式,根据农村经济发展的需要,适时进行中共组织设置上的创新。四川省农村基层党组织设置有"三个不匹配":一是农村基层党组织设置与产业发展不匹配。四川省农民专业合作组织两万多家,党组织组建率不到 50%,这就意味着还有 50% 以上的农民合作组织存在党的组织"空白点";有些跨村、跨乡、跨县的经济联合体中的党组织隶属关系不明确,党的基层组织找不到"婆家";有的组织人数众多,而党员人数少,存在"小马拉大车"的问题。二是农村基层党组织设置与城镇化发展不匹配。随着城镇化速度的加快,改变了传统的农村和农民,一些村落发展成为城乡接合部、开发区、城中村、新建住宅区、农民工聚居地,流动人口迅速增加,而党的基层组织还是按传统村组设置,已经很难发挥领导核心作用;有的地方在村改社区、合村并组中,党组织也是简单合并,出现了运行不畅的问题。三是农村基层党组织设置与基层治理需要不匹配。四川省行政村总体上建制多、人口散、规模小。每个乡平均管理人口为 1.53 万人,比全国低 55%;每个行政村平均管理人口 0.18 万人,比全国低 10%。农村主要采取以建制村为单位设置党组织的单一模式,农村基层党组织整合治理资源的组织优势没有充分发挥。[2]四川的情况具有代表性,可以窥见农村基层党组织设置中一些具有共性的问

---

① 吴梅芳:《农村基层党组织作用发挥状况的调查与思考》,《理论探索》2013 年第 3 期。
② 参见《光明日报》2016 年 1 月 28 日。

题。由于按照传统的依行政村组设立农村基层党组织，导致一些地方出现了党组织空白点：一是在一部分新的经济体存在党的组织空白点。随着我国经济社会发展，农村社会经济成分、经济形态和经济结构发生较大变化。除了传统的家庭经济和集体经济外，还出现了一些私营经济、个体经济、混合所有制经济，这些经济体大多没有中共组织。二是在农村新建立起来的各种行业协会、产业协会存在党组织空白点。随着改革的深入，一些农业中介组织大量涌现，农民自发组织生产经营组织，但这些行业协会的经营组织中几乎没有党的组织。三是流动党员中存在党组织空白。农村劳动力大规模由农村向城市转移，由农业向其他行业转移，也带动了大量农村党员的外出转移。农村党员转移出来后，出现了流出地管理不了，流入地无法管理，"不少农村流动党员还游离于组织管理之外。"①由于党组织空白点的存在，导致了党员找不到自己的组织、党的生活完全停止等现象的发生。

第二，农村基层党组织设置的单一性与农村经济结构多元化之间的矛盾。进入 21 世纪以来，农村小生产与大市场逐步实现了对接，改革开放后相当长一段时间以一家一户的分散经营为主的生产模式，逐步向集约化规模化经营转变，出现了农业协会、个体私营企业、股份制、股份合作制企业、经济联合体、生产大户和生产基地等不同类型的经济实体。城镇化步伐加快，改变了农村党员就业形式。农业现代化和城镇化打破了城乡市场地域壁垒，逐渐形成了统一的市场体系。加之国家政策、资金等方面的支持，广大农民积极利用这一有利机遇，发挥比较优势，成立了大量满足社会主义市场经济需要的经济组织、社会组织和文化组织。这些组织和广大农民群众密切联系，是农村治理结构中的新的治理主体，"发挥社会组织在扩大群众参与、反映群众诉求方面的积极作用，增强社会自治功能。"②这些社会组织一般没有建立党的组织。因为传统的农村基层党组织设置普遍是"一村一支部"模式，具有单一性特点。

---

① 王世谊：《新农村基层组织建设与管理》，复旦大学出版社 2009 年版，第 59 页。
② 《中国共产党第十七次全国代表大会文件汇编》，人民出版社 2007 年版，第 30 页。

这种模式不适应农村产业化、城镇化发展和经济多元化的需要,不适应撤乡(镇)并村改革的要求。农村基层党组织只能适应经济关系变化和格局调整的需要,创新组织设置,才能对不同的经济社会组织产生积极的导向作用和促进作用,使各种经济社会组织服从和服务于发展社会主义市场经济和全面建设小康社会的目标要求。由于在一些新成立的社会组织中没有建立中国共产党的基层组织,导致这些社会组织游离于党的领导之外,缺乏党组织的指导,缺乏党的组织的监督。在一些社会组织中党的影响也几乎为零,一些社会组织成为行空的天马,我行我素,为所欲为,造成严重的隐患。这与农村资源整合的新形势不相适应。农村基层党组织设置的单一化与农村社会、农村经济日益复杂化、多元化的矛盾越来越尖锐,已经影响到了党对这些经济组织、文化组织和社会组织的领导。

第三,农村基层织设置的区域封闭性与农村经济的开放性和党员的流动性、分散性之间的矛盾。在市场经济条件下,自给自足的经济完全被打破,社会化分工和专业化生产日益明显。农村家庭联产承包责任制的实行,农业科技的广泛应用,大大促进了农村生产力的解放与发展,一大批劳动力从土地上解放出来。农村富余劳动力越来越多,他们离开家乡外出经商务工,在产业间大量转移和在地区间频繁流动。农村党员外出务工经商的比重也相应增大,流动范围十分广泛。据统计,每年流动党员在5%以上,并且党员流动性和分散性的趋势日益凸显,给党员教育管理带来了相当大的难度。传统的农村党组织设置具有封闭性特点,而且多年不变。有些地方鉴于农村形势的变化,而对党组织设置作了某些改变,然而只是形式的变化,换汤不换药,月亮还是那个月亮,星星还是那些星星,一切都照旧。有的地方基层党组织设置也发生了变化,比如在不同的产业上,在不同的组织中也建立了党的组织,但是,他们仍然按照农村行政村设立的党支部进行工作,根本没有考虑新行业、组织等的特点、规律,习惯于过去的模式、方法进行工作,所以工作成绩很不理想。有的地方虽然根据变化的情况新设立了党的组织,但是,由于新设立的党组织没有跨越传统的束缚,工作重心还是盯住传统农村,对新的组织的工作不闻不问,甚至还产生排他性,制造了一些的矛盾,使工作无法进行,各种关系没有理顺,互相掣肘,相互扯皮。

必须从战略高度来认识和解决农村基层党组织的设置问题。科学合理设置农村基层党组织,实现农村基层党组织全覆盖,不仅关系到党对农村的领导,不仅关系在农村治理结构中的核心地位,不仅关系到党在农村的执政地位的巩固,而且关系到中国共产党在全国领导地位的确保,关系到中国共产党在全国的核心地位,关系到中国共产党执政地位的巩固。因此,针对新形势下农村基层党组织在建设中出现的种种矛盾,科学解决农村基层党组织设置问题,是农村治理结构改革的重要内容。

第一,科学设置农村基层党组织,是实现党组织全覆盖目标的应有之义。农村基层党组织是党的基层组织,如果一些地方出现党组织的空白点,加上农村基层党组织的执政能力不强,就会严重影响党的执政基础。2013年2月4日,习近平在甘肃调研时特别强调"基础不牢,地动山摇"。2014年3月5日,习近平参加十二届人大第二次会议上海代表团座谈时强调:"社会治理的重心必须落到城乡社区,社区服务和管理能力强了,社区就实了。我们国家的真正稳定,靠我们基层的同志。"①农村中一些地方没有党的组织,即党执政的空白点。空白即蚁穴。千里之堤,毁于蚁穴。

第二,科学设置农村基层党组织,是全面振兴乡村的关键一招。中共十九大提出振兴乡村战略,而且成为做好"三农"工作的总抓手。实现乡村振兴绝非易事,需要举全社会的力量,需要调动各方面的积极因素,需要采取特殊的措施。科学设置农村基层党组织,就为举全社会力量举起了帅旗,各种力量都集合在中国共产党的旗帜下,形成振兴乡村的强大合力。科学设置农村基层党组织,就为调动各方面的积极性确立了主心骨。积极性往往是一种动态的

① 陈锡喜主编:《平易近人——习近平的语言力量·俗文俚语篇》,上海交通大学出版社2014年版。

力量,当积极性调动起来后却又未能恰到好处地利用,甚至滥用了积极性,积极因素就可能转换为消极因素。当年的人民公社运动就是滥用人民群众积极性的典型案例。今天为振兴乡村而调动起来的积极性一旦被滥用,一旦没有党组织将其发挥,积极性就会消失殆尽。科学设置农村基层党组织,就为使各种措施转换为实现振兴乡村的具体行动。

第三,科学设置农村基层党组织,是维护农村稳定的定海神针。对于稳定的重要性,无须花更多的笔墨去论证。大家都心知肚明,没有稳定,其他的都免谈。问题是靠什么来稳定,古代神话中说,东海龙王有一根神针,只要把它拿出来,往东海一放,整个东海就风平浪静。到底有没有神针,我们不用去考证。但是有两点是不用置疑的:第一,人们希望风平浪静;第二,人们有办法实现风平浪静。现在的农村,人们迫切希望稳定。现在农村稳定中的定海神针,就是农村党的基层组织。农村基层党组织通过平时的努力,同人民群众建立了深厚的感情,一旦遇到矛盾,就可能春风化雨,把矛盾化解萌芽状态,实现农村的稳定。如果在某一地方,没有党的组织的存在,等于定海神针不存在,一旦发生突发情况,就可能惊慌失措,临时从外面派力量去处理则可能事倍功半,甚至用处不太大。

第四,科学设置农村基层党组织,是落实村民自治的制胜法宝。实践证明,中国农村的村民自治是伟大的创举,是适合中国国情的制度安排。但是,自治不是自发治理,而是由中国共产党领导下的村民自治。也就是说,中国在真正实现自治,必须以先进的正常制度作为支撑。在中国先进的政党就是中国共产党。然而,当党的组织系统出现问题,一些地方党组织设置不合理,一些地方党组织出现空白,一些地方的党组织自身运转不正常,拿什么力量来领导村民自治?靠什么来完善村民自治制度?靠什么来解决村民自治中出现的问题?这一系列问号提醒人们必须科学设置农村基层党组织,是落实农村村民自治的制胜法宝。

科学设置农村基层党组织,是农村党的建设的基础性工作,也是农村治理结构改革的中心环节。俗话说,根深才能叶茂。基牢才能建成高楼大厦。从党的建设的角度来看,必须深刻认识科学设置农村基层组织的重要性,党中央已经认识到这个问题。21世纪以来,对这个问题的认识不断深化,中共十七大提出了"优化组织设置,扩大组织覆盖,创新活动方式"①的战略任务。2012年又明确开展基层组织建设年活动。作为农村治理结构改革的中心环节,就是抓住主要矛盾。抓主要矛盾是中国共产党的成功经验。抓住了主要矛盾,其他矛盾就迎刃而解。农村治理结构改革千头万绪,科学设置农村基层组织,就是农村治理结构改革的纲,纲举目张。21世纪以来,在党中央的统一部署下,为科学设置农村基层党组织做了大量的工作,全国各地农村把党中央的要求与当地农村的实际相结合,形成了各具特色的农村基层党组织设置新模式。

第一种模式,是突破行政村之壁垒,建立联合性农村基层党组织。四川省根据农村党的建设的需要,共建立农村基层党组织7.8万个,其中在农民专业合作社、农业产业链上建立党组织8340个。② 确保农村基层党组织全覆盖。湖北竹山县打破地域行政区划限制,创新村级党组织设置模式,建立了多个联合党组织,扩大了党的组织和工作覆盖,健全了上下贯通、立体覆盖的基层党组织体系。根据地域相邻、资源有较强互补性的条件,在自愿平等、资源互补、互惠互利原则下,建立跨行政村的联合党组织10余家。不仅行政村的壁垒,而且突破企事业界限,根据需要,实行企企联合、企村联合建立党的基层组织。竹山是南水北调工程的区域,有大量的移民。要让这些农民从自己熟悉的地方移到陌生的地方,工作难度之大可想而知。竹山县发挥农村基层党组织的战斗堡垒作用,首先在县移民指挥部成立了临时党委,在7个移民重点乡镇村,打破原来行政村的界限,根据工作的需要,成立34个移民党支部、65个移民党小组和93个移民党员小分队,构建了以移民指挥部党委为核心、移民片区党总支为骨干、移民安置区党支部及移民党小组或党员小分队为基础的移

---

① 《中国共产党第十七次全国代表大会文件汇编》,人民出版社2007年版,第30页。

② 参见《光明日报》2016年1月28日。

民党组织网络体系。移民区的基层党组织做深入细致的工作,确保移民工作按时完成,为南水北调工程的顺利推进作出应有的贡献。

第二种模式是,在农业产业链上建立基层党组织,实现对产业链党组织的全覆盖。农业产业不断延伸,形成了农业产业链,而且农业产业链已经突破行政村的界限,甚至突破了乡镇及县域界限。原来以地域为主的农村基层党组织已经无法实现对农业产业链的全覆盖。党中央要求农业产业链发展到哪里,党的基层组织就设置到哪里。2006 年山东省委落实党中央的要求,决定调整和完善农村基层党组织设置。他们的具体做法是,根据不同产业链和不同产业链的党员数量,建立不同的党的基层组织。在一些产业链条清晰的产业组织中,党员人数符合党章规定的,单独成立的党的支部;对党员人数不足法定人数的产业组织,跨产业组织建立联合党支部。① 陕西省富平县在特色产业发展明显的乡村建立以奶山羊养殖、甜瓜种植、建材加工、产销服务为主要类型的党支部 20 多个,把广大党员全部纳入到产业协会或专业合作组织中,形成支部+协会、支部+专业合作组织、协会联农户、龙头带基地的发展格局。②

第三种模式是,根据农村之中由村改为社区的实际情况,建立农村社区党组织的模式。山东省青岛市黄岛区在坚持按地域、行政村为主设置党组织的基础上,结合自身实际,积极探索建立农村社区党组织。薛家岛街道五个农村社区通过"捆绑式"的旧村改造,新建居住区连片集中,社区服务设施配置优化,社区设置规模较大,服务资源共享。具体做法是:结合社区布局调整和重新整合,在社区设立统一的社区党总支下设若干农村社区党支部,协调农村社区、业主委员会、物业管理公司的关系,做好社区的管理服务工作;长江路街道丁家河社区。以农村社区为主,将周边城市社区部分居民划入丁家河社区,设

---

① 参见《大众日报》2006 年 7 月 14 日。
② 王国柱:《富平:创新农村基层党组织设置方式的实践与思考》,2009 年 11 月 16 日,见 http://www.sx-dj.gov.cn/Html/2009-11-16/095404.Html。

立党总支,下设农村社区、城市社区两个党支部,充分发挥党组织整合组织资源和社区资源的功能优势,长江路街道官厅社区设立党总支,划分主体型、功能型和服务型三种类型设立党支部。其中,主体型党支部以官厅社区原居民中党员为主;功能型党支部是以辖区内尚不具备单独建立党组织的新型经济社会组织中的党员为主,将其中具有共同技术专长、从事相同或相近行业的党员,按照职业、岗位和特长,进行分类划分;服务型党支部以辖区内无职党员为主,通过无职党员设岗定责、党员承诺等活动,充分发挥党员先锋模范作用;长江路街道第五片区,主要包括荒里、八里庄、台子沟、扒山、周家夼等昆仑山路两侧五个农村社区。建立党总支,发挥中心社区党组织的聚合功能,促进城乡公共服务的一体化。

第四种模式,根据流动人员中党员特点,建立流动型党组织的模式。关于这个问题在"农村治理结构中的流动党员"一节中作专题分析。

第五种模式,根据功能不同建立功能型党组织的模式。这里又有两种情况。一种是根据农业业态的不同功能建立党的基层组织,如在不同农业产业建立党的组织。山东省分别建立了农业产业党组织,农业中介组织的党组织,农村经济合作组织的党组织,农业龙头企业的党组织,农村经济园区的党组织,农业示范基地的党组织,农村市场的党组织,农村驻外机构的党组织,流动党员的党组织等,总的原则就是不管是什么功能的组织都建立党的基层组织。[1] 另一种情况根据党员的功能定位建立不同的党的基层组织。山东胶南按照党员年龄、性别、特长、志趣、从业情况的差异,设置不同类型的功能型党支部或党小组。在山东省胶南常河店村,该村把全村党员分类编入夕阳红党小组、巾帼建功党小组、青春创业党小组、特色农业党小组和红席编织党小组等5个党小组,使党员教育管理更有效,作用发挥更突出。[2]

如何设立农村基层党组织,是一个天大的问题。各地探索各有特色。各

---

① 参见《大众日报》2006 年 7 月 14 日。

② 参见《大众日报》2008 年 12 月 24 日。

地的经验也不尽相同。通过上述办法,较好地解决基层党组织,实现了农村基层党组织全方位全过程的覆盖。科学设置农村基层党组织,建立新型的组织网络系统,不留空白,不留死角,成为加强基层党建工作的基础性工作。做好这项工作必须周密部署,狠抓落实。

科学设置农村基层党组织又是一项长期的任务,不可能一蹴而就,因为农村形势在不断变化,农村基层党组织的设置必须随着农村变化而不断创新。科学设置农村基层党组织还是一件艰苦的工作,要使农村基层党组织结构合理化,农村基层党组织运行正常化,农村基层党组织功能科学化,农村基层党组织管理制度化,需要全党同心同德,持之以恒,抓好这件事,实现优化农村基层党组织设置要与创新农村治理结构同步推进。科学设置农村基层党组织,是农村基层党建工作的基础性工作,但不是全部工作。科学设置农村基层党组织,还需要创新农村基层党组织管理制度,完善农村基层党组织的运行机制,全面提高农村党员的整体素质。特别是要建立特别能战斗、特别有力量的党支部,选拔能够带领支部一班人,领导农民群众建设社会主义新农村,实现农村振兴的好支部书记。

三、第一书记

众所周知,不管农村治理结构如何改,人是最关键,过去常说,村看村,户看户,群众看干部,干部看支部。这就非常形象地描述了党支部在农村治理的关键地位与作用。而党支部的作用的关键是一个好的支部书记。俗话说,一头狮子率领一群羊,可不花大多的力气打败一只羊率领的一群狮子,说的就是领袖的重要性。事实上,一个村有一个好支部书记,这个村就充满生机与活力,经济社会就能健康迅速发展,江苏的华西村是这样,河南的刘庄是这样,其他先进村也是这样。贫困村有其自然条件方面的原因,更重要的原因是没有一个特别能战斗的党支部,更没有一个能够带领群众走上致富之路的好支部书记。特别是当大量农村素质稍高的人进城务工后,留在农村的多是老幼妇残,这更是给农村干部队伍建设雪上加霜。如何解决选拔一个好的支部书记?如何解决农村缺人才的问题?这是中国共产党长期应该考虑和解决的重大问题。于是,选派农村党支部第一书记成为解决这一问题的重要方法之一。随着这一方法在全国推广,并逐步制度化,农村党支部第一书记在农村治理结构中的地位越来越高,作用越来越大,成为农村治理结构中十分重要的一环,理论界也越来越关注这一问题。

第一,选派农村党支部第一书记,是弥补体制机制不足的需要。科学设置农村基层党组织是农村治理结构中的关键环节,这已经是理论界和实际工作者的共识。前一节已经充分论证了科学设置农村基层党组织的重要性。但是犹言未尽。一个好的党支部的核心要件是一个好的支部书记。是加强农村治理结构关键环节建设的需要。在中国农村,每个党支部都有一个书记,而且大部分支部书记为农村社会的发展,为党的农村路线、方针的和政策的贯彻落实都作出重要贡献。党和人民不应该,也没有忘记农村党支部书记的功劳和贡献。但是,在农村支部书记队伍中,还是有不如意的地方。有些是支部书记自身造成的,有些则是体制和机制上问题引起。从体制和机制上来分析,主要存在这些问题:一是农村支部书记的身份问题。农村党支部书记以及其他村干部,不是国家干部,不是公务员,不是事业编制,终其一生,其基本身份就是一个农民。农民与国家干部不可同日而语,天生就低人一等,要靠自己的劳动来养家糊口。二是支部书记的出路问题。中国古人说,帝王将相,宁有种乎?拿破仑说,不想当将军的士兵不是好士兵。这是鼓励人们奋发向上。这种奋发向上的精神是社会发展的动力源。改革开放四十多年的一个重要成就,就是实现社会的合理流动,一批出身草根的人进入上流社会,推动社会向前发展。农村支部书记也有奋发向上的要求,但是,由于体制机制的限制,农村支部书记几乎不可能有上升的机会,必然影响他们的积极性。三是支部书记的待遇问题。前面讲的身份问题、出路问题,都是农村支部书记的待遇问题。这些讲待遇问题,侧重于经济待遇。农村支部书记只有补贴没有工资收入。补贴的水平与当地的经济发展水平紧紧相连。那些经济发达地区,农村支部书记的待遇还是很可观的,在这些地方,人们都争相当支部书记和村干部。但是,在经济欠发达地区,特别是经济贫困地区,农村支部书记的补贴就少得可怜。当支部书记不能只看到钱,但是当补贴少到可以忽略不计的时候,要调动农村支部的书记的积极性就非常困难了。四是支部书记的人际关系问题。在我国的干部人事制度中有异地做官和回避制。主要目的是为了防止干部陷入复杂的人际关系之中。但是农村支部书记就不可能异地做官,也不可能实行回避制。农村社会本来就是熟人社会,人际关系中有许多说不清道不明的因素,土生土长的农村支部书记往往因为各种人际关系而难以施展拳脚。从农村以外的选择农村支部第一书记,上述问题都不成为问题。

第二,选派农村党支部第一书记,是选定农村发展领头羊的需要。毛泽东说,政治路线确定后,干部就是决定的因素。习近平说,送钱送物,不如送个好支部。俗称,村看村,户看户,村民看干部,干部看支部。这些都是说明,建立一支特别能战斗的农村党支部的重要性。前面已经分析了体制对农村支部书记的影响,这是从客观的角度来认识问题,其实主观条件也是影响农村党支部书记发挥作用的决定性因素。全国农村支部书记队伍从人数来讲是一支庞大的队伍,从素质的角度来评价这支队伍,可以认为在农村支部书记中有大批优秀的农村支部书记,他们任劳任怨,为农村发展作出了巨大的贡献。从各种媒体中可以看到,一些优秀农村支部书记为农村发展所作的贡献足以让人感动。从历年表彰的优秀农村支部书记的事迹中,可以领略农村支部书记的风采。但是,又不能不承认,在农村党支部书记队伍中存在与党和群众要求相距甚远的问题,有思想退化、年龄老化、能力弱化的问题。这就需要采取有力措施从根本改变这种状况,选派农村党支部书记第一书记,则是最能产生明确效果的措施之一。从全国选派的农村党支部第一书记的人员结构来看,农村党支部第一书记无论是从学历水平、思想觉悟、工作能力和客观效果,都较好地解决了农村支部书记的不足,他们中大多数人成为农村发展的领头羊。

第三,选派农村党支部第一书记,为农村基层党组织领导农村治理搭建新的平台。农村基层党组织在农村治理结构占据核心,其实现对农村治理的领导,不是一句空话说说而已,也不是一种摆设看看而已,而是一种实实在在的制度安排。一些地方,由于党支部的战斗力不强,由于支部书记的能力太弱,农村基层党组织在农村治理结构中的核心地位虚化,农村基层党组织对农村治理的领导弱化。这种状况长期下去,必然动摇中国共产党在农村的执政基础,动摇中国共产党在全国的执政地位。选派农村党支部第一书记,就巩固了农村基层党组织在农村治理结构中的核心地位,为农村基层党组织有效实现对农村治理搭建新的平台。人们戏说,外来的和尚好念经。这种戏说有一定的道理。农村党支部第一书记,一般是外派的。第一书记与当地群众,既没有历史瓜葛,也没有现实纠缠,可以比较客观公正地处理农村治理中一系列矛盾和问题,从而有效地实现对农村治理的领导,并得到群众的拥护和支持。

第四,选派农村党支部第一书记,是满足农村治理对高素质人才的需求的战略举措。经过四十多年的发展,中国农村发生从未有过的深刻的变化,农村治理对人才的道德要求、素质要求、能力要求都超出了人们的想象。在农村,治理主体日益多元化,治理客体日益精细化。治理主体的多元化向农村基层党组织提出了善于协调的要求,治理客体的精细化,向农村基层党组织提出了科学治理的要求。这两个方面的要求归根到底就是提出高素质治理人才的要求,选派农村党支部第一书记就是满足农村治理高素质人才的要求。通过选派农村党支部第一书记,从体外进入体内,而且一干就是两三年。农村党支部第一书记精心谋划农村发展,带领群众致富,实现农村的有序治理。特别是向那些"软散乱"的农村党支选派第一书记更有必要。

农村支部第一书记的举措何时发端?发端于何地?有不同的说法。有人提出,最早实行农村党支部第一书记制度的是安徽省,时间是 2001 年。① 也有人说最早起源于湖南。吴奇修 1988 年从北京大学毕业后,回到原籍湖南省涟源市经信委工作。该市石门村是有名的贫困村,1994 年吴奇修被派到该村任支部书记,并干了 6 年。他担任石门村的支部书记后,先后引进民营企业16 家,带领群众转变观念为石门村找到了一条工业生产规模化、农业生产集约化、贸工农一体化、农村建设城镇化会生活文明化的发展之路,石门村成为湘中的首富村。1999 年全村实现工业生产总产值 3.1 亿元,人均收入 7200多元。吴奇修也成为中国最早的农村党支部第一书记。② 湖南省湘阴县,从2002 年 12 月开始,从县及乡镇机关单位抽调 400 多名党员干部到农村担任村党支部第一记。③ 全国其他省分别以不同形式向农村派出了第一书记。据统计,中国大陆各省都向农村派出支部第一书记。2010 年 7 月以来,河南省委作出了选派机关党员干部到"软、穷、乱"村任第一书记的决策。5 年来,河南省驻村第一书记人数达 14672 人。④ 2012 年山东全省共选派 2.6 万名第一书记,分布在 1.8 万个农村和社区,几乎覆盖每个市县。⑤ 山西 2015 年选派9395 名机关干部任村党组织第一书记,推动农村脱贫、促进农民增收。⑥ 海南省 2015 年选派 633 名省、市县机关干部到村任第一书记。⑦ 湖南临武县自2012 年开始,全面开展了村第一书记选派工作,为全县所有村各选派一名第一书记,任期为两年。目前,第一书记已指导帮助调整村党组织书记 94 名,整顿软弱涣散基层党组织 58 个;筹措资金 1 亿多元,完成涉农项目 2012 个;化

---

① 钱昊平:《党委第一书记今昔》,《南方周末》2012 年 7 月 12 日。
② 雷国珍、刘华清、杨正辉:《当好农村先进文化前进方向的代表——湖南先进农村党支部的调查与思考》,《湖南社会科学》2001 年第 1 期。
③ 《岳阳市委组织部实施村党支部第一书记制度汇报材料》,未刊稿。
④ 参见《河南日报》2015 年 8 月 10 日。
⑤ 参见《南方农村报》2012 年 5 月 29 日。
⑥ 参见《光明日报》2015 年 8 月 11 日。
⑦ 参见《海南日报》2015 年 7 月 31 日。

解社会矛盾纠纷4471件,处置信访突出问题265件。① 第一书记到农村后,在农村治理方面发挥了重要作用。"实践证明,选派机关优秀干部到村任第一书记,是加强农村基层组织建设、解决一些村'软、散、乱、穷'等突出问题的重要举措,是促进农村改革发展稳定和改进机关作风、培养锻炼干部的有效途径。"②

在第一书记队伍中涌现出许多典型,其中,中国农村改革第一村安徽凤阳小岗村第一书记沈浩则是其中的优秀代表。沈浩,生于1964年,安徽萧县人,1986年参加工作,同年加入中国共产党。2004年2月,他作为优秀年轻党员干部,从省财政厅下派至小岗村担任党支部书记。其间,任小溪河镇党委副书记、小岗村党委第一书记。2009年11月6日,因积劳成疾,猝逝在工作一线,年仅45岁。③ 根据沈浩的事迹,拍成电影《第一书记》。在全国公演后,推动了农村支部第一书记的进一步发展。

2009年12月16日,时任湖南省社会科学院院长、党组书记的朱有志,正式兼任湖南省长沙县开慧镇开慧村党支部第一书记。2013年退休后,朱有志推掉了省内两所高校的聘请,专心做好开慧村党支部第一书记,积极探索农村治理新思路。入村7年来,在他的带领下,开慧村成立了农村土地专业合作社,并在每个合作社成立了党小组,还创办了《开慧村》报,宣传党和政府的方针政策以及村里的新情况、新动态,成为反映民意,表达民愿、会聚民力重要平台,也成为该村民主治理重要抓手。村民反映,朱有志担任村支部第一书记以来,村里的其他干部也好找了,村民的事情也有人管了,村里的经济发展了,村民得到了许多实惠,农村治理更是井井有条。④

---

① 参见《瞭望》2015年8月17日。

② 中共中央组织部、中央农村工作领导小组办公室、国务院扶贫开发领导小组办公室:《关于做好选派机关优秀干部到村任第一书记工作的通知》。

③ 《沈浩精神:一面高高飘扬的旗帜》,《光明日报》2014年4月16日。

④ 参见《湖南日报》2016年9月26日。

对于这种有利于改善农村治理结构创新之举,经过十多年的运行后,到2015 年,中共中央组织部等印发了《关于做好选派机关优秀干部到村任第一书记工作的通知》,对选派农村党支部第一书记工作进行规范,使其上升为制度安排。该《通知》明确了选派农村党支部第一书记的范围,明确了选派农村党支部第一书记的条件,明确了农村党支部第一书记的职责。《通知》提出,建强基层组织、推动精准扶贫、为民办事服务、提升治理水平。要在乡镇党委领导和指导下,紧紧依靠村党组织,带领村"两委"成员开展工作,注意从派驻村实际出发,抓住主要矛盾、解决突出问题。这种制度安排,既加速了农村支部第一书记在全国推广,实现了全国大陆各省市自治区全覆盖,同时,使选派工作有章可循,更加有利于改善农村治理。

农村党支部设立第一书记,是农村治理结构改革的重要创新。而全国各地的农村党支部第一书记从各地实际出发,在农村治理结构和治理机制上大胆尝试,其意义不可低估。农村党支部第一书记的成功实践,揭示了许多简单但又行之有效的道理。

这里需要提出一个问题,就是中国共产党有向农村派出工作组的传统。每当党要在农村开展中心工作时,就向农村派出各种形式的工作组。当前,党在农村的中心工作是脱贫致富。为了完成 2020 年完全脱贫的任务,各级党组织向农村派出强有力的工作组。有的地方脱贫工作组长或队长还兼任农村党支部第一书记。派工作组是一种好的工作形式,既完成了党在农村的中心工作,也发挥了工作组在农村治理中的作用,所以,应该给各种工作组在农村治理结构中的合理地位,发挥合理作用。但是,工作组有几个问题可以提出来商量:一是工作组的临时性质(现在脱贫致富工作组不是临时性质,按照规定不脱贫,工作组不能离开)。工作组的临时性,就导致工作组对农村治理没有长远规划。二是工作组的局部性质。工作组是因中心工作派出的。中心工作理所当然是一段时间的主要工作,但中心工作不是农村工作的全部,工作组的职责就是做好中心。这就有一个如何处理中心工作与全部工作的关系问题。三是工作组的体外性质。工作组与农村基层党组织是体内和体外的关系。按照要求,工作组应在当地党组织领导下开展工作,但因为工作组是上级党组织派出的,往往凌驾于当地党组织之上,甚至出现"踢开党委闹革命"的现象,当年的"四清"运动就发生过这样的悲剧。总结历史经验,选派农村党支部第一书记优于选派工作组。这也可能是现在派脱贫工作组,组长兼任农村党支部第一书记的原因。向农村选派第一书记与派工作队不同,前者形成了封闭的权力系统,后者由进入农村党组织的体制内,加上第一书记与当地农村利益相脱钩,没有利益冲突,第一书记处在比较超脱的位置,比较客观分析治理过程所产生的矛盾,比较公正地解决矛盾,容易为当地农民接受。此其一。

其二,农村党支部第一书记比较好地处理同本地治理授权主体的关系。农村治理授权主体无疑主要是乡镇党委、政府和村党支部、村委会以及相关部门。处理好同这些授权主体的关系成为能否发挥农村支部第一书记在农村治理中的作用的重要方面,甚至是关键一环。具有超脱地位的农村党支部第一书记,容易处理好与上级党委和政府的关系。在农村党支部第一书记中,不乏厅级干部,县级干部,部队中的师团级干部,从级别来讲,他们比乡镇党委书记或乡镇长的级别要高得多,但是,这些同志始终定位为村党支部第一书记,该请示的必须请示,该汇报的必须汇报。农村党支部第一书记也容易处理好与村两委的关系,农村党支部第一书记不是农村党支部的上级,而是党支部成员中的一员,大多数农村支部第一书记调整了心态、摆正了位置、转变了角色,准确定好了位,科学把握好"度",自觉做到指导不指责、到位不越位、引导不包办、帮忙不添乱,对内做好参谋助手,对外当好桥梁和纽带,做好农村治理的执行者、监督者。农村党支部第一书记到班子软弱、经济薄弱、基础脆弱的村子,更能发挥作用,更能成为"两委"班子的引路员、脱贫致富的服务员、农村社会的维稳员、农民群众的勤务员和依法治村的协管员。

其三,农村党支部第一书记容易处理好治理村民之间的关系。广大农民既是农村治理的主体,又是农村治理的客体。为了治理的有效性,主体与客体的统一体把治理权授于治理机构和治理者。授权者与被授权者之间容易因为利益冲突而产生矛盾。而农村党支部第一书记不是直接被授权者，超然的地位往往在授权者与被授权者之间容易协调。特别是农村党支部第一书记与群众打成一片，扑下身子，走村串户，进百家门、知百家情、解百家难，他们说农家话、住农家屋、吃农家饭、干农家活、熟农家情、办农家事，当好农家"子女"、做好农家"亲戚"，成为了民情的知晓者、农民困难的解决者。安徽凤阳小岗村支部第一书记沈浩的事迹很说明问题。本来，沈浩的第一任期于 2006 年底届满。因为他的出色工作、和群众的密切关系，村民强烈要求把沈浩留下来。他们起草了一份言辞诚恳的挽留信，应用捺下红手印的方式，表达了自己的愿望。98 个鲜红的手印，感动了组织，也感动了沈浩。村民们派了十个代表到安徽省委组织部、财政厅要求沈浩留在小岗村，再带领他们干三年。沈浩的事迹说明，你把人民群众看得多重，做了多少实事、好事，你在人民群众心目中就有多重。人民群众欢迎做了好事、做了实事的干部。

诚然，在调查中也发现，全国农村党支部第一书记中也有不为群众欢迎的，原因在于他们并没有沉下去，没有为当地群众作出应有的贡献。有的第一书记来到农村后，看到村里有书记、有主任，总觉得自己是外人，担心会越俎代庖，工作中不愿动、不敢动，在村里工作只是挂个名，对工作任务只是简单地作个交代就了事；有的第一书记在农村治理结构中也有定位不准、作用不明显和运行不畅的问题。解决这一问题，需要放在改革农村治理结构和实现农村治理现代化的伟大进程中去解决，去完善。

四、流动党员

改革开放以来，中国发生了农村劳动力向城市大转移的社会现象，规模之大、速度之快、时间之长都出乎意料。这种人口大迁徙，事出有因，事出必然。伴随着农村劳动力的转移，产生了农村流动党员。随着农村流动人口的急剧增加,流动党员总量呈明显上升趋势,这是人口流动的客观规律。2011年,中国有2.4亿进城务工人员,其中流动党员有300多万,约占进城务工人员总数的1/80,占全国党员总数的1/27。而且,将随着流动人口的增加而相应增加。

这样,就提出了农村流动党员管理的问题。如何加强和改进流动党员管理成为党的建设中的一个十分重要课题。它涉及两个方面的问题。一方面,是流动党员自身管理问题。对于这一部分党员的管理面临诸多困难。另一方面,如何发挥流动党员在农村治理中的作用的问题。

中共中央高度重视农村流动党员管理和发挥农村流动党员在农村治理中的作用。早在20世纪90年代,中央就提出了农村流动党员管理,并设计了一套管理办法。[①] 但是,这些管理办法大都是纸上谈兵,没有达到管理农村流动党员的目的。农村流动党员中出现了"口袋党员""地下党员""无组织党员""无作用党员"。"口袋党员"就是一些流动党员把党员证留在自己的口袋里,秘不示人。"地下党员"就是只有自己知道自己是党员,其他人都不知道,就在革命战争年代从事地下工作的中共党员一样。"无组织党员",就是党员的身份是公开的,但找到自己的组织,根本不参加组织活动,甚至连党费也不交。"无作用党员",虽然是党员,但与其他打工者没有什么区别,谈不上发挥党员的先锋模范作用。农村流动党员的现状引起党的高层的高度重视。2003年4月12日,胡锦涛在深圳市龙岗南岭村考察农村基层党建工作。这是农村流动党员比较集中的流入地。胡锦涛强调,强化管理流动党员。2004年9月,中共十六届四中全会从机制的角度加强农村流动党员管理。这应该说是一个很好的思路。这个思路体现在2006年中央《关于加强和改进流动党员管理工作的意见》之中,把农村流动党员定位为"党内新群体",把加强和改进流动党员管理与保持党员先进性和提高执政能力联系起来。[②] 中共十七大明确提出建

---

① 中共中央组织部:《关于加强流动中组织关系管理的暂行规定》,1994年1月4日。《中共中央关于加强党的建设几个重大问题的决定》,1994年9月。
② 中共中央办公厅:《关于加强和改进流动党员管理工作的意见》,《江淮》2006年第7期。

立"全城乡一体党员动态管理机制",以加强对农村流动党员的管理。① 中共十八大强调"改进对流动党员的教育、管理、服务"。这些文件以及党和国家领导人的讲话,成为对流动党员管理的顶层设计,指导对农村流动党员的管理。

对农村流动党员的管理可分流动党员自身管理和发挥流动党员在农村治理中的作用两个方面的问题。先分析流动党员自身管理的问题。从实际情况看,由于农村基层党组织对流动党员管理的不重视,流动党员个人党性意识不强,外出务工单位无党组织或流入地党组织对流动党员管理不到位,流动党员的教育和管理工作出现了很多的困难,主要表现在以下几方面:一是去向难掌握。许多党员外出,不向村党支部报告,外出后又不主动与党组织联系,有的由于务工地点和联系方式的频繁变动,甚至连他的家人对其去向都说不清,这就造成党支部对其去向和情况很难掌握。二是管理难到位。由于外出流动党员居住分散、流动性大,以及相关制度执行效果不理想,很多党员在外出时,不转组织关系、不持流动党员证,致使流入地党组织无法确认其党员身份,成为游离于组织之外的个体,处于预备考察期的流动党员,支部的培养考察难落实,而且党员目标管理和民主评议党员制度对流动党员也难以落实。此外,流动党员的党费难以正常收缴。三是作用难发挥。在外务工的党员,大多数从事脏、险、累、重的体力劳动,能在外出期间学到致富本领,回家带头致富的人数比例很少。一部分外出党员"两耳不闻窗外事,一心一意去挣钱",忘记了党员身份,忘记了党员义务,在流入地也把自己等同于一般农民工,也没能发挥党员的先锋模范作用。四是活动难开展。流动党员远离属地党组织,一般外出时间较长,即使过年过节回家,也很匆忙,很少参加或不参加或无法参加原党支部的活动,一些流入地党组织对流入的党员情况掌握不明,在办理流动人口登记时,部分流入党员不主动亮明身份,甚至回避组织,一些正常组织生

---

① 参见《中国共产党第十七次全国代表大会文件汇编》。

活以及培训教育难以落到实处。

全国各地在推进农村流动党员管理改革方面不断创新,大胆实践,提出了许多新思路,采取了新举措,实施了新办法,取得了新成效。河南省是全国的人口流动大省,自然也是流动党员大省。河南有针对性创造流动党员三大新机制。① 一是以在劳务输出重点地区以流出地为主的管理机制。因为大量的流动党员的档案保存在输出地,以输出地管理为主有便利之处。二是在大型非公企业建立以流入地为主的管理机制。因为企业规模大,流动党员人数集中,建立流动党组织既有必要,也有可能,从而对活动党员进行有效管理。三是在城市和广大农村建立城乡一体动态管理机制。流动党员的最大特点是流动,时而回到老家,时而又进了城,对这样的党员动态管理很有必要。流动党员回到农村,就由农村党组织管理,进入了城,就由城市流动党组织管理。广西百色市乐山县对流动党员融管理于关怀之中,通过制度化程序化的关怀,使流动党员感觉到党组织的存在,感受到党组织的关系,接受党组织的管理。② 河北省魏县通过建立流动党支部,实施对流动党员管理,让流动党员深深领略"外出务工不脱党,人行千里有党管"的组织温暖。特别值得介绍的是他们在帮助中管理流动党员的经验。流动党员出门在外有许多困难。农村基层党组织建立了县乡村三级党员服务站,为流动党员各种帮助和服务。③ 河南省信阳市通过"金桥工程",实施对流动党员的管理。由流动党支部负责流动党员管理,这与其他地方没有太大的区别,他们的特殊之处在于创造条件让流动党员回乡创业,通过回乡创业来发挥流动党员的先锋模范作用。④ 河南省南阳

---

① 杨群红:《河南省流动党员管理新机制的实践探索》,《中共郑州市委党校学报》2011 年第 6 期。

② 贾蔚峰:《流动红旗更鲜艳——百色市建立农村流动党员管理长效机制纪实》,《当代广西》2007 年第 14 期。

③ 边飞:《探索农村流动党员教育管理的新办法》,《求是》2007 年第 19 期。

④ 杨群红:《大胆创新农民工流动党员的管理方式——河南省信阳市实施"金桥工程"的调查与思考》,《中州学刊》2007 年第 4 期。

市不仅加强对流动党员的管理,还创造性地在流入地建立"党、团、会"三位一体的管理新机制,对外出务工人员实行全员管理。① 这些努力应该肯定,但是流动党员管理效果不好的问题也是一个不争的事实。面对这一问题,各地党组织,无论是流出地,还是流入地的党组织都必须联手加强流动党员管理。这些经验对全国来讲,都有一定的借鉴意义。

　　管理好流动党员,是农村基层党组织加强对农村治理的领导的重要内容。与此同时,农村基层党组织进一步通过管理流动党员,调动流动党员参与农村治理的积极性。农村流动党员是农村治理结构中不可忽视的力量:农村流动党员的既是农民又是进城务工人员的社会双重角色,决定了他们是农村治理结构中不可忽视的力量。他们首先是农民,然后才是进城务工人员。由于他们的农民身份,就与农村有切不断的千丝万缕的联系,通过各种渠道关注家乡的一切;由于他们进了城,在城里打开了眼界,学到知识,接触城市现代文明的熏陶,有可能运用在城市里接触到新理念、新知识和新方法参与农村治理。农村流动党员的既是农民又是党员的双重社会角色,决定了他们可能成为农村治理结构不可忽视的力量。农村流动党员进城后,并没有改变他们的农民身份,他们懂得,总有一天他们还得回到农村,农村的一切始终与他们的命运联系在一起;同时,他们毕竟是党员,并没有因为进了城而失去党员身份。一般来讲,农村党员还是农村中比较优秀的分子,有的流动党员还受党的多年教育,思想觉悟比一般的农民还是高出一筹,应该还是农村治理中可依赖的力量。

　　必须注意到,农村流动党员的上述两种社会角色,决定了他们很难融入城市,而是游走于城市与农村的边缘地带,成为"边缘人",在城市中无法找到归属感。同样,农村流动党员在城市党组织中也找不到"家"的感觉。既然在城市找不到归属感,就应该让农村流动党员在农村找到归属感。这就是提出了

---

　　① 杨群红:《着力扩大覆盖面增强基层党组织的生机与活力》,《学习论坛》2010 年第 4 期。

如何发挥农村流动党员在农村治理中的作用问题。然而,如何发挥好农村外出流动党员的作用,如何让他们在农村找准自己的位置,如何发挥农村流动党员在农村治理中的作用,成为改革农村治理结构中亟须解决的一个课题。

农村流动党员在农村治理结构有自身的比较优势:第一个比较优势是农村流动党员因为进过城,而掌握了实用技术,懂经济、懂管理、思路较活、发展意识强烈,致富手段较多,是农村转变观念、提高素质、掌握技术、通晓管理、传播信息、带头致富的重要力量。第二比较优势是农村流动党员因为进过城,与社会有广泛的联系,在劳务输出中能够发挥穿针引线的作用;在农产品销售中,比较了解市场信息,掌握了市场行情和市场需求量。可以发挥市场经纪人和中介作用;在产业结构调整中,农村流动党员在城市务工经商一段时间后,积极回乡创业,将适合当地的种养业项目、技术和信息带回来,可以发挥示范引领作用;在农村文化发展上,流动党员具有宣传引领作用,把先进文化、先进理念引到农村。第三个比较优势,由于在城市接触现代文明,政治意识和政治能力、民主意识和民主能力、法治意识和法治能力,农村流动党员明显优于一般农民,因此,农村流动在民主政治建设上,能够发挥引领作用,直接成为农村治理的力量。

农村流动党员的比较优势中有的是显性的,有的是隐性的,只有在农村治理结构中为农村流动党员搭建合适的平台,农村流动党员的比较优势才能变为现实的农村治理能力。

四川省成都市为农村流动党员搭建了直接进入村支两委班子的平台。成都是农村流动党比较多的地方,除加强农村流动党员的日常管理外,比较注意选拔农村流动党员优秀分子直接进入村支两委班子,或农村治理的其他机构。成都在农村建立了村(居)民议事会,这是在农村基层党组织领导下的重要农村治理机构。260名农村流动党员当选村(社区)议事会成员,578名流动党员被聘为村(社区)特约议事代表。农村村支两委换届选举时,有大量的农村流动党员被选为村干部,仅2011年科有近200名农村流动党员进入"两委"

班子。成都还建立了民情反馈机制,215 名农村流动党员被聘为民情专递员,322 名流动党员担任治安巡逻员、协管员、矛盾调解员。① 这些流动党员成为农村治理结构的成员,发挥自身的优势,为农村治理作出重要贡献,受到党和人民的好评。

湖南省嘉禾县为农村流动党员搭建回乡创业平台,发挥农村流动党员在创业致富上发挥示范作用。嘉禾县 40 万人口有 10 万人常年在外务工经商,其中流动党员 1788 人。这些流动党员曾经一度出现党员找不到组织,组织找不到党员的失控状态。2003 年,嘉禾县在该县流动党员比较集中的东莞设立流动党员委员会,为流动党员在异地建立"家庭",制定"家规",服务"家人",共兴"家业"。通过调查研究发现嘉禾活动大都东莞从事铸造业。该县为流动党员建立回乡创业平台。2014 年以来共引进项目 139 个、投资 31.5 亿元,安排就业 8000 余人。返乡创建实业者达 160 多人,创办规模铸造企业 36 家,成功研制出湖南省第一台激光切割机和郴州市第一台数控机床,有力推动了铸造产业转型升级。该县被中国铸造协会授予"江南铸都"称号,成为"全国返乡创业试点县"。②

湖南省攸县为农村流动党员招商引智平台。湖南攸县在深圳的农民工主要集中在出租车行业,有 6000 多人在深圳的出租车司机,其中有流动党员近 300 人。由于工作相对稳定,收入也比较高,因此,他们积累了资金,积累了人脉关系。为了发挥流动党员的作用,设在深圳的攸县流动党组织为流动党员搭起了招商引智平台。2007 年后三年内,在深流动党员为家乡捐助扶贫、助学款 100 多万元,通过流动党员牵线搭桥,引进内外资项目 21 个,总投资额达

---

① 中共成都市委组织部:《发挥流动党员在社会管理中的作用》,《党建研究》2011 年第 12 期。

② 李长清等:《湖南嘉禾县以"四家"模式创新流动党员管理服务》,2014 年 10 月 21 日,见 http://dangjian.people.com.cn/n/2014/1021/c368894-25879428.html。

3000 多万元。① 攸县流动党员带头反哺家乡、返乡创业,对家乡建设产生了积极影响,也有力地支持了家乡的农村治理。

　　流动党员一方连着城市,一方连着农村家乡。在城市里,他们接受现代文明的洗礼,在现代治理模式的熏陶,虽然他们由农民转换为市民是一个艰难的过程,甚至其中有些人永远也无法成为现代市民,但是在城市中的耳濡目染,使他们的眼界有所扩大,他们的思维趋于现代,这无论是他们本人,还是对于他们的家乡都是一件好事。在家乡,流动党员大多数都能人,在城市务工的经历,使他们的整体素养有了明显的提高。对于家乡,他们在外务工期间,表面上并不关心,但实际上他们无时无刻不关注家乡的变化,关心家乡的事务,关心家乡的治理。他们通过自己,通过家人,通过各种渠道影响农村治理结构和治理现代化的进程。加强流动党员管理,一方面增强流动党员的归属感,也提高了流动党员的党员意识,还能发挥党员的作用。这于改革农村治理结构和提高农村治理现代化水平有着间接作用。而加强流动党员的管理,运用他们在城市接触和接受的现代治理经验,用于农村治理,其作用更加直接。有些在城市务工的流动党员回到家乡参加农村治理,有的还担任支部书记或村主任,就可以直接运用现代治理手段和经验服务于农村治理。加强流动党员管理是一石二鸟。随着农民进城队伍的加强,流动党员的人数还会增加。在进一步改革农村治理结构和推进农村治理现代化的进程中,还必须进一步加强流动党员的管理,好让流动党员为改革农村治理结构和推进农村治理现代化作出更大贡献。

---

　　① 廖克勤:《关于加强流动党员管理的思考——以攸县出租车司机在深圳流动党员管理为例》,《湖湘论坛》2010 年第 3 期。

第六章　农村治理结构改革中的
村治改革

　　农村的村组,不是国家行政层级,它是农村治理结构中最底层,是真正的神经末梢。农村治理,说到底,就是如何保证农村社会的正常有序运转,促进农村经济社会又好又快发展。为此,离开了村组的基础性作用,农村治理便成为空中楼阁。在农村治理结构中,村组就是基础。基础不牢,地动山摇。中国共产党在推进农村治理结构改革的伟大进程中,非常重视村组的地位和作用。通过调整村组范围,完善村民自治制度,引进大学生村官和发挥新型乡贤在农村治理中特殊作用。为村组变革注入了新的因子,通过村治改革,夯实了农村治理的基础,密切了党与人民群众的血肉联系,巩固了党在农村的执政基础。而推进村民自治的同时又推进村组的变革。两者同步进行,交相辉映,相互促进,成为农村治理结构改革的交响曲。

一、村组合并

　　顾名思义,农村有两层意义:农,即农业;村,即从事农业的人居住的地方。由于农业是最古老的产物业,先民都是农民,而他们居住的地方,农村也先于城市存在于人类社会。显然,村是一个十分古老的一个概念。当然,村,首先是以自然村的形态存在。就是说，最初的村，就是先民居住的地方。随着私有制的产生，随着阶级社会的出现，随着国家的建立，随着行政组织的发育，自然村开始向行政村演变。自然村与行政村之间的区别就在于，前者就是人自然居住的地方，后者则有了社会意义，除了人居住的地方，还成为社会组织；前者具有单一性，就是一个个自然村，后者，既有单一性，也有复合性，单一性，就是一个自然村成为一个行政村，复合性就是一个以上的自然村组合成一个行政村。两者的功能也有很大的不同，前者就是人生活的地方，一旦成为行政村，不仅有经济功能，而且还有政治功能、文化功能和军事功能等。在历史的长河中，自然村也不是一成不变的，随着人类社会由低级向高级发展，一些自然村的功能也在不断进化，特别是大的自然村也开始功能多元化。

一部中国农村村落演变历史，就是中国社会演变历史的缩影，在各个历史阶段都对农村村落打上自己的烙印。原始社会的村落与原始部落紧紧联系一起，由于生产力水平低下，先民居洞穴，衣树皮，食猎物。与此相适应的部落与村落当然十分简陋，甚至还称不上村落。当先民开始定居，才有最原始的村落。原始村落完全以血缘关系为纽带。原始村落的治理也非常简单，村落中的人们在部落首领的领导下从事简单劳动，简单生活。

进入奴隶社会，石器工具的改进和铁器工具的发明，大大提高了生产力水平，社会进行了第一次分工，手工业和商业从农业中分化出来，导致城市的产生。农村村落成为奴隶和个体小农居住的地方，这就是奴隶社会给农村村落留下的印记。从这个时期起，城乡开始分化，真正意义上的农村治理开始了，治理范围超过过去，达到能力能及的范围，有时超出了自然村的范围。

中国封建社会时间最长。历代封建王朝对农村影响不一样，而整个封建社会留给农村村落的影响表现在：一是实行中央集权的各封建王朝由于奉行"皇权不下县"，导致对农村的控制不是特别严，农村有相对大的自由空间。二是封建土地私有制的确立，为地主阶级成为农村主要治理者提供了经济条件。按照"率土之滨，莫非王臣"之说，封建社会实行的是土地国有制，但实际上是地主占有土地的私有制,在当时,谁占有土地,谁就可以成为主宰。地主阶级占有农村主要土地,地主阶级便成为农村的主要治理者。三是广大农民因为各种原因失去土地后,在没有特别的情况下只能被动地接受地主阶级的领导。当他们不能正常生活时,农民举起来了反抗的旗帜,农民起义成为改朝换代的工具。新的朝代建立又会对农村治理进行重建,一些因战功将士上升为地主成为新的治理者。四是自然村之外的行政村产生并发育成熟。秦始皇统一中国时,没有"村"说。魏晋南北朝,第一次使用"村",并逐步成为农村的基本组织形式。① 真正意义上的行政村是在唐朝。唐朝国力鼎盛,有能力加强对农村的统治,全面推行了村制和坊制。这些在《旧唐书》和《资治通鉴》等文献已经有了记载。五是完成对农村行政村治理结构的建构。建构包括:其一,规定了村治的规模与范围,规定"百户为里,五里为乡"村的设置范围是"在田野者为村",两京及州县之郭内,分为坊,郊外为村。其二,根据村的规模分设若干村正(注:当时的村领导职务称呼,相当于现在的村长或村主任)。唐朝的相关法律规定:不满十户人家的自然村,不单独设村,划归其他大村,该自然村不设村正;十户人家以上到不满百户人家的村,设村正一人;超过一百户人家的大村,设村正两人。② 唐朝对行政村规模和领导职数的规定,奠定了整个封建社会的农村村治的基础,后来只是形式、称呼、数量上的变化。六是经过长期的积淀,形成具有封建特色的村治模式,即以保甲制度为载体,以族权组织为基础,以绅权为纽带的村治模式。其在两千多年封建社会虽有形式变化,但万变不离其宗。

中国没有经历过完整意义上的资本主义社会,而是经过鸦片战争之后,农村就逐渐演化为半殖民地半封建社会,生产力水平没有质的变化,农村治理的有效范围同传统社会没有实质性的变化。中国的情况与国外的情况有极大的不同,但并不是说,西方资本主义的农村治理方式对中国没有什么影响。在资

---

① 赵秀玲:《中国乡里制度》,社会科学文献出版社 1998 年版,第 24 页。
② 刘再聪:《唐朝"村正"考》,《中国农史》2007 年第 4 期。

本主义的初期,较以前各个时期,生产力水平高度发展,各种先进技术广泛运用,大大扩大了农村治理的范围,同样对中国农村村治打上自己的烙印。这种烙印表现为除了封建社会传递下来封建的农村村治因素外,还增加一些资本主义的因素。因为近代以来,中国开始出现一些新兴的工业,开始吸纳了一些失去土地,而又无他生存手段到工厂工作,即产生了第一批产业工人。他们接受近现代工业的洗礼的同时,又同农村农民保持着天然联系,把某些新的治理理念和治理方式带到了农村,对农村村治产生了一定的影响。

说到现代意义上的行政村和村治,不能不说到在山西实行的村治改革,它开启了中国现代意义上村治的先河。20 世纪初,长期封闭落后的山西,开始受到现代文明的影响,开始进行了村治改革:一是提出了"行政之本在于村"的重要思想,表明山西非常重视农村。二是制定分关于村治的地方法规,先后于 1917 年颁布《各县村治简章》和 1922 年颁布《改进村制条例》,使村治有法可依,有章可循。三是对行政的规模及村长作出明确规定,不同大小的村分设不同数量的职数。四是对农村治理结构进行有益的架构。村治设村公所、农民会议、监察委员会、息讼会、保卫团等机构,分别明确不同的职责,发挥不同的作用。① 对山西的村治改革,有以下几个方面值得注意:一是"行政之本在于村"的思想有很大的合理性,不能因人废言,不能因为它是阎锡山提出来的而否定其合理性。二是在军阀割据的年代,奉行用枪杆子说话的背景下,通过法律来推动村治改革难能可贵。三是村治改革内容中含有民主的意蕴。当然其中也有许多虚伪的东西。山西的村治改革对当时的中国产生了一定的影响,因此,继山西之后,全国如云南、浙江、江苏等省也推行了村制改革。各省情况不完全一样,云南、浙江侧重于以自然村为基础推进村治改革,江苏省则超出自然村的范围,确立行政村的最小规模不得少于 100 户。在民国时期,存在村的规模小、数量多的问题,特别是在经费和人员配备上不能满足需要,对

---

① 李德芳:《阎锡山与山西村制变革》,《晋阳学刊》2014 年第 6 期。

农村的治理未能实现预期目标,加上政治和军事的原因,国民政府始终没有有效控制农村,而为中国共产党在农村开展活动、积蓄力量创造了条件。

真正对农村村治影响深,变化大的是中国共产党领导下的中华人民共和国成立以来。中国共产党领导下的农村发生深刻变化:一是通过土地改革,废除了在中国延续几千年土地私有制,实现了土地公有。这为在农村推动一系列改革提供了经济基础和制度条件。这也是新中国村治与过去所有村治的根本区别所在。二是建立了人民当家作主的新政权,彻底改变了历史上"皇权不下县",不到农村的传统,农村基层政权组织发挥十分重要的作用。三是农民的组织化程度达到前所未有的程度。无论是农业合作化运动,还是人民公社化运动,真正实现了广大农民组织起来目标。四是自然村的地位和作用下降,而行政村的地位与作用不断强化,无论是当年的生产大队、生产小队,还是实行村民自治后村组,从范围来讲,都大大超出了自然村的范围,传统自然村的一系列功能被行政村所取代,自然村成为行政的附属,其作用越来越小,行政村成为农民的中心舞台和影响农民生活、生产、交往的主要因素,各种资源越来越向行政村一级聚集。[1] 行政村在农村治理结构中的地位越来越高,作用越来越大,影响越来越广。

中国共产党对村治的影响还远不止于此。始于 20 世纪 70 年代末的家庭联产承包责任和始于 80 年代的村民自治制度的实施,给村治打上了现代的烙印。家庭联产承包责任制提升了家庭在农村治理结构中的地位,使家庭成为农村治理结构中的重要一环。至于实行村民自治制,这不只是从生产大队和生产队简单地回归到村组。而是确立了村组在农村治理结构中的法律地位,开启了村治改革的新时代。至 1985 年,全国行政村总量达到了 94 万多个,创历史新高。

中国农村中的村可分为情况:一种情况是地理概念上的自然村,一种情况

---

① 贺雪峰:《论半熟人社会——理解村委会选举的一个视角》,《政治学研究》2000 年第3 期。

是具有一系列社会、政治、经济功能的行政村。两者不完全吻合。河北省阜平县有自然村 1229 个,行政村 205 个,山东省招远县有自然村 1750 个,行政村 728 个。安徽省萧县有自然村 2124 个,行政村 611 个。[①] 自然村多于行政村,可以判断为若干个自然村组成一个行政村。当然也不排除一个自然村就是一个行政村。湖南耒阳市一种情况比较多,也有极少数大的自然村有两个以上的行政村。随着农村经济的发展、农民的生产方式、生活方式和居住方式的改变,现代社会农民的交往半径扩大,自然村的作用逐渐淡化。但在自然村农村治理结构也扮演一定角色,发挥一定的作用。随着农村公共需求及经济发展的进一步要求,行政村组织在农村基层的治理中发挥着不可替代的重要作用。作为行政村,长期以来,限于自然条件和经济发展水平,呈现出数量多、规模小、分散凌乱的特点。这种特点不能适应随着改革的不断深入和农村区域经济的迅速发展的需要,不能适应农村的生产要素的不断变异、分化与重新组合的要求。因此,为了适应农村经济社会发展需要,适应农村治理结构改革的需要,行政村必须进行适当的调整。

改革开放以来是中国农村行政村变化最大的时期,从 20 世纪 80 年代中后期开始出现行政村合并现象。进入 21 世纪以来,合并的步伐在加快。主要原因:一是经济的推力。随着社会主义市场经济的快速发展,农村经济的发展,农村经济的协作,农村经济的融合,都大大突破行政村的边际界限,要求在更加广阔的经济空间中从事经济活动,这就产是合村并村的经济动力,也是内生动力。二是政府的推力。既然农村经济发展提出合村并组的要求,各级党组织和政府顺势而为,推动了合村并组。这是一种政治动力,也是外在动力。这两种力量叠加在一起,从而就推动合村并组成为潮流。中共中央先后在有关文件中要求加快合村并组的步伐。2004 年,中央一号文件要求"有条件的可实行并村"。农村的村组合并是在国家政策引导、行政力量主导下进行的

---

① 沈延生:《村政的兴衰与重建》,《战略与管理》1998 年第 6 期。

一场农村变革。这是国家根据农村社会经济发展状况,有效进行农村治理的重要体现。

根据中共中央、国务院的统一部署,全国各地通过不同形式整合行政村。浙江省衢州市开化县于 2010 年 10 月开始了行政村规模调整工作,截至 2015 年 5 月,全县原来的 449 个行政村数合并调整为 255 个,调减幅度达到了 43.2%,其中由 2 个以上行政村合并的有 117 个。调整后,行政村平均人口由 686 人增加到 1369 人,行政村平均区域面积由 4.98 平方公里扩大到 8.78 平方公里。① 2001 年,湖北省阳新县全县共有行政村 449 个、村民小组 3987 个。2003 年实施大规模合并村组,行政村减为 312 个,减少 30% 还多,村民小组减为 2544 个,减少 36% 以上。湖北南漳县合并村组的力度更大一些,在 2002 年行政村由原来的 521 个减少为 274 个,减少 47% 还多;村民小组由 3207 个减为 1446,减少了近 56%。② 2015 年湖南省制定了行政村的人口标准,根据不同地形不同的标准,平原湖区村的人口的密度大,每一个村的人口控制 2500—3500 之间;丘陵区人口密度次之,每个村的人口控制在 2000—3000 之间;半山半丘区的人口密度再次,每个村的人口控制在 1500—2500 之间;山区人口密度少,每个村的人口控制在 1000—2000 之间。根据这个人口标准,湖南共合并建制村 16000 个。③

通过合并行政村,全国农村的行政村总量迅速下降。1985 年全国行政村为 940617 个,1990 年减少到 743278 个,2000 年 734715 个行政村。十年间行政村下降速度放缓。但是到 2004 年合并行政村再次加速,行政村总数降至 652718 个。④

农村合村并组,改变了行政村的治理边际,对农村治理结构改革和提高治

① 程四发、郑求红:《破解行政村调整中的整合难题》,《中国农村发现》2016 年 1 月 27 日。
② 参见《学习时报》2016 年 8 月 31 日。
③ 中共湖南省委湖南省人民政府:《关于开展乡镇区划调整改革工作的意见》,2015 年 9 月 29 日。
④ 转引自储伶丽等:《行政村合并与新农村建设》,《安徽农业科学》2005 年第 5 期。

理能力产生了积极作用：一是有利于农村市场经济的发展。市场经济希望各种生产要素在更大范围合理流动、合理配置。过去行政村管辖的范围比较少，人为地把各种生产要素的流动和配置空间分割成狭小的空间，难以发挥各种生产要素的作用。合村并组后，农村治理边际扩大，各种生产要素的流动空间和配置空间随之扩大，市场化程度提高，农产品的商品率提高，这对提高劳动生产率是有好处的，对扩大农民的致富门路也是有帮助的。二是降低了农村治理成本。麻雀虽小，五脏俱全。行政村再小，各种机构不会少。有庙就有和尚，有机构就得有干部。有机构就得有管理费用，有干部就得有补贴。自然而然，农村治理的成本就增加了。合并村组，就等于拆了庙。庙拆了，庙的和尚或者离开去云游世界，或者告老还乡。合并村组，自然而然地减少了农村干部的总数，治理成本理所当然地减少。三是扩大了农民的交往半径，减少了各种非理性因素对农村治理的影响。农民交往最多的是自然村，其次是行政村，乡镇之间的农民就很少交往了，县市之间的农村基本不交往。狭小的交往半径决定农民一直生活在"熟人社会"之中。熟人社会的好处是人情味很重，一家有事，全村出力，一家有难，全村帮忙。熟人社会的不足，就是各种非理性因素参与和影响农村治理，特别家庭家族宗族势力对农村治理的消极影响。合村并组后，已经超出了原来自然村行政村的范围，农民交往半径扩大，跳出了熟人社会，这时，农村治理中的非理性因素的影响力大大下降，农村治理中的正能量就能发挥更好的作用。四是合村并组后为提高村组干部的素质创造了条件。由于村组的合并，对村组干部的需求量下降，在存量的村组干部，可以优中选优，及时淘汰素质低、能力差的干部。在增量的村组干部，可在更大范围选择，增加了选优的概率。因此，全村并组是农村治理结构改革的重要一环。

在充分肯定合并村组对农村治理结构改革的积极作用的同时，也应该看到，合村并组对农村治理产生了一些负面影响：一是拉郎配式的合村并组，给农村治理带来了新的不确定因素。在合村并组的过程中，两个或几个村合起来了。合并后干部间，来自不同的村落代表原来不同村落群体的利益，这种合并为农村治理留下了隐患。二是急于求成式的合村并组留下后遗症。在合村并组过程中,考虑不周全,准备不充分,工作不细致,迅速推进合村并村,导致干部不适应,农民不知情,这样就出现两种后遗症:一是乱刀斩乱麻,时而合时而分,合后分分后合,无所适从;迫于压力实现了合并,但是表面合实际不合,合并后的村干部根本无法对新合并的村实现有效治理。

合并村组是农村治理结构改革的重要一环,必须慎重对待。也许主观愿望是好的,由于拉郎配和急于求成,客观效果并不理想。在推进农村合村并组时,必须尊重历史,必须尊重规律,必须尊重农民。站在历史的高度和时代的前沿,以科学理智的态度来对待合村并组,应充分考虑各农村的经济水平、自然条件的差异及合并规模,在引导在融合中稳步前行。

二、社区建设

在农村治理结构改革的历史进程中,有一个重要的改革内容,就是在农村引进社区建设,用城市社区的治理方法实现对农村的治理。中国农村出现社区,是 21 世纪以来的事情。但社区并不是一件新鲜事。"社区"一词源于拉丁语,是指共同的东西和亲密的伙伴关系。英文 community 含有公社、团体、社会、公众,以及共同体、共同性等多种含义。因此有的社会学者有时又在团体或非地域共同体这种意义上使用 community 一词。"社区"一词最初是由德国的社会学家滕尼斯应用到社会学的研究中。20 世纪 30 年代初,费孝通在翻译滕尼斯的《Community and Society》(《社区与社会》,著于 1887 年)时,把英文单词"Community"翻译为"社区",后来许多学者接受并开始引用,一直流传下来。

中国现代意义的社区,最早也出现在城市。20 世纪 50 年代初是我国新型城市组织的初创阶段,这一时期,各个城市的基层组织在上级政府的领导下,围绕巩固和建设新生政权,恢复、发展国民经济做了大量工作,同时也为以后城市社区组织体系的形成奠定了良好的基础。鲜为人知的是,我们曾经试图用治理农村的方式来治理城市,也就是说,在农村人民公社运动的同时,也兴起了城市人民公社运动。毛泽东曾经提出:"城市人民公社普遍化。不管大城市,中等城市,小城市,一律搞人民公社。"①按照毛泽东的设想,在中国共产党的强力推进下,城市人民公社虽然迟于农村人民公社,但也迅速在全国建立。据统计,截至1960年7月底,"在全国一百九十个大中城市里,已经建立了一千零六十四个人民公社。其中,以国营厂矿企业为中心的四百三十五个,以机关、学校为中心的一百零四个,以街道居民为主体的五百二十五个。公社人口已达五千五百多万人,占上述城市人口总数的百分之七十七。城市中已有八百五十多万闲散劳动力组织了起来(其中妇女劳动力达五百八十多万人),约占上述城市闲散劳动力总数的百分之八十七。"②城市人民公社化运动是"左"的指导思想的产物,它没有成为"适应城市特点的形式",也没有成为"改造旧城市和建设社会主义新城市的工具",③更没有促进生产力发展,而是破坏了生产力。由于违背了生产力决定生产关系这一基本规律,因此,城市人民公社运动悄然停止,城市基层治理继续居委会的模式。中国真正意义上的社区建设起步于20世纪80年代末,在短短的十几年中,全国建立了26个国家级社区建设试验区。试验区积极的探索和实践,创造出了一些既具有自身特色,又具有推广价值的城市社区管理模式和管理经验,对全面推进城市社区建设及改进城市社区管理体制、机制、手段、技术方法提供了有益的借鉴。而城市社区建设的成功经验又对在农村试行社区建设有所帮助。

随着改革开放的深化,随着中国城市化速度的加快,社区开始由城市向农村扩张,并成为农村治理结构改革的重要组成部分。在农村推进社区建设,事

①　顾龙生编:《毛泽东经济年谱》,中共中央党校出版社1993年版,第516页。

②　《中央批转全国总工会党组关于整顿和巩固城市人民公社问题的报告》,中央档案馆档案(6/1076)。

③　参见《人民日报》1958年12月19日。

出有因,事出必需。首先,在农村治理结构改革中推进农村社区建设,是应对农村人口新变化的战略举措。21 世纪农村人口,从数量到结构都发生了深刻变化。从人口数量看,农村人口总体呈下降趋势,而且下降速度非常快。从人口结构看,农村人口老龄化提前到来,留守老人、留守妇女、留守儿童成为农村人口中的主要成分。对于"三留守"人群的管理,需要有新思路、新办法和新模式,社区就是这种新思路新办法新模式的产物。其次,在农村治理结构改革中推进农村社区建设是应对城镇化的战略之举。中国城镇化发展之路很有特色。主要通过发展小城镇来解决大问题。通过小城镇,使一部分农民成为小城镇的居民。这部分进入小城镇的农民发生了深刻变化,他们的生产方式不再是传统农业,主要从事工业或商业;他们的生活方式不再是天亮起来干活,天黑就回家睡觉;他们的居住方式也发生了变化,不再是住在分散式平房中,而是住在集中式的楼房中。这就要求治理方式由传统的农村治理转向社区治理。最后,在农村治理结构改革进程中推进农村社区建设,是促进由农民向市民转化的战略之举。把农民请进城相对容易些,而把农民转化为市民要困难得多,而且有一个漫长的过程。这了加快农民向市民的转化,需要创造一定的条件,形成一定的氛围,在农村推进社区建设就是为创造农民转化为市民的条件和氛围。传统意义的农村已经不能适应这些新变化,于是,建立农村社区的问题提到议事日程。另一方面,在农村实施社区化管理的条件逐步成熟,特别是在一些经济发达省市和城市附近的农村。进入 21 世纪农村社区建设加速推进。

党中央高度重视在农村推进社区建设。2006 年 10 月,中共中央第一次在中央文件中使用"农村社区"概念,提出了农村社区建设目标。① 2007 年中共十七大,深化中共十六届六中全会中的"农村社区"的认识,把农村社区与城市社区一并思考,一并规划,一并推进,社区不再是城市"专利",农村同样

---

① 参见《中共中央关于构建社会主义和谐社会若干重大问题的决定》,人民出版社 2006 年版。

建设社区。2007年3月29日民政部按照党中央的统一部署,先行在全国一些农村开展社区建设试点。全国第一批最初定为251个试点,后又增加304个试点。2009年3月,民政部提出了农村社区建设在全国实行全覆盖的任务,要求每个省选择若干个试点,全面开展农村社区建设的试点工作。2015年5月31日,中共中央在深入调查研究的基础上,制定了《关于深入推进农村社区建设试点工作的指导意见》。在总结农村社区建设试点经验的基础上,明确农村社区建设的目标、基本原则、工作任务和工作要求,规范农村社区建设试点工作。

在加快改革农村治理结构的背景下,全国各地农村社区建设试点工作出现了百花齐放的局面。尤其是在经济发达的东部,农村社区建设试点的步伐更大一些。在"长三角"和"珠三角"地区,城乡差别已经不太大,有条件加快农村社区建设的步伐,为了发挥比较优势,这些提出了"工业向园区集中,农用地向规模集中,居民向社区集中"口号,实质就是在加快农村社区建设。

2010年北京市确定的10个新型农村社区建设试点,涉及25个村。按照"地域相近、产业相似、习俗相同、便于发展"的原则,农村社区可以由几个村联建,也可以由一个村单独建设。2011年,密云穆家峪镇华润希望小镇、房山青龙湖镇晓幼营新型农村社区、延庆县八达岭新型农村社区率先启动。[1]

山东省在推进农村社区建设方面,动作快,力度大,成效好。一是动作快。还在国家民政部开始在全国试点时,山东于2006年就抢占先机,率先在农村社区建设上发力,全省迅速推开农村社区建设。二是力度大。山东省委、省政府2009年连续发出文件,出台政策,要求用五年左右时间实现农村社区建设全覆盖。各地市也出台相应政策,形成推进农村社区建设的合力。三是成效好。由于党和政府的推动,山东省的农村社区建设走在全国前列,创造了许多个全国第一。第一个撤销农村行政村,全部建成农村社区的市是潍坊诸城市。

---

① 王海燕:《本市开建十个新型农村社区》,《北京日报》2012年1月15日。

时间是 2007 年。第一个提出建立"万人村""大农村制"的是山东省的淄博、滨州、菏泽。例如山东淄博桓台县的马桥镇，撤销原来的 27 个行政村，合并建成 4 个居住区，每个农村社区的人口都超过万人，真正建立大村制。第一个实行易地搬迁建立农村社区的是山东济宁市。2009 年就济宁市实施整村迁建，涉及 534 个农村，计划用五年的时间把全市 50% 的农民搬迁新型农村社区。农村社区建设被称为"一场前所未有的变革"。①

从 2008 年开始，河南省在驻马店市开始农村社区建设试点，并明确要求要把省级示范社区建设作为"书记县区长工程"，为新农村示范社区建设提供了强有力的组织保证。河南省委、省政府通过调研，先后出台了《河南省社会主义新农村示范村建设标准及考评办法（试行）》《河南省新农村建设专项资金使用管理办法（暂行）》等文件，对新农村社区建设的资金用途、使用形式、分配方案、项目管理、资金管理和示范社区建设管理提出了具体要求。驻马店市在 66 个村试点建设农村社区。

四川省委办公厅、省政府办公厅联合下发《关于开展农村社区建设试点工作的实施意见》（川委办〔2016〕17 号）要求从 2016 年起，全身的 18 个地级市分别选择 2% 的村作为农村社区建设试点，阿坝州、甘孜州、凉山州这 3 个少数民族地区各选择 5—15 个村进行农村社区建设试点。而且还提出全省每年选择 1000 个村开展农村社区建设试点工作。②

陕西省的动作虽然慢一点，但试点的质量很高，其试点分为三大类型。第一类是开发区带动型，共 6 个，以西安市骊山新家园、泾渭姬家社区为代表，共 6 个；第二类为政府主导型，以高陵东樊、长安新联、户县李家岩为代表，共 16 个；第三类为城镇集聚型，以关山胜景、楼观新镇为代表，共 5 个。③

---

① 参见山东省政府：《山东省人民政府关于加强土地综合整治推进城乡统筹发展的意见》（鲁政发〔2010〕73 号）。

② 《四川省 2016 年起每年按 1000 个村的规模开展农村社区建设试点工作》，《广西城镇建设》2016 年第 5 期。

③ 参见《西安晚报》2014 年 6 月 9 日。

湖南省于 2007 年确定长沙市开福区、浏阳市、岳阳市平江县、益阳市南县、常德市临澧县、株洲市芦淞区、邵阳市洞口县、怀化市通道侗族自治县等 7 个市的 8 个县(市、区)为省级农村社区建设试点单位。①

总之,各地农村社区建设都有一定进展,都取得了一定的成就。各试点单位的农村社区是不同于传统农村的一种生活居住单位,具有与传统农村和城市社区不相同的特点。首先,农村社区"规模更大"的农民生活聚集区。无论是撤并村组,还是搬迁式的农村社区,在较短时间内,就大幅度改变了村落散居的格局,形成超过以往人口数倍乃至数十倍的规模的聚居生活区。如果说自然村或行政村的人口成分相对简单些,而新的生活聚居区的人口成分就要复杂得多。不同的人群有不同的社会需求,这也就提出了对农村社区治理多样性的要求。其次,已经建立起来的农村社区具有过渡性特点。过渡,就是不稳定。既有原来农村自然村或行政村的某些痕迹,同时,又已经积累了农村社区的新因子,而且随着时间的推移,新的社区因子必然要掩盖农村行政村的痕迹,成为农村社区的主流,甚至成为全部。这就要求对于这类农村社区的治理要考虑新旧两种因素同时并存的状况,在治理过程中,既要照顾过去的传统,又要积极向新鲜因素靠近,运用一些新的治理理念和治理方法,对农村社区实现有效治理。这种过渡,既不能急于求成,又不能消极等待。最后,已经建立起来的农村社区在治理结构和基础设施建设上有滞后性特点。从治理结构上看,全国试点的农村社区状况不完全一样,有的试点农村社区就是简单地把原来的治理结构搬到农村社区,原来村干部成为社区干部,换汤不换药;有的农村社区则按照新要求重构了治理结构。对于这两种必须区别对待。从基础建设看,由于政府的投入不够,又无其他融资渠道,所以农村社区的公共设施和基础设施与城市社区存在较大的差距,而且农村社区中各项社会福利和保障制度也明显落后于城市社区。对于这些社区的治理应该考虑这些因素的影

---

① 湖南省民政厅:《湖南省农村社区建设试点方案(试行)》,2007 年 4 月 28 日。

响。正确认识农村社区的特点,特别是认识农村社区建设中的明显不足,对于引导农村社区的健康发展具有重要意义。

建设农村社区,对农村治理结构改革,既是挑战,也是改革的机遇。机遇大于挑战。抓住了机遇,农村治理结构改革就前进了一步,错过了这个机遇,农村治理结构改革就会放慢速度而影响农村治理。因为农村社区建设,既是农村治理结构的重要内容,又是农村治理结构改革的重要推力。

一是推进农村社区建设,这是农村治理转型的必然要求。随着农村及整个国家的改革开放,农村社会由封闭性走向开放性,由同质化走向异质化。因此,过去那种建立在集体土地所有制基础上,治理主体单一,治理手段老套,治理模式封闭的传统行政村,已经不能适应形势的需要,不能满足农村治理现代化的趋势,代之以更多现代文明因素的社区。相比较而言,社区的优势明显多于传统农村村落。前者以业缘为基础,以开放为载体,以集中为形式,后者以血缘、地缘为基础,以封闭为载体,以分散为形式。前者与农村治理现代化相向而行,后者与农村治理现代化相背而行。

二是推进农村社区建设,这是建构农村社会新型共同体的必然要求。传统的农村村落是处于自然状态下,因长期共同生活而形成的具有共同祖先、相近生活习俗和相同语言的生活共同体。这种生活共同体有其优势,因为世代传承而有浓厚的人情味,但也因此有不容忽视的缺陷,即传统的"熟人"社会与新生的"外来户"必然发生冲突。如何解决这些冲突,社区建设是一个重要的选择。社会主义市场经济的发展,人们的交往半径已经大大突破了"熟人"圈,需要在更加广泛的范围从事生产生活等一系列活动,需要与过去完全不同的新型的共同体,以应对来自自然的、社会的挑战。应该说,农村社区就是这种共同体的较好载体。通过推进农村社区建设,使各方面的人群的生存环境得到改善,满足不同人群对美好生活的追求,提升不同人群的生活质量,增强不同人群归属感和认同感。

三是推进农村社区建设,这是实现农村资源与社会资本整合和融合的必然要求。城乡之间的差距主要体现在公共服务上。在农村推进社区建设,就是把政府的公共服务和管理向农村基层延伸,完善基层服务和管理网络,使农村资源更加有效地与社会资本整合融合,促进农村资源得到有效利用。通过动员、聚集更多的社会资本与农村资源更加合理、更加科学的配置,支持和参与农村基础设施建设、公益事业、公共事务建设,促进农村经济社会发展。各级党和政府利用特殊的地位和优势,整合社区资源,强化社区功能,实现政府行政管理与社区自我管理的有效衔接,促进政府依法行政与农民依法自治的良性互动,农民共同参与农村社区建设,共同享受社区建设的红利。

四是推进农村社区建设,是实施城乡一体化发展战略的必然要求。社区最先在城市建立,实践证明这是城市基层治理的较好模式。当城镇化的汹涌潮流向人们袭来时,农村向城市靠拢成为必然,运用城市基层治理的成功经验来治理农村也成为一种必然。设计农村社区建设试点的最初主观愿望,就是运用城市基层治理经验来治理农村,并借此加快农村城镇化的发展步伐。通过农村社区建设,实现城乡社会治理机制相互衔接,实现农村治理结构城镇化,实现城乡之间资源、要素的双向流动,实现城乡一体化公共服务体系,实现城乡公共服务均等化,真正消灭或减轻城乡差别。

五是推进农村社区建设,是加快社会主义新农村建设,实施乡村振兴战略的有效载体。新农村,新在哪里? 早在 20 世纪 50 年代就提出建设新农村,21世纪再次提出建设新农村,两个时期的新农村存在很大的不同。21 世纪的新农村建设,一是有新的背景,即在我国总体上已经进入到"以工促农""以城补乡"的发展新阶段提出的新任务。二是有新的内涵和新的目标,作为一个系统工程,涵盖了整个农村深化改革,促进农村发展的新目标。三是有新的思维,党中央提出的系统思路是,在党委领导、政府主导、农民主体、社会参与的体制和机制下,建成社会主义新农村。乡村振兴,也不是一个方面的振兴,是全方位的振兴,其中也包括农村治理结构和治理模式的振兴。无论是建设社会主义新农村,还是实施振兴乡村战略,都需要有新的载体、新的抓手。农村社区就是重要载体之一,农村社区建设就是新抓手。把城市基层治理管理科学化、规范化、集约化的治理结构和治理模式,引入农村,实现农村治理结构的治理模式的嬗变。嬗变后的农村治理结构和治理模式又成为加快社会主义新农村建设和实施振兴乡村战略的新动力。

理论上的分析只是逻辑证明,而现实生活的农村社区建设的确给农村带来了极其深刻的变化。

首先,农村社区引起了农民的生活方式的重大改变。人们的生活,开门必须面对衣食住行,物质生活需要柴米油盐等。在自然经济条件,农民对商品的依靠性比较低。因为低,才是自然经济。分散生活的农民吃的菜是自己种的,喝的水是从井里挑的,吃的蛋是自己养的鸡下的。除了极少数商品需要通过市场获得,其他的生活用品基本能自给自足。进入农村社区后,因为集中居住,这一切都发生了变化,由过去基本自给自足,到基本依靠市场。农村社区也引起了农民的生产方式的重大改变,在分散居住期间,农民的生产方式是日出而作,日落而息。在自己的那一亩三分地,想种什么就种什么,自由自在。现在就不行了,自己的那一亩三分地,可能因为流转,再不由自己耕种,而且由于搬迁,又远离了那一亩三分地,耕作起来了也不是很方便。在这种情况只能另谋职业,走上在某个企业或某个商店就业,或自己开个小商店,等等。就业方式发生了重大变化,如山东龙口的南山村(集团)、桓台的马桥镇,大部分劳动力实现了职业的非农化,他们按点按时在附近企业等场所上班,不再是"日出而作、日落而息"的传统意义上的农民。这种变化有利于农民向市民的转化。

第二,住进农村社区中的农民的人际关系发生了重大变化。在前面分析农村社区建设时,反复强调,农村社区的几种形式:一是捆绑式社区;二是搬迁式社区;三是混合式社会。这三种形式中无论哪一种,其共同点就在于农民离开原来的熟悉的地方,进入新的生活环境。这不只是生活空间的改变,更重要的是,农民的生活圈发生了变化,他们不再在熟人圈里生活,而是要学会与陌生人打交道。与陌生人打交道和与熟人打交道完全是两回事。很多农民很不习惯。比如，在传统的村落，农民过着白天不关门、晚上不闭户的生活，朴素的民风，良好的邻里关系，他们不用太担心发生治安问题。进入农村社区后，由于人口骤增，而且在众多的人口中，说不准混入了几个坏人。如果不关门就可能给坏人以可乘之机。这就给农村社区提出了许多新的问题，也需要在治理结构上增加新的治理力量。

第三，农村社区的组织形式与治理方式发生了重大变化。因为前面的变化，必然要引起农村组织形式和治理方式的变化。传统村落是当地农民的生产与生活共同体，世居于此，祖祖辈辈都居住在那里，村落具有很大的封闭性。本村的人，本村的事没有不熟悉的。一个人情味很浓的农村的治理形式与治理绝对不同于其他地方的治理形式和治理方式。农村社区建立来后，这一切都发生了深刻变化。所以，新型社区跟传统村落相比，既有人口规模大、成员构成复杂的不同，又有思想多元、利益格局等不同。这就更需要不同治理形式和治理方式。农村社区的统一管理与融合需要一个过程。这个过程，既是社区治理模式的成熟过程，也是进入社区生活的农民不断适应的过程。需要做的工作就是加快农村社区治理模式的成熟过程，缩短农民的适应过程。已经建立起来的农村社区治理结构和已经现代化的治理模式，在人们的共同呵护下，一定能茁壮成长。

当然，这种事关农村治理结构改革方向的农村社区建设也有一些值得注意的问题。问题之一，农村社区与传统农村是"换汤不换药"。准确地讲，农村社区与传统意义上的农村村落，包括行政村，都存在质的区别。农村社区的治理就是用反映现代文明的城市社区的治理方式来治理农村。这本身是一件好事。但是，在一些地方，为了完成农村社区建设任务，在原来行政村的基础上，换一块农村社区的牌子，其他一切都依然故我，还是老一套。这不仅造成农村社区建设虚假繁荣的情形，而且误导广大农民农村社区建设就是这个样，从而丧失对农村社区建设的积极性。问题之二，违背农民的意志。党中央一再强调要尊重农民的意愿,在自愿的基础上推进农村社区建设,但是一些地方,强行把农民搬迁出老宅,强行把农民集中居住,强行把农民送上高楼。这种过分依靠行政力量搞农村社区建设,伤害了农民的社区建设积极性。问题之三,农村社区的配套建设和后续动作跟不上。一些地方把农民迁入社区,就认为社区建设的任务已经完成。然而,许多进入农村社区的农民因集中居住后收入减少,支出增加,导致生活水平下降。还有的农民因没有生存手段而进退两难,一些社区建立起来,没有商店,没有学校,没有医院,影响社区居民的正常生活。问题之四,农村社区治理方式需要改进。农村社区普遍实行"党委领导、政府主导、多方参与、科学定位、贴近基层、服务农民"[①]的农村社区化治理方式,但是,这些念起很顺口、看起来很美的东西,却是中看不中用。问题就是缺乏机制、缺乏平台让这些好的东西落到实处,真正转化为农村治理结构的不仅好看而且好吃的东西。

中国正处在大变革的伟大时期,运用新的治理结构、治理模式、治理方法,促进农村治理现代化是必需的。农村社区是农村治理结构改革的新尝试。也许还存在这样或那样的不足,但我们不能因噎废食,也不能求全责备。任何新生事物都有一个成长过程。在成长过程中出现的问题,也只能继续用改革的办法去完善。可以肯定,农村社区建设代表着农村治理结构改革的方向,代表农村治理现代化的方向。

三、学生村官

无论是村组合并,或是农村社区建设,都涉及农村治理问题。村组合并,突破了原来的治理范围。农村社区建设,就是引用城市基层治理的模式来治理农村。无论是突破原来的治理范围,还是引用城市基层治理模式,都还来许

---

① 李成贵主编:《造福农民的新机制——诸城市推进农村社区化服务的探索与实践》,人民出版社 2008 年版,第 1—2 页。

多新问题。在解决这些问题,关键在于人。改革农村治理结构,提高农村治理现代化水平,说到底,是增加高素质的人在治理结构中的比例,并更好地发挥他们的作用,引导治理主体和被治理主体的现代化。

农民,既是农村治理的主体,又是被治理的主体。如果主体的素质达不到相应的高度,农村治理就无法正常进行,在治理过程中遇到的困难要大得多,要多得多。农村治理结构的完善与发展,农村治理实践的推进,农村治理能力的现代化,在很大程度上取决于广大农民素质的高低。农民素质的内容包括多个方面,有政治素质、经济素质、文化素质、科技素质、身体素质、心理素质等等。新中国成立后,广大农民的素质有了很大提高,但还是存在较大差距。"新中国成立前,农民文盲率在80%以上;1990年文盲半文盲率在20%左右;1998年已经降低到10%左右"。[①] 文盲和半文盲减少,这是一个不争的事实,但农民的整体素质不高也是一个不争的事实。脱盲,只是农民文化素质的底线,脱盲并不等于农民的文化素质就有了很大的提高,更不等于其他素质的提高。如果与世界各国进行比较还有较大差距。"欧洲'较多民主'国家几乎识字率达到100%,少的也达到96%,但'较少民主'国家平均识字率达到85%;拉丁美洲国家'较少独裁'国家的平均识字率是74%,而'较多独裁'国家则为46%。"[②]导致农民的素质不高,原因是多方面的,既有封建传统落后文化思想的影响,也有现实的原因。中国五千年封建专制思想和长期小农生产方式,在一定程度上制约了农民文化素质的提高和民主意识的增强,一些落后的封建文化仍然在广大农村地区阴魂不散,影响极坏。有病不求医而求神拜佛,小富即安,不思进取。在农村弥漫着新的"读书无用论",读书不读书,反正都是外出打工,不读书还可以早几年外出打工挣钱。由于农村人口外流,农村"精英"纷纷离村,老弱病残妇幼留农村。这种状况也造成了农村农民文化水平普遍较低,其他素质差强人意。而农村治理又要求农民摒弃传统的旧思想、旧

---

① 陈庆立:《中国农民素质论》,当代世界出版社2002年版,第41页。
② 温家宝:《干部受教育,群众得实惠》,《新华日报》2002年1月1日。

观念,拥有一定的文化素养、民主意识和自治能力。这就产生了矛盾。这种矛盾不解决,村民自治就无法推进。要解决农民整体素质不高的问题,要从两个方面下大力气来解决,一是千方百计提高农民素质,以满足农村治理结构改革内在条件。另一方面,也可从以从外部努力,为改善农村治理结构改革的条件提供帮助,这就是为什么要向农村选派大学生村官的根本原因。

在农村治理结构中,党支部和村委会是非常重要的角色,村干部的素养也决定了农村治理的好坏。《中华人民共和国村民委员会组织法》第二条规定:"村民委员会是农民自我管理、自我教育、自我服务的自治基层群众组织"。按照相关法律的规定,村民委员会应有以下特点:第一,基层性。它是农村治理结构中的最主要组织,也是最基层的组织。第二,群众性。从农民群众中来,由农村群众选举产生,具有广泛群众基础。第三,自治性。村委会是高度自治权的综合性法律组织,不是政权组织的延伸机构或派出机构,是农民行使农村公共事务管理权的组织载体。在农村治理结构中,村民委员会作为农村社会组织和权力的代表,根据法律规定行使自治权。为了发挥村委会在农村治理结构中的主导作用,村委会及其成员必须具备以下治理能力:第一,贯彻党和国家政策的能力。村委会必须落实和贯彻党和国家的各项方针政策,并把上级的精神与本村的实际结合起来。第二,发展本村经济的能力。村委会必须努力增加农民收入,把农民带上富裕之路。第三,依法办事的能力。村委会要依法、公平办事,为全村大多数谋利益,依法调解和处置农村各种矛盾和纠纷。第四,要有协调各方面关系的能力。村委会不仅要化解本村内部之间的纠纷,而且还有与外村与外界协调沟通的能力,妥善处理好农地纠纷、宅基地纠纷,赡养老人引发的纠纷、用水纠纷等。第五,引导扩大农民参与村务的能力。村委会要严格遵循农民自治制度,做到民主选举、民主决策、民主管理、民主监督,真正实现农民广泛的政治参与,扩大农民的经济参与和文化参与。第六,廉洁自律的能力。对村委会及其成员如此要求,但现实中村委会及其成员的状况如何呢?

根据调查情况,可以认为,村委会组成人员中有不少优秀分子,其能力也不错,但普遍存在能力不足和本领恐慌的问题。具体表现为,第一,村委会内部管理机制不正规、不科学。村委会在治理的过程中极为容易忽略正常的组织纪律和程序要求。在很多需要开会讨论的问题上,村委会成员省略必要的会议步骤,甚至私下直接进行协商,村民自治在一定程度上成为村干部内部自治,有失公平正义,缺乏科学性和民主性。第二,农村集体经济发展迟缓,甚至成为空白,外来投入严重不足,村委会没有正常的农村治理所需的经济能力。由于没有充足的资金投入到公共服务项目上来,无法确保农村公共服务建设取得实效的基础性要件,资金不足致使很多设想不能实现。第三,村委会缺乏谋事谋人的能力。村委会能够应对日常事务就不错了,谈不是对本村的政治、经济、文化和社会等问题进行长远的考虑,对事关农民切身利益的问题思考不深、热度不高、动力不足、举措不多,服务职能薄弱,导致干群关系紧张。第四,村委会成员的素质瓶颈问题。农村委员会组成人员文化素质普遍偏低,导致服务技能跟不上,创新能力欠缺,服务方式低效落后,整体上有待改进。相当一部分村委会成员仍摆脱不了传统的工作服务方式,难以适应改革农村治理结构后出现的新情况和新问题。村民委员会,无论是个体素质,还是整体素质都存在着适应的问题。山西省经济条件相对好的汾阳市农村党支部和村委会干部中,高中学历的只占到班子总数的50%,初中学历的占到43%,大专以上学历的占到了5%。而经济条件更差一些的太谷县,村干部的学历更低一些。"两委"班子中高中学历的只占到班子总数的27%,初中及以下学历的占到72%,没有大专学历的。[1] 第二次全国农业普查结果也大致能证明,村干部的文化素质有一定提高,但他们的文化素质仍然不高。[2] 这又是向农村选派大学生村官的直接原因。

---

[1]　宋丽:《着力提高农村干部的整体素质　推进社会主义新农村建设》,《山西高等学校社会科学学报》2006 年第 6 期。

[2]　王娟:《我国乡村发展中的村干部素质及其互动关系分析》,《调研世界》2009 年第 6 期。

农村治理的客体是村务。众所周知,按照宪法和其他法律的规定,村民自治是中国农村基本治理制度。起始于 80 年代,并在 90 年代全面推行的村民自治制度,已成为当今中国农村扩大基层民主和提高农村治理水平的一种有效形式。村民自治的成功实践,是中国共产党领导广大农民发展中国特色社会主义农村治理制度中的伟大创举,扩大农村基层民主,实行农民自治,大大激发了广大农民当家作主的积极性、创造性和责任感,掀开了中国农村治理的新篇章。村民自治就是一个或几个自然村的农民自然组织起来,在基层人民政府的指导下,依照国家的法律、法规进行自我管理,自我教育和自我服务,即由农民群众依法办理群众自己的事情,享有应有权利和应承担的义务,包括民主选举、民主决策、民主管理和民主监督这四个方面的选举权和被选举权、罢免权、财产所有权、管理权、表决权、创制权、知情权、监督权等七项权利。如何把这些村务治理得井井有条,既需要治理主体的努力,又有赖于村委会在农村的治理作用。

现在面临的问题是,农村治理的主体因为素养问题而影响农村治理,农村治理的客体——村务日趋复杂。特别当科学技术飞速发展,计算机在农村治理开始运用,"互联网+"开始在农村兴起,这就更加导致传统意义上的农村干部成为这些新的治理方式的"门外汉"。这又成为向农村选派大学生村官最现实的原因。

总之,无论是农村治理的主体,还是农村治理的授权治理者,或者说,农村治理的客体——村务,都要求有更高素质的人才在农村治理中发挥作用,农村治理结构中需要新因子,从根本上提高在农村治理中需要发挥主导作用的村委会的素质,优化农村治理的结构,提高农村治理者的素质,成为一个需要认真思考和必须面对的问题。在党中央的统一部署下,全国各地采取了许多措施来解决这一矛盾。其中最强有力的措施是实行大学生村官制度。胡锦涛认为:"此事具有长远战略意义。"①

---

① 参见《人民日报》2012 年 9 月 13 日。

　　农村治理需要高素质的大学生,大学生也需要到农村中历练自己。20 世纪 90 年代以来,中国的大学生生源发生了重大变化,"80 后""90 后"的学生成为大学生的主体。他们伴随着改革开放成长,物质生活得到极大改善,而且大部分都是独生子女。他们从小学到高中,几乎都是生活在父母的关爱之中,过着饭来张口、衣来伸手的生活,对社会缺乏了解,对农村缺乏认知。在中国一个对农村没有认识的人,很难说是对中国社会就了解了,而对中国社会缺乏了解,很难有大的作为。所以,中国的大学生迫切需要到农村,去读无字的书。这种双向需求,是大学生村官能够迅速推进的重要原因。

　　因此,从 1995 年开始提出选派大学生村官,应者如潮。不同的省对大学生村官的需求不一样,选派的方式也有所不同,对大学生村官的安排也相异。21 世纪以来,党中央、国务院出台政策规范大学生村官的选派。截至 2009 年 1 月,全国除港澳台以外的 31 个省、自治区、直辖市都实行了"大学生村官"计划。2016 年全国大约 20 万大学生在农村担任村官,成为农村治理结构不可忽视的重要力量。选派大学生到农村担任村官,有利于优化农村治理结构,有利于提升农村治理能力。

　　第一,在大学生村官为农村治理结构增加了新要素。为政之要,重在得人。农村治理也需要高素质的人才。农村治理结构改革的一个重要内容,就是向农村输送优秀的人才。在农村,对人才的需求与人才供应之间的矛盾非常突出。从现有的农村村组干部的结构来看,农村干部存文化层次不高、年龄严重老化、工作能力和领导水平与需要严重脱节,他们更多的是只有老办法,没有新办法。而且农村干部,特别是那些贫困地区的农村干部因为一系列具体的实际问题,而影响他们当干部的积极性和当了干部之后的工作积极性。加上改革开放以来,农村年轻人向城市转移,增加了选拔年轻干部的难度。也就是说,农村干部的选拔、使用和提高的问题一直是农村治理结构改革和农村治理现代化进程中的"老大难"问题。改革农村治理结构和实现农村治理现代化,急需为农村基层干部队伍注入新鲜的血液,改善村干部结构,激发农村治理活力。如何解决这个问题,也成为农村治理结构改革的重大问题。选派大学生村官,是解决这个问题的战略举措,成为农村治理结构中的新要素:一是选派大学生村官,解决了农村村干部数量不足的问题。全国 20 万大学生村官,是一个不少的数目,而且按照党中央的要求,一村一大学生村官。二是改善了农村村干部的结构,包括年龄结构、学历结构和知识结构。因为大学生村官都是 20 多岁,每村一大学生村官,使村组干部的平均年龄快速下降。学历结构的改善是不言而喻的事。大学生村官由于接受过良好的高等教育,有一定的知识储备。当知识转换为能力后,就一定能对农村治理产生正面效应。不仅如此,而且对村干部受到冲击,他们从大学生村官那里学到了新的思想观念、新的工作方式,工作热情也有所激发。大学生村官的加盟使村级干部队伍的整体素质得以较为明显的提升。

第二,大学生村官带来了农村治理新理念、新技术、新方法。大学生村官从高校走出来,把所学到的专业知识运用于农村治理,农村治理新气象扑面而来:一是大学生村官给农村治理带来了一系列新的理念。观念的变化非常困难。特别是文化较低的农民要接受新思想、新理念特别不容易。大学生村官到达农村后,积极向农民宣传政治意识、法治意识、民主意识、科学意识和平等意识等,而且在实践中率先示范,让农民慢慢接受这些东西。二是大学生村官给农村治理带来新技术。大学生村官在高校学习,都有自己的专业。他们到农村后运用自己的专业技术服务农民,服务农村治理。比如,农业高等院校的大学生村官,运用先进技术帮助农民发展农业,发展养殖业;学计划机专业的大学生村官把计算机技术运用于农业和农村治理,把"互联网+"运用于发展农村经济,运用网络技术从事农村治理中调查与统计;等等。这些新技术的运用,提高了农业生产效率,也提高了农村治理的效率。三是大学生村官给农村治理带来了新办法。传统的农村工作方法是"通不通,三分钟","三句好话,不如一根马棒"。前面说耐心问题,做三分钟的工作,做不通就拉倒,后面说的是简单粗暴的问题,和风细雨的思想不如简单粗暴的效果。大学生村官到农村后,耐心倾听农民的诉说,耐心开展思想工作,做农民的朋友,想农民群众之所想,急农民群众之所急,能够在实际工作中做到更多地考虑群众的利益,能够更好地促进农村治理的民主化、法治化和科学化,从而进一步推进农村经济、政治、文化和社会各项事业的全面、协调、可持续的发展。

第三,大学生村官给农村治理带来新变化。大学生村官到了农村后,给农村治理结构增加了新鲜血液,引起农村治理的新深化。大学生村官在农村治理发挥新的作用:一是大学生村官是党的政策的宣传者。政策只有为人民群众所掌握,才能转换为巨大的物质力量。过去由于村干部的原因,往往存在农民群众对党的政策不知道、不掌握、不运用的问题。大学生村官发挥自身优势,在自己深入学习、准确理解、科学运用的基础上,向农民宣传讲解党的政策,发挥政策的威力,促进农村发展。二是大学生村官成为农村治理问题的调研者。大学生村官到农村去,本身也是一个调研和学习的过程。他们到农村后,与农民交朋友,通过各种途径了解情况,及时向上面反映农民的诉求,在调研中发现问题,为解决各种问题提供信息,提供解决问题的方案。三是大学生村官成为农村发展的促进者。农村治理的根本目的在于促进农村发展。大学生一般都有一技之长,他们利用自己的专业知识,直接服务于农业。有的大学生村官利用自己的优势,解决农民在发展中遇到的困难,向农民传播科学种田的技术,成为最受欢迎的人。四是大学生村官成为村组干部的得力助手。一些大学生村官到农村后,以心换心,成为农村干部的好朋友,一方面虚心向农村干部学习,另一方面对把自己的知识传播给农村干部,遇到难题,和村干部一起面对,一起解决。有时还利用自身的特殊优势,起到村干部不能起到的作用,协助村组干部有条不紊地治理好农村。

当然,对大学生村官在优化农村治理结构和提升农村治理能力的作用,也应作实事求是的评价。既不可一味拔高,也不应全盘否定。有的大学生到农村担任村官,仅仅是为了暂时解决就业问题,没有长期扎根农村的打算;有的大学生由于各方面条件的限制,并不适合农村村官的岗位;有的大学生到了农村后发现与其初衷有相当大的距离,还来不及发挥作用就转岗。这些情况对优化农村治理结构和提升治理能力就非常有限。而且,还看到,提高村干部的素质和治理能力非一日之功,优化农村治理结构和提升农村治理能力,非一项措施能解决。选派大学生村官只是党解决农村治理结构中诸种问题的方法之一。全面改革农村治理结构和实现农村治理现代化是一项系统工程,单靠一个措施并不能从根本上解决问题,必须打"组合拳"。

四、新型乡贤

如果说,大学生村官是从外部注入农村治理结构中的新鲜血液,对优化农村治理结构和提升农村治理能力具有创新性意义。那么,在农村内部也有一支重要的力量,即新型乡贤,其构成主要包括退休干部、退休教师和退休工人以及其他有声望人士。他们农村治理结构中和农村治理中扮演重要的角色,发挥重要作用,并逐步引起了高层的高度重视。① 如何进一步发挥新型乡贤的作用进入人们的视野,并成为农村治理结构改革进程中需要科学对待和解决的重要问题。

所谓新型乡贤,是相比较中国传统乡贤而言。也就是说中国乡贤自古有之。古代的乡贤,又称乡绅,"士大夫居乡者为绅",具有功名身份、学品、学衔和官职而退居乡里者,是乡贤阶层的成分。包括或曾贵为将相的官吏;或是有学识渊博但屡试不中的读书人;有广置良田的地主;有富甲一方的商贾;有虽以耕读为业但衣食不愁的小业主者;有年高德劭的族长耆老;有奋发有为的青年才俊;有避世的隐士;有求仕未能遂愿的文人;等等。他们的地位高于平民,退居家乡后成为家乡里具有威权的人士。乡贤构成必备的条件是:第一,有身份。在家世方面得有一个值得别人景仰羡慕的经历或职位。第二,有财富。

---

① 参见《人民日报》2014 年 9 月 16 日。

乡绅有一份丰厚的财产,救助孤寡贫弱,推动地方公益事业方面赢得家乡声望。第三,有影响。功名身份、官位职衔之外,有一定的年资,拥有家族宗族长老资历。第四,有资源。凭借过去的关系掌握一定的社会资源,可以为家乡争得更多的利益。在传统中国,乡贤是基层社会运转的主导力量。"绅士是传统中国农村社会治理的主要权力行使者。绅士治理(即绅治)是传统中国农村治理的一大特色。"[1]在"天高皇帝远"的农村社会,与"皇权"相对的另一种重要权力是"绅权",以绅士阶层、宗族权威、离任官员组成的农村社会精英,构成了民间治理方式的依托主体。

古代中国,高度集权的皇权至上和宗法伦理所维系大一统的国家。但是,由于受到各方面的因素、条件及传统的限制和制约,皇权不下县,国家对广大农村社会的实际控制并不十分到位,甚至还出现缺位。长期以来,农村确立了乡绅在治理结构中的核心地位。乡绅在农村治理中树立了绝对权威,乡绅有权制定乡规民约,并根据乡规民约实现对农村的有效治理。乡绅利用自己权威、手中掌握的资源以及自己的影响力,规范农村生产,调整社会关系,实现各种救助,保护一方平安,养成社会风尚。这种治理模式和传统一直传承下来,也确立了乡绅在国家治理、农村治理中的地位和作用。

近代以来,中国陷入了百年战乱。这个时期的乡绅发生了重大变化。面对战乱,一些乡绅担负起组织本乡民众保卫自己的家乡免于战乱,因此,逐步深化为自己的武装力量。长期不断战争动乱,使传统的乡绅开始发生蜕变,有的演化为农村邪恶势力的头领,成为欺压老百姓的力量。特别是当中国陷入军阀混战的年代,一些劣绅与军阀势力勾结在一起,成为农村乱源之一,并由此成为革命对象之一。在中国共产党领导下,"农民的主要攻击目标是土豪劣绅,不法地主,旁及各种宗法的思想和制度,城里的贪官污吏,乡村的恶劣习惯。"[2]土豪劣绅的所作所为,导致他们成为革命的对象之一,也导致他们政治

---

① 费孝通:《中国绅士》,中国社会科学出版社 2006 年版,第 50 页。

② 《毛泽东选集》第一卷,人民出版社 1991 年版,第 14 页。

上没有地位,经济上每况愈下。这种情况到抗日战争全面爆发后才有所改观,特别是中国共产党在各抗日根据地实行"三三制"时,乡绅的地位有所上升。中国共产党领导下"三三制"政权就是对开明绅士开放,允许他们加入抗日民主政权,参与边区的治理。① 从 1941 年开始,一些开明绅士担任了边区政府要职。如边区政府副主席李鼎铭、边区参议会副议长安文钦和边区教育部副主任贺连城。1941 年 5—6 月间,边区政府还邀请了许多绥德地区的士绅名人到延安考察,受到毛泽东等中共领袖的盛情款待。这说明,中国共产党注意发挥开明绅士的作用。解放战争期间,国共两党进行生死搏斗。农村的乡绅站错了队,他们与国民党结成同盟。中国共产党在农村实行的土地革命和建立以贫苦农民为主体的农村新式政权,并从根本上改造了农村社会结构,使绅权赖以发挥作用的社会条件不复存在,传统乡绅最终在农村治理结构中消失。从新中国成立,到改革开放前,传统乡绅在农村治理结构中不仅没有地位,而且在历次政治运动中受到冲击。这种状况一直延续到改革开放以后。

改革开放后,农村新型乡绅开始发挥作用,但并没有引起注意,新型乡绅的概念也没有提出。直到 21 世纪初,在改革农村治理结构过程中重新提出发挥新型乡贤的作用问题。习近平强调,要认真汲取中华优秀传统文化的思想精华和道德精髓,发挥农村有影响有地位有作用的老干部、老教师、老工人等在留住乡愁上和培养农村新道德上发挥作用。② 在新的历史条件下,人们开始使用"新型乡贤"这一概念,而且赋予了新的内涵,其构成已然不同于传统时代的以功名身份为核心的乡绅阶层了,他们是现代化进程中在各行各业取得成功的时代精英,具有现代化理念和前瞻性视野,富有比较丰富的人生经验,在以往的工作岗位创造了不凡的业绩。这是"新型乡贤"新之所在。与传统乡绅相同之处是他们在退休后回到了故乡。在农村治理结构改革和农村治

---

① 《毛泽东年谱(1893—1949)》中卷,人民出版社 1993 年版,第 175 页。

② 《习近平在中共中央政治第十三次集体学习时强调:把培育和弘扬社会主义核心价值观作为凝魂聚气强基固本的基础工程》,《人民日报》2014 年 2 月 26 日。

理现代化的进程中,新型乡贤发挥重要作用,成为农村治理结构中重要力量,并影响高层的关注和重视。在 2014 年 9 月召开的培育和践行社会主义核心价值观工作经验交流会上,中宣部部长刘奇葆说,乡贤文化根植乡土、贴近性强,蕴含着见贤思齐、崇德向善的力量。2015 年中央一号文件提出,要"创新乡贤文化,弘扬善行义举,以乡情乡愁为纽带吸引和凝聚各方人士支持家乡建设,传承乡村文明"。中国共产党从传统文化中吸取治理经验和治理智慧,越来越多的地区的新型乡贤进入农村治理结构之中,成为农村治理的重要主体,发挥重要作用。

新型乡贤在农村治理结构中占有特殊地位。从改革农村治理结构看,新型乡贤架起了党和政府与农村群众联系的桥梁,一方面新型乡贤成为农民利益表达机制的新载体,及时反映农民的需求与心声;另一方面,又及时向农民传达党和政府的声音,帮助落实党和政府的各种政策。从建构农村治理新模式看,这是一种既区别与中国传统乡绅的治理模式,又与中国共产党在一段时间所重构农村治理模式也有所不同的新型农村治理模式。在中国传统的农村治理模式中,乡绅具有绝对的话语权,在改革开放以前的农村治理模式中,乡绅完全靠边站。在这种新型农村治理模式中,乡绅有了一定的话语权,但处在辅助的地位。因此,这种农村治理模式可以说是一种兼具乡土性与现代性的现代农村治理模式。

新型乡绅对农村社会发展有特殊的作用。一是对农村经济有推进作用。新型乡绅们大都为官为僚,为学经商,有一定社会地位,有一定经营经验,有一定的技术水平,有一定的人际关系。乡绅利用这东西,对农村经济的发展有相当大的推动作用。二是对文明乡风有引领作用。新型乡绅大都有文化,有的还在大城市长期学习、工作和生活,接受现代文明的洗礼。他们回到农村后,既传承传统文化,又传播现代文明,对农村的文明乡风起到引领作用。三是对提高农村道德有示范作用。农民非常朴素,也很厚道。但就整体道德水平来看,有不尽如人意的地方。新型乡绅回到农村后,在社会公德、职业道德、家庭美德和个人品德等起示范作用,帮助提高农村整体道德水平。四是对培养新式农民有催化作用。农村最紧缺的是新式农民。鉴于大量农村人才流向城市,人们曾经提出 21 世纪谁来种田,谁来当农民的问题。新型乡贤回到农村后,对农村人才成长产生良好影响,特别是他们的素质,他们的技术,他们的操守,对农村新式农民的成长有着催化作用。五是对农村社会各种矛盾有调解作用。在农村一些小矛盾小纠纷在所难免。婆媳之间因为琐事有点小摩擦,邻里之间因为鸡毛蒜皮的事,闹点小意见,邻村之间因为利益之争发生一点小冲突。这些都是常有的事。德高望重的新型乡贤出面调解一下,问题就解决了。

从全国各地的情况看,新型乡贤配合农村党组织和村委会,利用自身的优势,在农村治理中的确发挥了其他治理主体不能发挥的作用,创造许多成功的经验,为农村社会的进步与发展作出了重要贡献。

浙江省绍兴市上虞区位于杭州与宁波之间,总面积 1403 平方公里,有 45 公里海岸线。总人口 77.94 万,下辖 18 个乡镇、3 个街道办事处。2015 年 2 月,在中共上虞区委的直接指导下,全区各村先后成立了乡贤参事会。乡贤入会前经村党组织审核确认,选举产生会长、副会长、秘书长,任期三年,改选与村民委员会换届同步进行。秘书长一般由村党组织负责人兼任,方便加强党对乡贤参事会的领导。按照会员人数,组建人数不能等乡贤参事会。乡贤会在出资捐助、参与公共事业、弘扬传统文化、引领社会风尚,调解矛盾纠纷、营造和谐氛围,参与村务治理、助力本村发展等方面发挥了重要作用。上虞的成功实践引起广泛关注。2015 年 5 月,全国乡贤文化现场交流会在上虞举行。有关领导在讲话中,高度评价和充分肯定了上虞的乡贤文化建设工作,是全国乡贤文化的品牌样板,值得大家学习推广。①

---

① 杨琴、黄智光:《新型社会组织参与乡村治理研究——以乡贤参事会为例》,《理论观察》2017 年第 1 期。

江苏泗洪县朱湖镇党委创造了发挥新型乡贤在农村治理中的作用的成功经验。[①] 当地工作曾一度陷入了一种怪圈,干部为群众做了很多好事实事,但群众不理解,甚至还多有抱怨:道路不通群众要求政府修,政府修路时群众又因个人利益阻工;有实力的农民想为村里做些公益事业,村干部做群众工作,有人又说干部是为了得到好处;邻居之间因小事发生口角,干部去调解却成了风车里的老鼠两头挨骂;生活稍有困难就想吃低保,解释不通就要上访,等等。镇村干部苦于做事难、协调群众难,许多群众身边的"鸡毛蒜皮"小事管不了管不好,干部群众之间都觉得双方隔着一道墙,离得很近却贴不到一块,缺少一座可以相互迈进的桥梁、一条可以彼此融洽的纽带。朱湖镇党委深入调查了解后,工作顺和的那些村,一是有一个较强的支部班子,另一个是村里有几个能够协调农民支持村里工作的"能人",支部书记与这些"能人"联系得比较紧密。这些人就是新型乡贤。这些人在村里发挥重要作用,有力地支持了村党支部和村委会工作的开展。这一些情况给镇党委以启示。自 2015 年下半年开始,泗洪县朱湖镇特别注意发挥新型乡贤作用,利用其亲缘、人缘、地缘优势,做政府与群众的中介、纽带,贴近群众、引领群众、协调群众,用乡情凝聚人心,吸引社会资源造福乡里,提高农村社会各项事业组织化水平,体现了新型乡贤在农村治理中的应有价值。

在山西晋城市阳城县农村,活跃着一批新型乡贤,他们利用自己丰富的知识、特有的乡土情怀,感染和教化百姓,滋养和润泽乡风。在阳城县的新型乡贤中,有坚守村庄 50 年为百姓解除疾苦的农村医生,有致富不忘乡亲的经商人士,有传承红色文化情系桑梓的退休官员,有"爱管闲事"热心调解的老支书等。[②]

在安徽宿州,针对群众反映强烈的道路桥梁损坏、水利设施缺失、路灯绿

---

① 《江苏泗洪:"党员乡贤"当上村支书之后》,《新华每日电讯》2017 年 9 月 22 日。
② 参见《半月谈》2016 年 2 月 6 日。

化管护不到位、卫生保洁不持续等问题,宿州市各地探索建立乡贤志愿者碰头会和民情分析会制度,问计于乡贤,发挥乡贤在民主决策中的智慧和作用,丰富了村民自治内容,创新了民主决策形式。2015 年,埇桥区灰古镇付湖村准备砍掉道路两边农民种植的一些树木,在道路两旁安装一批路灯,方便群众晚上出行。但是,个别农民只看到个人眼前的私利,对砍树不理解、有怨言、横加指责,时常到镇政府信访。乡贤知道后,主动到上访的农民家中,进行耐心劝解,讲道理,经过多次劝说,问题终于得到圆满解决。为更好地建设美丽农村,针对农村环境整治缺钱问题,灵璧县大路乡大路村积极发挥乡贤作用,探索建立了群众自筹资金完善农村公共服务的治理模式。大路村的 6 名乡贤利用早晚时间走访全村近 300 户,听取农民破解环境保洁难的建议意见。随后,乡贤们向村委会提出"每人每月 1 元钱,卫生保洁管全年"的建议。灵璧大路村这一尊重群众首创、破解社会治理难题的做法在全市得到推广。

拥有 95 万人口的安徽泗县从 2014 年开始,每个行政村先后建立了乡贤志愿者工作站,一些老党员、老干部、老教师等"新型乡贤"参加乡贤志愿者工作站,成为联系群众的桥梁、纽带,是民情联络员、作风监督员、矛盾调解员和文明辅导员。这些乡贤活跃在泗县农村,发挥特殊重要的作用,为村组干部出谋划策,为农民群众排忧解难,成为农村治理结构中的"生力军"。

2015 年 8 月以来,贵州铜仁市印江土家族苗族自治县是一个少数民族聚居县。他们创造了"村支两委+乡贤会"的新治理模式。每一个村都建立了"乡贤会",到 2016 年,全县的 374 个行政村将实现了"乡贤会"的全覆盖。乡贤会配合农村党支部和村委员会在农村治理中发挥重要作用。①

分析全国各地的实践,发现新型乡贤通过下列途径影响农村治理结构和参与农村治理。

第一,在农村治理中发挥拾遗补缺的作用。在农村治理结构中,主体是农

---

① 参见《半月谈》2016 年 2 月 6 日。

村基层党组织、农村自治组织、农村经济合作组织等,是这些治理主体发挥主要作用。农村新型乡贤组织是农村治理结构中的辅助主体,处在次要位置,只能发挥辅助作用。一旦新型乡贤及其组织喧宾夺主,在农村治理结构中唱主角,那就出大问题了。因此,新型乡贤及其组织必须定好位。农村社会非常复杂。农村治理结构中的主要治理主体发挥主要作用后,也为其他治理主体发挥辅助作用留下空间。许多地方在农村基层党组织和农村自治组织临时缺位,新型乡贤及其组织及时冲上;在其他主要治理主体不好发挥作用的地方,新型乡贤及其组织及时顶上;在其他主要治理主体在治理过程发生某种失误时,新型乡贤及其组织及时补上。新型乡贤曾经担任党政职务,有较为丰富的党建经验。他们回到农村后,协助村党支部抓中党的建设,引导农民相信党,热爱党,把党的路线、方针、政策与本地实际相结合。在农村发现的培养年轻人,为党的事业在农村培养接班人,协助党支部守好党在农村的阵地。

第二,在农村治理中发挥民主监督作用。民主监督是农村治理中令人头痛的事。靠纪委监委来实施对农村基层干部监督,存在力量不够的问题,一个县就是那么多纪检监察干部,一个乡镇就是一两个纪检监察干部,这些纪检监督干部应对日常监督都已经忙得不可开交,哪些有精力把监督的触角伸到农村。靠农村村干部自我监督,存在靠不住的问题。为什么农村经常发生监守自盗,恐怕是依靠村干部自我监督的先天不足造成的。靠普通农民群众来监督农村村干部,存在监督不了的问题。为什么许多农村的民主监督流于形式,就是农民群众监督不了造成的。新型乡贤参与农村民主监督,就避免了上述问题的发生,他们的威信很高,经验很丰富,能力很强,能够实施对农村村干部的有效监督。

第三,在农村治理中发挥救火消防作用。在农村治理过程中,有矛盾是正常。而且,这些矛盾大都是人民内部矛盾。可以通过说服教育的办法予以解决,但是,在农村治理过程中有些矛盾长期得不到解决。个中原因十分复杂。从治理主体来分析,可能因参与调处矛盾的治理主体有私心,偏袒一方;也有可能存在能力问题,参与调处矛盾的治理主体,不熟悉党的政策规定,不懂得法律条文,调处方法也有不得当之处。而新型乡贤参与调处农村各种矛盾,上述问题都不是问题,很快就能化解各种矛盾,化干戈为玉帛。

第四,在农村治理中发挥添砖加瓦作用。新型乡贤长期在外工作学习,有较宽的视野,有较高的能力。也有一定人际关系和物质资源。他们回到农村后,发挥自身的优势,带领农民闯市场,促进土地流转,建立各类农民农业合作社、带领乡亲们脱贫致富奔小康。富裕后的农民更能成为新农村的主人。新型乡贤出力兴办社会公益事业,致力于社会的发展与公平正义。许多农村回乡教师办学兴教,开办农家书屋,深受农民欢迎。新型乡贤热心修路架桥,办实事、好事,让农民得到更多的实惠,增加农民的归属感和获得感。新型乡贤嘉言懿行在农村产生良好的示范效果,他们向人民宣传党的方针政策、讲依法治国、讲社会主义核心价值观,传授互联网时代的新技术新观念,等等。通过他们的努力,在带领乡亲脱贫致富上,在带头遵纪守法上,在践行社会主义核心价值观上,在倡导文明节约环保的新生活方式上,在造福乡里的社会担当上,造成良好的效果。总之,为农村发展添砖加瓦。

农村自治面临着新的挑战和重构。一方面是快速城市化、城镇化进程对乡风、乡俗、乡情的解构;另一方面是人口快速流动造成的农村"半耕半工""老弱妇孺"现象突出。"新型乡贤"的产生无疑打开了农村治理的一扇窗。在一些经济欠发达地区,人口老龄化等是不争的事实,留守儿童因疏于管教而酿成人伦惨剧的现象屡有发生,老弱妇孺无法承担文化和价值重建的重任。即便在经济发达的地区,农村也面临着人口流动性强,本土文化荒芜,传统文明断层的问题。农村治理需要精神支柱,需要文化核心。"新型乡贤"的应运而生至少缓解了这一难题。

关于新型乡贤问题,社会也有不同的声音。其中也有人认为,重提乡贤就是一种倒退、一种复辟。这种观点可能有些言重了。忠言逆耳。这种刺耳的观点也应该引起反思,为什么近代的乡绅演变为劣绅?为什么现实生活中一些所谓的乡贤发展成"村霸"？2017年1月，中央纪委七次全会强调，加大对"村霸"和宗族恶势力的整治，决不允许其横行乡里、欺压百姓，侵蚀基层政权。1月19日，最高人民检察院印发《关于充分发挥检察职能依法惩治"村霸"和宗族恶势力犯罪积极维护农村和谐稳定的意见》，强调各级检察机关要坚决依法惩治"村霸"和宗族恶势力刑事犯罪，突出打击为"村霸"和宗族恶势力充当"保护伞"的职务犯罪。"村霸"绝对不能与乡贤画等号。但与如何发挥乡贤的作用有很大关系。这就是一个度的问题。对新型乡贤视而不见，不发挥他们的作用是不对的。让所谓的乡贤横行乡里，同样也是错的，必须在依法治国的轨道上，必须在改革农村治理结构的总体框架中，必须在中国共产党的领导下，正视新型乡贤的存在，发挥他们的作用，规避可能出现的风险，让新型乡贤真正造福于当地农民，服务于农村治理。

有理由相信，只要政策对头，引导得当，新型乡贤在农村治理中会发挥更多更大作用。坚持党对农村治理的绝对领导，加强党对新型乡贤的领导，在政治上驾驭新型乡贤；完善法律体系，建立完备的规章制度，在法律制度规范新型乡贤；加强思想教育，用科学理论武装新型乡贤，在思想上引导新型乡贤；建立正规的组织机构。通过综合治理，既发挥新型乡贤在农村治理中的积极作用，又防止他们走向反面，成为农村治理中的阻力。

第七章　农村治理结构改革中的
　　　　经济组织

　　萨缪尔·亨廷顿曾指出:"组织是通往政治权力之路,也是政治稳定的基础,因而也是政治自由的前提……当今世界,谁能组织政治,就能掌握未来。"①中国农村治理必须把农民组织起来。然而,把农民组织起来不能走当年合作化运动的老路。历史证明,通过强迫命令把农民逼上组织化之路,是行不通的。因此,必须走出一条把农民组织起来的新路。1978年开始的农村改革,以推行家庭承包责任制为主。这种责任制最大限度地解放了农村生产力,但不能不承认,在提高农民组织化程度留下值得研究问题。当改革进一步发展,当农村经济社会发展到一定高度时,如何把分散的农民组织起来,便成为十分重要的问题。把农民组织起来的新路是什么呢? 这是改革农村治理结构必须解决的问题。21世纪以来,在中国共产党领导下为探索这条新路付出了艰辛的努力,并取得了巨大的进步。本章研究农村治理结构改革中的经济组织的培育和发挥它们在农村治理,特别是农村经济治理中的作用问题。

---

　　① ［美］萨缪尔·亨廷顿:《变化社会中的政治秩序》,王冠华、刘为等译,上海世纪出版集团2008年版,第382页。

一、合作组织

农村治理结构中合作组织,主要包括各种形式的生产合作社和供销合作社等专业合作社,以及农村信用合作组织等。《中华人民共和国农民专业合作社法》对农村生产合作社从内涵与外延上作了明确规定,成为农村生产合作社成立、运行、管理的法律依据。[①] 随着中国农村市场经济的发展,此类组织获得了快速发展。

农民问题是中国革命和现代化进程中的根本问题。把农民组织起来,也是中国共产党在实践基础上不断解决的问题。中国共产党特别重视解决"三农"问题。但在如何解决"三农"问题上,不同历史阶段有不同的认识,也有不同的方法。早在1943年毛泽东就已经认识到把农民组织起来的重要性,他认为,必须根据列宁的理论,用集体化的道路,才把分散的农民组织起来,才能从根本上解决农民问题,才能结束广大农民的苦难生活。坚信把农民组织起来的"唯一办法,就是逐渐集体化,而达到集体化的唯一道路,依据列宁所说,就是经过合作社"[②]。新中国成立后,毛泽东明确提出:"我们党在农业问题上的根本路线是,第一步实现农业集体化,第二步是在农业集体化的基础上实现农业的机械化和电气化。"[③]毛泽东多次指出,组织农民走集体化道路是解决农民共同富裕问题的唯一途径。"就农业来说,社会主义道路是中国农业唯一的道路。发展互助合作运动,不断地提高农业生产力,这是党在农村中工作的中心。"[④]通过对农业的社会主义改造和人民公社化运动,把农民引上集体化道路,实现了把农民组织起来了目标。历史地看待中国共产党把农民组织起

---

① 2006年10月31日第十届全国人民代表大会常务委员会第二十四次会议通过,2007年7月1日施行。

② 《毛泽东选集》第三卷,人民出版社1991年版,第931页。

③ 《建国以来重要文献选编》第15册,中央文献出版社1997年版,第602页。

④ 顾龙生编著:《毛泽东经济年谱》,中共中央党校出版社1993年版,第324页。

来的过程,一方面应该肯定,由于把农民迅速组织对于发展农业生产起了非常重要的作用,特别是在大的自然灾害,大的农村基础设施建设等方面,的确起到了个体农民无法起到的作用。当年合作化运动和人民公社化运动中建立的农业基础设施至今还在发挥重要作用。但是,这种人为地通过行政手段,甚至强迫命令把农民组织起来的做法,严重违背了生产力决定生产关系的根本规律,组织起来的农民并没有达到了"1+1>2"的预期目标,反而严重挫伤了农民的积极性,农民脱贫致富的问题长期没有得到解决,最后导致了合作化运动和人民公社化运动的全面停止。这是推行以家庭承包为主生产责任制的农村改革的内在动力。中共十一届三中全会后,农村实行家庭承包责任的潜在动力转换为现实改革,而家庭联产承包责任制则是农村改革的最重要成果。

十一届三中全会以后,中国共产党领导全国农民实施家庭联产承包责任制。到 1983 年初,全国农村已有 93% 的生产队实行了这种责任制。家庭联产承包责任制的分散生产、分散经营取代了人民公社时期的集中生产、集中经营。在没有走土地私有化道路的前提下,实行家庭联产承包为主,统分结合,双层经营,是适应中国农业特点和当前农村生产力发展水平以及管理水平的一种较好的经济形式。家庭承包责任生产责任制,是指农户以家庭为单位向集体承包土地等生产资料和生产任务的农业生产责任制形式。其基本特点是家庭成为生产主体、经营主体、分配主体和消费主体。家庭联产承包责任制提高了农民的积极性和效率,有利于运用比较优势,合理地进行资源配置,土地所有权和土地承包权实现了分离,收益分配方式实现根本性变革。这种改革提高了农民生产积极性,提高了农业劳动生产率,提高了农业产品的商品率。农民增加了收入,改善了生活,摆脱了贫困,逐步建成小康。

但是,不能不注意到,家庭联产承包责任制本身存在的问题,以及在实施过程中又人为地引发了一些问题。分散的一家一户小规模的农业生产经济,影响农业的规模经营和集约经营。家庭联产承包责任制下的分散经营与全国逐渐形成统一的大规模的市场的矛盾,在经历一段时间后暴露出来。特别是当农村生产力不断提高后,再次提出了集体化经营和规模化经营的问题,也就是说,在新的形势下,要求把农民在自愿的基础上组织起来。作为战略家,邓小平早就意识到这个问题。他超前地提出了在实施家庭联产承包责任制的同时,发展集体经济和实现农业生产规模化和集约化经营的重要思想。1984年3月14日,邓小平强调,集体经济是我国农村改革和发展的总方向,他说:"在农村,我们终归还是要让农民搞集体经济。"①1985年11月24日,他强调:"将来还是要引导到集体经济,最终要引导到集体经济。"他认为,农村经济最终还是要实行规模化和集约化。② 1990年3月3日,邓小平在同江泽民、杨尚昆、李鹏等谈话时正式提出了我国农村改革和发展的"两个飞跃"思想。认为发展农业规模经营是社会主义农业的第二次飞跃。③ 邓小平的这些论述具有重要战略意义,对于农村改革有着长期的指导价值。这一思想对于发展农村集体经济和把广大农民组织起来具有重要意义。

当然,把农民组织起来,不能简单地回到当年的老路上去。回到老路就是一条死路。人民群众在农村改革表现出可贵的创新意识和创新能力。几乎在实施家庭联产承包责任制的同时,农民群众开始探索建立新型的农业合作组织。20世纪70年代末80年代初,安徽省天长县成立了中国第一个农民科学种田技术协会。1980年,四川郫县成立了第一个养蜂协会。④ 1983年,河北省望都县成立了第一个辣椒生产服务合作社。紧随其后出现的有河北省清苑县郝庄木器加工合作社、望都县纸盒加工合作社等。2013年以来河北望都县新登记农民专业合作社103个,同比增长60.94%;全县农民专业合作社总数达到260个,涉及种植业、养殖业、农产品加工业等行业。⑤

---

① 《邓小平思想年谱》,中央文献出版社1998年版,第280页。
② 《邓小平年谱(1975—1997)》(下),中央文献出版社1998年版,第1349页。
③ 《邓小平文选》第三卷,人民出版社1993年版,第355页。
④ 杨嵘均等:《论发展农村社会中介组织对社会主义新农村建设的治理价值》,《云南行政学院学报》2010年第5期。
⑤ 参见《河北日报》2013年11月21日。

改革开放以来,农村专业合作社发展大致经历了以下三个阶段。

第一阶段:自发发展阶段(1978—1991 年)。这一阶段,全国改革开放刚刚起步,全国人民的改革热情空前高涨。各种新生事物层出不穷,所以,当时的主流是完善家庭联产承包责任制,与此同时,各种农民自发组织了一些农业生产合作组,也有极个别地方继续坚持原来集体化生产,如河南的南街村。对于后者,有关方面并没有采取"割尾巴"的方法,粗暴地视为异类。对于前一种新型农业合作组织也给予一定的关注。所以,这里讲自发,并不等于自然生长。因此,农村社会生产合作组织在数量上增加较快。截至 1991 年底,全国农民专业技术协会就达到了 12 万个,为农业生产提供必要的技术支持。

第二阶段:引导发展阶段(1992—1999 年)。随着社会主义市场经济理论的确立,建立社会主义市场经济体制实践的不断推进,适应社会主义市场经济需要的农民专业合作社有了更大更快更多的发展,形成了"龙头企业+行业协会+农户"的运作模式。这一时期,农民专业合作社虽然在数量上增长不快,但在政府的引导下,各地农民专业合作建章立制,整合资源,兴办经济实体,涌现了一批比较规范的农民专业合作社。

第三阶段:规范发展阶段(2000 年至今)。此时,农民专业合作社进入了新阶段。这一阶段农民专业合作社是本书研究的范围,所以作较为详细的分析。农民专业合作社发展进入新阶段的依据:一是规范农民专业合作社的法律条例规章密集出台。其中,第一个层次的法律,即先后出台了《农业法》和《农民专业合作社法》。前者是农业的根本大法,后者是农民专业合作社的根本大法。这两部法律从法律的高度规范农民专业合作社。第二个层次是国务院及其部委出台的条例章程,民政部、农业部和供销合作社发布文件,规范农民专业合作社。第三个层次是地方法规,不少省市出台文件,一方面支持农民专业合作社的发展,另一方面出台政策引导农民专业合作社的健康发展。二是各地出台实质性支持农民专业合作社的措施。从中央到地方,除了道义上支持农民专业合作社的发展,还在资金、信贷、技术等方面支持农民专业合作社。三是农民专业合作的发展进入井喷期。由于有了政策的大力支持,农民专业合作社的发展进入快车道,全国农民专业合作的数量急剧增加。截至2011年6月底,在工商部门登记的农民专业合作社达44.6万个,入社农户达3000万户,约占全国农户总数的12%。一些省(区、市)相继宣布已经消灭了合作社空白村,还有一些省(区、市)则表示要努力在一两年内消灭合作社空白村。[1] 北京、河北、山东、江苏、浙江等东部地区农民专业合作社发展更快。北京市2002年就有农民专业合作社2030个,河北省2001年有各类合作社1827个,浙江省在2001年全省农民专业合作社达3060家。[2] 截至2006年底,全国共有各类专业合作社40355个,实现产值9402亿元,利税970亿元,带动农户6200多万户,平均每户增收1800多元。根据国家工商总局的数据,截至2012年底,全国共注册农民专业合作社68.9万家,出资总额1.1万亿元。江苏、山西、浙江、河南、河北、辽宁、安徽、四川、黑龙江等10省农民专业合作社数量占到全国总数的66.23%。实有入社农户3800多万户。到2013年底,中国农民合作社已超过98万家,成员7412万户,占农户总数的比例达到28.5%。[3] 四是农民专业合作社的运行质量大幅提高。截至2015年10月底,全国农民合作社数量达147.9万家,入社农户9997万户,各级示范社超过13.5万家。[4] 农村专业合作发展数量在增加,规模在扩大,效益在提升。农民专业合作社成为引领农民参与市场竞争的现代农业经营组织,也是带动农户进入市场的基本主体。

农民专业合作社不改变现有的农村基本经济制度,比如土地承包制、农民集体经济组织制度等。农民专业合作社作为独立的市场主体,有生产经营的

---

① 潘劲:《中国农民专业合作社:数据背后的解读》,《中国农村观察》2011年第6期。

② 参见《中国供销合作通讯》2002年第3期。

③ 吕洪波等:《制约中国农民专业合作社的因素分析——以辽宁省为例》,《农业经济》2015年第2期。

④ 《2016年国家对农业合作社的最新政策》,《上海集体经济》2016年第3期。

规模效应,有助于提高农民进入市场的组织化程度,改善了农民在采购生产资料、销售农副产品等方面的市场地位。因为它是规模化经营而降低了采购成本,提高了掌控销售价格和数量的能力,增加了农民收入,推进了农业产业化经营和结构调整。

在党的政策的引导下,在国家法律的规范下,农民专业合作社在五个基本原则下运行:第一,退社自由原则,即农民入社自愿,退社自由,农民能够自己当家作主。第二,一人一票制原则,即在合作社内,实行一人一票的民主决策管理制度。第三,惠顾额返还原则,即合作社盈利分配按照社员与合作社之间产品交易额的比例返还给社员。第四,资本约束原则,即合作社不允许少数人控股,资本只能得到有限回报。第五,对内服务,对外盈利原则,即合作社对内以服务社员为宗旨,对外采取市场运作方式,以盈利为目的。五项原则体现了民主精神、自治精神、服务精神和互惠精神,极大地调动了农民生产、经营积极性,为农村经济发展注入了强大活力。

《中华人民共和国农民专业合作社法》对农民专业合作社的治理结构作出了明确规定。农民专业合作社治理结构分为社员大会、理事会、监事会及经理层四个层次:社员大会是权力机构,理事会为决策机构,监事会是监督机构,经理层为执行机构。通过合作社治理结构的良好运行,以规范合作社所有者、支配者、管理者各相关主体之间的责权利,形成各自独立、有序运转和有效制衡的关系。农民专业合作社,坚持成员经济参与、民主管理、机构分权和相互制衡。既实现了农民专业合作社不仅关系合作社本身的运转和治理,也改善了农村治理。从理论上讲,农民专业合作社的治理结构和运行机制是科学的、民主的。实际运行可能是另外一种情况,或者有许多不如意的地方,这另当别论。如果按照理论设计,农民专业合作社的治理是非常不错的,它对改革农村治理结构和运行机制具有重要的借鉴意义。

农民专业合作社直接参考农村治理。2013 年中共中央一号文件高度评价农民专业合作社的地位与作用,认为:"农民合作社是带动农户进入市场的基本主体,是发展农村集体经济的新型实体,是创新农村社会治理的有效载体"。①

第一,农民专业合作社作为创新农村治理的有效载体,成为农村经济治理主体之一。农民专业合作社能够以经济利益为枢纽把农民组织起来,在农村治理中发挥作用,可以减少村民在购买农业生产资料的成本与费用,增加村民销售农产品的收入,农民专业合作社组织农民,在生产、加工、销售、储存、运输等环节中展开合作,既避免了内部竞争,也在逐渐增强对外谈判的实力。农民获得更多的合作权益。随着农村专业合作数量增加,合作范围扩大,它对农村的经济治理的影响也在增加和扩大。政府发挥"看不见的手"的作用,通过农民专业合作社参与农村经济治理,引导农民走上富裕之路,为农村社会事业治理提供了经济基础。广西藤县于 2008 年 4 月成立古龙龙淳八角专业合作社。八角加工场总面积达 50000 平方米,仓库面积达 2000 平方米,并成立了"合力物流"运输公司,带动农户达 1000 户以上,户均增收多 1100 元。② 农民专业合作社加强了农民和市场的联系,提高农民的经济收入。农民专业合作社作为农村治理的主体之一,提升了市场化程度,能够以市场需求为导向,建立服务市场和激发市场主体活力的治理制度;以市场为导向,重塑政府和农民的关系。

第二,农民专业合作社作为创新农村治理的有效载体,以其现代化的治理结构的影响农村治理结构。农民专业合作社一般实现现代的治理结构,领导成员的素养一般比较高,领导成员的产生大都是民主选举产生,运行方式都实行民主管理和依法管理。这相对农村治理结构来说,现代因素更多一些,民主内容、民主形式更加丰富一些,因而有可能成为民主的课堂和练习场。一方面,农民专业合作社的现代结构和较为先进的治理方式对农村治理结构产生

① 新华网,2013 年 1 月 31 日。
② 刘晓华:《农民专业合作社与农村社会治理机制创新——以广西藤县林业专业合作社为例》,广西师范大学硕士学位论文,2014 年,第 18 页。

最直接的影响,甚至可以把农民专业合作社的治理结构移植到农村治理结构之中。其先进的治理方式可能对农村治理产生潜移默化的影响。另一方面,许多农民的身份是二位一体,他们既是农民,又是合作社的社员。他们通过农民专业合作社学习到先进的治理方法,积累了先进的治理经验。他们又可以把这些先进的治理方法和治理经验直接运用到农村治理之中。在实际生活中,有的合作社领导人面对农村治理的困境,确有参与其中的政治意愿。通过他们形成了对村党支部和村委会改革农村治理结构的压力与动力。农民通过参加农民专业合作社的民主选举、民主决策、共同管理合作社事务,以及与合作社利益共享、风险共担的实践历练,不仅培养了农民的合作意识,也提高了他们参与管理的本领。

第三,农民专业合作社作为创新农村治理的主体,以其文化上的一些先进理念影响农村治理的文化治理。合作社一直追求平等、和谐、互助等道德价值观,在文化上宣扬合作、和谐、互助,合作社文化在农村的广泛传播,使村庄治理的文化也有变革的动力与压力。这种现象有利于和谐农村社区的建设。四川省井研县的 59 个合作社,在 2004 年组织社员学习科学理论,学习市场管理经验,学习农业实用技术。[①] 通过学习和培训,不仅提高参与农民专业合作的经营管理水平,提高了发展农民生产的水平,而且,提高了农民的整体素质,促成了一些农民形成新的思想观念,培育了大量新式农民。

同时,农民专业合作社的某些不足,对农村治理结构和农村治理现代化也带来了负面影响。作为农村治理结构中多元治理主体之一的农民专业合作社,在中国一些地区和一些行业,出现"家族化合作社",这种合作社违背了合作社的"开放原则",使合作的范围局限在较小的范围内。家族化合作社有其合理性也有其弱点,其合理性表现为决策上效率较高,监督成本较小,社员利益关系紧密,内部运行通畅。其负面影响不能低估,因为从本质上说,"家族

---

① 张永翙、王倞、任连娣:《农民专业合作社与农村社会事业治理——农民专业合作社的功能研究》,《生产力研究》2011 年第 6 期。

化合作社"只是家庭经营单位向家族的延伸,而不是向更广的地区和行业延伸,说到底,它还只是个大家庭,合作带来的规模效应和节约效应还比较有限。更重要的是,家族合作社的基础是建立家族首领的权威之上,治理结构基本是家长制、一言堂,在合作社内部没有民主议事制度、监事制度和财务管理制度与机制,在重大项目和活动上决策不民主。没有建立在法人治理结构基础上,而是建立在家族首领基础上的农民专业合作社不稳固,发展前途仅维系在某一个人身上,存在着随时解体的风险。家族化合作社与农村的家族势力结合,对农村治理就会产生更大的负面效果,甚至危害农村治理。说得严重一点,也可能成为农村治理结构中的毒瘤,任其发展,就可能一手遮天。因此,必须高度注意和防范这种风险。至于农民专业合作社在其他方面的缺陷,以及农民专业合作社在运行中暴露出来的矛盾既影响农民专业合作社的运行,也影响农村治理,因此,也必须注意并加以解决。

构建农民专业合作社的科学治理结构,并保证其正常运转,是一项复杂、系统的工程。发挥农民专业合作社在农村治理中的正面作用,规避农民专业合作社在农村治理中的负面影响也是一项长期任务,不能因噎废食,不能因为农民专业合作社本身的不好的因素和它可能对农村治理产生负面影响,不发展农民专业合作社。相信随着中国的经济发展和社会进步,在法制的轨道下,通过努力,农民专业合作社内部治理结构一定会日趋完善,农民专业合作社一定会健康发展,它对农村治理的正面作用也会越来越大。在推进农村全面深化改革,推进农村治理结构改革,实现农村治理现代化的历史进程中,农民专业合作社会有更好的明天。

二、中介组织

如果说,农民专业合作社,是从事生产、经营的主体,那么,农业中介组织属于农村中另一种经济组织。中介组织是"在社会经济活动中起沟通、连接、媒介、协调等作用的组织机构,它们不直接从事主体的具体活动(或至少不参与其具体活动的全过程),而是为活动的主体充当桥梁、纽带,或为其活动提供条件及帮助"①。随着市场经济的发展,随着社会分工越来越细,政府、企业、个人之间的联系越来越多,越来越复杂。根据社会主义市场经济改革的基本要求,政府转变职能,把主要精力放在宏观管理,退出微观经济管理,中共十八大以来,政府在全面深化改革的历史进程中,加快"放、管、服"改革,把过去"不该管、管不了、管不好"的事务让渡给社会。加上国际经济政治局面日益复杂,国际经济一体化给中国经济发展提出了新的挑战,更需要调动和发挥各种社会力量服务实现中国的战略目标。行业协会就是社会力量的重要组成部分,充分发挥行业协会的作用成为发展经济治理社会的重要资源和力量。

各行各业,都有自己的中介组织。农业作为国民经济的基础行业,也扮演着重要的角色。当然,中国农业中介组织有起步早、发展慢、作用大的特点。中国农业中介组织发展早的特点,表现为中国最早的农业协会建立于1954年,当年由于中国渔民与日本渔民为了海洋渔业资源经常发生纠纷。为了协调两国渔民之间的关系,中国政府出面组织了中国第一家农业中介组织——中国渔业协会。从某种意义上讲,这不是家真正意义上的行业协会,它有浓厚的官方背景。此后,中国农业中介组织一直处在停滞状态,直到1981年中国才出现第二家农业中介组织。中国农业中介组织发展慢的特点,从上面讲的情况就可以看出问题。从1954年到1981年,中间27年中国农业中介组织就没有发展。原因在于中国实行的计划经济。在计划经济的体制下,政府大包大揽,希望为农业解决所有的问题,社会根本插不上手,建立各种协会成为多余。这就造成中国农业中介组织发展处在停摆状态,直到改革开放后发展农业中介组织才重新提出议事日程。农业中介组织作用大的特点,表现在农业中介组织的职能上。农业中介组织的职能大致包括:代表职能、沟通职能、协

---

① 冯全光:《农业中介组织在农村经济社会发展中的作用》,《西南民族大学学报》2005年第5期。

调职能、监督职能、公正职能、统计职能、研究职能、服务职能。这些职能原来都归属政府职能部门。在改革开放过程中,有的涉农职能被撤销。有的是按照改革的总体要求,把政府职能转换为社会职能,有的则是社会主义市场经济的发展,增加了新职能。真正发挥农业中介组织的上述职能,就能为发展社会主义农业作出自己的贡献。

改革开放冲破了计划经济的牢笼,社会主义市场经济为各种行业协会的发展开辟了空间,创造了条件。继 1981 年中国第二家农业中介组织——中国食品工业协会之后,农业中介组织迅速发展,并出现了新特点:一是发展速度快。适应社会主义市场经济有需要,农业行业中每个分行业在较短时间内都建立了协会。二是层次多。农业中介组织既有全国性的,也有地方性的,甚至最基层的农村也建立了自己的农业中介组织。三是跨度大。具体体现在跨区域、跨行业、跨所有制。这些预示着农业中介组织发展春天的到来。

农业中介组织的迅速发展,原因在于:一是党和政府的大力支持。党中央从改革开放的大局出发,凡是利于改革和促进我国经济社会发展的新生事物,党中央就高度重视大力支持,在一系列关于改革开放的文件中表达对发展农业中介组织的支持。特别是进入 21 世纪以来,中共中央、国务院加大了对农业中介组织的支持力度。中共十六届三中全会明确指出:“支持农民按照自愿、民主的原则,发展多种形式的农村专业合作组织。”中共十六届四中全会强调:“发挥社团、行业组织和社会中介组织提供服务、反映诉求、规范行为的作用,形成社会管理和社会服务的合力。”第十一个五年规划要求,“推进农业服务组织和机制创新,鼓励和引导农民发展各类专业合作经济组织,提高农业的组织化程度”。2006 年,中共中央制定了鼓励、引导和支持农村发展各种新型的社会化服务组织政策。在中央规划国家行政体制改革时,提出行政机构改革的核心就是转变政府职能。政府是有限责任政府,不能错位,不能越位,更不能大包大揽。把一些权力让渡给社会。一些职责可由中介组织承担的,由它们承担。习近平在思考转变政府职能时强调,要解决的是政府应该做什么、不应该做什么,重点是政府、市场、社会的关系。这一思想转换为具体的改革措施,明确规定把适合由社会组织提供的公共服务和解决的事项,交由社会组织承担。[①] 党和政府对农业中介组织的重视和精心指导,是我国农业中介组织迅速发展的政治保障。

二是社会主义市场经济的发展为农业中介组织发展形成强有力的推力。社会主义能不能搞市场经济一度成为改革的一道难关。这个难关在 1992 年被攻克。从此,中国的改革以建立社会主义市场经济为价值取向。经过几十年的努力,社会主义市场经济的基本框架已经建立,市场在资源配置中发生了基础作用。社会主义市场经济要求政府减少甚至不直接干预经济活动,市场主体在市场经济舞台上自由博弈。在这种条件下,一些行业协会为市场经济的需要而迅速产生和成长。农业中介组织伴随着其他行业的产生与成长也迅速成长起来。

三是人民群众对农业中介组织的热情释放出能量。中国分散的农户对市场经济有先天不足。他们与市场的关系存在天然障碍:一是力量不对称。市场是一个网络,市场之大,市场之宽,市场力量之大,都超出人们想象。农民与市场对决,本身就处在弱势地位,而单枪匹马的农民在市场面前就显得更加渺小。二是信息不对称。市场的信息非常丰富,特别是计算机技术运用于市场,使得市场更加不得了。而农民生活在农村,掌握信息非常有限,而且大部分农民都是不懂得运用计算机,不懂得网络,因此,农民掌握的市场信息既少又慢。三是应变能力不对称。市场变化之快常常让农民无所适从。比如,春节期间因为对猪肉消费增加,猪肉价格提高,养猪户赚了钱。农民知道了这个信息后,就赶快养猪,等到他家的猪出栏时,因为供大于求,猪肉价格大幅度下跌,养猪户不仅没有赚到钱,甚至老本都亏了。农民根据迟到的信息,做什么亏什么,感到市场就在捉弄他们。所以他们希望有行业协会提供帮助。市场经济

---

① 转引自马宝成、吕洪业:《实现政府职能转变新常态》,2015 年 1 月 4 日,见 http:// politics.people.com.cn/n/2015/0104/c1001-26319885.html。

是一把双刃剑,既可产生巨大的正面效应,也可能带巨大的风险。以农民一人之力进入市场抗御市场风险,有力不从心之虞。因此,农民希望抱团以增加抗御市场风险的能力。他们对建立农业中介组织有很大的热情。热情即动力。农民释放出建立农业中介组织的积极性,推动农业中介组织在快车道奋勇前行。

进入 21 世纪,农业中介组织发展进入了快车道。2003 年,全国供销合作总社专门下发了《加快农产品行业协会发展的意见》,对促进农产品行业协会发展、深化联合社改革、开创农产品行业协会发展的新局面提出了具体建议,并成立了社团管理办公室,重点发展农产品行业协会。到 2003 年底,全国供销社系统已建立各类行业协会 869 个,其中,国家级行业协会 9 个,省级行业协会 30 个。① 截至 2011 年底,全国农业产业化组织达到 28.4 万个,其中15.8 万个中介组织中与龙头企业有效对接的专业合作经济组织达到了 14 万个。② 到 2017 年全国农业有了新的更大发展,由农业部主管的国家级涉农行业协会达到了 56 家。江苏省到 2016 年底,省级和市级农业中介组织总数达160 家。③ 其他各省的农业中介组织也有了很大的发展。

农业中介组织一头连接着千家万户、乡镇村组,一头连接着企业和市场,在政府与行业、行业与农户以及农户之间起到协调、共赢的作用。这种行业协会的特征:一是社会组织,而不只是经济组织或者合作经济组织。二是连接市场、国家和社会的中介,不只是连接市场。三是构成的主体是农民本身,而不是其他任何公民。四是自愿构成,不是为了政治目的或者有政治倾向。五是明确指出了农村社会行业协会的非营利性,不具有任何营利的功能。蓬勃发展的中国农业中介组织迅速推动中国农业向市场化、产业化和国际化转型,现

---

① 中国社会科学院农村发展研究所"中国农产品行业协会研究"课题组:《中国农产品行业协会发展的历史沿革》,《中国农村经济》2004 年第 11 期。

② 张平等:《农业产业化背景下的协会发展》,《中国农业大学学报》2013 年第 4 期。

③ 参见《新华日报》2016 年 12 月 5 日。

代农业的格局初露端倪。农业中介组织由于其自身的中介性、非营利性和合作性等特征所发挥的作用越来越大。农业中介组织在降低交易成本、规避市场风险、加快技术转移、形成规模经济、合理配置资源、保护农民利益等方面发挥着不可替代的作用,越来越成为推动农业现代化的重要力量。

农业中介组织在发展农村经济所起的作用是不言而喻的,本身就是对农村的经济治理的贡献,但不止于此,它对农村治理的贡献还包括:

第一,农业中介组织成为农村治理结构中的新元素,使农村治理结构更加多元化。中国农村治理结构基本上是以政府为主导,以村民自治为主体的治理结构,社会力量几乎很少乃至没有参与农村治理。农村各种社会行业协会出现后,它们已经表现出参与农村治理的强烈欲望。改革的历史进程中,农业中介组织依据党的政策和国家法律,已经在农村治理结构中取得了合法地位。在计划经济条件下,中国农村很早出现的供销合作社以及类似的行业协会,多半具有准政府性质,或者是政府的附属物,代行政府的行政管理职能,由此决定它不是一个独立的治理主体。在高度集中的计划经济时代和改革开放之初,农村治理结构也相对简单。21 世纪以来,政府与行业协会切割了关系,农村社会行业协会确立了在农村治理结构中的独立治理主体,参与农村治理,特别是在农村经济治理中发挥十分重要的作用。它作为一种新的治理主体参与农村治理,就打破了原来单一的治理结构,使得农村治理结构变得更加合理多元,从这层意义上来说,农村社会行业协会参与农村治理,是中国农村治理结构的一次革命性变革。河北省农业产业协会成立于 2004 年 7 月,是河北省民政厅注册登记的省经济类综合性重点行业协会。协会坚持以服务为宗旨,围绕中心、服务大局,充分利用其人才、观念、思路、技术、管理、条件、优势互补、龙头带动、品牌和传播等十大优势,积极为政府、企业、社会和广大会员开展信息、技术、管理、资源、流通、维权、立项、咨询、对外交流、评价认证等十项服务,扩大农业对外开放、在农业热点领域开展调研、新理念技术的推广传播、开展农产品展销活动、组织开展技术培训、大力发展有机和特色农业等方面取得实质性效果。①

第二，农业中介组织成为农村治理主体之一，是对中国农村治理结构的有益补充和完善。新中国成立后的相当长时间内在农村治理结构中，农村社会行业协会长期缺位，当然就谈不上发挥治理作用了。但并不是说中国农村不需要行业协会这一治理主体及其功能发挥。从农村的实际需要来看，社会迫切需要介于政府与企业、个人之间的中介组织为农村社会生产和生活提供公共产品和公共服务。由于有这种需求，中国农业中介组织虽然得不到支持，但在夹缝中生存下来。进入21世纪后，天时地利人和，农业中介组织有了很快的发展，并扮演非常重要的角色。这一角色就是政府不能扮演的角色，就是农村企业和农民个人也无法扮演的角色。有了这个角色，农村治理结构中的某些不足得到完善，某些缺陷得到弥补。因政府转变职能让渡职能而出现"真空地带"，行业协会作为职能的承接者继续发挥作用，补政府之漏，但又不能像政府那样直接行使管理权，必须通过合理的途径有效参与治理。农业中介组织亦然。农业中介组织成为介于政府、市场、农民之间的环节，通过提供服务而不是直接管理农村，成为最受农民群众欢迎的治理主体。

第三，农业中介组织成为农村治理主体之一，为乡镇政府职能转变和政府机构改革开辟道路。乡镇改革的难题是转变职能。乡镇职能转变之所以成为乡镇改革的难题，原因非常复杂。原因之一，改革是权利调整与再分配。乡镇职能转变说到底，就是把一部分权利让出去，但让渡权利谈何容易。原因之二，权利让渡出来后谁来承接这些权利没有解决好。让不让权利不是乡镇所能决定的，大势所趋，不让也得让。但是，如果让出来的权利没有承接者，那就麻烦大了。当乡镇的一部分职能转变后，有些事乡镇就可以不管了。往往这个时间最容易出问题。一旦出了问题，乡镇又可能成为问责的对象。一次问责，又可能导致权利重新回到乡镇。农业中介组织的建立，就解决了乡镇因职

① 参见《现代农村科技》2015年第19期。

能转变而让渡的权利的承接者问题。农业中介组织作为权利的承接者,充当政府职能转变的外接载体,承担政府不能承担的公共职能。这样,乡镇就没有更多的理由把转让的职能收回归自己所有。农村社会行业协会的发展和壮大,成为政府权力下放和政府职能转移的目标对象。乡镇政府职能转变的渠道畅通了,乡镇内部关系理顺了,就能在农村治理中发挥更好的作用。

第四,农业中介组织作为农村治理主体之一,在农村经济治理中发挥主导作用。农业中介组织,说到底是一个经济组织,主要工作是农村经济工作,主要职能是参与农村经济治理。而农业中介组织在农村活动中有特殊优势,参与农村经济治理有特殊能量。一是联系广泛。作为中介组织,联系广泛是它的天性。为了发挥作用,农业中介组织一头连着农产品生产者,一头连着市场,还有一头连着消费者。同时,还连着行业以外的其他方面。二是熟悉市场。中介组织就是在市场摸爬滚打,熟悉市场规则,熟悉市场行情,熟悉市场网络,熟悉市场变化规律。三是资源丰富。中介组织掌握丰富的资源,掌握客户资源,掌握农产品供销资源,掌握市场变化情况,掌握市场信息,掌握国际贸易渠道。四是公平公正。中介组织往往是市场的裁判员,在农产品供销之间发生矛盾时,能够依法进行公平公正的调解,常常成为公平公正的货币。这些东西正是促进农村经济发展的重要因素。2005 年成立的湖南茶业协会,较好地发挥上述四个方面的优势。根据市场的需求大的信息,组织农民扩大茶叶种植面积,增加茶叶产量,提高茶叶品质。协会又利用与国际联系广泛的优势,组织湖南茶叶出口贸易。由于湖南茶业的作为,赢得了广大茶农的信任和支持,成为湖南最受欢迎的农业中介组织。①

在中国,农业中介组织虽然正在不断地发育成长,并逐步发展壮大,但其发展仍然存在着发育迟缓、制度不健全、稳走性较差、组织运转形式不够规范等问题。这必然会对中国农村治理结构产生消极影响。行业协会最大的问题

---

① 曹文成:《行业协会在现代农业中的作用和意义》,见《首届湖湘三农论坛论文集》(中),
2008 年 12 月 5 日。

是继续依附行政机关，承担政府部门的部分职能。行业协会"戴着行会的帽子，舞着政府的鞭子，坐着行业的轿子，拿着企业的票子，供着官员兼职的位子"。这个说法形象揭示出行业协会的"不伦不类"：作为非政府组织却带着政府性印记，作为非营利组织却又有营利冲动。不扭转行业协会对政府的依附关系，不革除行业协会职能作为上的沉疴积弊，就不足以彻底解决行业协会扮演"二级政府"和"红顶中介"的问题。从农村治理结构改革的角度来看，依附政府部门对农村治理也是有害的，无形中又增加治理层次，增加了治理成本。

因此，全面深化改革的今天，必须真正实现行业协会与政府部门脱钩。中共十八大提出进行"社会体制改革"，中共十八届二中全会提出"社会组织要与政府脱钩"，中共十八届三中全会正式提出"行业协会要与政府实现真正脱钩"。2015 年 7 月 8 日，中共中央办公厅、国务院办公厅发出专门文件，落实行业协会与政府脱钩问题。从 2015 年到 2017 年先后分三批宣布与政府部门脱钩的行业协会名单，其中与农业和农村有关的行业协会就达到 20 个。各省区市都遵照中央精神，推动所辖地区的行业协会与政府部门脱钩。这些农业中介组织与政府脱钩后，不再代行政府的行政管理职能，专司行业协会服务"三农"的职责，发挥自己的特殊优势服务农业。脱钩改革的目标是在组织体制特别是治理结构上，加快形成政社分开、责权明确、依法自治的现代社会组织体制，从而使得行业协会在市场经济中的功能得以发挥，市场的活力得到释放。农业中介组织改革的目标亦是如此。作为农业中介组织改革的第一步，同样对农村治理结构改革产生积极影响。

农业中介组织的迅速发展及其改革，农业中介组织在农村治理中的地位、作用以及遇到的困难，要求对农业中介组织进行理论思考。因此，培育发展农业中介组织，大力推动农村经济专业组织化建设，充分发挥其在经济发展中的重大作用，成为探索和研究农村经济社会发展、农村治理结构改革及农村治理现代化的重大课题之一。

三、服务组织

农业是一个弱质产业,需要全社会的关注、支持和提供服务。中共中央在改革开放的历史进程中,就提出了建立现代农业服务体系的战略任务。从广义上讲,农民专业合作组织、农村中介组织都是现代农业服务体系的组成部分。从狭义上讲,除了上述两类组织外,还一种专门为农业提供狭义上服务的组织,这就是本节所要分析的农村服务组织。

农村社会化服务组织,指为农业生产提供产前、产中和产后服务的社会组织。主要包括:农业技术推广组织、农村动植物疫情防控组织、产品质量监管组织、农业信息收集发布组织、农业金融保险组织等,并由此构成农村服务体系。完善的农业社会化服务体系是建设现代农业的基础,也是传统农业向现代农业转变的必由之路。关于这些组织内的一系列问题不是本书的研究范围,这些组织如何具体服务农业,也不是本书的研究对象。本书所要研究的是,作为农村治理结构中的重要组成部分,作为农村治理中的重要一环,公共服务组织在农村治理结构中的地位与作用问题;如何处理与各级党组织与政府的关系;通过什么样的渠道与体制来扮演农村治理的角色和参与农村治理。在改革农村治理结构的伟大进程中改革公共服务组织,使之既优化其内部结构,又优化农村治理结构,更好地服务于农村治理现代化。

建立农业服务体系,不是改革开放提出来的新问题。中国是一个农业国,农业是立国的基础。毛泽东总结历史经验,提出了"农业为基础"的战略思想。在安排国民经济计划是按照农轻重的顺序来安排的。但是,农业的特质决定了发展农业的难度。新中国成立之初,中国面临诸多困难,为了保证农业的发展,中国共产党就提出支持和服务农业的问题。当年,毛泽东基于中国国情,从提高农业劳动生产率、促进工农业协调发展和社会全面进步出发,提出

"农业的根本出路在于机械化"①。毛泽东以农业合作化为制度前提,重视技术改良,通过政策手段充分调动国家、地方和农民的积极性,设立专门研究机构和人才培养机构,推进农业机械化。也许是支持和服务农业的措施没有落地,也许是新中国成立之初,手中的力量不够而力不从心。在相当长的时间里,我国农业服务体系并没有建立起来。因此,农业的落后面貌并没有从根本上改变。由于没有完整的强有力的农业服务体系,当自然灾害降临时,农民没有抵抗之力;当新的农业技术需要在农村推广时,农民没有认知能力和接受能力;当新的农业机械需要在农村运用时,农民只能望"机"兴叹;当袁隆平发现杂交水稻时,却只能依靠政府的强制力量去推广,而农民自己宁可抱残守缺,也不愿意使用杂交水稻种子。这不能怪农民愚昧,也不能怪农民不愿意脱掉贫困的帽子,而是农业服务体系没有形成。

改革开放的航船出发后,中共中央意识到建立农业服务体系的重要性。改革首先从农村开始,家庭承包责任制极大地解放了农村生产力,调动了广大农民的生产积极性。在推进农村改革的同时,就提出了建立农业服务体系,并取得了一定的成就。但这没有改变农业服务体系落后的问题。改革开放的总设计师邓小平也在思考农业的出路问题。他指出:"农业的发展一靠政策,二靠科学。"②并且,设想以高水平的农业集体化取代低水平的集体化的四个条件:把机械化作为第一个条件;第二个条件是提高管理水平;第三个条件是,待机械化水平提高了、管理水平提高了,发展农村多种经营;第四个条件提高农产品的商品率。在四个条件中,把机械化水平提高放在第一位,但又不仅仅谈农机化,加了三个条件。这就既突出了农机化,又比只提农机化更全面一些。对机械化的含义也作了新的解释:"在一定程度上实现了适合当地自然条件和经济情况的、受到人们欢迎的机械化。"③仔细琢磨,其中就包含了建立农业

---

① 毛泽东:《党内通讯》,1959年4月29日。
② 《邓小平文选》第三卷,人民出版社1993年版,第17页。
③ 《邓小平文选》第二卷,人民出版社1994年版,第315页。

服务体系问题。当然,邓小平当年并没有使用农业服务体系的概念,但这一重要思想为后来建立农业服务体系奠定了重要的思想基础。

正式提出建立农业服务体系,是在 20 世纪 80 年代中后期。经过努力,农业服务体系在 20 世纪末建立起来,形成以"七站八所"为代表的农业服务体系。这种服务体系发挥了重要作用,但也面临着许多突出问题。诸如人浮于事,人员无心从事服务;人员技能老化,不能适应农业科技化需要;供养资金不足,人员工资无法保证;站所设备单一、无法进行更新和改进;站所承担大量额外性任务、职能不清、责任不明;站所内部的考核、激励和职业发展体系日益消解等等,具体表现为:

其一,以"七站八所"为代表的农业服务组织,作为政府的附属物,既是服务主体,又是管理主体。由于改革不彻底、不到位,20 世纪建立起来的"七站八所",多半都有双重身份。或者说,每一个站所的背后都有一个强有力的政府部门。这些组织一方面提供公共产品和公共服务,另一方面它们作为政府的附属物承担政府部门的管理职能。农业服务组织作为"社会与政治控制的组织者,承担相当程度的社会组织、管理以及意识形态传播的功能"①。而且,往往是管理职能高于多于服务职能,这就有违初衷,使服务变了味。农业服务组织的属性湮灭在政府附属物的背后,许多服务人员或变相成为国家工作人员,或被党委政府安排参与中心工作,服务就成为空话。

其二,以"七站八所"为代表的农业服务组织,为农业服务内容简单,服务渠道单一,服务质量较低。"七站八所"大都是官办的服务组织,从一开始它们与农民群众就不处在平等的位置。由于不平等,"七站八所"高高在上,它们把提供服务当成一种施舍;由于不平等,"七站八所"形成垄断式服务,农民成为被动的服务对象,需要服务不能选择;由于不平等,农业服务组织及其工作人员脱离群众,作风不深入,成为影响党群关系的重要因素;由于不平等,

① 袁方成:《使服务运转起来——基层治理转型中的乡镇事业站所改革研究》,西北大学出版社 2008 年版,第 45 页。

农民需求服务时,就托人找关系,开后门,给一些心术不正的人留下了腐败的机会,农业服务组织成为滋生腐败的土壤。

其三,以"七站八所"为代表的社会服务组织,既增加了财政负担,又增加农民的负担。既然是"官办",经费当然也应当由政府提供。所以,站所越多,政府的负担就越重,甚至超出了政府的承受能力,导致许多县的财政成为养人财政。特别是农村经济改革,取消"皇粮国税"后,党中央和国务院禁止乱收费,地方和基层财力更加单薄,甚至入不敷出,有限的财力难以满足社会服务组织运转的需要。为了解决这些组织的运行经费,不得不向农民收费或者摊派,这就加重了农民的负担。更有甚者,由于农业服务组织的官办性和垄断性,服务没有约束性,收费则具有独断性,缺乏竞争,形成服务价格垄断,农业服务组织不服务或者"服务就是收费",成为向农民捞好处的机会,服务质量下降,服务价格上升,增加了农民负担。

其四,以"七站八所"为代表的社会服务组织,成为农村治理结构中隐形层级。如果各种社会服务组织通过向农村提供服务,影响农村治理,这是有益补充。然而,社会服务组织成为"准政府"或者是政府延长的手,无形增加农村治理结构中一个新层次,当然也就增加了治理成本。按照边际效应理论,治理层次越多,边际效应递减,这一点对农村治理也是如此。

随着社会主义市场经济体制的建立和不断完善,这种以"七站八所"为代表的农业服务组织已经不能满足农民的服务需求。更重要的,这些机构在农村治理结构中成为负担,影响农村治理现代化进程。改革这些机构成为改革农村治理结构重要方面。

改革,首先要破旧。在20世纪90年代和21世纪初,对建立不久但又存在明显问题的农业服务体系进行重大改革。一是改革农业服务组织的单位属性。除了十分必要的农业服务组织外,如乡镇中小学、卫生院和财政所,其他农业服务组织不再保留事业单位属性。这种改革相当于拆庙,减少吃"皇粮"的人数,既是对国家的大力支持,也减轻当地农民的负担。二是建立与农业密切相关的服务中心。"七站八所"制后,农业服务工作还得做。就必须有新的组织机构来承担"七站八所"的服务职能,因此各种农业服务中心就应运而生。新成立的农业服务中心以全新的动作模式进行动作。三是对农业服务组织的实行分流转制。"七站八所"的原工作人员买断后给予一定的补贴后,重新参加服务中心的竞聘,在新的岗位以新的身份为农业提供有偿或无偿服务。

改革,还在立新。中共十七届三中全会明确提出,要按照发展现代农业的要求,加快构建以公共服务机构为依托,合作经济组织为基础,龙头企业为骨干,其他社会力量为补充,公益性服务和经营性服务相结合,专项服务和综合服务相协调的新型农业社会化服务体系。现代农业服务体系则是过去的农业服务体系的升级版。在服务主体、服务内容、服务范围和服务手段等方面全面升级。在服务主体上,已经由过去政府是主要服务主体,变为政府主导,社会各方面都参与,实现了服务主体多元化。在服务内容上由过去的单一服务发展为全方位服务,服务的内容十分丰富,特别是一些现代生产要素成为最重要的服务,比如金融、信息等在农业服务占有很大的比重。在服务范围实现了重大突破。比如收割小麦的机械服务,过去的服务范围局限在小范围,甚至家家都买小麦收割机,造成很大的浪费。组建小麦收割机服务组织后,实现了跨区跨省的作业。在服务手段上,实现传统的服务手段向现代服务手段的转变。服务主体根据服务对象的需求,按照农业商品化、专业化、社会化和现代化的需要,为农业生产提供的社会化服务网络。[①] 通过多年的努力,现代农业服务体系已经初步建立,并形成各具特色的不同模式:

一是政府主导型。政府转变职能后,放松了微观经济管理。在农村,乡镇党委和政府不再管理农民生产什么,生产多少,如何生产。但提供公共服务则是不可推卸的责任。在改革乡镇"七站八所"后,政府为农民提供公共服务,则是建立由政府主导的各种农业服务平台。不同的涉农职能部门建立本职能

---

① 金兆怀:《我国农业社会化服务体系建设的国外借鉴和基本思路》,《当代经济研究》2002 年第 8 期。

范围的服务平台。各省的名称不一,侧重点也有所不同。但共同点就是政府主导。所谓政府主导,就是由政府出钱出力,提供的是公益性服务。浙江建立"农民信箱",就是为农民提供信息服务的平台。农民通过"农民信箱",获得他们最需要的各种信息。广东建立的"信息直通车"的服务平台,与广大农民建立直接联系,农民从中无偿得到有价值的信息。全国不少地方在政府的主导下,向农村派出"科技特派员",把农村实用科学技术带到农村,引领农民脱贫致富。值得注意的是,政府主导而不包揽是新型农业服务体系的重要特色。①

二是市场主导型。如果说,政府主导型的农业服务组织主要提供无偿的公益服务,那么,市场主导型的农业服务组织则根据市场需求提供有偿的农业实用技术服务。市场主导型农业服务组织主要由龙头企业以及个人、企业、社会团体承办。市场是讲效益的。无利不起早,一般来讲,企业开展农业服务组织是要讲求经济效益的。他们往往是进行了深入的市场调查,找到农民迫切需要但政府又不能提供的农业服务项目,通过投资,搭建起农业服务平台。通过服务农业,农民获得技术、资金、信息等服务,企业通过技术服务获得技术转让收入,通过投资农业获得投资报酬,通过提供信息服务,收取信息服务费。江苏省苏州市吴江区一些企业投资开办农业服务组织,到2015年初,全区共办起类似组织311家。这些组织通过自己对农业的特色服务,支持了农业发展,企业也获得回报。② 由于农业的特殊情况,市场主导型的服务组织不能唯利是图,必须把社会效益放在第一位,在服务农业的基础上获得经济效益。

三是农民自主型。在农村有一批经验丰富的老把式,由于他们长期从事农业中某项工作而成为土专家。他们没有太多的理论,但他们的技术非常实用,所以,有的农村有一技之长的农民也自发地组织服务农业的组织。他们的

---

① 参见《农民日报》2010年1月13日。

② 沈菊妹:《资源优势转化为竞争优势,网店优势打造为网络优势——浅谈江苏省苏州市吴江区供销合作社发展为农服务社的经验》,《中国合作经济》2015年第1期。

运行方式是自愿学习，自愿传授。有时是有偿的，有时则又是无偿。在农村还有另外一种情况，一些经济条件好的农民联合起来组织农业科技组织、购置农机农业具为农民提供服务。湖南双峰县农民自发创办了农村科技合作社，成为当地农村最受欢迎的农业服务组织。① 对于这一类农业服务组织，政府采取了扶植和引导的政策：一方面对他们提供技术支持，甚至资金支持；另一方面又引导他们服务农业，发挥其作用的同时，防止他们借服务农业之名，行唯利是图之实。

四是高校、科研院所主导型。高等院校、科研院所是科技人才最集中的地方，也是科研成果最集中的地方。特别是农业大学、农科院所最有能力为农业提供技术服务。农业高等院校把科学研究写到田间地头，通过服务农业，直接把科研成果转化为农村生产力，促进农业的发展，而且农业高等院校的学生也需要农村实习平台。因此，农业高等院校和科研院所建立农业服务组织，既有条件也有必要。湖南农业大学建立农业服务组织。每年派出农业专家到农村去，传授科学种田技术，在农村开展科学研究，实现学校和农民双赢的局面。②

五是混合型农业服务组织。由政府出面，调动社会各方面力量参与的农业服务组织。如科技特派员制度，就是典型的混合性服务组织，首先是政府协调各方面，农业高等院校和研究院所派出科技人员，深入农村服务开展科技。有的地方还由政府出钱购买科技成果服务农业，有的地方由政府出钱为农民购买服务。总之，现代农村服务体系已经初步建立，为农业的发展作出了不同的贡献。

农业服务组织通过服务下乡把党和政府对农民的关心送到农村，又通过"服务下乡"把国家权力对农村的影响变得可接受，并由此使农业服务组织成

---

① 刘东：《我国新型农村科技服务体系的制度背景和发展经验》，《太原科技》2008 年第 8 期。

② 巩志宏：《科技人员到户、良种良法到田、技术要领到人——湖南探索农业科技推广模式》，《经济日报》2009 年 8 月 4 日。

为农村治理结构的组成部分,把农业服务转变为农村治理的重要内容。因此,农业服务组织在农村治理中发挥了重要作用。不同类型的农业服务组织在农村治理结构中有不同地位,参与农村治理的深度和广度也不一样。

政府主导型的农业服务组织,通过政府的影响直接参与农村治理,成为农村治理结构中的直接组成部分。政府主导型农业服务组织一般都有官方背景。如果以垂直管理为背景的,即属于"条条"的农业服务组织,其官方背景更浓,更具有服务优势。由于我国行政体制的层层负责制的特点,上级部门通过层层传导,把农业服务传导到农村中,也把影响传导到农村,从而也就参加了农村治理。如果以属地管理管理为背景,即属于"块块"的农业服务组织,其官方背景更直接。乡镇党委和政府就可以直接指挥农业服务组织在为农业提供服务的同时,也直接参与农村治理。

市场主导型的服务组织,通过市场的影响参与农村治理,成为农村治理结构中的间接组成部分。农业需要服务。在市场经济条件下,农民可以选择服务。尽管企业主导的农业服务组织一般提供的是有偿服务。但当他们提供的服务与农民的日常生活密切相关时,农民又不能不选择这种服务。比如,由于电器的普及,农民不可一日无电。农民可以不与政府打交道,但不可不与电力部门打交道。尽管电力部门提供的是有偿服务,而且一旦企业主导型的服务组织形成网络式,为农民提供全方位服务,企业主导型的服务组织参与农村治理也变得无所不在,无孔不入。服务的后果是将治理也带入农村日常生产和生活之中,从而导致治理也是一种网络式的治理,使农民经常地性感受到"治理"的存在,企业主导型的服务组织也成为农村治理结构中的隐形组成部分。高等院校及科研院所主导型的农业服务组织参与农村治理和在农村治理结构中的地位同企业主导型服务组织大致相同。

再次,农民自主型服务组织,因为土生土长而直接参与农村治理,并成为农村治理结构中的最直接组成部分。农民是农村治理的主体,而且能够组织服务组织的农民是农村中素质最高、能力最大、影响最广的部分,平时他们在农村治理中就最有话语权。那么,由他们建立起来服务组织,把他们的手延长了,更加有利于他们直接参与农村治理。农民主导型的农业服务组织与农村治理结构中各种治理主体还有千丝万缕的联系。通过农业服务组织,强化了这种联系,并使其成为农村治理结构的最直接的组成部分。

除了上述不同类型的农业服务组织通过不同渠道和不同形式参与农村治理、在农村治理结构中有不同地位之外,不同类型的农业服务组织在增加和强化农民对中国共产党、对人民政府的认识上有共同的作用。治理者治理的有效性最终建立在被治理者认同的基础上。如果说传统国家认同基于权力,那么,现代国家认同越来越取决于提供的服务。新中国成立后,毛泽东一直强调政府是“人民政府”并以“为人民服务”为宗旨,目的在于争取全体人民的认同。但仅有此还不够,如果在人民的名义下,做一些与人民利益不符的事,就不可能得到人民的认同。除了把政府打上人民的标签外,更重要的是提供服务。农村社会服务组织提供的服务能够直接满足农民的需要。农民通过接受这种服务而直接感受到政府的人民性,从而建立起国家认同。这对农村治理是十分有利的。

改革农村治理结构改革,就是要求同步推进社会化服务体系建设,形成公共型服务、合作型服务、市场化服务有机结合、整体协调、全面发展的新型农村服务体系。这些新型的农业服务体系,已经没有过去的站所的管理职能,只能以优质服务获得农民的信任,获得生存空间。农业服务组织从表现看,好像没有治理职能而不能参与农村治理。其实不然,农业服务组织依然可以通过优质服务来获得生存空间,获得农民的认同,获得参与农村治理的资格,成为农村治理主体的重要组成部分。农村治理结构改革对农业服务组织是一次严峻的考验。因为农民有了更多的选择,那些服务态度好、服务质量高的社会服务组织就可能生存下来,并发展得更好。相反,那些服务态度不好、服务质量差的服务组织就可能被淘汰。这有利于为改善农村治理提供空间,有利于改善各级政府与农民的关系,也有利于改善农村社会服务组织同农民的关系。政府花钱为农民购买服务,农民享受服务,政府与群众、群众与服务组织的关系更加顺当,更加协调。这为农村治理创造了良好的条件。在进一步改革农村治理结构的进程中,必须进一步构建在中国共产党的坚强领导下,充分发挥社会各方面的力量的作用,调动各方面的积极性,形成以农村服务组织为依托、合作经济组织为基础、龙头企业为骨干、其他社会力量为补充,公益性服务和经营性服务相结合、专项服务和综合服务相协调的新型农村社会化服务体系。这对于促进农业稳定发展、农民持续增收,对于加快改造传统农业、走中国特色农业现代化道路,对于改革农村治理结构、推进农村治理现代化,都具有重大意义。

第八章　农村治理结构改革中的
民间组织

　　所谓农村的民间组织,是指农村社会为了实现特定的目标而有意识地组织起来的社会团体。这主要包括五大类:政治类民间组织、经济类民间组织、社会类民间组织、文化类民间组织和其他类民间组织。[①] 调查结果显示,2000年至2009年是中国农村民间组织建立、迅猛发展的高峰期,其中,"经济类民间组织""社会类民间组织""政治类民间组织"和"文化类民间组织"在2000年至2009年期间成立的占比依次为52.74%、60.66%、54%和46.03%;然而,2000年至2009年十年间四类农村民间组织成立的数量是1990年至1999年十年间的15.4倍、3.4倍、3.5倍和4.1倍,经济合作组织发展速度最为迅猛。与此同时,2010年至2011年两年间,四类民间组织建立的占比分别为42.47%、16.39%、26%和33.33%,经济合作组织的增长速度依然强劲,文化娱乐组织发展速度次之。[②] 这些民间组织在农村治理结构中占有重要地位,其作用不容低估。鉴于农村经济组织已经有专章论述,故此章所涉及的就是除经济类外的其他四大类。

----

　　① 雷国珍:《论中国共产党对农村治理结构的建构与改革》,《湖湘论坛》2018年第4期。
　　② 何泳龙等:《以长效机制破解农村社会组织发展难题——基于全国31个省252个村的调查与研究》,华中师范大学中国农村研究院调查咨询中心。

一、政治类民间组织

农村中的政治类民间组织,是指农村中带有明显政治利益倾向的民间组织。当代中国农村的政治类民间组织包括农村发展协会、移民协会、农民法律学习小组、农民上访协会、农民工维权协会等各类农民组织,以及其他类型的正在酝酿成长中的政治性农村民间组织。农村政治类民间组织,从本质上说,首先是一个具有共同利益的群体,是一个特殊的群体,其活动目的是为了实现他们的共同利益,活动方式是通过从事现实政治活动来完成的。有专家认为,农村中的民间政治类组织在政治上代表农民的利益,通过与政府的互动影响政府立法和决策,使国家的相关立法和政府决策对农民的利益更加有利,或者至少不损害农民的利益。[1] 在西方发达国家该类组织数量众多,且异常活跃,常有引人注目的政治行动。[2]

中国农村政治类民间组织尚处在发育期。党中央采取了引导的政策。2006 年中共中央一号文件明确指出:"加强农村民主政治建设,完善建设社会主义新农村的农村治理机制……切实维护农民的民主权利。健全村党组织领导的充满活力的村民自治机制,进一步完善村务公开和民主议事制度,让农民群众真正享有知情权、参与权、管理权、监督权。"[3]中共中央在"十二五"规划建议中提出要"发挥群众组织和民间组织作用,提高城乡社区自治和服务功能,形成社会管理和服务合力"。通过政策和措施"培育扶持和依法管理民间

---

[1]　罗丽媛:《我国农村社会组织在基层民主建设中的作用机理研究》,云南大学硕士学位论文,2010 年。

[2]　程同顺:《农民组织与政治发展——再论中国农民的组织化》,天津人民出版社 2006 年版,第 22—23 页。

[3]　《中共中央国务院关于推进社会主义新农村建设的若干意见》,《中华人民共和国国务院公报》第 11 号,2006 年 4 月 20 日,第 10—11 页。

组织,支持、引导其参与民间组织管理和服务。"①中共十八大提出,要"引导民间组织健康有序发展,充分发挥群众参与社会治理的基础作用"。在国家治理现代化的语境下,中共十八届三中全会将"激发民间组织活力"作为加快传统社会治理向现代社会治理转变的重要内容。

　　根据中共中央的要求,各地农村民间组织迅速发展,并在农村治理中发挥重要作用。这里需要澄清的问题是,当下中国的确没有全国性的农会,那等不等于中国农村或农民就没有政治性组织? 回答是否定的。据调查,全国各地已经建立各种形式局域性的农民政治性组织。最早的农村政治类民间组织产生于 2001 年 3 月 7 日,即安徽阜阳三合镇南塘村建立了"农民维权协会"。该会的章程提出了"理性维权,文化启蒙,科学致富"作为维权的主要内容和基本原则。有人提出这是 21 世纪以来中国农村第一个民间政治组织。② 此后,湖南、河南、江西等省也陆续建立不同形式的民间政治类组织,华南地区也建立了"老人组""亲人会"等多种形式的准民间政治类组织。各类农民维权协会,是相对规范化的政治组织,一方面锻炼了农民组织、合作能力的同时,又通过定期学习党的路线、方针、政策、法律等,以提高农民的法治意识、维权意识,拓宽视野,扩大知识面。这些正是传统小农向现代公民转变的具体过程和标志。更可贵的是,他们通过自己学到的法律法规和获得的有关信息,有效地影响着村内的选举、决策过程,同时又能够以协会的力量去监督村委会运行,因而有力地制约了一些基层干部的贪污腐败等违法行为。因此,可以毫不夸张地说,成长发育中的中国农民维权性政治组织成为农村治理结构不可忽视的一环,在农村治理中发挥重要的作用。农村的政治类民间组织,形式多样,名称不一,并以两种态势发挥作用:第一种态势是政治上帮助农民维护权益,并推动农村民主政治建设;第二种态势是在经济上帮助农民获得经济利益。由

---

① 《中国共产党第十七届中央委员会第五次全体会议公报》,人民出版社 2010 年版,第 3、6 页。

② 周原:《农民! 农民》,花城出版社 2004 年版,第 137 页。

此决定,他们在农村治理结构中占有更多的一席之地,发挥更大的作用。[1]

山东新泰市依托平安协会化解农村冲突事件和参与农村事务协商。广东省云浮市、揭阳市揭东县通过乡贤理事会、公益理事会和民主监事会等政治类民间组织在农村治理中发挥作用。重庆市巫溪县建立乐和协会等政治类民间组织参与农村治理。广东云安县石城镇留洞村委会横洞村充分发挥村乡贤理事会在农村治理中的特殊作用。横洞村乡贤理事会成立于2011年4月。当时,横洞村的总人口738人,大量人口外出经商,经商收入成为全村主要收入。农村治理遇到一些新情况,传统的农村治理主体不能担负起治理的责任。于是,他们成立了有威望、有能力的退休干部、复退军人、经济能人、外来工代表等组成的乡贤理事会,配合村党支部和村委会治理本村。他们确立了"民事民办、民事民治"的原则,以协助村党支部和村委会进行村民自治以及提供公共服务为职责,参与的方式"三议三公开"。三议分别是理事会提议、理事走访商议、户代表开会决议;三公开是议案决议公开、实施过程公开、办事结果公布。这种方式受到村民的广泛好评。由于理事会的努力,争取了外来支援,建设了美丽乡村,兴办了许多公益事业。因此,理事会在农民中有很高的威信。他们说话有人听,做事有人跟。他们制定的《横洞村村规民约》,即"十不准"的形式,受到村民的遵守。他们的成功经验在全县推广,其他村也建立理事会,参与农村治理。2011年12月,广东省社会工作委员会确定为云安县为第一批省社会创新观察项目,并在其他县推广。云浮市所辖的各个区县建立乡贤理事会8000多个,实现了全覆盖。[2]南京市六合区金牛湖街道赵坝村2007年3月6日,村民们34位村民代表选举成立赵坝村"农民议会"。农户代表对13名候选人投票,差额选举产生了9名议员。这是南京市第一个在自然村成

---

① 周连云:《当代国际合作社运动的新背景、新优势、新特点》,《中国合作经济》2005年第2期。

② 徐晓全:《新型民间组织参与农村治理的机制与实践》,《中国特色社会主义研究》2014年第4期。

立的自治组织。他们一般每月开一次会,议一议村里的大事小情。议员无官衔、无报酬、无任期。"农民议会"是对村民负责的服务型民间组织而不是行政化的组织,议员们都是热心集体公益、有一定文化和威信的村民。按《赵坝农民议会议事准则》,议会每两年改选一次,既有准入机制,也有弹劾程序。① 在浙江省诸暨市的枫桥镇,"禁毒协会、帮扶帮教协会、护村队等群众性自治组织在各个村比比皆是,行业性专业调解组织成为枫桥最典型、最活跃的民间自治力量"。② 安徽省凤台县的钱庙社区(原钱庙村)依托"钱庙社区理事会"这一民间组织调处社区各种矛盾和纠纷,几年来共成功调解民事纠纷 76 起,全村未发生一起"民转刑""民转治安"案件,庙村也由几年前有名的上访村转变为现在的零上访村。③

从全国各地的实践看,农村政治类民间组织在农村治理结构中地位高,对实现农村治理能力现代化的作用也非常明显:

第一,农村政治类组织,是农民政治参与的平台。通过农村社会政治类组织,能够较好地保证农村民主选举、民主决策、民主管理和民主监督的正常实施,农村治理进一步透明公开,农民在农村治理中有了主动权。通过农村政治类民间组织规范和引导农民的政治行为在法治的轨道下进行,农民不因自己的权益受损而采取过激行为,并由有理变为无理,农民的政治能量得到释放,参与农村治理的积极性得到提高。

第二,农村政治类组织,有利于形成农民利益表达机制,拓宽农民利益维护渠道。由于历史和现实的原因,农民组织化程度相对低一些。在社会格局中往往是处在弱势地位。在农村治理中,农民存在不善表达,不善维权。农村民间政治类组织出现,成为农民权益的代表,并能通过正常渠道反映农民的利

---

① 新华网,2015 年 7 月 8 日。

② 梁星心:《"枫桥经验"50 年历久弥新的奥秘》,《中国民间组织》2014 年第 2 期。

③ 吴树新:《农村民间组织发育及其作用研究——以安徽省凤台县钱庙社区理事会为例》,《中国发展》2013 年第 1 期。

益诉求。他们以合理合法的渠道反映民情，表达民意，维护民权，成为农民利益表达和维护中心，他们有效地建立了农民利益表达机制和维护机制，帮助农民获得了应得的政治资源和平等的地位。

第三，农村政治类组织，帮助普通农民有效监督与制衡基层党组织和基层政府。如何建立立体的监督体系是农村治理结构改革的一大难题。农村政治类民间组织的出现是破解这一难题的良方之一。通过农村政治类民间组织，把农民分散个人资源和能量聚集起来，产生"1+1>2"的效果，形成社会舆论压力，既引起农村基层党组织和政府的重视，又形成对基层党组织和政府的有效监督。

第四，农村政治类组织，有利于农村民主政治建设。市场经济的发展，政府职能进一步转变，政府不再提供包揽一切公共产品和公共服务，农村政治类组织承接一些过去由政府承担的职能，发挥特有资源优势，整合农村其他力量，积极参与农村治理，进一步完善与提高农村基层民主建设，在公正选举、村务公开、民主执政、加强监督、有议有参等方面发挥特有的作用。

农村政治类组织的发展，是农村治理结构完善与突破的契机，但也存在风险。这种风险主要表现在，如果农村政治类组织失去控制，成为超越农村治理结构各治理主体之上"太上皇"后，它们就可能不仅对农村治理起不到推动作用，反而成为农村之乱源。对于这种风险，必须清醒认识，全力防范，正确引导和规范引导农村政治类组织，在中国共产党的领导下，在农村治理结构中处在合理恰当的位置，为农村治理发挥应有的作用，同时也促进农村政治类组织得到适度发展。

中国是一个农业大国，农民占了很大比重，即使到城市化水平明显提高许多的当下，农民的比例还是不低。但农民的组织化程度较人民公社时期，有了很大的下降。而且，在我国，农民的诉求机制、维护机制存在不够完善、不够畅通、不够合理的问题。当我国农村由传统社会向现代社会转型的历史进程中，原有的机制被破坏了，新的机制尚未形成，农民利益的诉求和保护成为更加突出的问题。可以说农村政治民间组织应运而生。作为农村治理结构改革的成果,农村政治类组织承担起有效地把农民组织起来历史重任,有效建立农民利益的表达和维护机制,架起连接农民和基层党组织和政府的桥梁;同时又引导农村在表达和维护自己的权益时不违法,不越矩,不过火,有理有利有节地实现维权,促进了党、政府和农民关系的和谐发展。在国家治理现代化的语境下,中共十八届三中全会将"激发民间组织活力"作为加快传统社会治理向现代社会治理转变的重要内容。完全有理由相信,随着全面深化改革的推进,农村一定会出现组织化程度更高的政治类组织,其作用也会越来越大。也许在适当时候,党中央审时度势,成为全国性的类似农会一样的农民政治组织,而它在推动农民参与、提升服务质量、优化治理结构、推进农村治理现代化、密切党与农民的关系等方面发挥更大的作用,使得农村的治理生态系统日趋完善,日益成为农村治理结构中的重要主体。

二、社会类民间组织

家庭承包责任制的实施,使得家庭重新真正成为农村最基本的生产生活单位,导致人民公社体制下的"总体性社会"的瓦解。随着社会主义市场经济体制改革的深入,打破社会隔离的藩篱,城乡之间的流动变得畅通了,农民就业多样化,农民思想多元化,农村社会多样化,农村社会发生了重大变化。纵观中国历史,农村社会发生如此广泛如此深刻如此难以预料的变化。农村经济的迅速发展,迅速而深刻地改变了农村社会的结构,农村社会广泛而深刻的变化引起了农村治理的社会基础和治理形态的变化,当然也引起了农村治理结构的变化。为了适应这一变化,在治理主体上突破传统的单一治理的局面,形成多元治理主体——基层党组织、基层政府、农民自治组织、企业和农民,构筑一张别开生面、错落有致、各司其职的农村治理结构。在这种背景下,农村社会性民间组织应运而生。

所谓农村社会类民间组织,就是农村是为了实现特定的目标而有意识地组合起来的社会团体。其基本特点是:一是农村性,来自农村,服务农村,根植农村。二是公益性,不以营利为目的,为农民提供无偿服务。三是志愿性。无论是参加者,还是接受服务的人,都是自愿的,不能强迫命令,不依靠行政手段,自我管理、自我服务、自我教育、自我监督。农村社会类民间组织应当通过开展广泛而深入的调查研究,积极反映社情民意,做好政府与群众联系的桥梁与纽带;同时,农村社会类组织积极培育组织成员的民主意识,倡导参与民主行为,促成的农村民主制度,通过积极参与国家的政治生活,影响和规范政府决策,更好地实现自己当家作主权益。农村社会性组织主要有红白喜事理事会、计生协会、老年协会、关心留守儿童组织及志愿者协会。

红白喜事理会,是农村负责婚丧嫁娶等喜事的社会民间组织。全国农村将移风易俗纳入村规民约,把红白理事会建设作为移风易俗工作的重要抓手和重点任务。红白理事会一般由在群众中有威信,热心为群众服务,有一定组织能力,懂得礼仪内容和程序的人组成。截至2016年,山东省建立起红白理事会8.6万个,覆盖率达到67%。[①] 河南省柘城县已建立了494个农村红白理事会,作为群众自我教育、自我管理、自我服务的载体,大力推行节俭办事、文明理事、婚事新办、丧事简办,反对大操大办、铺张浪费,切实为农民群众节约了开支,减轻了负担,受到群众的称赞。[②] 红白理事会在倡导农村文明新尚方面也发挥了重要作用。红白理事会活动开展以来,积极宣传中央及地方有关婚俗和丧俗改革的方针、政策及办法,大力提倡文明办事,反对铺张浪费、封建迷信,减轻了群众的负担,使群众逐渐养成了节俭、文明的生活方式,文明新风尚正在广大农村悄然兴起。湖北省孝感市孝南区袁湖村除了红白喜事协会,还成立了环境卫生、文体新风路灯管理等8个常设协会,修路、灌溉等5个

---

① 参见《人民日报》2016年10月8日。
② 参见《商丘日报》2013年9月10日。

临时性协会。① 这些临时协会在农村治理中同样发挥重要作用。

关心老人协会,是农村关心老人生活以及由老同志组成的关心农村治理的社会类民间组织,是农村社会性组织中十分重要的一种协会。农村老年人作为农村社会群体的重要组成部分,农村老年人口比例越来越大,有农村治理结构改革的意愿,希望在农村治理发挥作用。在一定意义上讲,构建和谐农村,就需要看老年人与年轻人之间代际关系是否和谐、老年群体与其他社会群体之间的利益关系是否和谐。农村老年人协会是老年人合法权益的忠实维护者,在调解涉老矛盾,维护老年人合法利益,保证老年人生活、思想稳定,维护农村家庭和社会安定,有着不可比拟的优势。中国现代的老人协会最早起步于 20 世纪七八十年代。早在 1972 年,中国第一个自发的农村老年组织——江西省兴国县江背镇高寨村老人互助会,应该是有据可查的中国现代成型化的农村老年协会的正式发端。② 自此以后,中国农村老人协会进入较快发展阶段。农村的老龄协会虽然起步较晚,但发展迅速,尤其在经济条件较为发达的江浙地区尤为明显。浙江省到 2010 年底,建立老人协会 28213 个,覆盖 98.09% 的行政村,参会人数达 410.03 万人,占农村老年人口总数的 73.41%。③

农村关心老人协会是典型的社会类民间组织。农村老人协会及其成员是做好农村老龄工作最基本、最直接、最有效的力量和最重要的组织基础,是党和政府联系、团结老年人的桥梁和纽带,是农村老龄工作的重要组织载体,也是开展农村老龄工作的有力抓手,是应对农村老龄社会的重要措施。农村关心老人协会在经济上填补了政府公共服务空白,在政治上维护老人的权益,在

---

① 《我为人人服务　人人互相服务——孝感创新农村治理模式激发基层党支部活力》,《湖北日报》2015 年 8 月 21 日。

② 李志强:《转型期农村社会组织:理论阐释与现实建构——基于治理场域演化的分析》,吉林大学博士学位论文,2015 年,第 155 页。

③ 温州市老龄工作委员会办公室:《温州市 2010 年老龄事业统计简报》(温老办〔2011〕7 号),2011 年 5 月 9 日。

社会上承载了集聚老人的力量,完善农村治理结构等方面发挥重要作用。农村关心老人协会又是慈善公益性民间组织,在农村开展的关爱老人、照顾老人和服务老人的活动中发挥重要作用,农村关心老人协会还做了一些力所能及的工作,在农村治理中发挥了特殊的作用。

关注农村留守儿童的组织,即关心农村青少年的社会类民间组织。留守儿童,指父母双方或一方外出到城市打工,而自己留在农村生活的孩子们。教育部在2012年9月公布,全国义务教育阶段留守农村儿童2200万。有专家则提出近年14岁以下的留守农村的儿童在4390万以上,甚至更多。① 随着农村外出务工人员的增加,农村留守儿童数量也在增加。他们的教育、管理和保护成为农村突出的问题。留守儿童与外出打工的父母长期分离,父母的亲情和监护严重缺位,导致留守儿童发生心理健康问题,也有因缺少有效保护而导致伤害甚至不法侵害。这不仅严重影响儿童健康成长,而且影响社会和谐稳定。"农村留守儿童问题是我国经济社会发展中的阶段性问题,是我国城乡发展不均衡、公共服务不均等、社会保障不完善等问题的深刻反映"②。关爱救助留守儿童,社会组织是不可或缺的重要力量。越来越多的公益组织、爱心团队走进农村,通过形式多样的活动把关爱送给留守儿童。全国各地建立了不同的关爱农村留守儿童的组织,农村也有类似的组织,一方面他们为关心农村留守儿童做了大量的工作,而且也在农村治理中发挥重要作用。

农村留守儿童关爱组织的功能有:第一,教育功能,既保护留守儿童有享受义务教育的权利,又担负对他们进行思想品德教育。第二,监管功能。对农村留守儿童进行有效监督和管理,在一定程度上弥补母爱和父爱的缺失,为留守儿童提供生活保障。第三,保护功能。一方面防止留守农村任意受到侵害,另一方面当留守农村儿童的权益受到侵害时,及时进行维护,确保农村留守儿童合法权益不受侵害。农村留守儿童问题是一个天大的问题,不仅关系当下

① 全国妇联:《我国农村留守儿童、城乡流动儿童状况研究报告》,2013年。
② 《国务院关于加强农村留守儿童关爱保护工作的意见》(国发〔2016〕13号)。

农村治理,而且关系未来农村治理,在改革农村治理结构的历史进程中,给关爱农村留守儿童的组织在农村治理结构必要的地位,意义十分重大。

农村志愿者组织。这种社会类民间组织主要分成两部分。一部分是由城镇志愿者组成的关心农村问题的志愿者组织;另一部分由农村村民组织为帮助农村中有困难者的志愿者组织。伴随农村经济发展和社会变迁,农村志愿者组织如同雨后春笋般涌现在全国各地,引起了社会的广泛关注。从 2001 年 5 月开始,江西省先后在县(市)建立农村志愿者组织,志愿者主要来源于农村的新型乡贤,主要活动是在农村开展公益活动和公益事业。① 人民群众的善举得到党中央的首肯。2008 年 12 月,中共十七届三中全会首次向全国发出了"发展农村志愿服务"的号召,全国各地积极响应。吉林省成立了由相关部门组成的农村志愿服务协调小组,推动全省建立农村志愿者组织的活动,取得明确成交,全省各地成立了志愿者协会。② 志愿者在农村积极开展活动,对农村社会建设起了好的作用。山东诸城市龙都街道的邱家七吉社区,先后成立了老年志愿者组织、企业志愿者组织、妇女志愿者组织、青年志愿者组织、少先队员志愿者组织。这些志愿者组织在农村持续开展公益活动,惠及全社区的群众。③

除了上述农村社会类民间组织外,还有一些农村社会组织,通过不同形式发挥各自的作用,而农村社会类组织不仅在自己的领域中发挥作用,而且在农村治理中也发挥了重要作用。

第一,农村社会类民间组织,为促进农村治理转型发挥了重要作用。随着农村经济制度的改变,原来的国家对农村社会全面控制的格局已经发生变化,农村社会的利益格局逐步重组。农村基层党组织和村委会作为基层的正式的

---

① 党国英:《中国农村治理改革回顾与展望》,《社会科学战线》2008 年第 8 期。
② 参见《吉林日报》2014 年 12 月 5 日。
③ 孙迪亮等:《农村社区社会组织参与提供社区公共服务的现状考察与长效机制构建》,中国社会组织公共服务平台。

治理主体,由于功能和组织边界变化的变化而产生了新的矛盾,村委会的自主性越来越强,村支"两委"矛盾凸显出来,从而导致农村民间组织能够有效参与基层治理,不仅可以避免"两委"矛盾带来的基层治理缺位,而且还可以填补基层组织在社会治理中的功能缺失,从而实现由相对单一的农村治理主体向多元治理主体转型。这是积极推动农村社会性组织发展的理论出发点。

第二,农村社会类民间组织,是适应农村社会的巨大变迁的产物。农民利益主体多元化,农民利益多元化导致传统的农村治理结构的不适应。这就需要建立适应农村治理社会基础变化的制度安排,而且需要新的组织形式,以实现国家与社会的互动渠道的顺畅,从而达到健全农村民主制度和完善农村治理结构,重新理顺国家与农民、国家与农村社会的关系。如果说发展农村民间组织是农村治理转型的必要条件,那么,农村社会民间组织就是适应这种变化,夯实农村治理的社会基础,培育和发掘农民的治理能力。

第三,农村社会类民间组织,有利于农村社会进步与发展。具体讲,有利于提高农民的政治参与意识,提高农民的合作能力,重塑村庄社区的共同体意识;有利于增强农业抵御市场风险的能力,增加农民收入,繁荣农村经济;有利于化解农村社会矛盾,畅通政府和农民的沟通渠道,维护农村社会稳定;有利于丰富农民的文化娱乐生活,满足农民的多层次精神文化需求;有利于创新村民自治制度,加强基层组织的社会治理职能,构筑有效的农村公共品需求表达机制。

第四,农村社会类民间组织,向农村提供公共产品和公共服务方面,发挥其他组织与团体起不到的作用。农村落后主要表现公共产品和公共服务上。原因在于公共产品和公共服务过分依靠政府,而政府又存在能力不足,提供的公共产品和公共服务具有单一性,无法满足农民对公共产品和公共服务的总体需求和多样性需求。当农村基层政府在转变职能,成为有限责任政府后,农村公共产品和公共服务的提供者出现缺位的问题。恰恰在这个时候,农村社会类民间组织拾遗补缺,在提供公共产品和公共服务上一显身手,弥补了政府的不足,干一些其他组织不愿干、不能干、干不了的事,为农村发展和农村稳定作出了贡献。

第五,农村社会类民间组织,是维护农村社会治安的稳定器。一方面,农村稳定至关重要,另一方面,维护农村稳定难度极大。原因在于:一是来自农村内部,农村社会变迁,农村人口因流出而减少,留在农村的人防范意识和防范能力下降,农村人口的就业、思想和经济状况都出现多元化。农民闲暇时间增加,无事便生非,导致盗窃、诈骗、赌博和打架斗殴等治安事件的发生。二是来自农村外部。这又包括三个方面:第一,城市化的影响,一些农民进城后,生活在城市的最底层,接触了城市里的一些非主流现象,他们把这样东西当成自己的追求目标,耳濡目染,染上了一些恶习,并带回农村。第二,社会评价的影响。在旧中国曾经有一个说法,叫"笑贫不笑娼"。在当今社会,也有一种思潮是唯利是图。这对农村也产生了消极影响。第三,维稳力量的不够。在农村,只有在乡镇设立了公安派出所,警力有限,在广大乡村,基本上没有公安民警。改革开放以来农村民兵组织名存实亡。正是由于这样因素,农村治安和维稳工作不理想。农村社会类民间组织生于农村,长于农村,而且又有较高威信和较好的人际关系,所以在解决农村治安和维稳这一难题可以有所作为,他们通过搭建解决群体性事件的制度化平台、节省党和政府执政成本等,参与农村治理。

三、文化类民间组织

所谓农村文化娱乐类民间组织,是指不以营利为目的,着力于农民文化娱乐活动的民间组织。随着农民文化主体地位的觉醒和精神生活多元化的追求,农村文化类民间组织逐步兴起,主要包括宗亲会、庙会、文化团体及其他文化、文艺民间组织。这些文化娱乐性民间组织在农村治理结构中占据重要位置和发挥重要,通过特有形式与渠道在农村治理中发挥作用。

中国共产党重视农村文化建设。毛泽东曾把封建落后文化比作人民群众头脑中的敌人："我们反对群众脑子里的敌人,常常比反对日本帝国主义还要困难些。我们必须告诉群众,自己起来同自己的文盲、迷信和不卫生的习惯作斗争。"①新中国成立后,为扫除农村文盲和推进农村文化建设做了大量工作,并取得了明显成效。进入 21 世纪以来,世界形势更加复杂,国际竞争更趋激烈,而文化的重要性更加凸显,保障人们基本文化权益的重要性更加凸显。江泽民、胡锦涛,特别是习近平等党和国家领导人在继承中国共产党重视农村文化建设的光荣传统。胡锦涛对文化的重要性的认识很到位,他强调:"谁占据了文化发展制高点,谁拥有了强大文化软实力,谁就能够在激烈的国际竞争中赢得主动。"他要求全党"自觉把文化繁荣发展作为坚持发展是硬道理、发展是党执政兴国第一要务的重要内容"。② 在农村治理结构改革的历史进程中,需要大量的新型农民。新型农民新就新在精神品质、文化素养和科学种田等方面。这些取决于农村文化发展、农村文化事业。中国共产党比较重视农村文化发展和农村文化事业。进入 21 世纪以来,对文化和文化事业更加重视。中共中央在《关于深化文化体制改革　推动社会主义文化大发展大繁荣若干重大问题的决定》中,强调发展农村文化和文化事业,对社会主义新农村建设和城乡经济一体化发展具有重大意义。③ 2005 年,中共中央办公厅、国务院办公厅颁布《关于进一步加强农村文化建设的意见》,明确指出农村文化建设的目标任务是,经过 5 年的努力,基本形成中国特色社会主义农村文化建设新格局。④ 这就把农村文化发展和建设与建成农村小康社会紧紧联系在一起。其

---

① 《毛泽东选集》第三卷,人民出版社 1991 年版,第 1011 页。

② 胡锦涛:《坚定不移走中国特色社会主义文化发展道路　努力建设社会主义文化强国》,《求是》2012 年第 1 期。

③ 参见《中共中央关于深化文化体制改革　推动社会主义文化大发展大繁荣若干重大问题的决定》,人民出版社 2011 年版,第 26—27 页。

④ 中共中央办公厅、国务院办公厅:《关于进一步加强农村文化建设的意见》,2005 年 12 月 11 日。

中,也科学分析了农村文化建设存在的问题,指出农村存在"群众娱乐活动缺失,社会闲暇金钱化、感官化、低俗化等问题,而这些问题危害极大,使农村陷入较为严重的文化危机、伦理及秩序危机"①,必须下大决心解决。中共十八大以来,以习近平同志为核心的党中央确立了 2020 年中国社会主义新农村建设的基本目标之一就是:"农村文化进一步繁荣,农村基本文化权益得到更好落实,农村人人享有接受良好教育的机会。"②中共十八届三中全会通过的《中共中央关于全面深化改革若干重大问题的决定》指出,要"建立公共文化服务体系建设协调机制,统筹服务设施网络建设,促进基本公共文化服务标准化、均等化。建立群众评价和反馈机制,推动文化惠民项目与群众文化需求有效对接"③。总体看,中国还是一个农业大国,农村地区面积大、人口多的基本国情没有从根本上解决。因此,没有农村文化大发展;就没有中国社会主义文化大发展,没有农村文化事业的大繁荣;就没有中国特色社会主义文化事业的大繁荣;没有中国农民文化权益的保障,就没有中国人民的文化权益的保障。

随着农村物质水平的提高,农民对美好生活的向往、对文化精神生活的追求,也与时俱进。广大农民在继承中创新,在创新中促发展,农村文化事业有了长足发展,农村文化类民间组织也有相当发展。农村中产生了一些文艺团体,开展文艺活动,丰富农民的文化生活。农村文化团体根植农民,服务农民,文化内容健康有益,文化形式丰富多彩,文化效果不错,文化影响不断扩大。农村文化类民间组织在农村治理结构中的地位越来越重要,作用越来越大。

对于农村文化活动,根据不同情况可作出不同的分类:

一是以是否营利为标准,农村文化活动可分为经营性和公益性两大类。所谓经营性文化活动,就是指以营利为目的的农村文化活动,由于没有固定的

① 江立:《农村文化的衰落与留守儿童的困境》,《江海学刊》2011 年第 4 期。
② 《中共中央关于推进农村改革发展若干重大问题的决定》,《人民日报》2008 年 10 月 20 日。
③ 《中共中央关于全面深化改革若干重大问题的决定》,《人民日报》2013 年 11 月 16 日。

经费来源渠道,只能通过收费来保证文化活动的正常进行。包括农村职业剧团、农村电影放映队、农村工艺品生产者等所从事的文化活动都是独立核算,自负盈亏。公益性农民文化活动,就是不以营利为目的的文化活动,农民自编自唱,自娱自乐,免费为农民提供文化服务的活动。

二是以主体不同为标准,农村文化活动可分为个体性和群体性。顾名思义,个体性是由单个农民承办的文化活动。某个农民凭个人力量开展的文化,一般来说,这类文化活动规模比较少,但能长久坚持。群体性,就是指由两个农民以上,甚至更多农民参加的文化活动。一般来说,这类文化活动大都是集体项目,是短期活动,如举行庙会、召开体育比赛和大型演出活动。

三是以活动状态为标准,农村文化活动可分为静态型和动态型。静态型,即以固定实物为载体的文化活动,有固定的场所、稳定的内容,如农民开办的小书店、小图书馆、小文化馆、小博物馆等。动态型,即处在活动中的文化活动。动是这类文化活动最鲜明的特色,文化活动的参加或在演出场地载歌载舞,或在运动场挥洒汗水,等等。

农村中内容健康、格调高雅的文化活动可以达到以文化化人的目的,可以密切人们之间的关系,为农村治理创造良好的文化的条件。有文化活动,就与人有密切关系,由此就引出了农村文化类民间组织的出现。对农村文化类民间组织进行分类分析,就会发现农村文化类民间组织大致可分为三种类型:

第一类,根据农村文化类民间组织的活动性质来判断,农村中有许多自娱自乐型文化组织。这类文化类民间组织存在的目的就是为了自娱自乐。这类文化组织有特点是:自发性强,规模较少,以老人为主,有一定文化素养。他们比较松散地组织起来,根据自己的特长,开展文化活动,既娱乐了自己,也影响别人,既使自己的生活有滋有味,也密切了与别人的关系,感化别人。

第二类,根据农村文化类民间组织的业态关系来判断,农村中有许多副业型文化组织。农民的主业是农业。由于生产力的提高,劳动生产率的提高,农村劳动力在完成主业后有大量的剩余时间,国家政策又允许农民从事副业。

副业呈现多种性的特点。对于那些有一定文艺专长的农民,可以运用自己的文艺专长为自己增加收入。于是农村就出现了副业型文化组织。这类文化组织的特点是:一是参加者多是农村文艺活动分子,有一技之长,而且往往是多面手。二是活动时间也是农闲时间,或闲暇时间。这与这类文化组织的性质相一致。三有营利性。通过演出等活动获得一定的收入,以补贴家用。此类文化组织对丰富农村文化生活,活跃农村文化市场方面起到了很好的作用。

第三类,根据农村文化类民间组织的专业水准来判断,农村有一些专业宣传型团队。这一类文化类民间组织主要存在于经济发达地区和先富裕起来的农村。他们有资本有能力组建较高水准的文化团体,开展较高水平的文化活动,向本地的农村宣传党的方针政策,提高和丰富当地村民的文化生活水平。同时,又对外宣传,推介自己,提高自己的知名度,扩大自己的影响。如华西村,就有一支较高水平的文化团体,向来华西村考察参观的人推介,扩大华西村的影响,进而为华西村的经济社会发展作出贡献,形成良性循环。专业文化组织是农村文化的重要载体,它承载着政策宣传、文化传承、氛围营造和丰富文化生活的重任。

农村文化类民间组织通过文化活动和文艺作品影响广大农民。"农村文化团体所演节目均是农民喜闻乐见,耳熟能详的身边事,对农民有很强说服力和感染力,是农村业余文化生活的有益补充;倡导淳朴乡风民俗,美化村容村貌,农村文化团体应发挥主阵地的作用。"①农村文艺队编排的每一个节目,每一场演出都有着浓郁的生活气息,为人民群众所喜闻乐见,从而影响农村和农民:

第一,引领开展各式各样的文化娱乐活动。农民在改善了物质生活后,希望自己的精神文化生活丰富一些。为了满足农民对美好生活的追求,农村文化类民间组织活跃于田间地头,走家串户,开展健康有益的文化活动。这改变

---

① 马正龙:《依靠村级群众组织加强农村精神文明建设》,《民族工作》1997 年第 1 期。

了农民白天干活、天黑睡觉的生活方式,也改变了农民农忙干活、闲时打牌的生活状态,使广大农民感受到生活的乐趣和丰富多彩。

第二,提高农民的整体素养。农村发展需要高素质的农民。提高农民的素质有多种渠道。比如,农村文化类民间组织到农村活动,为农民送去文化,送去知识,送去娱乐,送去交往。农民从娱乐中得到了愉悦,受到了启示,增长了才干,增强了本领,密切了关系。文艺团队成员都是来自农村各阶层,同广大农民有许多共同语言,容易与农民交上朋友,其演出能够真实地影响到群众的内心世界,有力地培育社会主义新风尚的新式农民。

第三,改变农村活动环境,增强邻里乡亲生活感情和互助关系。大家都知道,农村的主要社会关系是血缘关系和地缘关系,农民的活动方式更多是个体劳动。家庭联产承包责任制实施后,家庭成员之间的来往更加密切,农民的活动半径更加缩小。这是不利于农村治理的因素。农村文化类民间组织在农村开展文化活动,除活动内容对农民有正面影响外,还为农民增加交往机会,扩大交往范围,增加交往频率。通过文化活动,农民走出了封闭,转变了思想,密切了关系,提升了道德,有利构建社会主义和谐社会。

第四,培育了良好的乡风民俗。良好的乡风民俗是建设社会主义新农村的应有之义。而且,正如当年毛泽东所说,对于农村,社会主义不去占领,其他的主义就必然去占领。建设良好的乡风民俗需要动员各方面的力量参与其间,也需要调动各种积极因素发挥不同作用。农村文化类民间组织深入农村开展文化活动,以文化人,以文育人,以文培育良好的乡风良俗,冲击在农村业已存在并持续发挥作用坏传统、坏习惯、坏风俗,代之以新文化、新风俗、新作派。

如果通过上述作用还只是间接影响农村治理的话,那么,农村文化业民间组织还可能直接影响农村治理。农村文化类民间组织是农村文化的建设者,是农村先进文化、优秀文化的传播者。通过农村文化类民间组织在农村进行健康有益的文化活动,发展文化事业,占领农村文化阵地,培养农村文化新人,养成农村文化新风,开创农村文化新局面,从而直接影响农村治理。

农村文化类民间组织在农村治理中的作用之一,就是村民通过图书室,学习实用知识,提高文化素养。2015 年黑龙江省尚志市大力加强农村文化建设,以恢复和建设了农村图书室为抓手,加大投入,增加农村图书室个数,扩大图书室面积,增加图书室藏书,把农民吸引到图书室。① 农村通过图书室既有实用性很强的图书,农民从中学到许多管用的知识。同时,图书室还开展实用性培训,农民从中获得实用性技能,为脱贫致富开启了一叶窗,打通了一条道,也为农村治理培育了一个新主体。一个有文化的农民比一个没有文化的农民,无论作为治理主体,还是作为被治理的对象,都有不可比拟的优势。

农村文化类民间组织在农村治理中的作用之二,就是在农村宣传党和国家的农村政策并传播先进文化。浙江省是中国经济发达地区,文化建设也走在全国前面。浙江大力推进农村文化事业和文化建设的载体是建立农村"文化礼堂"。"文化礼堂"是一个文化复合体,集文化建设和文化事业各种功能于一身。村民到文化礼堂,可以加强思想道德建设,可以学习文化,可以享受文化艺术,可以交朋处友。"文化礼堂"是其外在形式,"精神家园"是其内在本质。② 从农村治理来看"文化礼堂",在这里,村民在享受文化娱乐的同时,可以了解党的方针政策,可以参加本村重大事件,可以与其他村民发生广泛的联系。

农村文化娱乐类民间组织在农村治理中的作用之三,就是要娱乐中培育村民的参与意识和民主意识。江西某行政村 2000 年成立"村民自乐班",主要以收集、整理和演唱本村自古以来流传的民间小调为己任,深受当地群众喜爱。③ 浙江省磐安县每年农历十月中旬举办的庙会,被当地农民称为狂欢节。④

---

① 麻金辉:《农村图书室的发展现状及其展望》,《北京农业》2015 年第 34 期。
② 蒋建华:《新塍镇建立农村"文化礼堂"的实践与对策》,《新农村》2016 年第 2 期。
③ 李惠芬:《农村娱乐性组织作为公共空间的功能解析——以 W 村"村民自乐班"为个案》,《江西农业大学学报》2012 年第 1 期。
④ 陈俏巧:《社会主义新农村建设中的农村民间组织》,《浙江树人大学学报》2008 年第 3 期。

无论是江西的"村民自乐班",还是浙江的"庙会",都是农村文化类民间组织自发组织的文化活动,它们的共同点是寓教于乐。参加文化活动的农民除了听戏和参加娱乐活动外,特别注重交流信息,商量工作,融洽感情,接受教育。通过这些活动,他们的政治觉悟、民主意识、法治思维都明显增加。而这些东西又是农村治理结构改革和农村治理现代化必不可少的条件。当这些元素种植到农民心中,他们就会以全新的面貌参与农村治理。

大力加强农村文化类民间组织建设,既是改变不良现状、塑造"乡风文明"风貌的有效手段,也是实现农村治理现代化的重要抓手。值得注意的是,由于目前农村文化生活的匮乏,一些腐朽、粗俗文化、邪教、封建迷信在农村还有一定的市场。一些农村文化类民间组织利用消极文化来影响农民,甚至牟取暴利。对于这一类文化民间团体,必须在法治的轨道下,正确引导,正面引导,取缔非法文化类民间组织,反对封建迷信与愚昧。培育更多坚持正确方向的自娱自乐的民间文艺团体,以引导农民健康的精神文化生活,坚持用先进文化占领农村阵地,组织农民参加健康有益的文化活动,让农民有较丰富的物质生活的同时有多彩的文化生活,让农民摆脱单调的闲暇生活,实现对美好生活的追求。这对改革农村治理结构和推进农村治理现代化是有推进作用的。

四、其他类民间组织

所谓农村治理结构中的其他类民间组织,主要是指农村中的家庭、宗族和宗教组织。农村是从民族、家庭、宗族等血缘、地缘群体演化而来的,相同的血缘、地域群体有着共同的生产生活习惯和方言,认同感和归属感较强,这是农村中这一类民间组织形成的基础。这一类民间组织很少有官方背景,但在农村治理结构中占有重要位置,是农村治理中不可低估的力量。而宗教组织或有形或无形影响广大村民,也是农村治理结构中不可忽视的因素。正确发挥家庭、宗族组织的作用,科学引导宗教组织是改革农村治理结构的重要内容。

家庭、家族、宗族是一种特殊的社会组织。家庭是社会的基本细胞,是一个最简单的民间组织。由家庭扩张而产生家族。家族的形成是建立在血亲和姻亲关系之上的。相对家庭来讲,它又是一个放大的社会组织。由建立在较远血缘关系和地缘关系基础之上的许多家族组成宗族。宗族又是更大的社会民间组织。中国家庭家族宗族制度源远流长。这种制度在中国不同历史时期对国家治理、社会治理和农村治理有不同的地位、不同的作用。在封建社会,无论分封制,还是世袭制,其本质都是家族治理制。当然,这个家庭不是普通家族,而是皇族和贵族。一旦当上皇帝,与皇帝有关的家庭自然就是社会的主宰。为皇帝打天下的有功受封家族则成为社会某个局部的主宰。在中国传统文化中,儒家特殊重视家庭伦理理论,形成了以家庭家族宗族为载体的族权理论。这种理论也为皇家乐意接受,成为皇权世袭制的理论基础。这种族权理论也是族权在农村中配合政权实现对农村有效治理的理论依据。

家庭家族宗族的产生、存在与发展,形成与之相适应的家庭家族宗族文化。这种文化有特殊的内容、特殊的形式、特殊的载体、特殊的作用。这就使族权蒙上了神秘的色彩,并对本族人产生强烈的约束力和影响力。比如,家庭家族宗族文化中,特别强调孝道,对孝者进行褒奖,对不孝者进行惩罚。这对人们的思想和行为产生强烈影响。又比如,这种文化强调用一定形式和一定的载体来凝聚本族人,对热心者给予褒奖,对不热心者则受到惩处,这就保证本族人积极参加本族组织的活动,参加集体祭祀,为修祠建庙捐款献物。还如通过修谱表彰本族人的成功人士,就激励后人效仿先贤努力奋斗,争取建功立业。有些家族宗族提炼本族家风箴言和族规等,成为同一宗族的共同遵守。如果说,家族的统治因王朝的更替而发生变化,旧的家庭的统治被新的家族的统治所取代是正常的经常的现象,那么,家族宗族文化则长久保持影响,它并不因为某个旧家族的统治被新的家族的统治所取代而停止影响。因为文化的影响是隐性的,是持续的。这就是21世纪以来家庭家族宗族重新活跃的文化根基。

在中国农村的社会结构中,家庭是社会的细胞,居于特殊重要的位置,它是社会分化的结果,又是社会整合的基础。传统的农业社会是以家庭和家族为中心展开的。家族关系深深扎根于中国社会,以血缘关系和地缘关系为联结纽带,是农村社会最主要的社会关系。中国近代以来,中国的国门被打开,新的元素注入中国社会。资本主义民主革命发起了对中国传统社会关系的冲击,人与人之间的交往突破了传统,导致家族宗族的影响力不断下降。特别是中华人民共和国成立后,新型的人际关系取代了传统人际关系,阶级阶层成为人际交往的基础,这就是通常讲的,亲不亲,阶级分。而且,中国共产党和人民政府从政策层面限制甚至取缔家族宗族组织,禁止家族宗族组织开展活动。在"文化大革命"中,在破"四旧"的旗帜下,封祠堂,拆庙宇,烧族谱,横扫家族宗族及其文化的载体。人民公社体制下,家族宗族组织没有立足之地,完全淡出了人们的视野,就谈不上参与农村治理了。"在广大农村社会根深蒂固的家族势力受到沉重性打击,家族活动基本停止,至少在表面上是如此。"①

中国改革是从农村开始的,又是以实现家庭联产承包责任制作为突破口。这一改革及其成果对于家庭家族和宗族组织有意想不到的意义:第一,重新确立家庭在社会结构中的基本细胞地位。在高度集中的人民公社体制下,家庭只是消费单位的生育单位,其他功能被剥离出来交给了其他社会组织。实施家庭联产承包责任制,不言而喻,恢复了家庭的所有功能,真正成为社会的基本细胞和基本组织,家庭成为真正独立的利益主体,享有经营自主权和利益选择权。任何家庭都必须直接面对社会。第二,家庭联产承包责任制为家族组织恢复活动提供了契机。家庭联产承包责任制的发源地安徽凤阳小岗村的18位农民签订承包契约冒了极大风险。因此,他们首先是从家族成员寻找支持的。这就说明,打仗父子兵,上阵亲兄弟,还是家族成员靠得住。其他地方的家族从中得到启示。第三,家庭联产承包责任制为家族宗族组织恢复活动

---

① 李砚忠:《家族势力和村民自治——以山东省诸城市昌城镇为个案》,汕头大学硕士学位论文,2005 年。

创造了条件。家庭作为社会的基本细胞,的确蕴藏着极大的能量,能够创造在人民公社体制下不能创造的奇迹。但是,不能不承认,由于家庭作为社会基本单位存在不可克服的缺陷,也无法抗拒不可抗拒的天灾人祸,家庭需要从家庭以外的组织寻找支持。这时家族和宗族成为家庭寻找外部支持的首选。这就是家族宗族组织恢复活动的重要社会条件。

还必须看到,人民公社体制解体后,农民的组织化程度下降。社会或无意或有意放松了对农村社会的控制。这又是农村家族宗族组织重新恢复活动并不断扩大影响的另一个社会条件。著名社会学家费孝通先生深入研究中西方家庭之间的重大差异。在西方国家,家庭只是"生活堡垒",而在中国,家庭除了"生活堡垒"外,还有更多的社会属性。① 有一种在血缘和地缘的基础上向外扩张的要求。当社会外部条件不适宜时,扩张处在缓慢状态。而社会控制放松,家庭家族宗族对外扩张处于加速状态。由家庭而家族,由家族而宗族,由于家庭的活动和影响在增加,家族和宗族的活动与影响也在增加。"在农村,地缘关系成为一个家族共同体生存发展的胎盘,离开了这个胎盘,家族共同体的存在便会改变形式。族居确定了家族共同体的基本结构,即在这个地域中的有一定血缘关系的人构成一定家族共同体的主体,或者说基体。"②

这是一种理论的分析,让我们回到现实生活中,从中可以找到很好的说明。在人民公社体制,社会控制力非常强大,在农村就没有家族宗族组织的生存空间。改革开放以来社会控制力有所下降,家族宗族组织迅速恢复建立并广泛开展活动。湖南岳阳市在新中国成立后,几乎没有什么家族宗族组织。然而在上世纪末岳阳 6 个县的家族组织恢复建立速度之快,名目之多,活动之

---

① 费孝通:《乡土中国　生育制度》,北京大学出版社 1998 年版,第 40—41 页。
② 王沪宁:《当代中国村落家族文化——对中国社会现代化的一项探索》,上海人民出版社 1991 年版,第 72 页。

频繁,覆盖面之广超出了人们的想象。① 湖北省孝感市孝感区西河镇有近百个自然村,在很短的时间内就实现家庭组织的全覆盖,并进行了选族长、修族谱、定族规、祭祖先等家族宗族活动。② 众所周知,温州是全国市场经济发展得最好的地区,温州人的交往已经大大超出了温州的范围,出现哪里有市场,那里就有温州人。也许他们在与人交往过程中感觉到同族更加值得信赖,所以从 20 世纪 80 年代初期,温州的家族宗族组织迅速恢复,其活动开展得有声有色。自 1980 年起,几年间温州永嘉县桥头镇全镇各主要姓氏的族谱几乎全部重新修撰。③ 各地家庭家族活动不一而足。改革开放以来,特别是 21 世纪以来,农村家庭家族以及宗族出现了以下新情况:

第一,农村家庭宗族观念在农民头脑中越来越重要。家庭宗族观念是生活相同血缘、相同地缘的家庭对本家族情感的总和,它具有强烈的排他性。这种观念在农民头脑中根深蒂固。在改革开放前的外部条件的压制下,家庭家族观念受到压制而深藏于心。当外部条件允许其存在时,这种观念得到释放。有的地方的农民的家族宗族观念成为最重要的情感,有的农民以家族宗族划线,只要是同一家族或宗族的人,就好说话,同一家族或宗族的事就好商量。

第二,农民参加家庭宗族活动积极性非常高。家庭宗族集体活动主要包括修族谱、建祠、祭祖、修墓、开庙会等。由于家庭家族的作用,农民参加这些活动的积极性很高,一些农民家庭经济条件并不好,但只要为了这些活动,他们愿意捐资出钱出力,甚至倾其所有,在所不惜。

第三,因经济实力增加而开始在政治上争地位争权力。在一些经济发达地区,家庭家族宗族组织普遍建立起来,首先是开展家庭家族宗族活动。通过家族宗族活动增加本族本宗内部的凝聚力,扩大了本族本宗的社会影响力。

①　毛少君:《农村宗族势力蔓延的状况与原因分析》,《浙江社会科学》1991 年第 2 期。

②　陈彪:《家族组织发展和农村基层组织建设》,《社会主义研究》1998 年第 3 期。

③　朱康:《宗族文化与农村社会秩序建构》,《中共浙江省委党校学报》1997 年第 1 期。

在此基础上,他们开始扩大活动范围,增加活动内容,逐步涉足当地的政治、经济、社会活动。在经济上为本族本宗争取更多的财富,在政治上为本族本宗争取更多的权益,甚至寻找政治的代理人。争取的手段有合法的,也有非法的,有理性的,也有非理性的。这类情况在浙江也是存在的。[①] 有的地方的农村家族宗族组织把手伸进农村民主选举,企图干扰或左右村民委员会的选举准备、选举过程和选举结果。

家族宗族势力通过家族宗族活动,聚集本族群众,影响农村的权力配置和资源配置,成为农村治理结构中不可忽视的力量。在农村治理中的地位和影响力也不可低估。对于 21 世纪以来农村家庭家族及宗族的变化,中国共产党人坚持以人为本,坚持以人民为中心的立场,对农村中的家庭家族宗族等民间组织,因势利导,发挥其积极作用,抑制其消极影响,使家庭家族宗族等民间组织在农村治理中处于可用可控的范围内。

在农村治理结构改革中,应该合理发挥家庭、家族及宗族组织的积极作用。

第一,发挥家庭家族宗族力量在农村治理中拾遗补缺的作用。由于历史的原因,农村党组织和基层政府对农村治理处在缺位状态,一些农村自治组织处于定位不准的状态。而农村治理又是事无巨细,千差万别。这两种状态都不利于农民对农村实施有效治理。群众利益无小事,一旦缺位,或定位不准,就可能影响农村。这就需要一定的中间环节来拾遗补缺。在农村中,当然有许多重大的事情,农村治理结构中的主要治理主体责无旁贷地担起责任。但农村中也有一些具体事,或者表面上看起来的小事,农村治理结构中主流治理主体不便出面,或不方便承担责任。这时,家庭家族宗族力量就可以出面做一些工作。比如,农村中的婚丧喜事。辩证来看,对于某一个农民来讲,也是天大的事,但如果村党支部书记或村委员会主任出面去张罗这类情况,就可能有

---

① 黄建钢:《经济政治学》,浙江大学出版社 2008 年版,第 380—382 页。

瓜田李下之嫌,造成不必要的误会。而家族宗族力量出面做这样的事,顺理成章。当然,农村党支部和村委会可以在这个问题上做导向工作,而具体事情则由家族宗族力量出面,可能效果会更好一些。事实上,在农村治理结构改革的进程中,许多地方的党组织和村委会在坚持主导农村治理的同时,发挥家族宗族力量在农村治理中的拾遗补缺作用,效果非常好。

第二,发挥家庭家族宗族组织在调解邻里及家庭内部矛盾或纠纷的特殊作用。在农村治理中,农村党支部和村委会有一个令人头痛的问题,就是大量的矛盾和纠纷。邻里之间为了一点鸡毛蒜皮的事而产生矛盾,婆媳之间因为一句话而产生纠纷,村与村之间也因各种原因而发生冲突。农村党支部书记和村委员会主任为解决矛盾、纠纷和冲突忙得不可开交。更可悲的是,他们费力不讨好。因此,在农村治理结构改革的历史进程中,农村基层党组织和村委会,利用家庭家族宗族在本族人中间的特殊关系,以情动人,情理交融,把矛盾消灭在萌芽之中,把纠纷解决在可控范围内,营造和谐氛围,从而既减轻了其他治理主体的工作量,又充分发挥家庭家族和宗族的特有优势,实现对农村的有效治理。

第三,发挥家庭家族宗族力量在农村继承和传播优秀传统文化的作用。习近平特别重视家风建设。优良家风对农村治理具有重要作用。家风来自何处? 来自传统文化。优良家风靠谁来建设,必须举全社会之力。既然是举全社会之力,家庭家族宗族自然就在其中。许多农村,充分发挥家庭家族宗族在继承传统文化,建设良好农村社会风气等方面的重要作用:一是向本族人宣传传统文化的家国情怀,并升华为爱国主义。二是向本族人宣传传统文化中的孝道思想,尊老敬贤、百善孝为先,所以要赡养父母,并且要尊敬父母长辈,光宗耀祖;因为忠和孝,所以才使得社会最基本单元的家庭和睦融洽。三是向本族人宣传勤劳致富和遵纪守法,形成劳动光荣的价值标准,养成守规矩的习惯。四是通过家庭宗族的必要礼仪和庆典以及其他载体,增强族内和谐团结局面。五是实现传统道德与现代道德的贯通与融合。社会主义核心价值观是现代道德的集中体现,它与传统道德有相通之处。当家庭家庭宗族力量向本族人宣传传统道德时,自然也帮助了新道德的宣传。而人们的道德水平提高后,农村治理的阻力就减少,治理起来就顺当得多。

第四,发挥家庭家族宗族力量在激发农民的民主意识和改善民主能力的作用。通常说,传统家庭家族宗族组织与民主毫无共同语言。但是,经过中国共产党近百年的民主宣传,中华人民共和国成立七十多年的民主实践,改革开放四十多年的民主洗礼,今天的家庭家族宗族组织也不能一如既往地坚持家长制,家庭家族宗族组织也开始实施民主管理。比如,民主选举族长,民主议定族内重大事情。这对农民来讲也是一个很好的民主培训。家庭家族宗族组织在参与农村治理的过程中,虽然有一些封建的东西在起作用,但是,它们也有相当的权利意识、公民意识和民主意识。如果引导得当,对于农村自治中民主选举、民主决策、民主管理和民主监督是有所裨益的。通过家庭家族宗族组织的政治动员,本族人参加农村治理的积极性有所增强,参与农村治理的能力有所提高,农村治理的效果也会更好一些。

在认识家庭家族在农村治理中的积极作用的同时,中国共产党人也认识到家庭家族宗族组织对农村治理的消极影响,并加以防范。

第一,认识并防范家庭家族宗族组织对农村民主选举的干预和操控。当家庭家族宗族组织发展到一定规模后,它们就不满足在族内发号施令了,开始向社会扩张,开始在农村治理结构中其他治理主体寻找代理人,因此它们通过各种途径和手段影响、干预甚至操纵农村民主选举。在选举前农村一些家族势力就私下活动,为本族候选人拉票,在家族势力的干预下,选举的民主性、公正性、权威性受到严重挑战。大家族操纵选举结果,小家族或零散家庭的意志得不到体现,权益得不到保障。大家族的代表当选后,并不是代表全村村民参与农村治理,而是代表家族利益参与农村治理。这违反了农村民主选举的原则。"家族势力正是抓住农村社会推行村民自治和民主选举村干部的机会,极力推举本族人争夺村内政治资本"①。针对这种情况,农村治理结构改革进程中,有的地方从制度层面防止这些情况的发生,特别严控农村民主选举沦为家庭家族宗族组织的争权夺利,使选举真正置于党的领导之下,真正体现人民群众的民主意愿,通过民主选举,产生让人民满意的农村治理主体。

　　第二,认识并防范家庭家族宗族组织妨碍农村民主决策、民主管理和民主监督。有的农村家庭家族宗族组织在成功干预和操纵农村民主选举后,进一步干预和妨碍农村民主决策、民主管理和民主监督。这种干预和妨碍不外乎两种形式:第一种形式是当他们成功干预和操纵民主选举后,由其代理人把持民主决策、民主管理和民主监督,使决策和管理的结果最大限度地有利于本族利益;第二种形式是一些家庭家族宗族组织在农村治理结构没有自己的代理人,他们就赤膊上阵,为难甚至破坏农村的民主决策、民主管理和民主监督,"对现任的村干部存在着敌视态度,利用和寻找机会与村组织对抗,以达到干扰和阻碍村级组织开展正常的管理和决策"②。黑龙江某村村委为家族势力控制后,当有人举报他们贪污时,举报者被活活打死,然后悄悄被埋掉。③ 湖北仙桃某村的村民因为在村民大会上提出查账的问题,当晚其果园的果树被村干部指使家族人全部砍光。④ 这些行为虽然有些极端,但说明问题的严重性。如果不解决这些问题,村民自治就会演变为家族自治,后果会非常严重。针对这些情况,各地农村治理结构改革重点完善民主决策、民主管理和民主监督机制,实现村务公开,让村务在阳光下运行,一旦发现家庭家族宗族组织干预或妨碍农村民主决策、民主管理和民主监督,就依法处置,决不姑息迁就。

　　第三,认识并防范家庭家族宗族组织成为农村治理结构中的毒瘤。农村中的家庭家族宗族组织一旦与农村中的黑恶势力结合在一起,或者被黑恶势

① 卢璐:《村级民主选举问题与对策的个案分析》,《新疆社科论坛》2008 年第 5 期。
② 宋伟:《农村基层党组织建设》,中共中央党校出版社 1999 年版,第 107 页。
③ 张玉:《家族势力的危害》,《法制文萃报》2001 年 5 月 21 日。
④ 毛少君:《农村宗族势力蔓延的状况与原因分析》,《浙江社会科学》1991 年第 2 期。

力控制,它成为农村治理结构中的毒瘤,它们往往在农村制造事端,挑起矛盾。为了争山、争水、争地、争利益,欺行霸市,强买强卖。为了本族的利益,不惜挑起家庭宗族之间的矛盾,甚至冲突与械斗。像这样的家庭家族宗族组织,实质上已经成为农村治理结构中的毒瘤。这种毒瘤不铲除,谈何农村治理,谈何农村治理结构改革?铲除的方法,就是依法打击已经沦为社会黑恶势力的家庭家族宗族组织。从 2016 年起,农村开展专项治理,依法从重打击农村黑恶势力,为农村治理保驾护航,为农村治理结构改革保驾护航。

第四,认识并防范家庭家族宗族组织对农村干部作风恶劣影响。农村治理关键在人,关键在干部。农村干部官不大,地位不高,却直接联系千家万户,直接影响党和政府在农民群众中的形象和声誉。农村干部作风的好与坏,又直接影响农村治理。一些别有用心的家庭家族宗族组织也深谙此道,不择手段对农村干部的作风施加影响。一是强势家庭家族宗族组织支持本族干部以强硬作风开展农村治理,决策强行通过,决议强行实施,利益强行占有。二是在强势家庭家族宗族组织的影响下,一些农村干部谨小慎微,工作缩手缩脚,不作为,不敢担当,不得罪人,当老好人,在农村治理中和稀泥。三是一些农村干部为了自身或本族人的利益,不听群众意见,以家庭宗族组织的意见为意见,农村治理成为变相的家庭宗族治理。对此,除了加强教育外,还需采取形成立体式监督网络,坚持农村好干部标准,加强农村干部的作风建设。

第五,认识并防范家庭家族宗族组织对农村精神文明建设的负面影响。农村精神文明建设是一项系统工程,需要动员全社会参与其间。家庭家族宗族组织在农村精神文明建设可以有所作为,也的确发挥了作用。但是不能不注意,家庭家族宗族组织在向族人传播正能量的同时,也对农村精神文明建设起一定负面作用。比如,由于家庭家族宗族组织的排他性特点,破坏了农民之间的大团结;由于强调传统文化的作用,对传统文化良莠不分,把传统文化中的糟粕传承下来;在家族宗族活动中宣传封建迷信,在操办婚丧喜事铺张浪费,大操大办,讲排场;等等。这些与农村治理所需要的精神文明建设格格不入。对此,应采取有效对策予以防范。

家庭家族对农村治理的正面与负面影响是客观存在的不争事实。只有正确认识了家庭家族在农村治理中的正反两个方面的影响,才能正确引导发挥家庭家族在农村治理中的积极作用,规避家庭家族在农村治理中的消极作用。中国共产党充分认识家庭与家族在社会中的地位,充分认识农村家庭与家族在农村治理结构中的地位与影响,充分认识家庭与家族在农村治理中的地位。2016 年 12 月 12 日,第一届全国文明家庭表彰大会表彰了 300 户文明家庭,其中也包括一些农村家庭,成为全国 4 亿多家庭中的标兵。习近平与文明家庭代表见面,共商家风建设问题。他希望不同的家庭为家风建设作出自己的贡献。同时,他也寄语农村家庭保留好乡愁,留住中华文明的根。习近平强调:"注重家庭、注重家教、注重家风。广大家庭都要把爱家和爱国统一起来,把实现家庭梦融入民族梦之中,心往一处想,劲往一处使,用我们 13 亿多人民的智慧和热情汇聚起实现'两个一百年'奋斗目标、实现中华民族伟大复兴中国梦的磅礴力量。"①这是科学认识家庭家族在农村治理结构中的地位,正确发挥家庭家族宗族组织在农村治理中的作用的基本遵循。

在改革农村治理结构和推进农村治理现代化的进程中,有一个绕不开的话题,这就是宗教及其组织对农村影响问题。宗教是人类社会发展到一定历史阶段的一种文化现象。中国宗教问题比较复杂,是信教人数比较多的国家,除了佛教、道教传统宗教外,还有近代传入的基督教、伊斯兰教等。宗教组织则是由信教者组成、遵守特定的宗教仪规的组织。宗教也因宗教组织得到存在和扩大影响。宗教组织除了有明确的共同目标外,组织自身还需要有成员的分工、权力的集中与活动的规则。②宗教作为一种历史现象,自其产生以来就对政治、经济、社会生活等方面产生了深刻的影响,进入近代社会以来由于

---

① 《习近平在会见第一届全国文明家庭代表时强调:动员社会各界广泛参与家庭文明建设　推动形成社会主义家庭文明新风尚》,《人民日报》2016 年 12 月 13 日。

② 戴康生、彭耀主编:《宗教社会学》,社会科学文献出版社 2007 年版,第 115 页。

政教分离原则的确立和科学技术的发展,宗教退出了政治领域,在社会生活其他领域的影响也大大减小。但在历史长河中,宗教与社会秩序的关系是非常密切的。宗教对于各种不同形式的社会影响,都是巨大而且深远的。马克思认为,宗教与社会有着密切的关联,"宗教的世界不过是真实世界的反映。"[①]恩格斯则指出"一切宗教都不过是支配着人们日常生活的外部力量在人们头脑中的幻想的反映,在这种反映中,人间的力量采取了超人间的力量的形式"[②]。因宗教和宗教组织的存在,引起了宗教工作。宗教工作是古今中外任何执政者治国理政的重要内容,宗教工作做得好,则国泰民安、人心稳定、社会和谐;宗教工作做不好,小则人心思变、世风日下,大则宗教冲突,最终引起社会冲突。

中华人民共和国宪法规定,中国公民有信仰宗教的自由,也有不信仰宗教的自由。但是,在相当长的时间内,人们把宗教与封建迷信等同起来而受到禁止,宗教组织很少在农村活动,至少不能公开活动。21 世纪以来,中国农村宗教出现了一些新现象:一是宗教成为热潮。这种热潮具体表现为信教人数快速增加,以教堂庙宇为载体的宗教场所不断增多,各种宗教活动规模在扩大,频率在加快。二是宗教的种类突破传统宗教,新传入的基督教、天主教也在农村有相当大的的市场。三是教徒结构发生重大变化。除了职业化的信众外,农村中新的信众人数迅速增加,而且出现男性化、年轻化和知识化的倾向。[③]

用辩证方法来观察宗教对农村治理的影响,不难发现,它的影响是双重的。也就是说,既有积极的一面,又有消极的一面。当然,宗教对农村治理的影响,不能简单地断言其积极或消极,它在不同的历史条件下发挥着不同的社会作用。总的说来,当宗教在具体的社会历史条件下对农村社会发展起推动作用时,其为积极的,反之,则是消极的。如果作静态分析,将其影响分为积极

① 《马克思恩格斯选集》第 3 卷,人民出版社 1995 年版,第 352 页。
② 《马克思恩格斯选集》第 3 卷,人民出版社 1995 年版,第 354 页。
③ 胡述宝:《新农村建设中的宗教问题探讨》,《中共郑州市委党校学报》2008 年第 1 期。

的和消极的也未尝不可。现在,我们就来作静态分析。

21世纪以来农村治理结构改革的进程中,重视宗教及其组织在农村治理中的积极作用。

一是借助宗教及其组织维护农村的社会稳定。稳定是农村治理的基础。没有稳定,谈何农村治理?因此,维护农村稳定是农村治理结构中各种治理主体的共同目标。然而,影响农村稳定的因素继续存在,农村稳定形势不容乐观,做好农村稳定工作难度也非常大。农村维稳需要调动各方面的积极性。"宗教信仰实际上是以超自然的神秘方式实现社会控制。在此间,宗教不可谓不是整合社会精神风貌的强大力量。"①信仰问题是一个天大的问题,一旦信仰出了问题,天都要塌下来。当然,对农村中的共产党员,必须要求有科学的信仰。但对普通农民来讲,则不可强求。在社会上,最可怕的是什么信仰都没有。也就是宗教在信仰问题也有可取之处,或者说有可借用的地方。人们信教后,对宗教有所遵守,对教规有所敬畏,不至于为所欲为,肆无忌惮。这样,就有利于人心思稳,为农村稳定创造良好的道德条件。不少地方借助宗教教规和仪式,对维护农村稳定起到了意想不到的作用,也就为农村治理创造了条件。

二是借助宗教及其组织的帮助形成农村良好的社会风气。良好的社会风气是农村治理的社会条件之一。农村社会风气有不尽如人意的地方,这就为宗教及其组织为形成良好社会风气提供了用武之地。宗教及其组织之所以能够为形成良好社会风气作出一定的贡献,是因为宗教的教义中有某些提升道德水准的成分,如鼓励人们做好事,做善事,也有些宗教提供因果思想,赠人玫瑰,手留余香。有的宗教利用天堂地狱的观念规范人们行为。宗教组织则通过规劝、告诫、限制等形式教育人们有所为,有所不为。这对农村治理还是有一定的作用的。当某种行为通过约定俗成后成为习惯,就可能成为风气。在

---

① [美]塞雷纳·南达:《文化人类学》,刘燕鸣、韩养民编译,陕西人民教育出版社1987年版,第283页。

农村治理结构改革进程中,借助宗教及其组织中某些合理因素,提高人们的道德水平,培养人们的良好习惯,养成良好社会风气,农村治理就可能减少很多阻力,增加动力。这又何乐而不为?

三是借助宗教及其组织促进农村的文化发展。文化治理是农村治理的重要内容。由于文化的滞后性特点,农村文化及文化事业比其他领域更落后一些,更需要借助各种社会力量帮助发展农村文化和文化事业。宗教本身就是一种文化,而且其中有一些不错的文化因子。借助这些文化因子在农村以文化人,本身就是一种不错的选择。而且,宗教及其组织开展一些文化活动,兴办文化事业,如教会学校、教会医院等,对发展农村文化和文化事业也是有益的帮助。中国传统宗教中有许多反映传统文化中的珍贵遗产。从这些遗产中汲取养分,对发展中国特色社会主义文化,增强文化自信,都会有不可磨灭的贡献。

从消极角度,宗教对农村治理的负面影响表现在以下方面:

一是宗教在一定程度上削弱了农村基层组织的社会权威。中国社会,特别是中国农村社会非常崇尚权威。这种权威包括来自现实生活和虚拟世界。在农村治理结构中,现实的权威当然来自党的基层组织、基层政府和村自治组织以及其他治理主体。而虚拟世界权威则大多来自宗教。在科学还无法解释所有自然现象的时候,这种虚拟世界的权威经常超越现实权威,成为农民的膜拜对象。既然如此,就大大削弱了现实权威的影响。一些人往往从虚拟世界寻找庇护,加上一些宗教组织从中推波助澜,虚拟世界的权威的影响力无限扩大,现实世界的权威的影响力的空间被挤压。农村治理结构中的党的基层组织、政府和自治组织的权威受到挑战,从而使农村治理的效益大打折扣。

二是宗教组织在一定程度上挑战了农村基层党组织和村委会的管理效力。农村基层党组织和自治组织对农村的社会生产生活负有直接的管理职责。由于很多村民已被宗教势力所笼络,其参与宗教活动的积极性远超过其他事务的积极性;一些宗教组织利用自己的影响力,通过宗教信众而确立自己的权威。他们不仅不让农村治理结构中其他治理主体依法对宗教事务进行管理，而且越过农村治理结构中其他治理主体，大肆直接插手农村治理事务，其他治理主体或不作为，或乱作为，把农村治理权转移到宗教组织之手，这就大大削弱了农村治理的效果，甚至造成混乱。

三是宗教及其组织在一定程度上扰乱了农村社区的社会秩序。如前所述，农村信仰宗教的人越来越多，宗教组织的影响力越来越大。相反，农村治理结构中其他治理主体呈收缩趋势，影响力呈下降趋势。农村宗教活动已经越过了农村治理活动，在一些经济文化落后的地方，宗教活动成为农村主要活动。加上农村非法宗教及其组织的非法活动，加强对农民精神世界的控制。一些宗教组织为了扩大影响，挤压其他宗教的影响，不惜制造矛盾，制造混乱，严重扰乱了农村社会秩序。

正确认识宗教及其组织对农村治理的积极和消极影响，是我们正确处置农村宗教组织的前提条件之一。建设中国特色社会主义，实现"中国梦"，需要调动各种积极因素，凝聚力量。中共十七大报告和十八大报告一致强调，要"发挥宗教界人士和信教群众在促进经济社会发展中的积极作用"。正确引导和发挥宗教组织在农村治理中的作用，成为农村治理改革的重要内容。据2014年的有关调查表明，中国的宗教组织已经成为"各类组织中排在共产党、共青团、工会组织之后第四大组织，也是第一大社会组织，部分地区宗教组织成员人数甚至超过工会会员人员"[①]。农村信教群众数量大，教类繁多，情况复杂。这更能反映科学认识和处理宗教问题，科学认识和发挥宗教及其组织在农村治理中的作用，控制和减少其在农村治理中的负面影响，在农村治理结构中形成更强大的合力，成为改革农村治理结构和推进农村治理现代化的重要工作。

民间组织是农村社会治理的多元主体之一，其发展状况直接反映农村社

---

① 北京大学宗教文化研究院课题组：《当代中国宗教状况报告——基于调查数据》，《世界宗教文化》总第 85 期，第 11 页。

会治理主体的社会化程度。中共十七届三中全会通过的《关于推进农村改革发展若干重大问题的决定》指出,"农村社会管理体系进一步完善"是 2020 年农村改革发展基本目标任务之一,要大力发展跨越社区与领域的以农民为本、为农民服务的民间组织。要"培育农村服务性、公益性、互助性社会组织,完善社会自治功能",发挥农村民间组织"协调推进农村经济建设、政治建设、文化建设、社会建设和党的建设"。

第九章　农村治理结构改革中的
机制创新

合理的农村治理结构,必须有科学的运行机制,才能实现农村治理的现代化。当农村治理在科学而正确的轨迹上运转时,农村治理才能走上成功,才能实现现代化。21世纪以来,中国共产党人在改革农村治理结构的同时,科学设计农村治理的运行机制,保证农村治理结构及治理活动在三治的机制、民主的机制、统筹的机制和协调的机制。正是因为在这些轨迹上运行,农村治理的现代化进程迈出了可喜的步伐。也正是这些机制还存在某种问题,农村治理结构和治理实践还存在许多不如人意的地方。解决这一矛盾的唯一办法是全面深化农村治理结构改革。有理由相信,再经过一段时间的努力,农村治理结构运行的机制更加科学,更加符合农村实际,更加有利于推进农村治理现代化。这是推进农村治理结构改革伟大进程中的基本遵循。

一、三治机制

所谓农村治理的三治机制,是农村治理中法治、德治和自治的合称。法治是农村治理中的根本,德治是农村治理中的灵魂,自治是农村治理中的基础。农村治理必须实现三治的有机统一,只有这样才能实现农村治理的现代化。

农村治理结构改革必须坚持有利于农村治理的三治结合。

首先,农村治理必须强化法治机制。这既是贯彻依法治国基本国策的需要,也是改革农村治理结构和实现农村治理现代化的需要。而农村治理的法治机制,就是农村治理在法治的轨道下正常运转。离开法治机制,农村治理现代化就不可能,农村治理结构改革也可能走进死胡同。

农村治理在法治轨道下运行有其良好的背景。在中国封建社会中,历史上也有法家和法治思想,但从总体上来讲,主要还是人治。中国共产党领导建立新中国后,开启了依法治国的征程。这是因为在新中国成立前,中国共产党领导制定了《中国人民政治协商会议共同纲领》,1954 年领导制定了《中华人民共和国宪法》以及其他法律。但是,不能不承认,在党的指导思想犯“左”倾错误的特殊背景下,既有法律体系不健全的问题,又发生有法不依甚至践踏法律的现象。改革开放以来,正式制定依法治国的基本国策,最早提出“有法可依,有法必依,执法必严,违法必究”。后来,从“依法治国、依法执政、依法行政”,到建立“法治国家、法治政府、法治社会”,再到提出“科学立法、严格执法、公正司法、全民守法”,不断赋予了依法治国新的内涵,提升依法治国新要求,我国依法治国取得前所未有的新进步、新成就和新经验。这就是农村治理结构改革必须在法治的轨迹下运行的良好背景。

在全国,坚持依法治国。在农村,就是坚持依法治理农村。在依法治国的大背景下,21 世纪以来中国共产党人高度重视依法治理农村。江泽民明确指出:“建设社会主义法治国家,离不开广大农村人口的积极参与,否则依法治国就不可能得到全面落实”①。依法治国,重点在农村。这是因为目前我国农村地区存在地域面积广大、人口众多。依法治国,难点也在农村。这是因为农村经济相对落后且发展不平衡、农民的法治意识相对淡薄,农村法治设施相对落后,农村法治人才相对紧缺。具体讲:

---

① 参见《人民日报》1999 年 6 月 12 日。

第一,农村无法可依现象还比较严重。有法可依,是依法治国的前提。当宣布社会主义法律体系基本形成时,这个问题就基本解决了。讲基本解决不意味在建立法律体系上就没有提升的空间了,相反在这个问题上还需继续努力,构成完整的法律体系,使法律真正成为治国之重器。涉农法律体系的建立还有更长的路要走。一是存在涉农法律的空白点。农村无法可依的现象还比较严重。比如,随着城镇化进程加快,失地农民增多,维护失地农民的权益缺乏法律依据;农村中年轻力壮的青年都外出打工,每年过年才回来,如何维护留守父母和子女的权益没有法律依据;农民工在外打工,其权益的保障也没有法律依据。二是一些涉农法律留有历史的痕迹。良法是善治之前提。① 好的法律是治国安邦的重要保障。我国涉农法律总体是好的,但是,又不能不承认,在我国涉农法律中,一些法律受当时的情况的制约,与发生深刻变化的农村还存在一些不相符的地方。同时,经过长期改革,农村已经发生了深刻变化,必须以法律的形式把农村改革的成功经验固定下来。法律空白多,就是依法治村的最大障碍。带有某些瑕疵的涉农法律同样会妨碍依法治村。

第二,农村有法不依现象比较严重。如何说无法可依问题的发生,责任主要在法律制定者,而有法不依现象的存在,责任则主要在农村自身。法律的生命力在于执行,一旦有了法,又出现有法不依,这种法律如同空中楼阁、水中月亮,中看不中用。然而,在我国农村有法不依的现象比较严重:一是把法律当作摆设。一些农村也组织学习涉农法律,但是这种学习只是为了对付上级的检查。二是在解决农民权益争议时,还是人说了算,干部说了算,有权势的人说了算,许多农民存在权力崇拜情结和人情情绪,当自己的权益受到侵犯时,或以暴制暴,或把干部的话当法律,或相信金钱是万能的。三是许多地方视法律为儿戏,不想打"官司",不会打"官司",不能打"官司",一旦合法权益受到侵犯时,农民想到的是大家都是邻里乡亲,抬头不见低头见,碍于"面子"往往

① 《中共中央关于全面推进依法治国若干重大问题的决定》,《求是》2014年第18期。

会出现"私了"现象,不愿对簿公堂。受传统"人治"思想的影响,许多农民在权益受到侵犯时,想到的是"走后门""找关系",而不是申请法律援助。所以,一旦农民自己的权益受到侵犯时,不是想着怎样运用法律武器维护自己的合法权益,而是想着送礼找村干部出面帮忙。

第三,农村执法不严和司法不公的现象比较严重。农民自身没有执法权和司法权,因此,出现这种现象的责任又在于执法部门和司法部门。在农村执法和司法部门在农村执法和司法过程,出现以下情况:一是人情执法司法,在熟人和陌生人之间,法律的天平向熟人倾斜,在干部和普通老百姓之间,法律的天平向干部倾斜,在同是普通老百姓之间,法律的天平向与自己交往多的人倾斜;二是在执法和司法的过程,非法律因素的影响非常大,即受权力、关系、金钱等因素的影响,使之偏离法律的轨道;三是缺乏法律程序意识,不注重程序公平,执法和司法过程主观随意,影响了农村执法和司法上的公平公正。

第四,农村法律资源分布不均的现象比较严重。一是法律人才严重短缺,农村法律人才多是半路出家,几乎没有专门的法律人才,在农村从事法律工作的人,没有经过严格的法律教育和培训,没有丰富的法律知识储备。二是农村法律基础设施不完整不配套。在农村,只有乡镇设立了人民法院和人民检察院,而没有专门的司法机构,缺乏司法救助。三是广大农村几乎没有法律资源,没有法院,没有检察院,没有律师事务所。少得可怜的公安派出所穷于应付。总之,农村几乎没有法律资源可资利用。

上述四个方面的问题,还是基于依法治国的最初形态来作分析的,至于在"依法治国、依法执政、依法行政"层面,在建立"法治国家、法治政府、法治社会"层面,在"科学立法、严格执法、公正司法、全民守法"层面来分析问题,可能问题更严重些。然而,"没有中国农村的法治化就没有整个中国的法治化"[①]。因此,依法治村是中国依法治的难点和重点。在推进农村治理结构改

---

① 卓泽渊:《法的价值论》,法律出版社 1999 年版,第 338 页。

革和实现农村治理现代化的进程中,必须扭住法治这个关键不放松。

扭住农村治理中法治这个关键不放松,首要的任务是创新一整套更加完备的涉农法律制度。应该说,在中国共产党领导下,涉农法律制度已经有了较好的基础。进入 21 世纪,国家加快了涉农法律的立法进程,使中国农村治理基本上走上法治轨道。同时,也应该指出,形成完备的涉农法律制度还有很长的路要走。完善涉农法律体系,应该死死抓住两个关键点:首先,尽快消灭涉农法律空白点。法律空白点是法律体系建设中的硬伤,一旦有空白点,就可能留下死角,就动摇了依法治国、依法治村的基础。基础不牢,地动山摇。有学者根据依法治村的需要,提出了构建完善的农村建设法律制度体系。比如,第一,根据农村土地确权的需要,制定农村土地产权法律;第二,根据国家对土地征用的需要,制定农村土地征用法律;第三,根据破除城乡户籍二元结构的需要,制定农村户籍法律;第四,根据实现应保尽保的需要,制定农村社会保障法律;第五,根据农村公共财政管理的需要,制定公共财政支农法律;第六,根据农村金融事业发展的需要,制定农村金融法律;第七,根据农村各类民间组织发展的需要,制定农村民间组织法律;第八,根据农村自治出现的新情况,完善农村村民自治法律;第九,根据乡镇改革的需要,制定乡镇治理法律;第十,根据法律诉讼程序与机制,制定农村相关程序法。① 这是值得重视的意见。其次,及时根据变化了的情况,修改已经出台的而带有历史痕迹、存在某些瑕疵的涉农法律。瑕疵就是漏洞。漏洞多了,就让人有机可乘。必须及时堵住这些漏洞,把改革开放中创造了新鲜经验,把被实践证明是正确的东西用法律固定下来。通过从两个方面努力,尽快尽好地构建涉农法律体系,为有法可依提供坚实的基础。如果这些涉农法律制定完成,涉农法律体系就可认为已经形成。

除了国家的法律法规外,还必须有其他制度作为补充。1998 年《中华人

---

①　宋才发等:《改革与创新社会主义新农村建设的法律制度》,《学习论坛》2007 年第 4 期。

民共和国村民委员会组织法》第 20 条规定,"村民会议可以制定和修改村民自治章程、村规民约,并报乡、民族乡、镇的人民政府备案。"[1]20 世纪 80 年代初,广西合寨村制定了第一部《村规民约》。大约十年后,1991 年 6 月 7 日,中国第一部《村民自治章程》在山东省章丘县(现为章丘市)掉村镇堤西村诞生。《村民自治章程》缘起于"村级工作规范管理"。"村级工作规范管理"是 20 世纪 90 年代在山东章丘县各村建章立制的过程中,为了规范农村基层管理工作制定的。20 世纪 80 年代末 90 年代初,虽然村民委员会在山东章丘县各村已经普遍建立,但农村基层管理工作方面的矛盾仍然十分突出。"广大基层干部普遍感到农村工作任务繁重,'上面千根线,下面一根针',从收粮派款到计划生育样样都要管,而且直接对千家万户,难度极大。特别是有一些工作,既无法律可依,又无章程可循,有时为了完成上面任务,农村基层干部常常采取强迫命令、简单粗暴的手段,导致干群关系紧张。怎样减少化解矛盾,建立和谐的干群关系。山东章丘经过大胆探索和总结,提出了通过制订村规民约"找到了解决问题的钥匙"[2]。上述章程成为约束全村村民的共同规范,标志着村民自治活动管理走向具体化、制度化,"从而使宪法确认的'自我管理、自我教育、自我服务'抽象自治权力实现了可操作性"[3]。截至 2013 年底,四川省中江县 837 个村制订完善了村规民约。[4] 2014 年 7 月,四川省委在中江县召开了全省学习推广"中江经验"现场会,对制订完善村规民约和居民公约进行了再动员、再部署,要求各地在 2014 年 10 月底前全面完成此项工作。同年,四川省 90% 的行政村都修订了村规民约,受到各方面的欢迎和遵守。党

① 全国人大常委会法制工作委员会编:《中华人民共和国现行法律法规》(上卷),知识产权出版社 2002 年版,第 386 页。
② 张厚安:《民主科学的结晶 村民自治的章程——从章丘经验看农村深化改革的新的启动点》,《社会主义研究》1991 年第 5 期。
③ 董雪兵:《二十年来村民自治实践中的制度创新——国家与社会的共同行动》,《浙江社会科学》2001 年第 4 期。
④ 《依法治村之"中江经验"》,《时政》2014 年第 17 期。

中央顺势而为,各种推动制订乡规民约。

扭住农村治理中的法治关键,其次是解决有法不依的问题。如前分析,由于农村是"熟人"社会,由于农民的法律意识淡薄,由于农村更多受传统文化的影响,农民更不愿意打官司,农村中的"人治"比城市更加严重,有法不依的情况就更不容忽视。有专家在湖南益阳市进行问卷调查,发现大家对依法治村持肯定态度,觉得依法治村取得了重大进展。① 同时,指出在依法治村问题上还有一些问题。有法不依的问题依然存在,而且比例并不低。鉴于此,可通过以下路径来解决有法不依的问题:一是加大宣传、教育和培训力度,拓展宣传教育培训渠道,创新宣传教育培训形式,扩建宣传教育培训平台,千方百计增强农村干部群众的法治意识,养成法治思维,树立法治观念。二是树立有法必依典型,用群众身边的事教育群众,使大家懂得法治的力量,在实践中学会和运用法律维护自己的权益。三是对有法不依的人进行问责。榜样的力量是无穷的,除正面引导,对那些明知有法而不依的案例进行曝光,特别是针对不懂法、不学法、不用法的干部,不重用,不提拔。经过努力,营造依法办事的风气,养成依法办事的习惯。

在农村治理中扭住法治这个关键,再次是在依靠法治解决农村公平的问题。公平正义是中国特色社会主义的基本特点之一,法治是公平正义的最后一道防线。农村中由于各种原因而导致的公平正义问题比较突出,农民又不善于用法律来维护公平正义。在调查中发现,一些地方的农民对待公正正义问题的方法主要包括:一是忍辱负重或忍气吞声。只要对方不要做得太过分,能忍则忍。二是暴力抗争。在忍无可忍的情况下,一些农民以暴力抗争,从而酿成暴力事件,给对方或自身造成伤害,最后有理变无理。三是开始有人学会运用法律武器维护自己的权益,有的农民还开始借助网络力量维护自己的权益。这应该是一个良好的开端,有助于农村治理现代化的逐步实现。但如何

---

① 周铁涛:《农村基层治理法治化研究——基于湖南益阳农村的调查与思考》,《领导科学》2016 年第 35 期。

使开始运用法律手段维护公平正义的星星之火,成为燎原之势,则是农村治理结构改革中应该重点考虑和解决的问题。如何通过法治来解决公平正义问题,不少地方也在进行积极探索,如整合各种力量,更好协调各种矛盾,使正义之光照亮农民的生活。一些地方把国家公共权力机构与农村自治组织等资源整合起来,发挥它们不同的作用。有的地方特别注意发挥农村内的组织力量在维护农民利益和解决公平正义上的作用,把农民组织起来,依靠组织的力量维护自身的权益。农村各类组织机构通过收集农民意见,集中反映农民诉求,调解各种矛盾,又及时传达党组织和政府的农村政策与法律条文。他们为了共同的目标,推进农村法治建设进程,解决农村公平正义问题。

在农村治理中扭住法治这个关键,最后要解决优化法治资源配备的问题。批判的武器不能代替武器的批判。依法治村都必须有赖于农村法治资源的合理配置。如何配置农村法治资源?一是采取强有有力的措施吸引更多的法律人才进入农村,建设好一支数量够、素质高的农村法治人才队伍。二是配置好农村法治机构,从农村实际出发,设置农村公安派出所、法院、检察院、司法所等,把发生在农村的涉法案件就地解决。为了方便农民运用法律保住自己的合法权益,一些地方创新涉法机构的设立,设立流动涉法机构、网络涉法机构、巡回涉法机构、便民涉法机构等,及时迅速、简捷方便处理好农村涉法问题。三是增加农村涉法经费预算,降低农民涉法费用。前者是保证农村涉法机构和人员有足够的经费从事农村涉法活动,不能走靠山吃山、临水吃水的路线。后者是让老百姓有钱打官司,不因缺少费用而却步于法庭门外,不重演"衙门八字开,有理无钱莫进来"的历史悲剧。

依法治国的方略历经多年,成就斐然,但其路程还非常远。农村治理的法治轨道也已经确立,运转也基本正常,但同样任重道远。依法治村是依法治国的基本增长点。当依法治村的目标基本实现时,也就是依法治国的目标基本实现之日。

当年中央提出依法治国的基本国策的同时,就提出了以德治国的问题。

习近平在 2017 年 12 月 28 日中央农村工作会议上,第一次提出建立自治、法治和德治相结合的农村治理体系。① 这是一个重大的理论创新。对自治、法治和德治精准定位,开启了农村治理结构改革的新时代。法律是农村治理的硬约束,一旦触碰法律底线,就要受到法律的惩治。而道德是农村治理的软约束。软约束不软,农村治理中许多关系需要靠道德来调整。

在农村治理中坚持道德调整机制,首先是在农村进行社会主义核心价值观的教育和践行。社会主义核心价值观反映了社会主义道德的本质要求,对于引领农村形成良好社会风气具有重要作用。当今,农村与社会主义核心价值观格格不入的现象还比较多。必须在农村理直气壮地开展社会主义核心价值观教育,让正气压倒邪气。

在农村治理坚持道德调整机制,其次是弘扬中国道德中的优秀传统。在五千年的文明史中,沉淀着许多优秀文明传统。这些文化传统成为中国社会绵延不断的文脉。当今农村治理需要发挥这些优秀文化的滋润。大概在 20 世纪末,发生了关于中国社会的道德是滑坡还是爬坡的争论。无论是坚持滑坡论,还是主张爬坡论,都必须正视农村道德建设问题。对于农村道德水平的总评价是,农村新的道德观尚未形成,传统的道德观已经受到冲击。在这种背景下强调在农村坚持德治尤为重要,用传统优秀道德培育农民也是切中要害。可以设想,不热爱家乡,不敬畏祖先,不孝顺父母,不和睦乡亲,农村治理的难度会有多大。

在农村治理坚持道德调整机制,最后是尽快形成新道德。新农村建设也好,振兴乡村也好,都提出乡风文明。什么叫乡风文明,就是尽快形成具有中国特色,能够为当在群众共同认同、共同遵守的新道德。这种新道德既传承中国优秀传统道德,又体现时代要求,吸收世界优秀文明成果。在乡风文明中建设社会主义新农村,在乡风文明中实现振兴乡村战略。

---

① 《中央农村工作会议在北京举行 习近平作重要讲话》,《人民日报》2017 年 12 月 30 日。

要农村治理结构改革的三治机制中,还有一个重要内容,就是坚持自治机制。坚持农村自治,关键在于高度重视和发挥广大农民的主体地位,让农民真正成为农村自治的主体,核心在于通过改革农村治理结构,优化各种治理主体的关系,发挥其在农村自治的骨干作用;要害在于使农村各自治主体在中国共产党的统一领导和协调下,形成推动农村改革、农村发展、农村振兴的合力。对于具体如何坚持农村自治,将在下一节中作详细分析。

二、民主机制

应该说,村民自治是农村治理结构改革的最大成就之一。国家通过并实施村民自治法,使村民自治有了制度保障。现在需要进一步研究的问题是,村民自治制度如何通过科学的自治机制,成为真正的村民自治。在这个问题上,中国共产党人做了大量的工作并取得明显成效。中共十七届三中全会通过《中共中央关于推进农村改革发展若干重大问题的决定》,对农村自治进行科学分析和具体要求,铺就了农村治理的民主轨道。[①] 在民主的轨道下继续推进农村治理结构改革,主要着力点是民主选举、民主决策、民主管理和民主监督等。要在以下方面迈出更大步伐,取得更大突破,创造更加丰富的经验。

第一,在民主的轨道上推进农村治理结构改革,基础是坚持和完善民主选举。民主选举既是村民自治的基础,也是农村治理的基础。中共十五大报告指出:"扩大基层民主,保证人民群众直接行使民主权利,创造自己的幸福生活"[②]。中共十六大提出,"丰富民主形式,扩大公民有序的政治参与","完善村民自治,健全村党组织领导的充满活力的村民自治机制"。民主选举是农村治理中最基础的环节。如何使民主选举达到预期目标,机制最为重要。在

---

① 《中共中央关于推进农村改革发展若干重大问题的决定》,《人民日报》2008 年 10 月 20 日。

② 《胡锦涛文选》第二卷,人民出版社 2016 年版,第 635 页。

以往的实践中,人们采取了许多办法,积累了一些经验,但也留下了一些教训,有的地方的民主选举没有真正体现民意。为了保证民主选举成功,创新民主选举机制是关键。"海选"是中国农民在农村民主选举中创造的一种直接选举方式。所谓"海选",就是"村官直选"。1986 年,吉林省梨树县梨树乡北老壕村在换届选举时首创了"海选"。1998 年 11 月 4 日,第九届全国人大常委会第五次会议通过《中华人民共和国村民委员会组织法》,以法律的形式规定"海选"的合法性。2003 年福建省村级换届选举时,分别在闽清县云龙乡台埔村、台鼎村实行无候选人"海选"与有候选人的直接选举(简称"直选")试点工作,为民主选举提供了新鲜经验。①"海选"与"直选",就是通过村委会选举制度的创新安排,给予选民相对自主的选择权,既在选举全过程拥有选择权,也对民主选举内容的全方位选择权。不仅如此,同时多种形式保障村民选择权的创新。有的地方进行海选,有的地方进行直选,有的地方实行差额选举,有的地方推行两票制,有的地方还创新一肩挑的形式。对候选人的提名,实行组织推荐与村委会推荐、村民代表会议推荐、选民联名推荐相结合,有的地方还探索出单独、联合或自荐等推荐形式推荐候选人。有的地方完全不设候选人,由村民自由地一人一票进行真正意义的"海选"。村民在选举中体现自己的意愿,自己做主,这些是很大的进步,是当下民主选举的最好形式,既能提高民主选举的含金量,也激发了村民民主选举的积极性。

当然,一些地方搞内定、指选等,行政干预明显,少数农村中还出现了宗派干扰民主选举等不正常现象,妨碍了群众直接行使民主选举权。一些地方不规范的、不合法的选举方法也有所存在,导致选后农村治理的很多难题存在,一些农村行政领导代替村民自治,权力凌驾于法律或自治无序造成不治甚至没治的局面等等。解决农村民主选举存在的问题,还是要靠科学机制。没有科学机制的选举,选举结果一定会影响农村治理,更谈不上农村治理现代化。

---

① 陈兰飞:《"海选"、"直选"的比较与选择——福建省村级换届选举试点的调查分析》,《中共福建省委党校学报》2003 年第 5 期。

第二,在民主的轨道上推进农村治理结构改革,核心在于坚持和完善民主决策机制。民主决策既是村民自治的核心,也是农村治理的核心。民主决策,顾名思义,就是村民直接决策本村的重大事情。民主决策的法律依据是《中华人民共和国村民委员会组织法》。该法明确规定,凡涉及村民利益的事项,村民委员会必须提请村民会议讨论决定。中共中央不仅对民主决策有制度安排,而且还规定了民主决策的程序。即民主决策的程序分为:第一步提出议案。规定了议案的提出主体是与本村事务和利益有密切关系的组织和个人。第二步,由村党组织广泛收集村民意见,反复修改,正式形成方案,并召开由村党组织和村民委员会联席会议正式确认。第三步是广泛征求意见。把方案公布于众,听取各方面的意见。第四步会议讨论决定。方案成熟后,由村民委员会召集村民会议或村民代表会议开会决定。第五步是公布表决结果。村党组织、村民委员会根据会议讨论结果公布决议,并组织实施。第六步是公布决策实施的情况。经过一段时间后,或在议案落实后。有关方面通过适当形式向村民公布实施结果,接受村民监督和评价。这些程序设计为民主决策起到保驾护航的作用,使民主决策成为真正的民主决策。

农村家庭联产承包责任制的推行,除了经济上促进了农村大发展,创造了历史奇迹外,政治上的影响就是广大农民民主意识的滋生和民主能力的提高,广大农民的自主意识、自主能力都明确增强,在生产经营中的自主性和选择权力,生产什么、生产多少完全自己决定。这是深层次上解放和发展生产力。农民成为农村民主决策的主体,他们以村民会议和村民代表会议为主要组织形式,按照一定的制度程序来参与农村所有重大事情的民主决策。民主决策的最大优势是充分调动农民的积极性和创造性,真正体现农民自己当家作主,真正把自己的意志体现到决策中,在决策中使农民利益最大化。通过民主决策,强化了农民的社会责任感,密切了党群干群关系,切实保障了农民的权利,推进农村治理现代化,为国家治理现代化奠定了坚实的基础。

但是,不能不看到,农村民主决策存在一些问题。2005 年至 2006 年,国家民政部牵头组织实施,大范围大样本大批次进村入户调查得出的"全国村治状况抽样调查报告"表明,"当问及最近一年里,您村是否召开过全体村会议或户代表会议时,37.5%的被调查村民回答'没有召开过',28%的被调查村民回答'不清楚',二者相加占总数的65%。19%的被调查村民回答'召开过一次';只有15.6%的被调查村民回答'召开过两次及其以上'"。① 这说明:一是农村民主决策渠道不畅;二是农民民主决策的积极性不高;三是农村民主决策缺少平台;四是农村民主决策机制不正常;五是农村民主决策受各种因素影响。导致这些问题的原因是:就是农村治理结构不科学和民主决策机制不健全。解决这个问题的根本出路,就在于改革农村治理结构和创新农村民主决策机制。根据调查,全国在创新农村民主决策机制有一些成功的尝试。

重庆开县麻柳乡创造的"农村民主决策工作法"有重要的借鉴意义和推广价值。当地农民对涉及村级经济发展规划、村级财务预决算、村内兴办公益事业、重点项目和村民切身利益等重大事务,实施民主决策,让农民真正当家作主。② 江西省九江市则创造了"两重两轮"投票决策制度。③ 浙江省天台县推行民主决策的五步法:一是民主提案,二是民主议案,三是民主表决,四是公开承诺,五是监督实施。④ 河南邓州市在民主决策中实行"4+2"工作法,即"四议""两公开"。所谓"四议",是指党支部会提议,村支两委会商议,党员大会审议,村民代表会议或村民会议决议;"两公开"就是决议公开、实施结果公开。⑤ 河北省青县、江苏太仓、天津武清等地实行了村民代表会议常任制以及民主选举会议召集人制度,更好发挥村民代表会议的作用。山东、重庆等地

---

① 詹成付:《全国村民治状况抽样调报告》,中国社会出版社2009年版,第97页。
② 参见黄远固:《"八步工作法"的内容、效果与时代意义》,《重庆行政》2004年第2期。
③ 陈胜才:《公民参与、党群联动的基层民主决策新机制——九江市"两重两轮"投票制的探索及意义》,《学理论》2009年第18期。
④ 陈文侠:《"五步法":走出一条民主治村路——浙江省天台县推行村级民主决策"五步法"工作纪实》,《农村工作通讯》2010年第13期。
⑤ 郭献功:《"4+2"工作法:民主决策的有益探索》,《学习时报》2009年7月20日。

推行村务公决制进行民主决策。浙江、福建则广泛推行了决策听证制度。

这些尝试应该充分肯定,其中有些经验可以在全国推广。当然,全国各地农村的情况有很大的不同,在推广这些经验时,也必须从各地实际出发,不可生搬硬套。

第三,在民主的轨道上推进农村治理结构改革,重点在坚持和完善民主管理。民主管理是农村民主的重点,也是农村治理的重点。中国是一个农业大国,农村人口至今还占多数。如何在农村进行民主管理,既是重点,又是难点。中国共产党非常重视对农村民主管理探索和思考。改革开放四十多年来,我国农村民主管理制度逐步建立、不断发展,在组织和引导农民群众参与基层治理方面发挥了重要作用,日益成为推进国家治理体系和治理能力现代化的基石和保障。21 世纪以来,中国共产党人对农村民主管理的内涵和外延有了更加精准的解读。党和国家领导人发表一系列重要讲话,党中央和国务院下发一系列重要文件,全国人大制定了一系列相关法律。[①] 据统计,从 1990 年至 2004 年,中共中央、国务院关于健全农村民主管理制度的基本政策和相关政策就出台了 50 份意见或通知;中央各相关部门出台通知 63 份;中央相关部门和各省自治区直辖市出台法律法规 63 部。[②] 中共十八届三中全会在全面深化改革的决议中,把发展基层民主作为重要任务加强强调。根据中共中央的统一部署,在党和国家的文件、政策及法律的指导下,全国各地高度重视农村民主管理机制的建立健全,21 世纪以来全国各地农村亦不断涌现出丰富的民主管理机制创新实践活动。

---

① 主要文件包括:《关于健全和完善村务公开和民主管理制度的意见》,2004 年 6 月 22 日;《关于进一步加强农村工作提高农业综合生产能力若干政策的意见》,2005 年 1 月 31 日;《关于推进社会主义新农村建设的若干意见》,2005 年 12 月 31 日;《关于积极发展现代农业扎实推进社会主义新农村建设的若干意见》,2006 年 12 月 31 日;《关于切实加强农业基础建设进一步促进农业发展农民增收的若干意见》,2007 年 12 月 31 日;《中共中央关于推进农村改革发展若干重大问题的决定》,2008 年 10 月 12 日。
② 参见全国村务公开协调小组办公室:《村务公开和民主管理政策法规实务》,2004 年 6 月。

　　一是搭建民主管理平台。民主管理需要平台。河北武安市搭建了"六会议事"的民主管理平台,①即党支部领导下通过支委会、村委会、两委联席会、党员大会、村民代表会、村民会议民主管理本村重大事情。村委会向支委会报告重大事项,支委会答复村委会的请示事项。村支两委联席会是村级最主要的决策形式,具有广泛的决策职能。需提交村民代表会或村民会议讨论的重大事项,按照"先党内后党外"的原则,先在党员大会上通过,随后由村民会议或受其委托代行职权的村民代表会议议决通过然后交村委会实施。在六会中最重要的是两委联席会,它首先由支部书记和村委会主任碰头确定议题,随后由书记召集两委联席会议集体研究形成决议并表决通过后由村委会加以实施。浙江省温岭市搭建恳谈会的民主管理平台。② 通过村级民主恳谈会,对全村重要的村务和公益事业作出决策。民主恳谈会的要义有二,一是民主,就是农民的广泛参与,真正体现人民当家作主;二是恳谈,就是组织真心实意让人民当家当主,而不是摆样子。温岭市委两次下发文件规定民主恳谈会的基本原则、议题范围、参加对象、基本程序以及实施和监督环节,从制度安排和程序确立上保证民主恳谈会在民主决策中发挥重要作用,成为民主决策的重要平台。有的农村还搭建了村民议事中心等民主决策平台,为广大农民参与民主决策创造条件。

　　二是建构民主管理制度。要使民主管理经常化、制度化,必须有民主管理制度。山东省日照市东港区农民的村务公决制度就具有典型意义。③ 这种村务公决制可能受国外公民公投制度的影响。在村里遇到重大事情时,由村民实行投票决定。西方国家的票决制是超过 50% 才给获得通过,东港则要求有

　　① 何增科:《农村治理转型与制度创新——河北省武安市"一制三化"经验的调查与思考》,《经济社会体制比较》2003 年第 6 期。
　　② 潘自强等:《民主恳谈会:农村基层民主决策制度的创新——基于浙江省温岭市民主实践的调查》,《农村经济》2014 年第 5 期。
　　③ 村人:《村民大会难召集怎么办　山东省日照市有一招:建立村务大事村民公决制度》,《共产党员》2002 年第 2 期。

80%以上的农户同意才能通过议案。要达到这个要求,困难非常多,也有值得商量和改进的地方。但在民主决策时真正体现民意上,则比西方的票决制的50%以上的要求要好一些,对农村治理结构中其他治理主体的制衡的作用,有了这种制度安排,村基层党组织的村委会就很难为所欲为。当然这种制度也面临另一个问题,就是治理效率下降,治理成本提高,所以农村治理结构改革需要对这种制度进一步完善。河北青县实行的村民代表会议制在民主决策中加强对村级党组织和村委会的制衡和监督问题取得了较大的突破。河北省青县的村民代表会议的制度安排给人们许多启示。启示之一,村民代表会议的代表间接选举产生和实行常任制。村民代表选举产生村民代表会议代表。村民代表会议代表参与日常村务管理。启示之二,村民代表会议代表经村民会议授权后,对村务有决策权和监督权。授权者与被授权者采取合同、协议、纪要等契约形式,按照一定程序,在不损害国家、集体和个人权利的前提下,由协议双方具体协商,然后形成协议书,进行确认契约,然后按契约管理。这里有现代政治的某些因子,特别是形成授权和被授权的关系,这是农村治理现代化的重要标志。启示之三,就是党组织对村民代表会议的绝对领导。按照制度安排,村党支部书记通过竞任村民代表会议主席,党员竞选村民代表,实现对村代表会议的领导。这体现了中国特色社会主义的本质要求。山东省潍坊市坊子区实行村级事务契约化管理。① 这种制度更多的是引起了法治思维和法治方法。无规矩不成方圆。农村治理落后城市治理的主要表现就在于前者更多的是人治,后来相对法治多一些。用契约管理村级事务,难能可贵之处就在于在契约保障村民权益与义务,用契约规范农村治理主体的权力与责任。这应该是代表农村治理结构改革推进农村治理现代化的方向。

三是拓展民主管理渠道。渠道非常重要,通畅的渠道,既可把基层的民意上传给上级,又可把上级的精神传达到群众,让群众根据上级的精神自己管理

---

① 刘兰孝等:《规范农村社会事务管理的又一创新模式——潍坊市坊子区推选村级事务契约化管理》,《中国民政》2006 年第 8 期。

好自己的事务。贵州省湄潭县实行的村民集中诉求会议制度是拓展民主管理的有益探索。① 贵州属于西部欠发达地区。湄潭县干群关系比较紧张,干群冲突频发。按照农村治理结构改革坚持问题导向的原则,农村治理结构改革就必须面对这些问题。湄潭县之所以干群关系、党群关系紧张,就是因为民主管理的渠道不通畅,群众有话无处说,有意见无处反映,党的好政策无法及时准确地传达到农民中。针对这种情况,湄潭县委创造了村民集中诉求制度。这一制度的核心就是畅通渠道,全面准确地反映人民的要求和呼声,把农民的要求和呼声转换为农村民主决策的内容,实践结果效果非常好,过去上访的人多,畅通渠道畅通后,农民不再上访,把意见在村里提,有要求向村委会反映,有关方面集中回复,集中解决。农民的气顺了,干群关系好了,社会治安也明显好转。"村民集中诉求会议制度"为农民提供了参与民主决策和村级治理的又一崭新渠道。河南中牟县实行的家庭联户代表制度是开辟农村民主管理渠道的可贵尝试。② 2004 年,中牟县白沙镇以选举家庭代表和联户代表为基础,形成了村民组委会、村民监督委员会和联户代表会议的联户代表制。农户家庭代表和联户代表按照"一户一代表,十户一联合"的原则产生,任期三年,可连选连任。联户代表定期召开会议,代表所联系的群众决定村内重大事项,对村"两委"的工作进行监督,是村民实施民主管理的重要渠道,联户代表有责任和义务反映所代表的村民的意见,及时向村民传达民主决策的内容,确保农村的知情权和参与权的实现。

四是注重民主管理实效。民主管理不是一句空话。通过民主管理,要管出效益,管出积极性。要做到这一点,就必须从具体的事情做起。湖北省通山县村民票决村干部工资的制度取得民主管理的成效。③ 村干部的工资收入一

---

① 闫健:《农村民主治理新探索——关于贵州省湄潭县村民集中诉求会议制度的思考》,《行政管理改革》2011 年第 5 期。

② 张涛:《家庭成为农村政治参与主体的制度化研究——对河南中牟县白沙镇联户代表制度考察》,《东南学术》2010 年第 3 期。

③ 参见《湖北省通山县:"村干部"岗位及工资"票决制"》,《村委主任》2010 年第 6 期。

直是一个非常敏感的问题,往往成为农村治理的焦点问题。村民对村干部的工资感到困惑,提出:谁来决定村干部的工资标准;根据什么来决定村干部的工资标准;如何实现奖勤罚懒和奖优惩劣。村干部对自己的工资也有不顺之处,觉得干好干坏一样,优秀干部感到委屈,不怎么样的村干部也因缺少约束机制而放任自己。湖北通山县的成功经验是"竞标定岗位,评议定报酬"。对村务实行分类管理,一人竞争多个岗位,多岗多酬。能者多劳,多劳者多得。干得好与坏不是自己说了算,而是由村民进行评价决定,干得好的可以多得,干得不坏就少得。通过这种民主管理的制度安排,增加了村干部工资的透明度,真正发挥村民参与民主管理的积极性。对村干部来讲,干得好增加了收入,干得好的也心里明白。

农村基层民主管理的总体水平也在不断发展。人们对其关注度也在不断提高,对其评价的认同度也在提升。据南京大学肖唐镖教授及其研究团队对江西、江苏、山西、重庆和上海五省(市)60 个村 1999 年至 2011 年间跟踪调查而建立的先后五次调查数据库。他们对数据库进行模型后得出的结论,是基本肯定农村民主管理取得的成就,对人民的满意度也进行定量分析,在肯定成绩的同时,也分析了农村民主管理存在有待解决的问题。[①] 这种分析方法是科学的,其数据是可靠的,其结论是可信的。

第四,在民主的轨道上推进农村治理结构改革,关键在于坚持和完善民主监督。民主监督既是农村民主的关键,也是农村治理的关键。绝对权力产生绝对腐败。农村干部不属公务员,没有级别。但是,他们手中也有一定的权力。特别是村组干部是"天高皇帝远",上级的监督很可能不到位。民主监督就显得特别重要。民主监督的意义在于是"防止个别利益危害整体利益,维护村庄正常治理秩序,实现有效的村务管理而对村庄公共权力实施的一种必

---

① 肖唐镖、王江伟:《农村民主管理的村民评价——五省 60 村的跟踪研究(1999—2011)》,《四川大学学报(哲学社会科学版)》2014 年第 2 期。

不可少的调整和控制措施。"①村民通过民主监督能及时知晓村委会的工作状况,及时对村委会事务进行监督,向村委会合理有序地反映自己的利益要求,从而使村委会成为村民利益的维护者,解决村民最关心、最直接的问题。

村民基层民主监督是农村治理中的重要环节,是农村治理现代化实现与否的重要标志。中共十五届三中全会通过的《中共中央关于农业和农村工作若干重大问题的决定》特别强调:"全面推进村级民主监督。凡是村里的重大事项和民众普遍关心的问题,都应向村民公开。村民委员会要广泛听取群众意见,大多数群众不赞成的事情应予纠正。经过村民民主评议不称职的干部,应按照规定进行调整。"②中共十七大报告明确指出:"人民依法直接行使民主权利,管理基层公共事务和公益事业,实行自我管理、自我服务、自我教育、自我监督,对干部实行监督,是人民当家作主最有效、最广泛的途径,必须作为发展社会主义民主政治的基础性工程重点推进。"③中共十八大以来习近平提出了"把权力关进制度的笼子"的重要思想,他指出:"要加强对权力运行的制约和监督,把权力关进制度的笼子里,形成不敢腐的惩戒机制、不能腐的防范机制、不易腐的保障机制。"④把权力关进笼子,加强监督,监督不能牛栏关猫,制度不能成为稻草人,指的是监督必须从严,制度不能是摆设。这些是加强农村民主监督的理论和政策依据。

按照党中央的要求,全国各地不断推进加强民主监督实践。2004年6月18日,浙江省武义县白洋街道后陈村成立全国首个村务监督委员会,出台《村务管理制度》和《村务监督制度》,开始走上以监督促进制度完善、以监督实现民主公开、以监督保障基层民主建设、以监督推进各项事业蓬勃发展的典型样

---

①　卢福营:《农民分化过程中的村治》,南方出版社2000年版,第178页。

②　郭翔宇:《江泽民同志对邓小平农业思想的丰富和发展》,《学习与探索》2003年第1期。

③　胡锦涛:《高举中国特色社会主义伟大旗帜　为夺取全面建设小康社会新胜利而奋斗》,人民出版社2007年版,第30页。

④　参见《习近平关于严明党的纪律和规矩论述摘编》,中央文献出版社、中国方正出版社2016年版。

板之路。2010 年 3 月 6 日,习近平在参加十一届全国人大三次会议浙江代表团审议时指出:"这是一个很好的经验,值得广泛推广。"2011 年 2 月 1 日,习近平再次批示:"建立村务监督委员会,规范村干部用钱用权行为,是密切农村干群关系、维护农村社会和谐稳定的积极举措,也是加强农村基层党风廉政建设和基层民主政治建设的一个有益探索,浙江在这方面的经验和做法可供借鉴。"①为了健全民主监督机制,各地也进行了有益探索。

河北省武安市创新了对村干部严格监督的一系列新制度。② 一是实行"财务三审"制度。村上所有要报账的发票,都必须村主任、村民理财小组和村支部书记三人审核签字,三方中任何一方不签字都不能报账。二是实行"公章双签"制度。公章往往是权力的象征。出问题往往与公章联系在一起。为了防患于未然,该县规定,凡是使用公章,都必须经支部书记和村委会主任分别签批同意。任何一方都不得单独使用公章。三是建立一系列指向民主监督的制度,大致包括村务公开制度、民主议政日制度、民主评议村干部制度、会计委托代理制度等。村务公开制度是让村务在阳光下运行,满足村民的知情权。知情是民主监督的先决条件。民主议政日和民主评议村干部制度,就是村民或通过村民代表面对面评价干部,评价的结果作为村干部使用的重要依据。这是群众监督的重要方式,把问题摆到桌面上减少了干群之间的不必要的误会。会计委托代理制度是一种专业监督制度,而且会计是委托的,又减少熟人所带来的风险。河北省武安县的这一套监督制度具有立体性的特点,有干部内部之间的监督,有群众对干部的民主监督,有专业监督,这就构建了立体的监督网络,形成了有效的民主监督。陕西眉县的"政务、村务公开"四级联动制度和湖北的村务公开民主管理观察员制度。这就是民主监督的不同尝试。

---

① 转引自《后陈经验:潜在价值与重大影响》,《人民论坛》2014 年第 22 期。
② 何增科:《农村治理转型与制度创新——河北省武安市"一制三化"经验的调查与思考》,《经济社会体制比较》2003 年第 6 期。

在信息和力量不对称的情况下，普通老百姓对村干部的监督，有隔靴搔痒之嫌。河南省渑池县发挥纪委监委的权威，打造"三位一体"的监督网络，真正实现对村干部的有效监督。该县的具体做法是由县纪委监委牵头，县里成立民主监督办公室，是县纪委监委的内设常设机构，统一领导农村民主监督。在乡镇设立民主监督中心，实行县纪委和乡镇党委的双重领导，直接实施对村干部的监督。在村里设立村务监督委员会具体实施对村干部的民主监督。为了保证村务监督的有效性，监委会代表村民独立行使监督权，并且实行回避制、任期制。村监督委员会成为农村治理结构的重要组成部分，在确保村民群众民主权利的前提下，村监督委员会参与决策监督、事务监督和财务监督成为民主监督的重要渠道。①

湖北省通山县与河南省渑池县既有相同的地方，也有不同的地方。相同之处就在于都是发挥纪委监委的作用。不同之处，就是河南在发挥纪委监委作用的同时，在农村单独建立村级监督委员会，在县纪委监委的领导下，发挥村监督委员会对村务的监督作用。湖北通山县则是县纪委一竿子到底，直接参与农村的民主监督。具体做法是给设机构、给编制、立制度、有经费，确保对农村的监督的权威性。首先，发挥纪委对农村的权威性监督。纪委是负责党风廉政建设和反腐败的党的专门机构，特别是党和国家纪检监察体制改革后，实现了监督的全覆盖。既然是全覆盖，当然也应该包括对农村的监督。所以在乡镇和农村分别设立纪工委监察分局和纪检小组，恰逢其时，名正言顺。②纪委把纪检监督的触角伸进农村，对农村实行制度化的监督。特别纪委的超然地位，就能更加公正公平地实施对农村的监督。其次，纪委参与农村监督有利于整合农村各种监督力量。只有握紧的拳头才能有效地打击敌人。农村中

---

① 《村委主任》2010年第3期。

② 梁东兴、唐鸣、陈荣单：《农村民主治理纳入纪委专室监察的制度创新及其绩效——基于湖北将通山县村务公开和民主管理"难点村"治理的调查思考》，《湖北行政学院学报》2010年第1期。

的很多监督力量,但监督效果并不理想。重要原因就是监督力量的分散性,形不成合力,甚至还产生摩擦力。纪委出面,纪委牵头,就充分发挥了纪委的整合作用,使各种监督力量有统一部署,统一调度,统一行动,让农村中腐败分子没有可乘之机,没有生存空间。最后,有利于对农村实施持久监督。以往纪委不是没有对农村实施监督,但多是通过临时领导小组来实施的。既然是临时的,就可能阵风阵雨,时风时雨,甚至雨过天晴,农村监督成为真空。纪委设专室这种常设机构专司对农村的监督,这就一改临时的作用,通过深入持久的监督,形成规范化的长效治理机制,对农村治理保持一种常态化的监控。

民主监督的最有效方法是实施阳光工程。广东省云浮市进行了成功的探索,①探索的主题是"活力民主,阳光村务"。2006 年开始试点,2007 年全面推行。主要内容是对农村治理结构进行了重大改革,以村民代表会议为村治理的最高权力机构,村民代表会议下设会议召集组、监督组和发展组三个小组。会议召集组负责组织,主持制定村务重大事项。它的职责有点类似全国人大常委会;监督组织的主要职责是实施监督权,相当国家机构司法监督机关;发展组,负责由村民代表大会决定的重大事务,是行政执行机构。当然,这种改革又反映中国特色社会主义的本质属性,即村党支部始终是农村治理结构中的核心。应该说,这是一个大胆的尝试,收到良好的效果,也受到了广泛的好评。这一改革至少有三个方面值得肯定:第一,中国特色,农村治理结构改革必须始终坚持中国共产党的领导,离开了这一点,改革就偏离了正确的方向。第二,学习西方国家被实践证明了属于人类文明成果的经验,对农村实施三权分治。第三,实践的效果不错:村民的各项权利得到保证,实现了由"村官自治"到"村民自治"的重大转变,农民参与农村治理的积极性空前高涨。

2012 年 5 月,湖南省益阳市进行了农村治理结构改革的尝试。创立了在村党组织领导下的,以村民议事会为民主决策机构,村民委员会为执行机构、

① 吴伟鹏:《从自治权力平衡型村治模式看自治权的回归与实现——广东省云浮市实施"活力民主,阳光村务"工程的宪政意义》,《学术研究》2008 年第 5 期。

村务监督委员会为民主监督机构的农村治理结构。① 这一改革措施与传统农村治理结构的不同之处就于，一是还权与民，农民享有真正的民主选举、民主决策、民主管理和民主监督的权利；二是四种民主权利通过相对应的机构得到落实；三是生动体现了"党的领导、人民当家作主和依法治国的有机统一"的治国基本方略。这种新型村级治理结构尽管没有从根本上改革原有的传统农村治理结构，但通过各级政府的宣传和指导，民主法治的理念逐渐深入人心，村民参与村级事务治理的热情空前高涨。

很多地方的村民群众除通过村民会议、村民代表会议、村民评议会、村理财小组和村务公开监督小组参加"民主日""听证会"等方式监督外，还可以通过电话举报、网络举报、意见箱等途径，进行监督。对农村集体财务和村干部进行会计监督得到加强，并进行了责任追究。

虽然非常重视农村民主监督，但不能不承认，民主监督是"四个民主"中最薄弱的一环。仅 2008 年，全国就有 1739 名村党支部书记、1111 名村委会主任成为涉农职务犯罪案件犯罪嫌疑人，受到各地检察机关的立案侦查。② 这说明农村民主监督还需要花大力气建构，真正使农村权力关进制度的笼子里，真正使农村权力在阳光下运行，真正让农村治理在民主监督下进行。

自改革开放以来，农村民主政治建设明显进步，农民的政治参与有了相应的提高。就全国而言，民主选举成效明显，其他几个方面相对滞后，民主监督则属于薄弱环节。农村四大民主还存在制度缺陷、机制缺陷和程序缺陷。农村治理结构改革需要从这几方面给予更多的关注，更严密的制度安排，更强有力的改革措施。当然，这与农村治理结构中的某些缺陷有密切关系。正如有专家指出："从几十年的农业政策史及其经济后果来看，缺少一个反映农民利

---

① 周铁涛：《农村基层治理法治化研究——基于湖南益阳农村的调查与思考》，《领导科学》2016 年第 35 期。

② 杜萌：《村官犯罪引关注：涉案金额逐年上升，手段日趋隐蔽》，《法制日报》2009 年 4 月 21 日。

益的平衡的政治结构,是许多损害农民利益进而损害全社会利益的政策轻易出台的重要原因。"①对于制度和政策的制定,如果农民能够直接发出与他们的人口比例相称的声音,我们就无须等待一个检验政策的周期来承担政策错误的所有后果,而是直接将损害农民的政策排除在外。

从完善和改革农村治理结构和村民自治机制角度来看,真正实现民主选举、民主决策、民主管理和民主监督,还有很长的路要走。

首先,培养农民的主体意识还有很长的路要走。农民既是农村治理的主体,又是村民自治的主体。但是,从目前调查的情况看,农民的主体意识不强,他们中不少人置身于农村治理和村民自治之外。有人不参加民主选举,随意把自己的选票投了,有些地方发生贿选,其成本非常低。有的选票被一包烟买走,有的被一句好话说动,有的为一点私情所惑。每到村委会换届选举,选举组织者或为不够法定人数发愁,或为选举中出现了不正常现象犯难。由于农民的主体意识缺失,在民主决策、民主管理和民主监督的进程,农民缺位、错位现象时有发生,从而导致决策、管理和监督中的民主都不够。村民自治演变为村官自治,村党支部和村民委员会违背村民授权原则,在村民自治的旗帜下,行村官自治之实。导致农民主体意识薄弱的原因是复杂的,提高农民的主体意识也非一日之功。提升农民主体意识需要综合施策,需要树立持久作战的思想观念,必须通过各种有效途径培育农民主体意识,而农民主体意识一旦真正觉醒,农村治理现代化和真正意义上的村民自治才会真正实现。

其次,完善农村治理和村民自治的制度还有很长的路要走。农村治理和村民自治过程中,村民民主参与程度不足,之所以能借村民自治之名,行村官自治之实,根本原因在于制度的缺陷。这种制度缺陷表现在:一是制度空白。中国共产党在设计农村治理的制度取得了巨大的成就,农村治理的制度体系也初步形成,但还是存在一些制度空白。如农村自治中的四大民主至今没有

---

① 盛洪:《让农民自己代表自己:从政策看农民利益平衡》,《经济观察报》2003年1月8日。

一个制度安排。二是制度陷阱。农村治理和村民自治有许多制度安排，但其中有些制度存在明显缺陷，如果按照制度去推进农村治理，就可能陷入某种两难境地。三是制度摆设。如前述的两个问题不同，农村治理中的制度也有了，而且制度本身没有任何问题。但是在一些农村选择性实施制度。有的村干部推进农村治理和自治的过程，选择实施有利于自己行使权力的制度，对自己行使权力有约束性的制度则被当为摆设。另外，除了上述问题，农村治理和村民自治的程序性制度、保障性制度和惩罚性制度都还在建设中。只有当制度体系全面形成，而且严格按照制度进行，农村治理结构改革、农村治理和村民自治才能大行其道。

再次，改革农村治理和农村自治机制还有很长的路要走。好的制度需要机制作保障。我国农村的村民自治从制度的角度来讲，是一种好的制度安排，但是，不能不看到与农村治理和农村自治制度相匹配的运行机制还存在较多的问题，导致一些被授权的治理主体和自治主体——村委会受正常因素利用机制缺陷干预农村治理，农村党支部和村委会不能规范参与农村治理和村民自治。比如，在推进依法治村时，按照法治原则，法无授权不可为。但是，农村治理时授权流程不够具体化，缺乏可操作性，导致村委会并不清楚权力的来源；农村四大民主的机制也没有明显规定，缺少具体的实施细则。因此，农村四大民主在空转，村干部不按程序办，主观随意性比较大，很容易从村民自治滑向村官自治。农村四大民主必须有工作流程和工作程序，使被授权主体在处理日常事务时都能严格按法律规定的程序进行，减少他们职能工作的随意性和不规范性，保证农村治理和村民自治在科学的机制下有序运转。

最后，建立立体的监督渠道还有很长的路要走。如前所述，在农村治理四大民主中，民主监督是最薄弱的环节，因此，在改革农村治理结构进程中，也需要在民主监督发更多的力。发力之处之一，就是改变村民的思想观念。在村干部与村民之间，由于大都是抬头不见低头见，有一种特殊的信任关系。这种特殊而又相互的信任，妨碍了民主监督。信任不能取代监督，当村民对村干部实施了民主监督,信任才能得到升华。发力之处之二,就是拓宽监督渠道和建立监督平台。没有渠道和平台,就会出现英雄无用武之地,村民想对村干部实行民主监督,就可能找不到方向,找不到下力之处。全国有的地方的民主监督搞得不错,应该对那些成功经验,那些可以复制的经验在全国农村推广。发力之处之三,就是借助外力,建构农村民主监督的立体网络。一般来说,村民与村干部相比,村民处在弱势地位,他们得到的信息不对称,对村干部的监督可能流于形式,那么,借助外力加强监督网络建设就可以改变这种状态。比如纪委、监委牵头,充分发挥纪委监委的权威,形成对村干部中腐败分子的震慑作用,帮助村民树立监督的信心。同时还借助司法、行政、舆论监督渠道力量加强对农村的监督,多渠道同时发力,农村民主监督的单薄问题就可以得到解决。

三、统筹机制

农村是社会的重要组成部分。改革农村治理结构应该是放在党和国家整个工作大局中统筹考虑,既不能因此使农村成为短板影响工作大局,也不能把农村治理结构改革单兵深入而搞乱党和国家工作大局。关于把农村治理结构改革应该纳入党和国家工作大局和如何从党和国家工作大局统筹农村治理结构改革,不是本书重点关注的对象,本书关注的重点是农村治理结构内部之间统筹问题。农村治理包括政治、经济、文化、社会、生态等诸多方面的治理。农村治理结构改革同样涉及农村的各个方面,按照中共中央统筹发展的理念,农村治理结构改革必须在统筹的轨道上。也就是说,在推进农村治理结构改革时,必须统筹推进农村的经济、政治、文化和社会等诸方面的改革。

马克思主义的一条基本原理,就是经济基础决定上层建筑。要改革农村治理结构,必须首先改变农村经济基础。中国改革首先从农村开始,切入点是实行家庭联产承包责任制。从一定意义上讲,这个切入点是经济领域。正是因为农村经济体制改革的迅速推进和取得巨大成就,才引起了农村治理结构的深刻变化。进入 21 世纪以来,中国共产党人也深刻地认识到农村经济改革与农村治理结构的密切关系,统筹农村经济改革,为推进农村治理结构改革奠定了坚实的经济基础。

21 世纪以来农村经济改革的第一大手笔,是改革农业税。纳税是人们天经地义的事。税收,是人类社会发展到一定阶段的产物,它伴随着国家起源而起源。中国从夏代开始就有了税收的雏形。《孟子·滕文公》说:"夏后氏五十而贡",即指夏代的租税制度。贡者,"下之所纳于上",就是地方官吏把从民间收缴上来的生产物质进献给天子。随着社会发展,税收逐步完善和复杂。春秋初期,出现了"征"和"敛"的不同收税方法。"征",是诸侯或大夫向自己控制范围内的农民,根据土地好坏征收一定数量的实物。"敛",是国家向农民随时任意征派各种杂税。统治者根据自己的需要,可以横征暴敛。国家对土地征收赋税。公元前 594 年,鲁国实行了按土地亩数征税的"初税亩"。随后在其他国家陆续推广。唐朝在不同时期实行过均田制、租庸调制和两税法①。明代后期,实行了"一条鞭"的新税法,即以州县为单位,把所有的田赋、劳役以及多种杂捐,统统折合成银两,归总后按本州县田亩分摊,向土地所有

---

① 唐朝税制先后实施均田制、租庸调制和两租法等不同税制。均田制:是由北魏至唐朝前期实行的一种按人口分配土地的制度,部分土地在耕作一定年限后归其所有,部分土地在其死后还给官府。均田制的实施,肯定了土地的所有权和占有权,减少了田产纠纷,有利于无主荒田的开垦,因而对农业生产的恢复和发展起了积极作用。租庸调制:唐时实行的赋役制度,以征收谷物、布匹或者为政府服役为主,是以均田制的推行为基础的赋役制度。此制规定,凡是均田人户,不论其家授田是多少,均按丁缴纳定额的赋税并服一定的徭役。租庸调须均田制的配合,一旦均田破坏,租庸调法则失败。两税法:唐德宗建中元年(780 年),宰相杨炎建议颁行"两税法",两税法是以原有的地税和户税为主,统一各项税收而制定的新税法。由于分夏、秋两季征收,所以称为"两税法"。两税法是对当时赋役制度较全面的改革。两税法改变了租税徭役按丁口征收,租税徭役多出自贫苦的劳动群众头上的做法,它以财产的多少为计税依据,不仅拓宽了征税的广度,增加了财政收入,而且由于依照财产多少即按照纳税人负税能力大小征税,相对地使税收负担比较公平合理,在一定程度上减轻了广大贫苦人民的税收负担,同时简化了税目和手续。这对于解放生产力,促进当时社会经济的恢复发展,起到了积极作用。调动了劳动者的生产积极性,是一个历史的进步。它奠定了宋代以后两税法的基础,是中国赋税制度史上的一件大事。

者征收。清初,继续沿用"一条鞭法"。1713 年,清朝依照康熙五十年各地所报人丁数字,作为丁银的固定税额,后来又演化为将丁银并入田赋征收,丁银和田赋都按田亩征收。鸦片战争以后,中国社会主要矛盾和社会性质发生了根本的变化,中国由封建社会逐步沦为半殖民地半封建的社会。外国列强对我国实施疯狂的经济掠夺,清朝统治者又荒淫腐败,致使捐税繁多,横征暴敛,老百姓的负担非常繁重。在中华民国时期,税目之多无以复加,而且在征管方面进一步采取了强化控制措施,增加管理机构和人员,不断提高税收负担。沉重的赋税,激起了人们的不满,纷纷以各种形式进行反抗,最后导致中华民国在大陆仅仅存在 38 年时间。

中国共产党是人民利益的忠实代表,从一开始就注意减轻人民的负担。在新民主主义革命时期的各种阶段,中国共产党从当时的中国实际出发,确立了按照阶级成分征税的原则。毛泽东明确指出,"苏维埃的财政政策,建筑于阶级的革命的原则之上","苏维埃把主要财政负担放在剥削者身上","税收的基本原则,同样是重担归于剥削者"。[①] 中国共产党采取有力措施减轻广大农民的负担。在保护农民利益的基础上,革命根据地向农民依法征收土地税。抗日战争全面爆发后,根据建立最广泛的抗日民族统一战线的需要,中国共产党及时调整税收政策,实行合理负担的累进税。解放战争中国共产党又再次调整税收政策,并在新老解放区实行不同的税收政策。对从 1947 年大反攻到1949 年新中国成立前的新解放区,仍实行抗日战争时期的减租减息和合理负担赋税的政策,实行有所区别的累进税制。对地主富农加重赋税,地主的负担约为中农的 4 倍,富农的负担约为中农的 2 倍,中农的负担额约是贫农的 2倍。[②] 在抗日战争时期就已经解放的老解放区,随着土地改革运动的开展,封建半封建土地制度的被废除,农民也缴公粮田赋。不同阶级成分的赋税有所不同。1948 年,老解放区实现了平分土地的改革,相应地也进行了税制改革。

---

① 《中央革命根据地史料选编》(下),江西人民出版社 1981 年版,第 322—323 页。
② 参见《中国农民负担史》第 3 卷,中国财政经济出版社 1990 年版,第 599—600 页。

新中国成立后,对全国新解放地区的农业税政策进行了规范,1950年9月,中央人民政府批准并公布了《新解放区农业税暂行条例》。该条例规定以户为纳税单位,在设定起征点的基础上实行全额累进税率。1952年后,根据土地制度的改革、农业生产的发展和互助组合作的开展等情况,对农业税政策进行了一些调整。总的原则是,农业税只征收农业生产税,其他"凡有碍发展农业、农村副业和牲畜的杂税,概不征收"。1958年6月3日,全国人大常委会审议通过了《中华人民共和国农业税条例》。在全国实行统一的农业税,标志着我国农业税制基本建立起来。1953年,中国开始实现统购统销制度。统购统销成为农业税的交纳形式。一直到1985年,我国正式取消了农产品的统购派购制度。但农民依然通过其他形式向国家缴纳业税。在改革开放初期,由于各种因素的影响,农民在继续向国家缴纳农业税的同时,还面临着乱收费、乱摊派、乱集资等问题,农民负担日益加重,农民负担过重也成为当时社会的焦点。并在一些农村引发了干群冲突事件。农民负担过重的问题从1990年开始就引起了党中央和中央人民政府的注意,并着手解决这个问题,先后下发一系列文件,要求千方百计减轻农民负担。[1] 实践结果很不理想,年年喊减轻农民负担,农民负担年年增加。农民负担过重的问题久治不愈。

　　1998年,第一次提出"逐步改革税费制度,加快农民承担费用和劳务的立法"[2]。2000年,开始付诸行动,开始进行农业税改革试点。[3] 根据中央文件的部署,安徽省最早响应,当年就调整了农业税和农业特产税征收政策,以真正减轻农民负担,取得了明显效果。第二年,国家又加大改革农业税的力度。[4]

---

　　① 1990年国务院下发《关于切实减轻农民负担的通知》。1991年12月,国务院颁布《农民承担费用和劳务管理条例》,1993年通过的《中华人民共和国农业法》。同年3月,中共中央、国务院下发《关于切实减轻农民负担的紧急通知》。1996年12月,中共中央、国务院颁布《关于切实做好减轻农民负担工作的决定》。1998年10月,中共十五届三中全会通过了《中共中央关于农业和农村工作若干重大问题的决定》。

　　② 参见《人民日报》1998年10月18日。

　　③ 《中共中央、国务院关于进行农村税费改革试点工作的通知》,2000年中发一号文件。

　　④ 《国务院关于进一步做好农村税费改革试点工作的通知》,2001年2月。

2002 年,国家又扩大农业税改革试点范围。① 把吉林、河北、内蒙古、黑龙江、宁夏等省、自治区纳入改革试点。2004 年 3 月,温家宝在十届全国人大二次会议政府工作报告中提出了五年内取消农业税的目标。② 按照中央逐步取消农业税的总体部署,全国各省各显神通,或快或慢,或强或弱,降低农业税和减轻农民负担。黑龙江、吉林两省从 2004 年开始,率先实行了免征农业税。2005 年 1 月,湖南、青海、江西省宣布免征农业税,不久广东、江苏、河南等省停征农业税。这一年的 3 月,温家宝在十届全国人大三次会议上作政府报告时宣布:"原定 5 年取消农业税的目标,3 年就可以实现。"③2005 年 12 月,第十届全国人民代表大会常务委员会正式决定从 2006 年 1 月 1 日起废止 1958 年通过的《中华人民共和国农业税条例》。④ 自此,全国全面停止征收农业税,持续了几千年的"皇粮国税"正式退出了历史的舞台。

取消农业税是牵一发而动全身的战略举措。农业税的终结作为缓解农村诸多矛盾的突破口,所能解决的不仅仅是农民增收的问题,还包括农村基本制度的变革,也引起了农村治理结构的变革。随着农村税费改革的进行,农业税费的减免,为乡镇转变职能创造了条件和提供了可能。因此,几乎在改革农业税的同时,也进行调整乡镇和村组治理范围和减少乡镇工作人员和村组干部,强度之大是空前的,速度之快也有些惊人。⑤ 这两者可以互为因果,互为表里。农村税改革促进了乡镇职能转变和调整治理范围,撤并乡镇、合村并组、减少乡镇和村组干部,又进一步减轻了农民的负担。这是农业税改革对农村

---

① 《国务院关于做好扩大农村税费改革试点工作的通知》,2002 年 3 月。

② 中共中央文献研究室编:《十六大以来重要文献选编》(上),中央文献出版社 2006 年版,第 832—833 页。

③ 中共中央文献研究室编:《十六大以来重要文献选编》(中),中央文献出版社 2006 年版,第 777 页。

④ 中共中央文献研究室编:《十六大以来重要文献选编》(下),中央文献出版社 2006 年版,第 138 页。

⑤ 道坤、刘友凡:《大变革:湖北省农村税费改革纪实》,武汉大学出版社 2006 年版,第 218 页。

治理结构的影响之一。

农业税改革对农村治理结构的影响之二,就是改变了农村干部的工作内容。早在20世纪七八十年代,农村流行一个说法,即农村干部工作有"三难":收粮难、收费难和计划生育难。也有人说,农村干部一年到头就是"要钱、要粮、要命",不管哪一种提法,其共同之处,就是认为农村做了不该做的事。之所以如此艰难,不完全是农村干部的水平低所致,而是事出有因。随着农村改革的深入,这些问题也逐渐解决。要粮难的问题,随着农村统购统销政策的改革而不复存在。随着计划生育政策的深入人心和后来的调整,以及农民生育观的改革,计划生育也变得不那么难了。农业税的改革,从根本上改变了收费难的问题。这样,就把广大农村干部从最困难的三件事中解放出来,可以腾出手干有利于农村变化、有利于农业发展、有利于农民增收的事。

农业税改革对农村治理结构的影响之三,就是改善了农村党群干群关系。如前所述,在相当长的时间内,农村干部工作遇到很大的阻力。农村干部因为压力而萌生不想干、不会干和干得越多越不受欢迎。农民也因为干部干了不该干的事、干了不让他们受益的事、干了一些伤害感情的事而怨声载道。从而导致农村干群党群关系。现在情况就不一样了,不仅不收农业税,而且还实行种粮补贴政策,农民从中得到许多实惠,他们从实际利益中体会到党的阳光雨露,而感受到干部们的辛勤,最终导致干群党群关系的改善。

21世纪以来农村经济改革的第二大手笔,是农村土地实现所有权、承包权和经营权的三权分离。中国长期实行土地私有制,直至中华人民共和国成立前没有发生实质性变化。新中国成立为土地所有制的变革提供了前提和创造了条件。新中国成立以来通过三个阶段实现了土地制度的根本性变革。第一阶段(1949—1953)是土地改革阶段。中国封建社会形成了土地私有制度,这一制度是封建社会赖以生存的根本条件,中华人民共和国的成立从政治上结束了封建社会,结束了半殖民地半封建社会,但是没有从根本挖掉封建制度的根基。所以,新中国成立后全国统一实施了土地改革,还土地与农民,变地主土地私有制为农民土地所有制。这是一重大变化,农民成为土地的主人,农民的生产积极性空前高涨。但是,土地改革还没有从根本上改变土地私有制的性质。农民可能由于各种原因重新失去土地,这是中国共产党人不愿意看到的。而且,随着国家建设的大规模开展,土地私有的状况与社会化大生产的矛盾也开始激化起来,"同时也暴露出小农经济的分散性,逐渐出现了小农经济与工业化发展的冲突、土地产权私有发展不平衡、现有制度选择与农民之间的矛盾等问题"。① 第二阶段(1953—1977),实现土地集体所有的阶段。按照最初的设想,我国社会需要经历一个较长时间的新民主主义社会,在这种社会条件下可能还能容忍土地私有继续存在一段时间。中国共产党提出了过渡时期总路线,决定实现对农业社会主义改造。对农业的社会主义改造,就是废除土地私有制,实现土地集体所有制,这是中国几千年未曾发生的最深刻变化,而且速度之快也大出意料,在很短的时间,中国农民走上了集体化的道路,随后发生了人民公社化运动,土地集体制得到强化。② 第三阶段,即 1978 年至今的家庭联产承包责任制阶段。实现土地集体所有不容否定,但是人民公社体制的统一经营的形式严重地超越我国农村生产力水平。家庭承包生产责任制的在不改变土地集体所有制的性质的前提下,实现由家庭分散经营土地。这种模式的优势是调动家庭的生产积极性。这种改革的实质是实现了土地所有权和经营权的分离。这种模式也有不足。特别当农村劳动力大规模向城市转移后,土地出现严重搁荒。另一个方面是,由于农村生产力水平的提高,土地大规模经营已经出现了可能。这就是说,农村土地经营"碎片化"的矛盾与大农业之间的矛盾显现出来,要求进一步改革农村土地问题。实践再次提出了改革的要求,农村土地"三权分置"改革提上了议事日程。

对农村土地"三权分置"的问题从 21 世纪初就开始。起因是农村一方面

---

① 赵宁、张健:《中国农村土地制度变迁的经济绩效评价》,《商业时代》2012 年第 9 期。
② 胡国利、马三喜:《1949 年以来中国农村土地制度变迁的几种推力》,《开发研究》2012 年第 1 期。

出现大量土地抛荒,另一方面是种粮大户想经营更多土地却遇到重重困难。为了解决这些问题,有的地方提出以土地承包权流转来解决上述矛盾。而且这种模式也得到党中央和国务院的认可。国家从法律和政策支持土地经营权的流转。① 中共十八大以来,以习近平同志为核心的党中央大胆探索农村新型产权制度。2013 年,《中共中央关于全面深化改革若干重大问题的决定》突破土地经营权流转的范围,提出了赋予农民对承包地占有、使用、收益、流转及承包经营权抵押、担保职能,允许农民以承包经营权入股发展农业产业化经营。这里有了土地三权分置的思想,但是还没有明确提出"土地三权分置"的概念。2014 年 9 月 29 日,习近平在中央深改组第五次会议上提出这一概念。习近平强调现阶段深化农村土地制度改革,要更多考虑推进中国农业现代化问题,既要解决好农业问题,也要解决好农民问题。明眼人一看,就可以看到习近平统筹的思想方法。根据统筹思想,习近平提出了在坚持农村土地集体所有的前提下,促使承包权和经营权分离,形成所有权、承包权、经营权三权分置,经营权流转的格局。习近平"三权分置"思想正式提出,随后转变为政策,2014 年底在《关于引导农村土地经营权有序流转发展农业适度规模经营的意见》中,首次明确"三权分置"土地政策。农村土地"三权分置"理论及其政策是继农村家庭联产承包责任制后,我国农村土地制度改革的又一次重大突破,引起农村发生了一系列深刻变化。

农村土地"三权分置"对农村治理结构和治理的直接影响:一是加快了农村劳动力向城镇转移,导致农村治理主体的深刻变化。如果说,过去因为家庭承包了土地也有所拖累而不能彻底流入城市,现在承包权与经营权分离,承包

---

①　2003 年实施的《农村土地承包法》规定:"通过家庭承包取得的土地承包经营权可以依法采取转包、出租、互换、转让或者其他方式流转",对于土地承包经营权给予了法律保护。2005 年,农业部出台了《农村土地承包经营权流转管理办法》,使土地流转在操作层面也实现了有规可依。2008 年底举行的中央农村工作会议强调,我国 2009 年农村工作的重点任务,包括要严格执行土地承包经营权流转的各项要求,尊重农民的主体地位,建立健全土地承包经营权流转市场。2009 年和 2010 年中央一号文件,都对土地承包经营权规范流转提出了新的要求。

了土地的农民不再因土地搁荒而候鸟式向城市转移,从而一心一意进入城市务工经商,一方面农村人口进一步减少,加快了城镇化的进程;另一方面进了城的农民也加快了市民化进程,市民化的农民工对家乡带来了更多的城市文明,有益于农村治理结构改善和农村治理现代化。二是加快了农村土地向种粮大户的集中,并出现更多种粮大户。土地规模经营是发展趋势,有利于农民的发展。当种粮大户在经济上有了更多的话语权,他们在农村治理方面也有更多的话语权。这必然引起农村治理结构和治理方式的深刻变化。三是加快了农村新型治理主体扩张。这里所说的农村新型治理主体是指以市场为导向的农村和农民合作组织。当农村土地"三权分置"后,土地通过流转进入了合作组织。农民专业合作社等社会中介组织的大量发展,极大地提升了农民的组织化程度,为农村提供了公共产品,对于农村经济的发展起到了很大的促进作用。

农村经济改革的第三大手笔是农村供给侧改革。2008 年国际金融危机以来,国际经济复苏乏力。中国经济经过较长时间高速发展后放慢了速度,进入了经济发展的新常态。我国经济中遇到的严峻问题就是产能过剩,产能过剩主要的表现是产能利用率下降。在这种背景下,党中央提出了以供应侧结构改革的战略构想。2015 年 11 月,习近平主持召开中央财经领导小组第十一次会议,首次提出"供给侧改革"。同年在中央经济工作会议习近平进行了深刻论述。2016 年 1 月,习近平在省部级主要领导干部学习贯彻中共十八届五中全会精神专题研讨班上的讲话时阐述了供给侧改革的内涵与外延。他指出:"供给侧结构性改革,重点是解放和发展社会生产力,用改革的办法推进结构调整,减少无效和低端供给,扩大有效和中高端供给,增强供给结构对需求变化的适应性和灵活性,提高全要素生产率。"[①]"农,天下之本,务莫大焉。"农业也存在结构性矛盾,同样也必须推进农业供应侧改革。2016 年 12月 19 日至 20 日,中央农村工作会议在北京召开。会前习近平主持召开中央

---

① 习近平:《在省部级主要领导干部学习贯彻中共十八届五中全会精神专题研讨班上的讲话》,《人民日报》2016 年 5 月 10 日。

政治局常委会会议时强调,要始终重视"三农"工作,持续强化重农强农工作;要准确把握新形势下"三农"工作方向,深入推进农业供给侧结构性改革。农村工作会议指出,推进农业供给侧结构性改革,是"三农"领域的一场深刻变革,关系农业的长远发展。这次会议继当年中央经济工作会议强调"2017年是供给侧结构性改革的深化之年"后,对农业供给侧结构性改革作出重要部署,也是党中央首次在中央农村工作会议上提出深入推进农业供给侧结构性改革。2017年中央发出一号文件,题目就是"关于深入推进农业供给侧结构性改革加快培育农业农村发展新动能的若干意见",对农业供应侧改革作了全面部署。

2017年3月14日,国家农业部部长韩长赋在回答记者时,非常明确地提出,农业供给侧结构性改革,主要解决三个方面的问题:一是适应市场需求,改善农产品的供求关系。二是提高农业的质量和效益,增加农民的收入。三是促进农业转型升级,提高竞争力。在具体措施方面,主要是抓好五件事。一是去库存。二是补短板。就是要补齐优质品种、短缺产品、生态环境的短板。三是增效益。要大力推进节本增效和适度规模经营,拉长农业产业链。四是育主体。就是培育新型农业经营主体,包括农村的职业农民,返乡下乡的农民工、大学生、科技人员和退伍军人,农业企业和农民合作社,发挥适度规模经营对结构调整的引领作用。五是增动能。深化粮食等重要农产品价格形成机制和收储制度的改革,发展农村的新产业、新业态,激发活力,增加动力。显然,农业供应侧改革不是单纯的经济改革,特别是培养新的农业经营主体,强调要培养职业农民。这就对农村治理主体、治理结构产生最直接的影响,一旦不同于传统意义农民的职业农民不断增加,它将给农村带来全新的变化。

农村治理结构改革必须统筹农村文化建设和改革。农民既是农村文化建设和改革的动力,也是建设和改革的目的,既是"建设和改革主体",也是"受益主体"。2005年11月,中共中央发出《关于进一步加强农村文化建设的意见》,指出加强农村文化建设,是全面建设小康社会的内在要求,全面建设农村的小康社会,必须大力发展农村文化,建设社会主义精神文明。从农村治理结构改革的角度来看农村文化建设和改革,农村文化建设与改革是农村治理结构改革的重要组成部分,是农村治理现代化的先决条件。中国农民是最好的农民,他们非常朴实,吃苦耐劳,在民主革命时期是中国共产党的依靠力量,在社会主义时期,又为中国的发展作出了重大牺牲。但是,不能不承认,由于历史和现实的原因,在农民身上还存在与农村治理现代化极不相称的思想观念,农村治理现代化首先是实现农村治理主体——农民的现代化。无论是克服农民思想中与农村治理现代化不相称的思想观念,还是实现农村治理主体现代化,离开农村文化建设和改革,就会成为一句空话。用反映现代文明成果的先进文化占领农村阵地,通过文化建设和文化改革养成农民的现代思维、现代意识、现代观念成为农村治理结构改革和农村治理现代化的基本条件之一。农村文化的建设与改革不像农村经济改革那样快捷,也不会像农村民主政治建设那样明显。它是一种慢工细活,需要春风化雨,需要潜移默化,需要以文化人。而且,文化建设和改革又必须把社会效益放在首位,过分强调文化建设和改革的经济效益容易走偏方向。从某种意义讲,农村文化改革和建设更多的是一种政府行为,政府或社会加大对农村文化建设和文化改革的投入,通过长期的努力,在农村社会风气的养成上,在农村道德水平的提高上,在农村文化知识水平的提高上,在新型人际关系的建立上,在农民的治理意识和治理能力培育上,取得重要突破。也许那就是农村治理结构改革成功之时,就是农村治理现代化实现之时。在实践中,中国共产党为配合农村治理结构改革和加快实现农村治理现代化做了大量的工作,取得了明确的成就。也是在农村文化建设与改革,也存在死角,甚至有的农村出现了文化"沙漠"。这是值得注意和必须解决的问题。

在农村治理结构改革的进程中,统筹推进农村社会改革,即突破城乡二元结构的体制障碍,探索统筹城乡发展新机制。我国城乡二元结构的形成,既有历史的、地理的因素,也有政策的因素。1958 年 1 月通过《中华人民共和国户口登记条例》,标志着限制中国农村人口向城市流动户口迁移制度的形成,也标志着城乡二元结构的形成。从政策上看,在工业化初期,我国制定了城乡分割政策,农业和农村支持工业和城市的发展。这种体制在当时也起到好的作用,随着时空变化,这种体制必须打破,其突破口就在于体制和政策创新,按照社会主义市场经济的要求,改革城乡分割的户籍制度,实现城乡平等的统一的户籍制度。这项改革在 21 世纪初起步,2008 年就有河北、辽宁、江苏、浙江、福建、山东、湖北等 12 个省区市实行居民户籍制度。① 中共十七届三中全会在破解城乡二元结构迈出一大步,通过"扩大公共财政覆盖农村范围,发展农村公共事业,使广大农民学有所教、劳有所得、病有所医、老有所养、住有所居"等一系列措施突破城乡二元结构体制。

一是建立城乡均衡发展的基本公共服务体系,从义务教育体系、医疗卫生体系、养老保险体系等让农民获得与市民同等的基本公共服务。二是建立城乡统一的要素市场体系。在资本、劳动力、土地、技术和信息等方面,实现城乡资源优化配置,农民同等获得使用生产要素的环境。三是建立切实有效的支农惠农体系。加大对农村的公共财政投入,建立起新型农业服务体系。四是建立城乡统一的人口管理体系。让农民根据自己的需要自由向城市转移,以稳定收入作为户口申报的依据。随着城乡一体化进程的不断深入,农村封闭保守的社会格局被打破,农民的生产方式、生活方式、思维方式、价值观念等在市场经济浪潮影响下逐步转变,农村经济社会从公共服务供给、农村社会结构、农业经营活动等都出现了很大的变化。这就要求农村治理结构和治理方式发生相应的变革。

在农村治理结构改革的进程中,统筹推进农村生态文明建设。一方面农村经济有所发展,另一方面农村脏乱差的问题依然存在。有的地方农村经济的发展以牺牲农村环境为代价。有的地方把落后生产产能向农村转移,破坏

---

① 孙志强:《城乡统筹:攻克科学发展的重大障碍》,《中国信息报》2008 年 12 月 23 日。

农村中的蓝天白云。这就是典型的吃当代的饭，断子孙后代的路。这是必须正视的事实。在科学发展观提出后党中央开始注意生态文明问题。2011 年 12 月召开的中央农村工作会议明确制定加强农村生态文明建设，努力建设美丽乡村的目标。中共十八大提出"五位一体"总体布局，大力推进生态文明建设。贯彻落实中共十八大精神，首先要树立生态文明的理念，尊重自然、顺应自然、保护自然。习近平对建设生态文明和加强环境保护提出了一系列新思想新论断新要求，对农村环境保护十分关心。他强调，"中国要美，农村必须美"，习近平强调要尽快改变农村脏乱差状况，给农民一个干净整洁的生活环境。从 2013 年开始，河南打响建设"美丽乡村"全体战，重点培育建设美丽宜居小镇、中心村及特色村。为了加快速度，河南财政投入 59 亿元作为引导资金，带动社会资本积极参与美丽乡村建设。2015 年 10 月 24 日，环境保护部、财政部在江苏省南京市联合召开全国农村环境连片整治工作现场会，全面贯彻落实中共十八大，十八届三中、四中全会精神和党中央、国务院决策部署，总结交流农村环境连片整治的进展和经验。从 2016 年起，中央财政加大对美丽乡村建设的支持，计划"十三五"期间全国建成 6000 个左右美丽乡村。高度重视农村生态文明建设，加快美丽乡村建设，对于农村民来讲是利在当代、惠及子孙的好事。通过统筹农村生态文明建设，提高农民文明素质和农村社会文明程度，这对加快治理结构改革，提高农村治理现代化水平都具有重要意义。

"统筹兼顾是中国共产党的一个科学方法论。它的哲学内涵就是马克思主义辩证法。"[1]统筹兼顾同样是推进农村治理结构改革的基本方法。因为，农村治理结构不是单纯的线形结构，而是一个复杂的立体结构，牵一发而动全身，只有统筹推进农村政治治理、农村经济治理、文化治理和社会治理以及其他治理，农村治理结构改革才能互相配合，获得全方位的支持，顺利实现预定目标，收到预期效果。

---

[1] 《习近平在省部级主要领导干部学习贯彻党的十八届五中全会精神专题研讨班上的讲话》，《人民日报》2016 年 5 月 10 日。

四、协调机制

协同论认为,在一个系统中,各种要素都存在着相互影响而又相互合作的关系。通过各种要素之间的竞争与合作,推动并实现整个系统的全面发展。农村治理结构涉及各个方面。必须通过协调机制,促进农村治理结构各种要素的竞争与合作,从而推动农村治理结构改革的顺利实施和实现农村治理现代化。

从纵向看,农村治理结构涉及中央、省、市、县、乡、村、组、家庭八级。不同层级在农村治理结构中具有不同地位,承担不同责任,发挥不同作用。中国共产党是一个建立共同信仰基础之上,按照一定组织结构和组织原则,有铁的纪律的先进政党。党章规定:"党员个人服从中共组织,少数服从多数,下级组织服从上级组织,全党各个组织和全体党员服从党的全国代表大会和中央委员会。"这一切就保证了全党的统一和党中央的权威。中国行政组织推行的是中央集权体制。中央集权体制的特点之一就是先有中央治理组织,然后才会有由中央治理组织派生出的地方治理组织,并且中央治理组织高于和先于地方治理组织。与此相应地延伸出:中央治理权力高于、优先于地方治理权力,地方治理权力依附于中央治理权力,是中央治理权力在地方的一种延伸和具体化,地方治理来源于中央治理权力,中央治权是地方治权的源泉,地方治权是中央治权的基础。由于中国地方治理权力体制是"金字塔"式的权力结构体制,上下层级政府间的治理权力关系是一种上下级的隶属关系。这就决定农村治理结构中的层级关系,也决定了如何在协同轨道上推进农村治理改革。

中央,包括中共中央和中央人民政府。毫无疑问,它是农村治理结构中的最高层。其主要职责就是负责顶层设计,包括制定法律,提出政策和改革农村治理结构的总规划,并督促在全国范围贯彻落实。党和国家领导人对农村治理结构改革的理论思考,党关于农村治理改革的方针政策、关于农村治理结构改革的基本思路和总体方案,构成了顶层设计的基本内容。由于中央处在最高层,它担负的主要责任事关战略,事关大局,事关根本,事关长远,事关方向,因此,必须保证顶层设计的科学性。为了保证顶层设计的科学性,必须深入农村广泛而深入的调查研究。江泽民、胡锦涛、习近平都考察过农村改革发源地——安徽的小岗村。1998 年 9 月 22 日,在改革开放 20 周年之际,江泽民专程来到小岗村考察。当时,江泽民对小岗村村民说:"这次到安徽来,就是要做一些调查研究,也是来向你们学习。"2008 年 9 月 30 日,胡锦涛考察了小岗村,为中共十七届三中全会专题研究推进农村改革发展问题作准备。2016 年 4 月 25 日,习近平到这里考察,为农村全面深化改革作准备。三任总书记都到小岗村考察,表达了对推进农村改革的坚强决心,总结农村改革的历史经验,积极稳妥地推进农村改革。除此之外,三任总书记在 21 世纪以来还到其他地方农村深入调查研究。中央其他领导人也分别到各地调研农村发展与改革问题。没有调查研究,就没有决策权。正是这些调查研究,保证了农村治理结构改革的顶层设计的科学性,也保证了农村治理结构改革不犯颠覆性错误。

中间,包括省、市、县三级。作为中间环节,主要职责和任务是根据中央的科学部署,结合本地实际,有序推进农村治理结构改革,并进行农村改革试验。党中央制定了党委统一领导、党政齐抓共管、职能部门组织协调、其他部门配合各负其责的农村工作领导体制和工作机制。既然"三农"是党的工作的重中之重,那么对于省、市、县,其自然而然也是重中之重。在政策制定、工作部署、财力投放、干部配备上,都必须向重中之重的"三农"倾斜,把党中央重视"三农"的战略思想落到实处。对于农村治理结构改革,在党中央的统一部署下,把党的改革战略与各地农村的实际结合,因地制宜、分类指导,创造性地开展工作。党委和政府主要领导亲自抓农村治理结构改革,省市县党委分管领导负责具体抓农村治理结构改革,县(市)党委把工作重心和主要精力放在包括农村治理结构改革在内的农村工作上。党委农村工作综合部门按照党委要求具体抓农村治理结构改革。为了有序推进农村治理结构改革,各省市根据自己的实际情况进行了农村综合改革试验。2016 年,作为农村改革综合试验区,四川省在全省 20 个县(市、区)进行综合试验,积累了农村治理结构改革的成功经验。农村改革综合试验区聚焦农村集体产权制度、农业经营制度、农业支持保护制度、城乡发展一体化体制机制、农村社会治理制度和扶贫开发脱贫攻坚体制机制等领域开展综合试验。① 为全国涉农法律法规的立改废释提供实践依据,也为其他省推进农村治理结构改革探索出新路子。从 2012 年开始湖北省先后在十个市县进行农村改革试验。不同的县市侧重不同领域的改革,鄂州市突出"还权赋能"为核心的农村产权制度改革,让农民获得更多的财产性收入。仙桃市把改革的重心放在农产品产供销体制改革,破解农民与市场联系不畅的难题。天门市进行农村生产合作社体制改革,提高农民的组织化程度。郧县开展农村投资体制改革,争取社会对农村更多投资。襄阳市襄州区针对"城中村、城郊村、园中村"问题,进行农村社区改革试点,破解城郊农村发展体制机制障碍。宜都市探索农村小型水利设施建设体制改革,形成了农村基础设施管理和维护长效机制。监利县进行农村工业化、城镇化和农业现代化建设体制改革,加快农村城镇化步伐。钟祥市进行培育新型农村治理主体的试点,孝感市孝南区进行培育新式农民的改革。嘉鱼县进行农村市场机制改革试点。② 湖北十个县区的农村改革试点涉及了包括农村治理结构在内的农村改革的方方面面。贵州省在 21 个县 140 个乡镇 1015 个行政村开展了"资源变资产、资金变股金、农民变股东"改革试点。③

如果说上述这些省区农村改革除了符合中央要求外,还有一些自选动作,那么广东作为全国农村综合改革的重点地区,在党和国家涉农职能部门的直接指导下开展了 13 项国家级农村改革试验试点任务。其中,中央农办直接指

---

① 参见《华西都市报》2016 年 2 月 4 日。
② 参见《湖北日报》2012 年 4 月 24 日。
③ 参见《贵州日报》2017 年 3 月 4 日。

导了佛山市南海区、清远市、广州市白云区、珠海市斗门区、德庆县、揭阳市揭东区的农村改革；国务院综改负责指导东莞市、佛山市南海区、江门市新会区、蕉岭县、阳山县；国家农业部负责直接指导云浮市的农村改革；国务院扶贫办直接指导清远市扶贫改革试验。① 由于党和国家涉农职能部门直接指导相关县区的农村改革，更能体现全国一盘棋的思想，它们创造的经验更加直接上升到国家层面的经验，有的直接转换为农村治理结构改革的政策。

中间环节，是党中央决策部署与农村实际相结合的关键环节。作为中间环节，自觉维护中央权威是应有之义，在全国一盘棋中走出各省、市、县农村治理结构的每一步棋。作为中间环节不能中间梗塞。所谓中间梗塞，就是在农村治理结构改革自行其是，另搞一套，就是以会议传达会议，以文件落实文件，以检查应付检查，不抓落实，只做表面文章，搞政绩工程、形象工程，等等。如果出现中间梗塞，农村治理结构改革就会寸步难行。农村治理结构改革偏离正确的方向，全国就会出现一盘散沙，农村治理现代化就可能成为水中月、镜中花。

基层，主要包括乡镇、村组和农村家庭。如果说，中央和省市县还有其他工作，那么乡镇和村组，除了农村工作外，几乎没有别的工作，而且他们面临的是上面千条线，下面一根针。他们的职责就是把中央的意图与部署，省市县的安排变为行动，变为实践。具体情况将在以后作深入阐述。先在这里分析如何发挥村民小组的作用问题。村民小组在纵向农村治理结构中处在最底层。没有行政级别，不是正式的治理层级。在实际运作中，村民小组的地位被忽视，村民小组的作用不被埋没，村民小组组长不被人当回事。难道村民小组真的是一级可有可无的治理层级吗？其实不然。从我的亲身体会看，村民小组在农村治理结构有不可忽视的地位，在农村治理中有不可低估的作用。这是因为村民小组是最接地气的层级，与农村实行了无缝对接；这是因为村民小组

---

① 参见《南方日报》2014 年 12 月 3 日。

是与农民联系最密切的层级，一年三百六十五天，几乎天天在一起，他们最懂民情，最知民意；这是因为村民小组在农村治理中发挥特殊作用。由于村民小组干部天天与村民在一起，有深厚的情谊，一些事情别的层级无法做到，而村民小组干部则手到擒来。所以应该重视村民小组的地位与作用。2015年中央一号文件提出："创新和完善乡村治理机制。在有实际需要的地方，扩大以村民小组为基本单元的村民自治试点，继续搞好以社区为基本单元的村民自治试点，探索符合各地实际的村民自治有效实现形式。"2016年中央一号文件再次提出："在有实际需要的地方开展以村民小组或自然村为基本单元的村民自治试点。"这一重要思想的提出是一个良好的开端，这说明党中央已经开始认识和重视村民小组的地位与作用。这是一个值得充分肯定的重要思想，如果这一重要思想能够成为全国的共识，而这一共识又变为行动，那么，农村治理结构改革将迈出可喜的步伐。

基层，万丈高楼从地起。农村治理结构中的基层层次担负着落实党中央农村治理结构一系列决策的重任。这里需要提醒的是，一些基层不发挥基础作用，一些基层干部好高骛远，好大喜功，两眼只对上，两眼只对外，不准确定位，不明白自己该干什么。如果长此下去，农村治理结构改革便是无花果，中看不中用，只有热闹而没有实际效果。

纵向的农村治理结构是一个金字塔结构。它们之间的协调十分重要。如果中央在决策时不了解农村的实际就可能作出不正确的决策，在实施过程中就会遇到阻力，实施后不会推动农村生产力的解放与发展。农村治理结构改革要防止热在中央，冷在中间，死在基层。党中央和中央人民政府高度重视农村治理结构改革，连连出台好的政策，而中间层次和基层不树立中央权威意识，不努力把中央的决策部署与当地农村实际相结合，基层则把农村治理结构改革当作别人的事，不热情，不参与。这样中央的决策部署就成了空中楼阁。所以纵向的农村治理结构必须上下一致，上下联动，上下照应。只有这样，才能形成巨大的合力，推进农村治理结构改革，实现农村治理现代化。

现在让我们把目光转移到真正的农村,即认真分析农村治理结构中的横向结构改革问题,或对农村本身的内部结构作横切面分析。从治理主体的性质来分类,农村治理结构中包括的政治治理主体主要有党的组织、村民委员会等;经济治理主体主要有各种经济合作组织、经济类协会、金融组织等;文化治理主体主要有文化团体、教育机构等;社会治理主体有各种志愿者组织等。从治理主体的授权来源看,农村治理结构中有政府组织、非政府组织。从治理主体的存在时间看,有长期的治理主体,也有短期或临时的治理组织,如配合党的中心工作的各种工作组等。

尽管农村治理结构的各种治理主体有不同的属性,但它们并不平行站位。农村治理结构中的基层党组织是中国共产党在农村执政的基础。《中国共产党章程》第 32 条规定了农村基层党组织与农村自治组织和其他组织的关系。① 党章是党内根本大法。据此农村基层党组织与村自治组织以及其他组织的关系是领导与被领导关系。《村民委员会组织法》第 3 条规范了农村基层党组织与村民委员会的法律关系。村民组织法是农村村民自治的法律依据。农村基层党组织依法确立在农村治理结构中的领导地位。在中国共产党的领导下,农村自治组织依法发挥自治功能。农村基层党组织和农村自治组织以及其他组织,不存在着根本的利益冲突,不存在不可调和的矛盾。它们之间可以而且已经建立了协调一致的关系。这是农村治理能够正常运转的基本要素。农村基层党组织与农村自治组织及其他组织之间也不是一点矛盾都没有,也有些不协调之处。农村治理结构改革就是进一步协调农村基层党组织和农村自治组织以及其他组织的关系,在确保加强农村基层党组织在农村治理结构中领导地位的同时,协调好关系,形成巨大的农村治理合力。

农村治理结构中的村民自治组织,依据国家实行村民自治制度,依据村民委员会组织法,在农村基层党组织的支持下,在农村治理中发挥极其重要的作

---

① 《中国共产党章程》,人民出版社 2017 年版,第 46 页。

用。按照宪法和村民委员会组织法的规定,村民委员会的主要职能包括十项。① 这就是说法律已经授权于村委会在农村治理结构中扮演重要角色,发挥重要作用。分析这十项职能,就会发现这些职能包括了农村的所有工作,只要严格按照这些职能就能有效实施农村治理。根据对全国的调查,全国农村许多村委员会敢于担当,挑起了农村治理的重担。而且与党支部的关系,与其他治理主体之间的关系处理很好,坚持在农村基层党组织的领导下,既主动发挥在农村治理中的主导作用,又发挥其他治理主体在农村治理中的辅助作用。但是,也有些农村的村民委员会出现了两个极端:一种情况是过分强势。在农村治理结构中,村民委员会不把农村党的基层组织及其负责人放在眼里。另一种情况则是无所作为,在农村治理结构中,村民委员会成为农村基层党组织的附庸,可有可无,在农村治理中根本发挥不了作用。农村治理结构改革就是要针对这两种情况,准确定位村民委员会在农村治理结构中的地位,发挥好村民委员会在农村治理中的主导作用。

介于政府与市场之间的民间组织,包括自治组织、行业组织、社会中介组织以及公益慈善和基层服务性组织。农村治理结构中这些治理主体是改革的成就,大部分是新生力量。新生力量的优势在于不受传统的束缚,没有历史包袱,在农村治理中能够主动作为,发挥在农村治理中不可忽视的作用。但是,作为新生力量,也存在自身的不足,特别是发育不成熟的民间组织,本身就存在这样或那样的问题,人们对其功能定位和作用发挥还是存在认识不准的问题。因此,农村治理结构改革中,需要花力气培育农村社会需要的新的治理主体,搭建平台,创造条件,发挥新生力量在农村治理中的作用,用制度规避新生力量在农村治理中的负面影响和作用。

还必须注意发挥农村妇女在农村治理中的作用。② 转移到城市的男性因

---

① 参见《中华人民共和国村民委员会组织法》第八条、第九条、第十条。
② 唐娅辉:《治理理论视域下的女村干部能力建设》,《湖湘论坛》2015年第6期。

工作忙或离家远而很少回村,对村里发生的大小事情了解甚少,更谈不上参与农村治理。在这种情况下,村里重大事项的决策和基层民主选举等,妇女代男性行使表决权。所以,妇女也就成为参与农村治理和民主管理的重要主体。与此同时,随着妇女逐渐融入社会,她们的视野更加开阔,从关注小家到关注村庄的事务,要求对村级事务有知情权、参与权和决策权。她们以主人翁的姿态,积极参与农村基层民主政治建设,在推动农村政治经济和谐发展过程中发挥着重要作用。顺应时代的进步与发展,越来越多的农村女性参与到农村治理之中,为新农村建设作出了重要的贡献。在农村治理中,妇女已成为一支重要的主力军,成为村级治理的重要力量,培养更多的女村干部,提高她们的治村能力,有利于解决劳动力转移过程中农村干部流失的问题,有利于协调农村治理结构中的其他主体。

多元治理主体参与农村治理,就必然要求参与行动的协同性。农村治理应该是多元治理主体通过协商合作的方式对农村社会事务和社会生活进行规范和管理。"较之于统治和管理,作为理想类型的治理更适合现代社会的需要,更能发挥三大主体的各自优势、形成彼此的良性互动。"[1]理想的治理,是期望通过政府、市场和社会的良性互动来避免陷入"政府失灵""市场失灵"或"社会失灵"。农村治理的道理也一样,农村治理的结果也是政府、市场与社会的交织产物,在协调的轨道下推进农村治理结构改革是非常重要的,也是习近平新时代中国特色社会主义思想的应有之义。

---

① 郑杭生:《"理想类型"与本土特质——对社会治理的一种社会学分析》,《社会学评论》2014 年第 3 期。

第十章 改革农村治理结构的
基本经验

21世纪以来,中国共产党领导下的农村治理结构改革,在探索中前行,在前行中探索。应该说,在这个时段内,中国共产党基于农村治理结构改革的伟大实践,深化了对农村治理结构规律的认识,积累了极其丰富的经验。这些经验主要有,农村治理结构改革必须优先顶层设计,必须坚持问题导向,必须遵循客观规律,必须依靠人民群众,必须坚持党的领导。这些经验是我们最可宝贵的精神财富,是继续推进农村治理结构改革的基本遵循。

一、必须优先顶层设计

中国古代思想家深刻认识战略谋划的重要性,得出"谋定而后动,知止而有得"这一重要结论。中国古代军事家知晓战争中指挥官的战前谋划是夺取胜利的法宝。"运筹于帷幄之中,方能决胜于千里之外!"战前考虑问题越周密,越详细,取胜的机会就越大。相反,战前考虑问题不周,不细,取胜的机会就少! 一个好的战略方案,等于战争已经胜券在握。古代战略家又提出,不谋万世者,不足谋一世;不谋全局者,不足以谋一域。战略谋划必须处理长远与眼前、全局与局部的关系。任何时候任何事情都离不开顶层设计。农村治理结构改革也是如此。没有顶层设计,改革将一事无成。[1]

已经走过 90 多年的光辉历程的中国共产党,积累了十分丰富的顶层设计的经验。建党之初,中国先进知识分子与非马克思主义的关于问题与主义大论战就是中国共产党人重视顶层设计的开始。中国的第一位马克思主义李大钊坚持在马克思主义的指导下从根本上解决中国问题。而胡适等主张少谈些主义,解决中国的具体问题。这场争论为中国共产党的成立作了最重要的思想理论准备。在遵义会议后毛泽东成为党的坚强领导核心。作为战略家,毛泽东以无与伦比的政治智慧和革命胆略,为中国共产党进行了一系列战略顶层设计。毛泽东科学的顶层设计,是中国共产党取得民主革命胜利的根本保证。毛泽东完成于党的七届二中全会上以及在《论人民民主专政》一文中的建设新中国的顶层设计引导一个崭新的人民政权出现在世界的东方。1978年党的十一届三中全会开启了改革航船。邓小平是改革开放的总设计师。总设计师的职责就是对改革开放进行总体设计。总体设计的成果就是根据中国长期处在社会主义初级阶段的基本国情,制定中国共产党在社会主义初级阶段的基本路线、基本纲领和基本政策。有了邓小平的顶层设计,改革开放这艘航船才乘风破浪,向胜利的彼岸出发。40 年的改革开放创造了人间奇迹。党的历史上的顶层设计的成功经验为农村治理结构改革的顶层设计提供了最宝贵的借鉴。[2]

所谓 21 世纪以来农村治理结构改革的顶层设计,就是以江泽民、胡锦涛、习近平等为代表的中国共产党人对农村治理结构改革一系列问题的战略思考,就是党关于农村治理结构改革的路线、方针和政策,就是国家对农村治理结构改革的法律制度安排。这些决定着农村治理结构改革的方向,决定农村治理结构的成败。

农村治理结构改革更需要顶层设计。第一,是因为农村的地位决定的。

---

[1] 雷国珍:《全面深化改革必须战略谋划先行》,《湖南日报》2014 年 7 月 25 日。

[2] 雷国珍:《论全面深化改革中的战略谋划与问题导向意识》,《湖湘论坛》2016 年第 1 期。

有人说:"读不懂农民,就读不懂中国。"这句话一点都不假。中国自古就是一个农业大国,中国因农业而出现问题,因农民主导问题的解决而改写历史。历史上朝代更替,治乱兴衰,都与农民农村农业问题紧密相连。农民及与之紧密相连的农业、农村问题是中国最重要的问题,若不能恰当处理,必然影响社会的前进。第二,是因为农村治理结构改革所面临的问题决定的。从 1978 年中共十一届三中全会到 20 世纪末,历时 22 年。时间不长,但改革的力度之大是空前的。农村是改革急先锋,是最早发力的领域。经过 22 年的农村改革,容易改革的东西都已经改革了,留下的都是难改革的了,都是一些硬骨头了。而农村改革还要继续进行。因此,农村改革的顶层设计尤其重要,没有顶层设计,可能导致前功尽弃,还可能在新的改革征程中犯颠覆性错误。第三,是农村治理结构改革的复杂程度决定的,农村治理结构改革,从横切面说,涉及各个方面,包括政治、经济、文化以及农村社会体制;从纵向来看,涉及中央到村等层级,如果没有顶层设计,涉及各方面的改革就可能导致相互制约。第四,农村治理结构改革的特点决定顶层设计的重要性。从表面看,农村似乎是独立于社会而能单独存在,农业也相对其他行业单纯,农民非常质朴。透过现象看本质。"三农"问题并不简单。农村治理结构改革系统性、整体性、协同性非常强。没有对农村治理结构改革的顶层设计,农村治理结构改革的系统性、整体性和协同性就受到破坏,受到撕裂,受到摧残,从而导致农村治理结构的失败。第五,正反两方面的经验也告诉我们,农村治理结构改革不可没有顶层设计。人民公社化运动是中国农村治理结构大变革时期,由于理论准备不足,由于顶层设计出现了问题,给中国农村乃至整个中国社会带来的负面影响是难以估量的。中国最初的改革为什么能成功,就是因为有总设计师邓小平的顶层设计。

农村治理结构改革是一项复杂的系统工程,需要加强顶层设计。农村治理结构改革顶层设计,就是加强对农村治理改革的战略思考,解决农村治理结构的基本方向、基本目标、基本路径等重大问题,强化农村治理结构内部以及同其他系统的改革的关联性、系统性、可行性等重大理论问题和实践研究,深入思考和解决农村治理结构内部与其他系统改革的历史逻辑和辩证逻辑,使改革的方向、目标、路径高度耦合,改革的政策、措施和办法相互配合,在实施过程中相互促进,在实际成效上相得益彰。21 世纪以来江泽民、胡锦涛、习近平等对农村治理结构改革一系列重大战略问题的战略思考,是这个时期农村治理结构改革沿着正确方向前进并取得巨大成就的基本保证。特别是党的十八大以来,为了推进全面深化改革,以习近平同志为核心的党中央科学总结历史经验,深入调查研究,深化对改革规律的认识,形成了一系列战略思想。这就是全面深化改革的战略顶层设计,就是农村治理结构改革的战略顶层设计,是农村治理结构改革的理论基石。党的十八届三中全会通过的《中共中央关于全面深化改革若干重大问题的决定》,是以习近平同志为核心的党中央关于全面深化改革的战略谋划和顶层设计,是全面深化改革动员令、宣言书,也是对农村改革,包括农村治理结构改革顶层设计的载体和结晶,为农村治理结构改革和农村治理现代化号准了脉,定好了向,绘就了图,指明了路,为农村治理结构改革和农村治理现代化提供了可靠的保障。因此,是农村治理结构改革和农村治理现代化顶层设计的最重要成果,也是农村治理结构改革和农村治理现代化的基本遵循。

所谓农村治理结构改革和农村治理现代化的顶层设计,就是要站在中国特色社会主义新时代的时代高度,站在党和国家工作大局的战略高度,高瞻远瞩,深刻认识农村治理结构和农村治理现代化的各种矛盾,科学把握农村治理结构改革和农村治理现代化的客观规律,准确定位农村治理结构改革和农村治理现代化的基本方略,统筹确定农村治理结构改革和农村治理现代化的总体目标、实现路径及时间表、施工图。第一,体现政治性。即中国农村治理结构改革和农村治理现代化必须坚持中国特色社会主义方向,任何时候都不能偏离正确的方向,一旦方向出现失误,就会犯颠覆性错误。第二,体现协调性。在全国一盘棋的战略大局意识下推进农村治理结构改革和农村治理现代化。

农村治理结构改革和农村治理现代化是党和国家改革事业的重要组成部分，推进农村治理结构改革和农村治理现代化要站在全党全国工作大局的战略高度，体现全国一盘棋的战略定力，与全国改革实现整体联运，又充分从中国农村实际出发，体现农村改革的特色，既调动各方面、各地方的积极性，又不能各吹各的调，自行其是，形成整体联动局面。第三，落实系统性，即用系统的辩证思维谋划农村治理结构改革。农村治理体系是国家治理体系的重要组成部分，必须正确处理好农村治理结构改革与全国全面深化改革的关系，又妥善处理好农村治理结构内部之间的关系。无论是全面深化改革，还是农村治理结构改革，都是一场硬仗，都是攻坚战，都是持久战，都是一些牵一发而动全身的改革，不可急于求成，不可单兵冒进。第四，突出整体性，特别是要解决动力整合问题。改革就是利益大调整。农村改革使得农村形成了不同利益集团，不同利益集团有不同的诉求。① 中国共产党有聚合力量的能力，也擅长于政治动员，能够把不同利益集团的力量整合在中国共产党的旗帜下。在领导推进农村治理结构改革的历史进程中，中国共产党必须在整合各种力量上形成最大公倍数，在减少阻力上形成最大公约数。农村治理结构改革顶层设计必须解决上述问题。诸如此类的问题不解决，农村治理结构改革的风险系数就大，解决这些问题，就可能使改革朝着预期的目标顺利推进。

21 世纪以来的中国共产党人为农村治理结构改革的顶层设计体现中国共产党人与中国人民根本利益的高度一致，体现中国共产党执政为民的人民情怀，反映了以人民为中心的治国理念。中国共产党人对农村治理结构改革的顶层设计，体现了时代性，体现了战略性，体现了规律性，为夺取农村治理结构改革的胜利指明了方向，奠定了坚实基础，提供了可靠保障。做好农村治理结构改革和农村治理现代化的顶层设计，不是一件容易的事，也不能一蹴而

---

① 　雷国珍：《论全面深化改革中的战略谋划与问题导向意识》，《湖湘论坛》2016 年第 1 期。

就。计划不如变化快。当时间与空间发生变化时,农村治理结构改革和农村治理现代化的顶层设计,必须与时俱进,必须面对新情况,解决新问题,产生新设计,使顶层设计更加符合中国国情,更加符合中国农村实际,更有利于推动改革。在农村治理结构改革顶层设计的指导下,一定使农村治理结构改革达到农村治理现代化的预期目标。

二、必须坚持问题导向

中国共产党在领导21世纪以来农村治理结构改革和农村治理现代化的历史进程中,无论是在顶层设计的进程中,还是推进改革的实践过程中,以问题为导向,以问题导向服务于顶层设计,以问题导向指引农村治理结构改革实践。

所谓问题导向,就是从发现问题开始,以解决问题为目标。人类认识世界、改造世界的过程,就是一个发现问题、解决问题的过程。问题导向是马克思主义世界观和方法论的重要体现,是党的优良传统和宝贵经验。培根曾经说过:"如果你从肯定开始,必将以问题告终;如果你从问题开始,必将以肯定结束。"这也说的是问题导向的重要性。习近平强调,全面深化改革要有强烈的问题导向意识。而且应该以重大问题为导向,抓住重大问题、关键问题,而不是一些鸡毛蒜皮的问题。全面深化改革就是着力推动解决中国发展面临的一系列突出矛盾和问题。习近平倡导的问题导向意识,是一种科学的思维方式和工作方式。问题意识是一种忧患意识。有人高枕无忧,最后为问题所忧。有人三思而后行,把问题想得多一些,把困难想得多一些,一旦遇到问题,因为有准备而不惧怕问题。人类社会文明的进步史,就是一部发现问题解决问题的历史。问题不断产生,解决问题也成为没有尽头的接力赛。老的问题解决了,新的问题又发生了,人们必须以敏锐的问题导向意识及时发现它、研究它、解决它,从而推动社会不断向前发展。历史就是问题的消亡和解决的历史,现实也无非是问题的存在和发展的现实。农村治理结构改革亦是如此。①

坚持问题导向,前提是正视问题。农村治理结构改革源于问题倒逼。从表面上看,问题倒逼,似乎是被动应对,这只是一种表象。从实质上讲,更是主动作为。中国历史上的改革是形势和问题倒逼的产物。春秋战国时期秦国商鞅变法,就是因为井田制瓦解、土地私有制产生和赋税改革都晚于其余六国,社会经济的发展均落后于六国而引起的。北宋初年王安石变法的起因,倒逼于统治者对土地兼导致土地高度集中,豪强地主隐瞒土地而没有赋税负担,贫者反而负担沉重,农民无法正常生活而举行暴动。清末的戊戌变法,源于甲午海战清政府战败,被列强瓜分的可能,国内矛盾尖锐复杂,清朝有被灭亡的危险,康有为等有识之士为应对时局提出改革,以挽救中国被瓜分和清朝被灭亡的命运。从上述历史的结论是,中国历史的改革都是问题倒逼的结果。

中国共产党近百年历史发展证明,这是一个善于发现问题和解决问题的党,也是一个善于以改革应对各种矛盾和问题的党。党确立以为人民谋幸福,为民族谋解放,是因为 1840 年后的中国人民生活在水深火热中,中华民族面临着被分裂被灭亡的严重危险。中国共产党领导下的一切变革都是因问题引起,以解决问题为目的。中共十一届三中全会前后,中国共产党面临着艰难的选择,也面临着许多问题。邓小平审时度势果断决策以改革应对各种问题。这是问题倒逼改革的成功范例。中共十八大以来的全面深化改革,同样是由问题倒逼的。进一步分析 21 世纪以来的农村治理结构改革,仍然是问题倒逼的。农村治理结构改革的问题导向表现在:首先是农村治理面临诸多问题,不解决这些问题,农村治理结构的运行就会遇到严峻挑战。其次是农村治理结构改革,这是解决农村治理诸多问题的法宝。最后,当农村治理中许多旧问题解决了,又产生大量的新问题,所以,农村治理结构改革只有进行时,没有完成

① 雷国珍:《论全面深化改革中的战略谋划与问题导向意识》,《湖湘论坛》2016 年第 1 期。

时,改革永远在路上。当中国共产党人用问题导向意识思考农村治理面临严峻的问题时,首先分析中国农村到底存在哪些问题? 问题的性质是什么? 解决农村问题的出路在哪里? 中国共产党人作出了正确的判断、正确的选择和正确的决策,即正视农村存在问题,这些问题都是可能解决的,解决的办法就是进一步推进农村改革。改革是由问题倒逼而产生的,又在不断解决问题中得以深化。时代是出卷人,人民是阅卷人,中国共产党人是答卷人。21 世纪以来向中国共产党人提出了如何推进农村治理结构改革和农村治理现代化的问题。中国共产党坚持问题导向意识认识问题,以敢于担当的精神正视问题,以科学务实的态度解决问题,交出了农村治理结构改革的答卷。① 人民作为评卷人,已经并将继续作出中肯的评价,并转化为对中国共产党真心实意的拥护和支持。

其次,坚持问题导向,核心是找准问题。问题无时不有,无处不在,表现形式多种多样。问题导向意识是找准问题的逻辑起点,很难想象没有问题导向意识会找到农村治理结构存在的问题。站在新的历史起点上的农村治理结构改革就是以解决问题为目的。要达到这个目的,首先有问题意识。然后,在问题意识的指导下,深刻认识中国农村治理结构中存在什么问题。找准问题,第一位的是把问题找全。很多人到农村去转了一圈,就觉得自己对农村问题的认识全面了,结果是只见树木,不见森林,一叶障目,以偏概全。找准问题,第二位的是把问题找深。也有人到农村走了一趟,就觉得把农村的问题看透了,结果是只看到表面现象,没有看到问题的实质。找准问题,第三位的是找到问题的根。有人到农村调查了几天,也写了调研报告,但是没有思考,没有分析,找不准问题的根本症结,找不准引发问题的原因,找不准问题之间千丝万缕的联系。② 找准问题才能精确施策,才能找到农村治理结构改革的突破口。农村治理结构改革就是一个不断解决问题的过程。如果找不准问题,抓不住问

① 雷国珍:《论全面深化改革中的战略谋划与问题导向意识》,《湖湘论坛》2016 年第 1 期。
② 雷国珍:《论全面深化改革中的战略谋划与问题导向意识》,《湖湘论坛》2016 年第 1 期。

题,解决问题就没有前提,就没有基础,解决问题就成为一句空话。认识问题、分析问题和解决问题是根链条。缺少任何一环,这根链条就出问题了。中国农村正处在急剧转型之中,社会的急剧变迁必然导致一系列问题的出现。问题之多,问题之复杂,问题之严重都超出了人们的想象。在推进农村治理结构改革和实现农村治理现代化的历史进程中,问题不以个人的意志为转移或存在或消亡,问题的复杂性超出了人们的想象,这就增加了找准问题的难度。为了找准问题,必须沉下身子,深入农村,深入田间地头,向农民群众学习,与农民群众交朋友,与农民群众面对面,心贴心,潜心调查研究,了解实情。只有这样,才能真正找准问题,为顶层设计提供可靠依据,为解决问题打下坚实的基础。唯有这样,才能增强农村治理结构改革的预见性、前瞻性和科学性,也才能对症下药。

最后,坚持问题导向,关键是解决问题。正视问题、查找问题是过程,最终目的是解决问题。"世界本是问题的世界,没有问题就不成其为世界",人类社会文明史就是在不断发现问题、解决问题的历史。农村治理结构改革的历史进程,就是不断解决问题的过程。为了解决农民也包括全国人民的温饱问题,采取家庭联产承包责任制。中国农村治理结构改革都是在解决一个又一个问题中取得的进步。"改革"与"问题"就是竞赛场上的两个竞争对手,互相追赶,改革战胜了困难,改革解决了问题。中国农村治理结构改革又是一场没有尽头的接力赛,改革解决旧的问题后,又要面临新的问题,需要通过新一轮的改革来解决问题。农村治理结构改革不可能一蹴而就、一劳永逸。因为问题的解决不是一蹴而就,解决问题也不是一劳永逸。农村治理结构改革越进入深水区后,遇到的问题会更多,遇到的难题会更难。问题就会越多越难。农村治理结构改革是一项前无古人后有来者的伟大事业,在经典作者那里没有现成的答案,在前人那里没有固定的模式,在别人那里没有可以搬用的经验,只有在探索中前进,在前进中探索。农村治理结构改革的议题由"问题"决定,改革的路径由"问题"选择,改革的成果由解决"问题"的成效来评判。在农村治理结构改革的全过程中都必须坚持问题导向意识。[①]

坚持问题导向意识,是新的历史条件下推进农村治理改革的必然选择。正视问题而不是回避问题,回避问题必然为问题所困惑。有了问题导向意识,只是认识和解决问题的起点,有了问题意识也不等于发现和解决了问题。真正成熟的改革者,既善于发现问题,又善于解决问题。发现问题,需要正确立场、科学方法与足够能力。站在人民的立场上,才能倾听群众的呼声,才能发现问题。有了科学方法和足够能力,才能认识问题。毛泽东说得好,不仅要提出过河的目的,而且要解决过河的船或桥。船和桥就是方法。在有问题导向意识的前提下,要有发现问题的能力与本领。这些还要提出一个敢于担当的问题。问题导向意识也有,问题也找准了,但是前怕狼,后怕虎,遇到困难绕道走,只想别人当攻坚克难的勇士,自己当坐享其成的懒汉。习近平特别强调明知山有虎,偏向虎山行的担当情况和斗争精神,不为问题所惑,不为困难所吓倒。

实践是检验真理的唯一标准。检验农村治理结构改革是否成功也靠实践。做好农村治理结构改革的顶层,找准问题是农村治理结构改革取得成功的条件,检验农村治理结构改革是否成功,最终要看是否真正解决了农村治理结构的问题,最终要看通过农村治理结构改革是否有效地治理了农村,最终要看农村治理结构改革的成果是否惠及农民群众。解决的问题,有效治理了农村,农民得到了实惠,农村治理结构改革就是成功的,反之则是失败的。成功的农村治理结构改革有利于农村治理现代化,不成功的农村治理结构改革将把农村引向混乱。

总之,在农村治理结构改革的实践中,必须有敢于发现和解决问题的历史担当,必须有敏锐的发现和解决问题的意识,必须有科学发现和解决问题能力与方法,必须坚持以发现问题和解决问题作为目的,作为评价的标准。[②]

---

① 雷国珍:《论全面深化改革中的战略谋划与问题导向意识》,《湖湘论坛》2016 年第 1 期。
② 雷国珍:《论全面深化改革中的战略谋划与问题导向意识》,《湖湘论坛》2016 年第 1 期。

　　需要指出的是,中国共产党人在指导农村治理结构改革的历史进程中,以问题导向服务于顶层设计。21世纪以来中国共产党人对农村治理结构改革的顶层设计也很好地坚持和体现了问题导向。第一,中国共产党人把问题导向当作了顶层设计的逻辑起点。1930年毛泽东冲破教条主义的束缚,提出了"没有调查研究,就没有发言权"的科学命题。在推进农村治理结构改革的今天,应该坚持,没有调查研究,就没有顶层设计权。调查研究是形成正确的顶层设计的前提和基础。调查研究的目的是为发现问题,找准问题。中共十八届三中全会通过《中共中央关于全面深化改革若干重大问题的决定》,这是全面深化改革的顶层设计。它的逻辑起点就是调查研究,就是对形势的正确研判,就是发现问题。首先,形成《决定》之前,以习近平同志为核心的党中央深入全国各地进行了调查研究。习近平特别重视调查研究对形成决定的重要性。他说,研究、思考、确定全面深化改革的思路和重大举措,刻舟求剑不行,闭门造车不行,异想天开更不行,必须进行全面深入的调查研究。其次,通过调查研究,找准了问题。以习近平同志为核心的党中央以高度的历史责任感和使命感,及时发现和准确判断我国社会在经济政治社会文化生态及党的建设所面临的种种问题,为《决定》的形成奠定了坚实的基础。最后,又以革命家的胆识和成熟政治家的智慧,在决议中系统地反映现实生活中的问题,并表达出解决问题的坚定决心和信心。决定体现了问题导向意识,找准了面临的问题,符合中国实际,符合人民群众的要求,是全面深化改革最科学的顶层设计。

　　第二,中国共产党的顶层设计是解决问题的战略指针。中国共产党有在马克思主义指导下解决具体问题的光荣传统。中国共产党近百年的光辉历史,就是在马克思主义指导下解决中华民族独立问题,解决人民民主问题,解决农民问题。改革开放就是在中国特色社会主义理论体系的指导下解决我国政治经济文化社会体制一切与社会生产力发展不相适应的问题。全面深化改革,就是在习近平新时代中国特色社会主义思想指导下解决一系列深层次的问题。中国农村治理结构改革就是在中国共产党人顶层设计指导解决农村治理中体制机制障碍问题。农村治理结构改革是一场革命,是根本性变革。要改的,不是枝枝叶叶,也不是简单地就事论事。为了保证农村治理结构改革的有序开展,必须有高水平的顶层设计。所谓高水平的顶层设计,就是符合中国农村实际,客观反映农村治理结构的所有问题,正确设计农村治理结构改革的战略策略方针方法等。在农村治理结构改革上,我们有惨重的教训。人民公社体制也进行了改革,但那些改革理论准备不足,时而反"左",时而形"左"实右,就事论事,改革的效果很不理想。中共十一届三中全会农村改革也发生"碎片化"现象,其实质也就是就事论事,单从具体问题着手的改革,没有宏观观照,没有整体思考,没有战略设计。从局部来看,这些改革措施也是合情合理的,没有顶层设计的农村改革,就可能东一榔头,西一棒槌,导致改革"碎片化"。说白了,"碎片化"改革,就是顾此失彼式的改革。由于没有顶层设计,全党没有形成统一意志,统一步伐,就会出现改革的趋利化倾向和改革利益部门化倾向。这两种倾向损害了农村改革的声誉,破坏了改革的形象。没有顶层设计的战略指引下的改革是头痛医头脚痛医脚式的改革,结果是按下葫芦浮起瓢,什么都在改,什么都没改好。这个教训不能忘记。进一步推进农村治理结构改革的历史进程中,必须在顶层设计的指引下解决农村治理中出现的各种具体问题。

问题导向与顶层设计在推进农村治理结构改革中,是两个极其重要的因素,都影响和决定农村治理结构的成败,并且相互影响,相互制衡。两者必须真正实现良性互动。正确认识坚持问题导向和顶层设计两者的内在联系,正确处理两者的关系,实现两者的良性互动,对于农村治理结构改革具有十分重要的意义,这一条经验对于指导其他方面的改革极具指导价值。

三、必须增强大局意识

我国经济发展进入新常态,新型工业化、信息化、城镇化、农业现代化持续推进,农村经济社会深刻变革,农村改革涉及的利益关系更加复杂、目标更加多元、影响因素更加多样、任务也更加艰巨。农村治理结构改革综合性强,必须树立系统性思维,整体推进,必须增强大局意识。

第一,在全面深化改革的大局下整体推进农村治理结构改革。中国改革的航船是从 1978 年党的十一届三中全会开始的。当年邓小平把改革比作中国历史上发生的革命,"是中国的第二次革命",也分析改革的深刻性,"是社会主义制度的自我完善,在一定范围内发生了某种革命变革"。[①] "改革是一场革命"理论的提出,极大地推动了我国改革开放事业在广度、深度上的加速发展,对社会主义改革的实践产生巨大而深远的影响,改革成为时代的主旋律。

1978 年以后,中国社会发生了前所未有深刻的变化,逐步实现由计划经济管理体制向市场经济体制转变。农村治理结构也随之进行相应改革。这就是:一方面,农村整体实现了体制性变化,由原来"政社合一"人民公社体制转换为"政社分开"的乡镇体制,治理层级上的变化为,由"公社—大队—生产队"转变为"乡(镇)—村—组"的新的治理层级。职能上,党政职能侧重点有所不同,党的基层组织主要是抓党的建设,建设一支特别能战斗的农村基层干部队伍,政府是在党委的领导下行使行政管理职能。党委与政府分工不分家,拧成一股绳,把农村治理搞得有声有色。家庭联产承包责任制,把生产经济职能直接下放到家庭,有集体经营的集体组织也承担部分经济职能。家庭、农民个体和农村自治组织的独立性和自治性得到增强,自治能力逐渐得到提升;另一方面,农村经济、社会的发展,农民独立自主管理自己事务的能力和意识显著增强,促使国家权力开始上收至乡镇一级,在乡镇建立农村基层政权权,行使国家行政管理职能。在乡镇实行村民自治,农村自治组织在党和农村基层政府支持协助下自主地管理农村基层社会事务。由此,农村形成了新的治理

[①] 《建设有中国特色的社会主义(增订本)》,人民出版社 1987 年版,第 121 页。

结构。

进入 21 世纪特别是中共十八大以来,站在新的历史起点上,习近平基于对历史经验的深刻把握,基于对中国共产党执政规律的深刻认识,基于对全面深化改革的全新体会,提出两个"关键一招"的重要论述。[1] 这就有了中共十八届三中全会的召开,才有全面深化改革的主题,才有全面深化改革决定的作出。改革开放是一个系统工程,必须坚持全面改革,在各项改革协同配合中推进。改革开放作为一场深刻而全面的社会变革,各方面相互联系、相互影响,必须整体推进,才能防止顾此失彼。

全面深化农村改革,是全面深化改革的重要组成部分。在中共中央、国务院的统一部署下,农村改革试点逐步推开,农村治理结构改革有序进行。鉴于特殊的改革环境,鉴于农村内部的特殊结构,鉴于农村治理结构与国家治理体现的内在联系,农村治理结构改革的难度在加大,与其他方面的联系在加强,对整体设计的要求更高,更需要统筹兼顾,把农村治理结构改革纳入全面深化改革的大局中去谋划,去实施,去落实。用辩证性思维、系统性思维去思考农村治理结构改革。中共十八大以来,做好整体谋划和顶层设计,找准牵一发而动全身的牛鼻子和主要矛盾,进一步提高农村改革决策的科学性。从总体上把握好农村改革的方向,提出深化农村改革总的目标、大的原则、基本任务、重要路径,从全局上更好地指导和协调农村各项改革,加强各项改革之间的衔接配套,最大限度释放改革的综合效应。中国共产党人从改革的大局出发,总体谋划农村治理结构改革,农村治理结构改革自觉服从改革大局,自觉服务改革大局,这既是农村改革能够成为改革的突破口,它所积累的成功经验为其他方面的改革提供借鉴,又是农村改革成为改革大局的重要组成部分,使两者相得益彰,相映成趣。农村治理结构的进一步改革也必须从改革的大局来谋划和统筹考虑、统筹推进。全面深化改革经过努力,一批重大改革措施出台实施、

---

① 转引自《人民日报》2016 年 4 月 26 日。

一批关键改革领域取得突破、一批重点改革成果正在形成。这为进一步深化农村治理结构改革创造了条件,农村治理结构改革也应该乘势而上,为实现农村的全面小康,巩固中国共产党在农村的执政地位提供坚实的组织保障。

第二,在改革国家治理体系和实现治理能力现代化的大局下整体推进农村治理结构改革。中共十八大以来,以习近平同志为核心的党中央,以国际视野和世界眼光科学谋划全面深化改革,确立了以国家治理体系和治理能力现代化为全面深化改革的战略目标。这就向全党全国人民提出了更高要求。中国特色的国家治理体系来之不易,既有传统国家治理体系的某些基因,也从现代国家治理体系中吸取了智慧,经过多年的历练,我国治理体系从总体讲是好的,有别的治理体系不可比拟的优势,这是中国人民充满制度自信、道路自信、理论自信和文化自信的基本依据。中国共产党的治国理政能力有非常高的水平,但是,也有不适应的地方,在我们一些领导干部中存在能力恐慌和本领恐慌。作为国家治理体系的基础部分,农村治理结构必须与国家治理体系改革相适应,与全面深化改革的目标保持高度一致,下大力气解决农村治理现代化进程中能力不足和本领不足的问题。

深刻认识农村治理结构在国家治理体系的基础地位。推进并完善农村治理结构和治理能力现代化既是国家治理现代化整个目标体系的重要组成部分,也是推进并实现国家治理体系和治理能力现代化的社会基础。"中国的治与乱、兴与衰、变革与倒退、发展与停滞,都可以从深厚的乡土文明中寻找到动因和根据。"[1]或者说,"农村的兴旺治乱是一个国家稳定与否的基石和标志,国家的乱始于农村,农村的治必将带来国家的兴旺与安宁。"[2]国家治理体系的改革和国家治理能力现代化与农村治理结构改革和农村治理能力现代化密不可分。正是因为这样,必须从国家治理体系改革和国家治理能力现代化

---

[1]　徐勇、项继权:《村民自治进程中的乡村关系》,华中师范大学出版社2003年版,第1页。
[2]　陶学荣等:《走向乡村善治——乡村治理中的博弈分析》,中国社会科学出版社2001年版,第3页。

的高度来思考、来谋划、来推进农村治理结构改革和农村治理能力现代化建设。进入 21 世纪以来,随着国家治理体系发生深刻变革、社会转型的步伐加快以及城乡一体化改革发展战略的深入推进,中国农村治理面临的局势越来越复杂,各种深层次的矛盾和问题日益凸显,社会阶层分化所带来的治理碎片化的挑战日趋加剧,农村治理结构必须发生深刻变革,这是毫无疑问的。问题是农村治理结构改革的方向是什么? 这不是农村自己能够决定的,而是由国家治理结构改革的方向决定的。当我国现行的国家治理结构的经济基础是以公有制为主体的多种经济成分并存时,农村治理结构的经济基础也只能是土地集体所有制,任何土地私有化的主张都可能导致方向性错误。又因为其他经济成分的合法存在,所以在坚持土地集体所有制前提下,随着土地非农化后的价值显化和不断升值,农民土地分红权给广大农民带来实际利益。随着土地规模经营的要求越来越高,我国农村出现了股份制合作社,农民既可以土地入股而成为股东,分得土地红利,又可以以劳动者的身份参加劳动,获得工资性收入。随着农村治理主体多元化,有的农村又进行治理职能分开改革,党支部行使政治、社会稳定和监督经济的职能,村委会行使公共品提供和服务职能,村级经济由公司经营。这些改革都是中国共产党人从国家治理结构改革的治理能力现代化的高度推进农村治理结构改革的重大措施。

随着国家治理体系的变革,农村不同治理主体力量此长彼消,不同治理主体的职能发生变化,不同治理主体之间的互动关系在加强,党、政府、农村自治组织、其他治理主体,特别是与农民群众之间的联系和互动越来越紧密,党的基层的组织和基层政府转变职能,转变角色,逐步将经济职能和部分社会职能下放或转移给农村基层自治性的经济组织和社会组织,政府成为有限责任政府和服务性政府,农民群众既可以从政府得到公共服务,也可以从其他经济组织、社会组织获得公共服务。同时,农村自治组织的力量通过多年的历练而成长起来,并成熟起来,其组织力、号召力、影响力也逐渐增强,能够承接和吸纳基层政府转移、下放的部分社会管理和服务职能,以满足公众多元化的社会需要。实践证明,这种改革是成功的。

第三,在农村改革大局下推进农村治理结构改革。为了分析的方便,有必要把 21 世纪以来的中央 14 个涉农一号文件的主要内容作些分析。2004 年 1 月中共中央国务院下发了《关于促进农民增加收入若干政策的意见》,明确提出"促进农民增加收入",因为在此之前的几年全国农民人均纯收入出现滞胀,城乡收入差距出现拉大的趋势。2005 年 1 月 30 日,中共中央国务院发出《关于进一步加强农村工作提高农业综合生产能力若干政策的意见》的一号文件。由于贯彻 2004 年的一号文件,农民既增加了产量,又增加了收入。为了巩固农民增产增收的趋势,党中央提出了在文件中提出通过建立长效机制和打造核心竞争力,促进农业发展,确保农民增产增收的常态化。2006 年 2 月下发的《中共中央国务院关于推进社会主义新农村建设的若干意见》,使党的十六届五中全会提出的社会主义新农村建设的重大历史任务将迈出了有力的一步。2007 年 1 月 29 日,发布了《中共中央国务院关于积极发展现代农业扎实推进社会主义新农村建设的若干意见》,文件提出,建设社会主义新农村要把建设现代农业放在首位。2008 年 1 月 30 日中共中央国务院发布了《关于切实加强农业基础建设进一步促进农业发展农民增收的若干意见》一号文件,强调夯实做强农业基础,保障主要农产品供销平衡,主要农产品市场价格不大涨大落。2009 年的中央一号文件的标题是《关于 2009 年促进农业稳定发展农民持续增收的若干意见》,基本点还是农民持续增收的问题。2010 年的中央一号文件《关于加大统筹城乡发展力度进一步夯实农业农村发展基础的若干意见》,要求以统筹城乡的思路来夯实农业农村发展的基础。2011 年 1 月 29 日发布的《关于加快水利改革发展的决定》,首次对水利工作进行了全面部署。2012 年 2 月 1 日颁布中共中央一号文件《关于加快推进农业科技创新持续增强农产品供给保障能力的若干意见》,强调"把农业科技摆在更加突出位置",文件明确提出要持续加大农业科技投入,确保增量和比例均有提高,这在我国农业科技发展史上具有里程碑意义。2013 年的中共中央一号文件是《关于加快发展现代农业,进一步增强农村发展活力的若干意见》,提出加快农村征地制度改革,提高农民在土地增值中分配比例,确保征地农民生活水平有提高,长远生计有保障。加大农村改革力度,增强政策扶持力度,提升科技驱动力度,围绕现代农业建设,充分发挥农村基本经营制度的优越性,着力构建集约化、专业化、组织化、社会化相结合的新型农业经营体系,进一步解放和发展农村生产力。2014 年中共中央一号文件的标题是《关于全面深化改革加快推进农业现代化的若干意见》,强调通过体制机制改革,坚持农业基础地位不动摇,加快推进农业现代化,形成新的体制机制,加快进城农民市民化。2015 年中共中央的一号文件《关于加大改革创新力度加快农业现代化建设的若干意见》,延续 2014 年中央一号文件的思路,但措施更有力。2016 年中共中央一号文件《关于落实发展新理念加快农业现代化实现全面小康目标的若干意见》,提出坚持农民的主体地位、增加农民福祉作为农村一切工作的出发点和落脚点,用发展新理念破解"三农"新难题,让广大农民平等参与现代化进程,共同分享现代化成果。2017 年中共中央一号文件的重点是推进农业供应侧结构性改革。确保国家粮食安全,根据市场需求变化,生产市场需求更旺的农产品,增加农民收入,增加市场有效供给。以体制改革和机制创新为动力推进建设新的农业产业体系、生产体系、经营体系,提高农村生产力水平,实现绿色发展永续发展,满足人民对美好生活的追求。

从上述 14 个文件中可以得出以下结论:一是党中央一以贯之重视解决"三农"问题,进入 21 世纪以来更加重视解决"三农"问题;二是 21 世纪以来14 个中央一号文件有不同的主题或侧重点,展示出解决"三农"问题的复杂性;三是无论 14 个中央一号文件的侧重点是什么,都贯穿着以改革为动力来解决"三农"问题;四是党中央在部署农村改革时,不管是单项改革或综合改革,都直接或间接涉及农村治理结构改革问题。因此,可以说,党中央从推进农村整体改革的背景下谋划农村治理结构改革,把农村治理结构改革作为农村改革的重要组成部分,与其他方面的农村改革协同推进,从而既促进农村治理结构改革的历史进程,又避免了农村社会的动荡。这条经验十分可贵。如前所述,农村治理结构改革,不只是涉及农村政治,而且还涉及农村经济、农村社会、农村文化等诸多方面。中国共产党人在推进农村治理改革时,坚持从农村改革大局出发,整体联动。以农村经济改革为突破口,最大限度地解放和发展农村生产力,为推进其他农村改革创造物质条件。通过家庭联产承包责任制的改革,使农村实现了由人民公社治理结构向家庭治理结构为经、村民自治为纬的治理结构改革;通过停止农业税征收的改革,使广大农村干部从"要粮、要钱、要命"的"三难"中解放出来;通过对农村土地的"所有权、承包权和经营权"的"三权分置"改革,培育了农村新型的治理主体——职业农民、各种合作组织以及中介组织的出现和增加,导致农村治理结构的更加多元化。

四、必须以创新为动力

创新意识和创新能力是人类特有的,是人类智慧的高级表现。一个民族要进步,一个社会要发展,离开了创新别无他途。一个政党要想走在时代前列,就一刻也不能没有创新思维,一刻也不能停止各种创新。中国共产党走过了近百年的历程。在近百年的发展历程中,中国共产党始终坚持把马克思主义同中国实际和时代特征相结合,不断解放思想、实事求是、与时俱进、开拓创新,理论创新、道路创新、制度创新都取得重大进展和重要成果。中国共产党从中国国情出发,充分认识到农民是中国革命的历史地位和历史作用,认识中国革命的本质属性,以土地改革作为动员和组织农民的有效武器,赢得了广大农民真心实意的拥护与支持,夺取了民主革命的伟大胜利。新中国成立后,中国共产党进一步兑现自己的承诺,农民成为土地的主人,农民的生产积极性和参与农村治理的积极性空前高涨。在人民公社体制下,我们党滥用了农民的积极性,主观上认识农民的组织化程度越高,越促进农村发展。结果是事与愿违,农村的温饱问题长期得不到解决。中共十一届三中全会实现了伟大的转折。改革的大幕又首先从农村开始的。家庭联产承包责任制从表现是变更经营方式，实质上还土地承包权于农民，实施的结果是调动了农民的生产积极性，长期解决不了的农民的温饱问题在家庭联产承包责任制实施不久后就解决了。

家庭联产承包责任制取得巨大成就后，在世人叹为观止的同时，我们逐步思考家庭联产承包责任制的机制与机理问题，也就是家庭联产承包责任制为什么能引发中国农村发生如此深刻的变化？这种改革除了经济影响外，还有政治、文化等其他的影响。这种改革到底能释放多大的能量？现实生活也向人们提出了一些新问题。特别是21世纪以来，农村中一些新矛盾先后暴露出来，一些新问题需要去解决。面对新矛盾，面对新问题，没有新思路不行，没有新的办法也不行。所以，出现一个使用频率极高的词汇——创新。在党和国家领导人的重要讲话中，在一些理论工作者和实际工作者中，也都频繁使用"创新"。这是一个好事。当然，我们的创新必须是真正的创新而不是哗众取宠。中共十八届五中全会提出"五大发展理念"，排在首位的就是"创新发展"。对创新发展的认识，提高到了事关国家和民族前途命运的高度，摆到了国家发展全局的位置。因此，21世纪以来，党在领导农村治理结构改革历史进程中，坚持以创新为动力。

首先是理论创新。一个不善于理论思考的民族是一个没有希望的民族，一个没有理论创新的政党是一个没有前途的政党。让我们先从宏观上看。中国共产党人善于理论创新，一部中国共产党的历史，就是一部理论创新史。毛泽东坚持把马克思主义与中国实际相结合，创立了毛泽东思想。邓小平把马克思主义与中国改革开放的实际相结合，创立了邓小平理论。江泽民创立了"三个代表"重要思想。胡锦涛创立了科学发展观。中共十八大以来，形成了习近平新时代中国特色社会主义思想。这一串理论珍珠显耀着真理的光芒，是党的指导思想的重要组成部分，是推进农村治理结构改革和推进农村治理现代化的理论基础和指导思想。然后，再从中观看。21世纪以来，历届中央领导集体高度重视"三农"问题的优良传统,又从当下中国农村的实际出发,分析中国"三农"面临着的新情况、新问题,作出了新判断,创立新的理论。从前面关于农村治理结构改革的顶层设计中清晰可见,无论是江泽民,还是胡锦涛,特别是习近平,站在时代的潮头,洞察农村社会的一切变化,从党和国家工作大局出发,作出一系列新判断,得出一系列新结论,提出一系列新思路。这些成为不同时期科学理论的重要组成部分。最后,从微观层面来看。中国共产党对改革农村治理结构和实现农村治理现代化,积累了新经验,形成各具特色的农村治理新模式。21世纪以来,在中共中央统一部署下,全国不少地区进行不同侧面的试点,在人民群众蕴藏着创新积极性和创新能力。农民群众所创造的新鲜经验有的很有特色,可以给人以启发;有的经验具有普遍意义,可以在全国推广;有的经验可以转换为政策。总之,21世纪以来农村治理结构改革中的理论创新可圈可点,成为一道亮丽的风景线,为农村治理结构改革和农村治理现代化提供了强大的思想武器和精神动力。

其次是平台创新。理论创新多少还有点虚,平台创新则完全是实打实。所谓平台创新,就是为农村治理主体搭建更多更广泛的治理平台。一是搭建农村治理主体参与国家治理的平台。21世纪以来,中共中央让更多的农民或农民工参与高层治理。1953年我国第一部选举法规定城市与农村的人民代表所代表为人民为8∶1,1995年全国人大常委会修改后选举法将这一比例调整为4∶1,这就使农民中的人民代表较前增加了一倍。进入21世纪以来,农村人口下降,城镇化速度加快。2010年,十一届全国人大三次会议新修改的选举法再次提高农民代表在人民代表中的比例。① 2008年1月21日,广东省一届人大一次会议第三次全体会议选举农民工胡小燕为全国人大代表,胡小燕成为第一位全国人民代表大会农民工代表。2008年3月,在胡小燕、康厚明和朱雪序等3位农民工当选为十一届全国人大代表,成为全国人大代表中

---

① 参见《农民日报》2012年6月10日。

的首批农民工代表。2013 年有 31 名农民工当选为十二届全国人大代表，与上一届相比，增加了十倍还要多。这反映作为新阶层在全国政治地位的提高。不仅在人民代表大会是这样，在党内农民工的政治地位也明显上升。2012 年中共十八大代表选举时，有 26 位农民工党员当选为代表。农民和农民工参与国家层面的治理开阔了他们的视野，增长了见识，提高了能力，为他们用新的理念、新的方法、新的路径治理农村提供了条件。二是搭建农村治理新平台。江苏省沛县创建了党群议事新平台。该县在民主决策和民主管理过程中发生了党支部、村委会与村民之间的矛盾，群众意见比较大。为了调整这一矛盾，县委和县政府搭建村级党群议事会平台，创新"一会两组三议四公开"村级民主治理新机制。具体做法是在村党支部和村委会之外建立议事会，在议事会下分别设立村民意见征集组、村级事务监督组。在民主决策的程序设计党组织提议、"两委"商议、议事会决议 3 个环节，并公开议题、方案、过程、结果。这一创新解决了矛盾，受到群众的欢迎。① 2009 年，河北省肃宁县试点农村社会治理"四个覆盖"系统做法，探索建立了"3+1"工作体系。2010 年 5 月 18 日开始在全县范围内推行。时任国家副主席的习近平对肃宁县"四个覆盖"做法作出重要批示。② 贵州省遵义市余庆县按照"由小处着眼、从源头防治"的思路，着力实施"微服务"，搭建适用"微平台"，建立健全"微机制"，发展培育"微组织"，探索出了新型农村社区社会"微治理"模式。③ 广大农民通过各种新的平台参与农村治理，为改革农村治理结构和实现农村治理现代化发挥了重要作用。

最后是机制创新。体制决定机制，机制服务体制。在农村治理结构改革和实现农村治理现代化的伟大的进程中，不仅需要创新新型治理体制、治理平台、治理载体，而且必须创新与之相匹配的治理机制和形式。一是创新科学决

---

① 参见《新华日报》2015 年 11 月 26 日。
② 参见《国家治理周刊》2015 年 1 月 23 日。
③ 参见《前沿时报》2017 年 3 月 22 日。

策机制。成都是全国城乡综合治理试验区。2008年,成都出台了《关于构建新型村级治理机制的指导意见》,要求在所有村和涉农社区由农民直选成立"议事会",构建起了党组织领导、议事会决策、村委会执行、其他经济社会组织广泛参与的新型村(社区)社会治理新模式。随后,该治理模式在农村新型社区治理中又有了新发展。由于农民住进新社区后,村民小组不复存在。楼栋成为最小治理单位。这与过去的自然村或村民小组有了很大的不同。通过楼栋院落治理,维护村(居)民合法权益,成了农村新型社区治理亟待解决的问题。为此,成都在一些农村新型社区建立跨村的联合议事会,形成联合协商议事机制,对本社区内涉及村(居)民切身利益的问题进行民主决策和自主治理。这就克服了原来单个村民议事会在新型社区治理中的不足,较好地适应了新形势下农村新型社区治理的新需求,使诸多问题得到了有效解决。① 二是创新农村治理三治机制。这是一个十分重要的机制创新。依法治国是基本国策。依法治国的重点在农村,难点也在农村。习近平提出在广大农村"建立重心下移、力量下沉的法治工作机制"。重心下移,是指工作重心,把基层,特别是农村作为依法治理的重心,力量下沉,是法治力量要深入基层,深入农村,向人民群众普及法律知识,为农民提供法律援助。特别是改变农民的思维方式,运用法律武器保障合法权益。以德治村,是依法治村的必要补充,充分发挥法治的硬约束和道德的软约束的配合,法治硬而有人情味,道德约束软但又解决问题。村民自治是农村基本治理制度。三治机制相映成趣、相辅相成、相互配合,谱写一曲农村治理的交响曲,绘制农村治理的和谐画卷,是创新农村治理的共建、共治和共享机制。这一机制建立在农村治理主体多元化的基础之上。因为治理主体多元化,就必须调动各种治理主体的积极性,大家的事大家办,大家的事大家商量着办。充分发挥群众主体作用,激发村级集体经济组织、产业合作社、民营公司、民间文艺团体等组织活力,积极参与到发展村集

---

① 参见《成都行政学院学报》2015年第6期。

体经济、精神文明建设等农村治理中来。共享，就是让所有农民都能够享受改革的红利，享受农村治理结构改革的成果，享受农村进步所事业来得实惠。这既是农村的现实性所决定的，又是改革的目的和出发点决定。

创新永无止境。只有不断创新，才能获得新动力，创造新成就。农村治理结构改革和实现农村现代化亦是如此。

五、必须坚持党的领导

坚持中国共产党的领导是中国特色社会主义制度的本质属性。不管如何改，坚持中国共产党的领导不能改。党的领导只能加强而不能削弱。在改革的历史进程，无论是来自左的倾向，还是来自右的倾向，都企图在削弱中国共产党的领导。坚持中国共产党的领导，是历史发展的必然结果，也是人民的选择。新中国成立以来，中国共产党成为唯一的执政党。长期执政，一方面，中国共产党可以不断在兑现自己的承诺，在人民的支持下，巩固自己的地位。另一方面，长期执政又会让中国共产党经受各种考验。历史和现实证明，在中国，没有中国共产党的领导，就不能把各族人民凝聚起来，不可能把国家治理好，更不能实现改革农村治理结构和实现农村治理现代化。面对"两个一百年"目标的重任，面对实现国家治理体系和治理能力现代化的重任，面对彻底解决"农业、农村、农民"问题的艰辛和压力，都需要坚持党的领导。只有坚持党的领导，才能最大限度地推动改革农村治理结构和实现农村治理现代化的发展；只有坚持党的领导，才能确保改革农村治理结构和实现农村治理现代化的社会主义方向；只有坚持党的领导，才能发挥党纵览全局、协调各方的能力，才能更好调动各方面的积极性、主动性和创造性，投入改革农村治理结构和实现农村治理现代化的进程中。在农村，特别是农村治理结构改革的历史进程，正反两个方面的经验都告诉人们，离开了中国共产党领导，农村可能出现意想不到的情况。这是最根本最成功的经验。

　　坚持党对农村治理结构改革和实现农村治理现代化的领导,首先是党牢牢把农村治理改革的正确方向,其途径就是通过党的农村政策引导农村治理结构沿着正确的方向前行,避免出现颠覆性的错误。纵观历史,中国社会乱,首先是农村乱。大家可能已经注意到,在封建社会中国农民永远生活在社会的最底层。他们既有现实的要求,又有坚毅的忍耐精神。只要能够过得下去,他们就会照旧生活。但是,由于统治阶级无视农民的利益,千方百计搜刮民脂民膏。老百姓在忍无可忍的情况下揭竿而起,推翻旧王朝,建立新王朝。起义军的领袖成为新皇帝,他们忘记自己的过去,甚至比过去的统治者变本加厉对农民实行更加残酷的压迫与剥削。于是,新的农民起义再次爆发,周而复始。这就是封建社会政权更替史。为什么农民起义只能成为改朝换代的工具? 为什么农民起义的成果被极少数人窃取? 根本原因在于缺乏先进政党的领导。这种情形到中国共产党诞生时才从根本上得以改变。中国共产党是中国人民根本利益的忠实代表,带领人民取得了民主革命的伟大胜利,建立了人民当家作主的人民政权。中国共产党执政七十多年来,尽管出现过失误,但始终以人民的利益为重,在农村治理结构改革的历史进程中,以人民为依靠,为农村治理结构改革号准脉,导好航,把好舵,定好向。21 世纪以来的中国共产党人在制定农村治理结构改革的政策时,总是把广大人民的利益作为出发点和落脚点,顺应农民的要求,代表农民的利益,尊重农民的权利,反映农民的呼声,得到广大农民的支持。习近平指出,中国共产党经受住各种考验,坚持农民的主体地位,以人民利益为根本出发点和落脚点。因此,农村治理结构改革既积极又稳妥,解放和发展了农村生产力,促进了农村社会的发展,改善和提高农民的生活。由于有了中国共产党的领导,21 世纪以来农村治理结构改革始终坚持了正确方向,没有偏离中国特色社会主义的基本方向,没有回到老路和走上邪路。无论形势发生多么复杂的变化,无论外部环境如何让人捉摸不定,但中国共产党坚持农村治理结构的社会主义方向不变,坚持党对农村治理结构中的核心地位不变,并贯穿于农村治理结构改革和农村治理现代化的全过程。

这是最可宝贵的经验。有了这条经验，其他的改革就有成功的基本保证。

坚持党对农村治理结构改革和实现农村治理现代化的领导，其次是建立党领导农村治理改革和实现农村现代化的组织体系。应该说改革开放以来，经过长期的实践探索，我们党基本形成了具有中国特色的党领导农村工作的强大组织体系。从整体上看，党领导农村工作的组织体系主要包括三个层面：党的中央农村工作领导机构、地方农村工作领导机构和基层农村工作领导机构三个层级：第一个层级，是中央层级，1993年成立的中央农村工作领导小组，是党中央的领导农村工作的重要职能部门，由主管"三农"工作的党中央和国务院领导同志担任正副组长，党中央和国务院涉农部门负责同志参加，负责涉农重大问题进行调研并向党中央和国务院提出政策建议，同时担负组织落实、督办任务。第二个层级，是中层，即省、自治区、直辖市，设区的市、自治州、县、自治县，不设区的市和市辖区的党委和政府的农村工作领导小组。各地情况也有区别：有的设党的农村工作领导小组下，有的设农村工作办公室，有的农业大省中的各级党委内部专门设立农村工作部（农办），并要求副书记负责农村工作。有的党的农村工作领导小组与政府的农业厅局合署办公。总体来看，目前在中央以下的省、市、县三级，党委农村工作综合部门的设置并不统一。在推进改革农村治理结构和实现农村治理现代化的进程中需要进一步探索整合，发挥党的组织优势，推进改革农村治理结构和实现农村治理现代化进程。第三个层级是农村基层党组织是农村各种组织和各项工作的领导核心。截至2014年底，"全国有农村基层党组织128万个，占基层党组织总数的30%；农村党员3500万名，占党员总数的40%。"①习近平指出，加强农村党的建设，着力点是使每个基层党组织都成为坚强战斗堡垒。农村基层党组织是中国共产党全部农村工作和战斗力的基础，是落实党的农村工作路线方针政策和各项任务的战斗堡垒。

---

① 参见《人民日报》2015年6月24日。

农村基层党组织是农村治理结构改革和农村治理现代化领导力量。只有全面推进基层党组织建设,才能牢牢坚持农村治理结构改革和农村治理现代化的正确方向,真正把农村治理结构改革和农村治理现代化落在基层、落在实处。我国农村治理结构中的群团组织如团组织、妇女组织、民兵组织和村民自治组织如村委会、治保会也是农村治理的重要力量,发挥他们的作用意义重大。农村自治组织是农村治理结构的基干,是农村治理现代化的依靠。农民是农村治理的主体,离开了农民,农村治理就无从谈起,农村治理现代化就是一句空话。这些力量离开了中国共产党的领导,也可能是一事无成。中国共产党在农村的基层组织要担当起领导农村治理结构改革和农村治理现代化的历史重任,必须处理好同上述各种力量之间的关系。党的农村基层组织在推动农村经济发展和社会进步中也得到进一步发展,核心地位更加巩固。特别是相继出台的《中国共产党农村基层组织工作条例》(简称《条例》)和《中华人民共和国村民委员会组织法》(简称《村组法》),规定了党的基层组织的地位、作用。农村基层党组织是农村治理结构的核心,是领导力量。其他治理主体都必须在党组织领导下,按照法律和各自章程开展工作参与农村治理。

作为农村治理结构的核心,农村基层党组织在农村治理的民主选举、民主决策、民主管理和民主监督中,发挥核心作用。善于利用自己的影响力和组织权威,在充分发挥党组织自身的政治优势和组织优势的基础上把农民群众紧紧地团结在党的组织周围,肩负着组织群众、动员群众、教育群众、引导群众的重要责任,肩负着改善群众生产生活、维护群众合法权益的重要责任,发挥着凝聚群众的主心骨作用。为了维护党在农村的基层组织在农村治理结构中的核心地位,关键在于建构具有现代意义的组织网络,即发挥党的基层组织的核心作用,又使农村自治组织充分行使自治权,其他组织各尽所能。

按照党中央的统一安排,在改革农村结构改革的进程中,有针对性地以集中整顿软弱涣散和瘫痪状态村党支部为重点的基层组织建设工作。从总体上讲,党在农村的基层组织能够发挥领导核心作用,但是,不能不承认,在农村基层党组织中,的确存在不仅发挥不了核心作用,甚至根本就不能发挥作用,所以 21 世纪以来,开展一系列加强农村基层党的建设,全面提高农村基层党组织的战斗力,同时,通过组织手段,解决了农村基层党组织软懒散的问题,加强农村基层领导班子建设,为发挥农村基层党组织在农村治理结构中的核心作用提供了组织保障。

　　坚持党对农村治理结构改革和实现农村治理现代化的领导,再次是恢复和发扬党的优良作风。从全党来讲,作风建设事关党的生命和形象,关系到党的执政地位的巩固。但是,普通农民似乎很难从党的高层体会到党的作风的重要性,他们更多的是从他们身边的基层干部和普通党员身上感受作风的影响。有的农民是这样评价身边的党员和干部的:我们村的支部真好,他路过我家,到我家随便坐一坐。他没有嫌我家脏,有酒时,喝口酒;没有酒,喝口茶;没有茶,喝口白开水。有的群众说,我家有事找支部书记帮忙,书记从不推辞,能帮的,当即就帮了忙,不能帮也作说明。有的群众说,我们村里的党员和干部,在关键时刻总是跑在前面,吃得苦,吃得亏,等等。他们从具体的事中感受到党的基层组织的存在,从细微问题里体会党员干部的作风。同时,由于农村基层党组织和党员干部也存在作风问题,农民心中有一杆秤,对作风不好的党员干部作出恰如其分的评价。他们说,支部书记可是一个忙人,我有大半年人没有见到他了。一个支部书记大半年没见人,其作风好坏,自然而知。有的农民说,我们村的支部书记打扮得像书生。一个农村干部像书生,作风也只有那么好。有的农民说,我们村的支部书记,什么都好,好能干的,就是爱占小便宜。爱占小便宜实质是个大问题。从农民的评价中感受到农村基层党组织的党员干部作风的确存在问题,说得严重一点,就是动摇了农村基层党组织在农村治理结构中的核心地位。党中央看到这个问题的严重性,下决心解决党的作风问题。2006 年 11 月,中办和国办联合出台了《关于加强农村基层党风廉政建设的意见》,首次对农村基层党风廉政建设作出全面的、深刻的重要部署。在2008 年 10 月召开的中共十七届三中全会上,中央首次突破性把农村党风廉政建设作为一个专题内容写进了《关于推进农村改革发展若干重大问题的决定》。特别是中共十八大以来,以习近平同志为核心的党中央,针对农村基层中出现的教条主义、形式主义、官僚主义、弄虚作假、独断专行、软弱涣散、以权谋私、贪图享乐等现象的蔓延,先后出台了改进工作作风、密切联系群众八项规定,在农村开展群众路线教育活动,继而提出反对"四风"和"三严三实"的具体要求,不断将党的作风建设推向深入,使党风为之一新,民心为之一振。而"三严三实"教育实践活动更是切合实际,要求党员干部既要严以修身、严以用权、严以律己,又要谋事要实、创业要实、做人要实。农村治理工作中尤其需要严、需要实,因为农村基层组织与农民接触最为紧密。在农村出现的"微腐败"已成为基层党风廉政建设和反腐败斗争的一个工作重点。2015 年中央一号文件首次提出"坚决查处发生在农民身边的不正之风和腐败问题"。如何及时掌握农村基层"微腐败"新动向,采取措施防止"微腐败"现象蔓延滋生,成为一个亟待解决的难题。习近平强调,"要坚持'老虎'、'苍蝇'一起打,既坚决查处领导干部违纪违法案件,又切实解决发生在群众身边的不正之风和腐败问题"。针对农村反腐,不少地方已经开始创新方式方法。参照巡视经验,河南在省级以下探索形式多样的巡察机制,巡察延伸至村;浙江温州则在市一级专门建立农村基层作风巡察制度,集中力量对村级组织、村干部以及村级建设项目开展巡察。相信这样的动作多了,农村反腐的力度走强,"蚊子"将越来越少,群众的"舒适度"自会提高。① 各地也查处了发生在农村的腐败案件。北京市顺义区李桥镇原镇长、党委书记李丙春,利用职权贪污拆迁款达 3800 余万元、挪用公款 1.78 亿余元,贪腐数额达到 2 亿元,成为京城落马镇长中涉案数额最大的一位。2012 年 9 月 19 日,李丙春被数罪并罚,判处死刑,缓期二年执行。浙江省永嘉县江北街道新桥村委会原主任余乾寿利用安置房建设等途径,和其他 9 名村干部瓜分了价值 18 亿元的 316 套安置房。

---

① 参见《人民日报》2015 年 6 月 2 日。

其中,他本人获得 13 套,原村支部书记葛彩华(在逃)获得 55 套。此案曝光后,引起全国轰动。广西壮族自治区灌阳县龙吟村委会原副主任周忠群和出纳吕莫忠伙同其他几名村干部,以失踪和死亡的"五保"人员名义,先后从黄关镇政府民政办冒领农村"五保"供养金 30350 元,并以补助村干部工资和电话费为由,私分了其中的 2.4 万元。① 这些案件得到查处。通过查处发生在农民身边的案件,对争取民心,巩固党的执政地位,都具有重要意义。密切与农民群众的关系,是推进改革农村治理结构和实现农村治理现代化的重要优势之一,需要充分发挥这一优势,持续加强和改进党的作风建设,增强党基层组织的生机与活力,就能获得广大农民群众的充分信任和支持,就能更好地推进改革农村治理结构和实现农村治理现代化。

坚持党对农村治理结构改革和实现农村治理现代化,最后是发挥农村党员的先锋模范作用。一个党员,就是一面旗帜。农民从党员身上感受党的温暖,观察党的路线方针政策的走向。农村党员是党联系群众的桥梁和纽带,是发展农村经济社会进步的骨干力量。党员能不能发挥先锋模范作用,关系党在农村的战斗力,影响着农村稳定、农民富裕、农业发展,影响农村治理结构改革,影响农村治理现代化。为了发挥农村党员的先锋模范作用,2005 年 1 月开始,在全党开展了先进性教育活动的同时,在农村也开展了这一活动,努力提高党员素质,使党员在发挥先锋模范作用上取得实效,是先进性教育活动解决的一个突出问题。通过教育活动,农村党员在带领群众致富上带了头,在移风易俗上带了头,在维护农村稳定上带了头,在农村治理上带了头,在民主管理上带了头。习近平从巩固党的执政基础认识加强农村基层的建设和发挥党员先锋模范作用重要性,明确提出从严治党必须落实到党员队伍的管理中去,关键时刻发挥农村党员的先锋模范作用,要求党员关键时刻站得出来、危急关

---

① 参见《检察日报》2015 年 2 月 10 日。

头豁得出来。① 根据党中央的统一部署,2014年在农村开展了群众路线教育活动。习近平在河南兰考县调研群众路线教育实践活动时指出,"乡村处在贯彻党的路线方针政策的末端,是我们党执政大厦的地基,乡村干部是这个地基中的钢筋,位子不高但责任很大"②。通过教育活动,农村党员的先锋模范作用得到了更好发挥。习近平对活动给予了很高的评价,指出整个"活动进展有序、扎实深入,达到了预期目的,取得了重大成果"。2015年在全党开展"两学一做"活动,而且党中央还提出要使"两学一做"常态化,这次活动"基础在学,关键在做"。农村"两学一做"学习教育,调动了农村为党组织和广大党员的政治热情和创造活力,涌现了出大批优秀共产党员,用自己的先锋形象,用自己的模范行为和高尚人格感召群众、带动群众,从而带动坚定信心,锐意进取,为农村治理结构改革和农村治理现代化作出重要贡献。

21世纪农村治理结构改革的历史经验弥足珍贵。它源于农村治理结构改革的伟大实践,揭示了农村治理结构改革的规律;立足于过去的农村治理结构改革,又直接指导未来农村治理结构改革,是最可贵的精神财富。

---

① 《习近平在全国组织工作会议上强调:建设一支宏大高素质干部队伍　确保党始终成为坚强领导核心》,《人民日报》2013年6月30日。

② 参见《人民日报》2014年3月19日。

第十一章　农村治理结构改革的
美好未来

　　改革只有进行时,没有完成时。21 世纪以来农村治理结构改革,既是前一时期改革的继续,又必然向新阶段发展。经过前一阶段的改革,容易改革的都已经改了,剩下的都是一些硬骨头。必须充分认识农村治理结构改革所面临的困难局面并科学应对,通过不懈努力,一定会积极稳妥地推进农村治理结构改革,使这一历史进程顺利到达胜利彼岸。可以充分相信,在中国共产党的正确的领导下,农村治理结构改革的明天会更美好,农村治理现代化的目标一定能实现。

一、困难局面

　　系统总结 21 世纪以来农村治理结构改革取得的成绩和积累的经验,完全必要。但是,如果只看到成绩和经验,就会让人飘飘然。必须坚持科学评价农村治理结构改革的伟大进程,在肯定农村治理结构改革取得巨大进步的同时,更应该看到当下农村治理结构改革和实现农村治理现代化的进程中还遇到经济困局、政治困局、社会困局和文化困局。

　　所谓经济困局,是指农村治理结构改革和推进农村治理现代化中遇到严重的经济困难,即农村集体经济增长乏力甚至"空壳化"和农村治理负债运行,可能导致农村治理结构改革停滞和农村治理缺少经济保障和支撑。改革开放给中国农村带来了巨大变化,农村经济也得到极大发展,经过前几十年奋斗尚未解决的温饱问题提到了解决。全国也有像江苏华西村和河南南街村这样集体经济势力雄厚的典型。但这样的村在全国只是少数。大量的农村集体经济出现严重问题。由于在实现家庭联产承包责任制的改革过程中,注意了分的一面,而忽视了统的一面,不少地方从高度集中走到了另一个极端,把不该分的也分了,把该统的也没有统起来。全国农村集体经济在很多地方严重萎缩,甚至出现了"空壳化"现象。所谓集体经济"空壳化",就是已经没有集体经济可言。在运城市盐湖区、万荣县等传统农业县区,没有集体经营收入的农村占比达九成以上。山西省政府的一份资料显示,全省 2.8 万余个行政村中,三分之二以上没有集体经营收益,不足三分之一的村有点集体经济。这些有集体经济的村中,一半收益在 5 万元以下 50 万元以上的不足 5%,有集体经济的村集中在城郊和有矿产资源的农村。① 黑龙江省绥棱县村级集体经济曾经一度辉煌,改革开放之初,全县 23 个村拥有固定资产加上现金共有 883.8 万元,这可不是一个小数目。80 年代初,在推行家庭联产承包责任制改革,错误地理解了家庭联产承包责任制的统与分的关系,结果是把集体资产基本分光卖净。90 年代该县又出现了发展集体经验的第二次高潮,每个村都办了集体企业,村级集体经济出现了峰值,全县共有资产总额达 2229.2 万元。然而好景不长,21 世纪初村办企业因经营不善而出现亏损,有的企业倒闭,资不抵债。出现巨额亏损,达 2970 万元。② 2013 年底,福建某县 21 个行政村,集体经济空壳村占近 70%。③ 辽宁省朝阳县 299 个村,有集体收入的只有 25 个,

---

① 晏国政:《部分农村集体经济空壳化　对基层政权建设产生影响》,《瞭望新闻周刊》2015 年 8 月 23 日。

② 参见《中国老区建设》2007 年 10 月 1 日。

③ 参见《闽东日报》2015 年 5 月 16 日。

仅占村总数的 8.4%,村级债务总量高达 1.1 亿元。① 地处湖北西部的利川市,全市有村级集体经济的村只占 11%,集体经济年收入过 5 万元的村还不多,过 10 万元的更少,绝大部分是"空壳村"。② 湖南湘西的吉首市,共辖 15 个乡镇(街道)139 个村 33 个社区。据统计,2013 年,全市无经营收益的"空壳村"共有 138 个,占总数的 81%。③ 可惜的是,现在没有一个全国关于农村集体经济空白村的统计数据。在无法进行量化分析的时候,也不妨作定性分析,即,从上面各省情况作出推断,全国集体经济空白村的比例不会太低。而且还可以进一步推断,东部经济发达省农村集体经济空白村会少一些,中西部经济欠发达地区农村集体空白村的比例相对高一些,甚至非常高;在城市附近的郊区农村集体经济空白村相对少一些,老少边穷地区则农村经济空白村更多一些。

农村集体经济空白村是非常严重的问题,然而,还有更严重的问题是一些农村不仅没有集体经济收入,而且还有巨额债务。先分析村级债务。村级债务是指村民委员会在日常管理村民事务、发展农村经济的过程中形成的各种债务。农村债务是特殊历史条件下的特殊产物。本来农村集体经济发展遇到许多困难,由于历史与现实的原因,由于主观和客观原因,导致了巨额的农村债务。一些资料显示,1990 年全国村级首次出现了净债务,当年债务总额为402.6 亿元,债权总额为 397.5 亿元,净债务为 5 亿元。债务增长速度让人吃惊。从 1990 年到 2001 年,十年间的农村债务从 5 亿元增加到 402.5 亿元,增长了 80 倍还多。据农业部对全国农村债务进行了抽样调查。到 2006 年上半年,全国 70 万个行政村共有债务 4000 亿元。平均第一个行政村负债 50 万

---

① 参见《辽宁日报》2015 年 9 月 11 日。

② 朱剑慧、腾晓东:《如何破解农村村级集体经济发展壮大的难题——以利川市的探索为例》,《学习月刊》2010 年第 5 期。

③ 参见《人民日报》2014 年 5 月 25 日。

元,而且债务规模还迅速增加。[①] 2015 年 5 月,学者贺雪峰在湖北襄阳、钟祥、监利、潜江等地进行调研,农民和农村干部都认为农村债务到了非解决不可的时候了。潜江市村级债务平均约 100 万元;钟祥市村级债务有 4.21 亿元,除 26 个无债村外,其余 469 个村均负债;宜城市的一个乡镇,村均债务接近 100 万元;襄阳市襄州区的一个乡镇,村均债务接近 200 万元;监利县也几乎是村村负债。[②] 农村债务的分布呈不平衡状态。经济比较落后的中西部负债更多一些,经济比较发达的东部等也不容乐观。江苏某市辖四市二县三区一办,146 个乡镇(街办),总人口 762.66 万人,其中,农业人口 686.3 万人,2009 年地方生产总值 2872.80 亿元,农村居民人均纯收入 8696 元。截至 2008 年底,该市村级债务总额 7.63 亿元,村均 45 万元。[③]

　　说到债务问题,不能不说到乡镇一级,因为乡镇在农村治理结构中的特殊重要位置,而乡镇的负债对农村治理产生了不良影响。资料显示,到 2006 年,全国 40% 的县一般预算均呈赤字状态,乡镇债务额已超过 5000 亿元,其中乡镇一级净负债超过 2300 亿元,而且,乡镇政府的债务每年还以 200 多亿元的速度在递增。[④] 2013 年 8 月 1 日,国家审计署的审计结果显示,我国地方政府债务规模达到 20 万亿元。2014 年 8 月,国家审计署报告再次显示,全国有 3465 个乡镇政府负债务率高于 100%,全国乡镇政府负偿还责任、担保责任或救助责任的债务分别达 3070.12 亿元、116.02 亿元和 461.15 亿元。[⑤] 截至 2013 年 6 月底,江西某市 16 个乡镇的政府性债务 6.23 亿元,较 2006 年末增

---

　　① 转引自宫伟:《农村村级债务问题研究——以凤城市农村债务问题为例》,中国农业科学院硕士学位论文,2010 年,第 10 页。

　　② 贺雪峰:《解决村级债务问题刻不容缓》,《农村金融研究》2015 年第 11 期。

　　③ 常代奇:《级债务现状及其化解对策——以江苏×市为例》,《产业与科技论坛》2012 年第 19 期。

　　④ 宋蕾:《中国乡镇债务超 5000 亿元、近 40% 县预算均呈赤字状态》,《第一财经日报》2006 年 9 月 14 日。

　　⑤ 转引自王海梅:《乡镇政府债务成因及解决之道》,《山西农经》2015 年第 8 期。

加 5.08 亿元,年均递增 27.3%。① 这些材料都来自官方,而且还是审计部门,应该是可靠的,而这些数据说明农村债务问题已经非常沉重。

似可以结论,农村治理结构改革和推进农村治理现代化面临严重的经济困局。农村集体经济不发达,大量农村集体经济出现"空壳化"现象,加上农村债务(包括乡镇和村两级)如此严重,都给农村治理结构改革和推进农村现代化带来的消极后果可想而知:一是农村治理结构改革和农村治理现代化成为"无米之炊"。俗话说"巧妇难为无米之炊",一个再有能力的家庭妇女,当家里穷得徒有四壁时,她怎么做得出一顿丰盛的美餐来,当年毛泽东就说得非常明白,手中无米,唤鸡鸡不来。农村基层干部没有一点钱,他能办成事吗?二是农村公共服务严重滞后。由于缺乏集体经济强有为的支撑,大量的农村没有公共服务。已经开始办起来农村集体公益性设施也因没有经济来源而无法运营,无法维护。在没有财政资金和村集体资金支撑的情况下,农村集体公益性设施无法正常运转,一些农村已经修建的道路等公共设施年久失修而无法通行。三是影响村组干部心态。一些村组干部反映,他们仅仅是凭着一股热情和"争面子"的心态在干工作,有的村干部不仅拿不到工资,还要从家里拿钱出来维持正常运转而导致家人拖后腿。有的则因工作忙没时间经营生意而由富变贫,心生退意。村干部的岗位吸引力也在下降,选前不愿当,当上后又感觉"上了当"。四是影响群众对党委政府的信心。由于没有集体经济,农民几乎不可能从村集体获得任何实惠。村集体经济又普遍呈现空壳状态,无法给农民办实事,农村基本公共服务见效缓慢,久而久之,农民群众与基层政权就会更加疏离。

说到农村债务对农村治理结构改革和推进农村治理现代化的负面影响则是,首先是影响农村基层组织正常运转。乡镇政府和村级组织日常经费难以保证,有的地方干脆处在停摆的状态。沉重的债务包袱使部分农村干部丧失

---

① 陈婧延:《论乡镇政府性债务的现状成因及其化解对策》,《重庆与世纪》2015 年第 6 期。

信心,失去斗志,丧失热情,严重挫伤积极性。其次是严重妨碍农村经济发展。从根本上讲,由于国家投入有限,自己又负债累累,发展农村经济陷入了财政困境,缺乏发展动力,从而导致恶性循环。再次是影响农村治理的正常进行。欠账还钱,天经地义。如果债务处理不好,造成干部工作情绪低落,干群关系紧张,社会矛盾激化。乡镇干部和村级干部忙于应付,无法解决农村治理中的一些基本问题和基础性问题,谈不上改革农村治理结构和治理现代化。最后是农村债务处理不好会演变成社会风险。乡级债务是乡镇必须承担偿还义务的债务,如果不能偿还,会激化矛盾。村级债务一般是由村组干部或办事,或招待来客,也有自己不当消费造成的,他们因债务而发生纠纷。解决不好农村债务就会像前些年农村基金会那样,困扰各级政府,影响农村稳定,引发为政府的财政风险和社会危机。

所谓政治困局,是指在农村治理结构改革进程中遇到的政治困难。农村治理结构改革从一定意义上讲是农村治理权利再分配。在诸多农村治理主体中,有的治理主体改革后得到更多的权利,有的治理主体在改革中失去部分权利。这样问题就来了,通过改革,旧的平衡打破了,新的平衡可能一时未建立起来,这就是政治上最大的困局。当然,农村治理结构改革和推进农村治理现代化进程中的政治困难表现在以下几个方面:

第一,治理范围的频繁变化导致治理的边际效果下降。进入 21 世纪以来,在广大农村进行较大规模的撤并乡镇和合村并组。[1] 这一改革措施的正面效果是减少了乡镇和村组的总数,导致乡镇干部和村组干部的总数的大幅减少,节约了行政事业费的开支,减轻了农民的负担。但是,在这项改革中还存在以下几个需要注意的问题:一是治理范围变化过频。有的省在最近 20 年内先后四次变更治理范围。乡镇干部还有熟悉治理区域的基本情况又面临新的变动。二是乡镇合并和村组合并,有拉郎配现象。一个地方在治理中形成

---

[1]　转引自王菲、任中平:《农村基层治理的现实困境与改进路径》,《山西大同大学学报》2016 年第 2 期。

不同的乡镇和村组,有历史的原因,有现实的原因,有经济的原因,也有家庭家族宗族的原因。在乡镇合并和村组撤并时,往往是县委或政府几个工作人员闭门造车,有的地方还是站在地图上按照上面的要求强行推进乡镇合并和撤村并组。这就离散了原有的组织架构,改变了村民长期以来形成的对集体的认知。三是乡镇和村组治理范围偏大。在乡镇合并过程中,合并后的乡镇是原来几个乡镇那么大,村的范围也相当于原来一个乡那么大。这就造成当地农民见村干部比见党和国家领导人还难。为什么?因为由于电视网络的发展,老百姓通过《新闻联播》经常看到党和国家领导。而村干部不可能上电视,虽然相距只有十几里,但见一次面还真不容易。连见面都困难,谈何关心,谈何治理?村组合并农村治理带来了更大的挑战,增加了信息了解的难度,管理范围扩大了,村民间的利益整合和集体共识达成更困难。在此情况下,村民之间的矛盾冲突和利益纠纷增多,农村治理的治理绩效大打折扣。

第二,乡镇党委和政府在农村治理结构和农村治理中有错位、越位和缺位现象。转变乡镇职能是一个早已提出的科学命题。但是转变乡镇职能犹如蜀道难。一方面,乡镇是农村治理结构最关键环节。乡镇党委书记和乡镇长永远是第一责任人。如果因为自己工作不到位,或失职,就会面临问责。这就是出现错位、越位事有必然。另一方面。乡镇党委、乡镇政府不愿意转移职能。如前所述,乡镇党委和政府在农村治理中责任重大,其中很多干部也是从有利于农村治理不愿意转移职能,同时也有一部分乡镇干部受传统体制、思想与利益机制等诸多因素的影响,法律规定的指导关系变成实际的领导关系,尽可能地控制与影响农村自治。乡镇党委和乡镇政府始终认定自己对村民自治组织的上级,想方设法控制和干预村民自治组织,由此便产生了村民自治权与基层政府权力的冲突,有时还激化矛盾。而作为村级党组织和村民委员会,存在年龄老化、思想僵化、能力低化的弱点。

第三,农村党支部与村委会之间的矛盾。党的领导、人民当家作主与依法治国的有机统一,是中国社会主义政治建设的最大特色。党的红头文件和国家的法律对农村基层党组织和村委会以及其他治理主体之间的关系作了明确规定,有章可循,有法可依。政策规定和法律条文是一回事,落实是另一回事,在处理和协调农村基层党组织与村民委员会以及其他治理主体之间的关系时,应统筹协调多方因素,综合施策。在现实生活中,农村基层党组织与村委会存在认识不一致、步调不一致的问题。有的地方的党支部把核心地位演变越俎代庖;有的地方的支部书记与村委会主任对着干。有的地方村支两委坐不到一起,开不成会。凡此种种,都是不正常的关系。推动村两委关系民主化、法治化、科学化的制度设计,建构村两委分工明确、协调合作、平衡统一的和谐新型关系,仍有待于在进一步改革治理结构和实现农村治理现代化进程中解决。

第四,在农村治理结构中的非正常因素问题。非正常因素是指农村死灰复燃的"村霸"、宗族恶势力对农村治理中的恶劣影响问题。一些"村霸"横行乡里,甚至盘踞一方作恶,群众怨声载道。"有一些地方宗族势力的发展出现扭曲,演变成为争夺家族利益甚至一己私利而从事非法活动,侵害农民群众生命财产安全,影响当地经济发展和社会和谐的一股恶势力。更有甚者,这股宗族恶势力被不法分子利用,沦为侵蚀国家基层政权的工具。"[1]这个问题已经引起高层关注,并采取综合措施解决这种依附农村治理结构中的毒瘤。一是直接打击农村中"村霸"和黑恶势力,开展专项斗争,让"村霸"和黑恶势力在农村,在社会没有立足之地。二是打击"村霸"和黑恶势力黑"保护伞",一般来讲,通常意义的"村霸"和"黑恶势力"在农村的影响力是有限的。一旦他们有了"黑保护伞"就会成为为害乡里的毒瘤。中央下决心"突出惩治欺压百姓、胡作非为的'村霸'和宗族恶势力犯罪,推动完善农村治理"。[2] 关注了并不等于解决了,现在已经到非解决不可的时候了。

第五,农村真正的治理主体——农民的素质问题。一方面农民是农村治

---

① 参见《半月谈》2017 年 3 月 13 日。
② 转引自《学习时报》2017 年 4 月 17 日。

理的真正治理主体,他们授权村委会等行使治理权,但是,农民的自身素质与农村治理现代化的要求存在较大差距。深受传统小农社会和臣民思想影响且处于被代表的地位,农民的主体意识几乎丧失殆尽。他们的民主意识、民主欲望、民主能力都满足不了农村民主政治建设的需要。提高农民的各方面素质不仅关系农村治理结构改革和农村治理现代化,还关系农村社会的现代化问题,还关系国家和整体社会进步问题。如何在农村社会治理结构和治理现代化的大背景下提高农民的素质仍然是一个悬而未决的问题。

第六,其他治理主体培育问题。农村治理多元化,传统治理主体继续发挥作用,新型治理主体不断涌现。但是,传统治理主体与新型治理主体的关系,无论是政策,还是法律都有一个如何定位,如何处理两者关系的问题,尚未解决。至于新型治理主体还遇到体制、法律、政策障碍,还存在培育不力、地位不准、作用不大的问题。

所谓社会困局,是指在农村治理结构改革和推进农村治理现代化进程中的遇到的困难。我讲几个我亲身经历的几件事也能说明问题。第一件事,我的老家是一个典型农村自然村。人民公社时期,全村有 200 多人,分为三个生产小队。到 2017 年,全村的常住人口,不足 20 人,其中,8 个 80 岁以上的老人,5 个 7 岁以下的儿童,其余都是 60 岁左右的老人。今年正值村委会换届选举年,按照上级选举规定,必须有 60% 以上的选民参加选举,选举才有效。为了凑足人数,选举工作人员拿着流动票箱挨家挨户找人投票。费了九牛二虎之力,还是不能满足法定人数。第二件事,村里有一贫困户,夫妻两人都在 60 岁左右。三年前开始吃低保。从此,夫妻俩不再参加劳动,家里连葱蒜蔬菜都没有种一点,完全靠低保过日子,别人问他为什么不种菜改善自己的生活,他告诉说,虽然低保钱不多,但能保证基本需要,如果种了菜,说不定政府会减少低保钱。第三件事,邻村有一个老支部书记,今年 70 岁,干了 36 年支部书记,前几年退下来,现在每月发给 120 元补贴。他告诉我,120 元的补贴实在不够家用,生活实在困难,他与全镇几个老支部书记曾经到市委市政府上访,要求提高津贴标准,没有得到解决,他准备到上级部门上访反映情况。这几件事是我亲身经历。

从这几件事,我们发现农村治理结构改革和实现农村治理现代化进程出现了严重的社会问题。

从第一件事看出,农村社会因为无人而不成其社会。社会,在特定环境下形成的个体间的存在关系的总和。当个体不存在时,谈何社会? 当然,农村还没有严重到这一步,问题农村"空心化"的问题足以让人重视。据 2012 年民政部和 2013 年全国妇联相关数据显示,我国农村有留守老人 4000 万、留守妇女 5000 万、留守儿童 6102 万,这个群体数量呈现增加态势。留守族问题已经成为农村社会治理不能回避的坎儿。[1] 农村老人的民主意识和民主能力非常有限,儿童又没有选举权,难怪农村选举不容易凑足法定人数。更严重的是,由于农村没有视频监控、没有治安巡逻,加上留守人员自我保护意识不强、防御抵抗能力弱,致使针对留守老人的诈骗罪、盗窃罪,针对留守妇女的性侵涉暴犯罪、针对留守儿童的性侵和拐卖犯罪呈多发态势,严重挑战农村公共安全。

从第二件事可以看到扶贫的问题。贫困问题是一个世界性难题,如何有效开展扶贫工作、提高扶贫效果是很多国家或地区亟待解决的一个重要问题。扶贫,即要解决扶谁的问题、解决好怎样扶的问题。古语有云:"授人以鱼,不如授之以渔。"现在的扶贫是授人以鱼,而不是授人以渔。这种扶贫方式可能养了懒汉。正确的扶贫应该是结合帮扶对象自身实际,为其"量身定制"脱贫计划,做好帮扶对象技能培训,增强帮扶户的主观能动意识,帮扶工作可能事半功倍。2013 年 11 月习近平在湖南湘西考察时首次提出"精准扶贫"的思想。此后,习近平多次论述"精准扶贫"的相关问题,现在已经形成科学的精准扶贫的基本方略。根据习近平"精准扶贫"的战略思想,扶贫工作已经取得

---

① 覃国慈:《当前农村社会治理面临的八大困境》,《中国农村发现》2015 年 11 月 2 日。

了成绩,形成了"真脱贫"和"脱真贫"的良好局面,创造了人类史反贫困的成功范例。① 但是又不能不指出,扶贫还有很长的路要走。为进一步加快实现贫困地区脱贫致富、缩小发展差距的目标,国务院制定了《中国农村扶贫开发纲要(2011—2020 年)》。在完成这一目标也不是一件容易的事。

从第三件事可以看到,如何善待农村老干部的问题。当了 36 年村支部书记退下后,每月只有 120 元津贴,实在太少。也许这是我遇到的极个别的案例,在经济条件好的地方,退下来的农村老干部得到了妥善安排,而经济条件不好的地方农村老干部如何安排同样是个大问题。这不只是农村老干部的待遇问题。农村老干部把毕生精力献给了农村,退下来后津贴太低,伤了老干部的心,也寒了现在在位的农村干部的心。已经退下来的老干部的今天,就是现在还在位的农村干部的明天。如果农村老干部受到伤害,在职的农村干部的积极性又受到挫伤,农村谈何治理,更谈不上农村治理结构改革和农村治理现代化了。

所谓文化困局,是指农村治理结构改革和推进农村治理现代化进程遇到的文化困难。文化是根,文化是脉。文化为经济政治社会提供思想资源和文化动力。农村治理结构改革需要与之相适应的改革文化农村治理现代化,需要农村治理文化的现代化。先进文化为农村治理结构改革的治理现代化创造文化环境和提供文化动力,消极文化可能成为农村治理结构改革和治理现代化的阻力。经过 40 年的努力,全国改革文化已经形成并逐步深入人心,在要不要改革的问题形成文化共识,在如何改革问题上,不同利益群体有不同的文化思想。在农村,改革文化也有了一定的基础,影响农民的思想和行为。积极的改革文化动员广大农民参加农村治理结构改革,推动农村治理现代化。这是主流。但是,在农村中还有消极文化依然在影响着农民的思想与行为。由此形成文化困局。农村中消极文化首先是来源于传统文化中的消极成

---

① 数据来自《2015 年国民经济和社会发展统计公报》。

分。文化的滞后性决定其变化慢于政治经济的变化,文化的继承性又决定其影响力可以跨越时空。中国传统文化中有许多好的东西,继续影响人们,但也得承认,传统文化还有许多消极的东西还在继续影响农民,比如狭隘的宗族观念宗族观念、偏激的陈规陋俗,深受这种消极文化影响的农民很能接受新思想、新文化,"代表国家现代文明的政策遇到由农村传统要素影响的社会力量的对抗,并由此在文化上表现出深层次的消极不合作与积极的抗阻。"①这就形成对农村治理结构改革和治理现代化的阻力。农村消极文化来自农村习以为常的"人治"思想。本来,"人治"思想是中国传统文化中的重要组成部分。但是,"人治"思想又与一般意义的传统文化中的消极因素有所不同,它与含情脉脉的人情观连在一起。当农民的正当权益受到侵犯时,农民首先想到不是法律,而是人情,依靠某人的德高望重解决问题,这就妨碍农村治理的法治机制的正常运转。"人治"思维影响着农民的思想意识和行为习惯。在这种文化的影响下,遇到问题时,习惯于通过"托关系""找熟人""请客送礼"等非法律手段来解决。农村中消极文化还来源于西方文化。就全面而言,西方文化对农村影响不小,但农村也不是真空,特别一些进了城的青年农民也开始接触西方的生活方式,由于本身鉴别能力和抵御能力的不足,良莠不分,一些消极的生活方式不仅影响进了城的农民,也影响他们的家人,形成对金钱的崇拜,放纵自己,黄赌毒在农村有一定的市场。这些给农村治理结构改革和农村治理现代化带来巨大的阻力。

还应该看到,在农村治理结构改革和推进农村治理现代化的进程中,所面临的经济困局、政治困局、社会困局和文化困局相互交织、相互渗透、相互影响,从而加大了困局的复杂性,也加大了走出困局的艰难性。这种状况必须引起高度注意。

---

① 常青:《农村治理中的文化拒斥研究——以农村政策执行为视角》,南昌大学硕士学位论文,2007 年,第 9 页。

二、对策建议

医生寻找病因,是为了治病救人。分析农村治理结构改革和推进农村治理现代化进程中面临的各种困局,是为进一步积极而稳妥地推进农村治理结构改革和实现农村治理现代化。因此,有必要分析走出困局的路径与方法。这便成为加快农村治理结构改革和推进农村治理现代化的对策建议。

(一)如何走出农村治理结构改革和推进农村治理现代化的经济困局

首先,要充分认识发展农村经济对改革农村治理结构和推进农村治理现代化的决定性作用。马克思在《〈黑格尔法哲学批判〉导言》中曾经指出:"批判的武器当然不能代替武器的批判,物质力量只能用物质力量来摧毁。"[①]农村经济的薄弱,尤其是农村集体经济的空白化,合理的农村治理结构难以有效建立,农村治理资源严重不足,农村治理陷入困境。马克思曾分析小农经济与专制统治的内在联系,指出"拥有小块土地的小农能够自给自足而缺乏社会交换,导致广大农民就像一袋马铃薯,仅仅是个体的简单相加而缺乏有机的联系,这是法国专制统治的天然基础"[②]。显然,马克思认为小农经济、个体经济是封建专制的土壤。在此基础上,马克思提出了集体经济在产生民主的土壤的重要思想。马克思认为,农民实行集体化不能采用强制的手段,"让农民自己通过经济的道路来实现这种过渡;但是不能采取得罪农民的措施,例如宣布废除继承权或废除农民所有权。"[③]毛泽东也曾指出:"经济是基础,政治则是经济的集中的表现。这是我们对于文化和政治、经济的关系及政治和经济的

---

① 《马克思恩格斯选集》第 1 卷,人民出版社 1995 年版,第 9 页。
② 《马克思恩格斯文集》第 2 卷,人民出版社 2009 年版,第 556、567 页。
③ 《马克思恩格斯选集》第 3 卷,人民出版社 1995 年版,第 287 页。

关系的基本观点。"①中国共产党领导下的农村治理结构改革和农村治理现代化，基本方向是中国特色社会主义，是发展农村民主政治建设，没有强大的集体经济作为基础、作为支撑，是不可能走上成功的。农村治理结构改革所遇到的经济困难，必须依靠经济手段来解决，采取唱高调、喊口号的政治办法是无法克服农村治理结构改革所面临的经济困难，也是背离马克思主义的。

其次，要开辟一条新的发展集体经济的道路。恩格斯对集体化道路进行艰辛的探索。在他看来，当人民政权建立起来后，不能暴力剥夺农民，强迫农民走集体化道路，"而是通过示范和为此提供社会帮助。"②可惜的是，恩格斯没有建设社会主义的实践活动，他的设想只是一个设想，而未能变为现实。当然，他提出的思想原则富有创见，并在列宁时期变为现实，列宁领导建立了世界上第一个社会主义国家，按照恩格斯的思路，通过合作社把广大分散的农民组织起来，通过发展集体经济以推动农业和农村的发展，把农民引向社会主义的道路。列宁强调："合作社的发展也就等于社会主义的发展。"③有了苏联的经验，毛泽东坚信中国共产党有必要也有能力把分散的农民经济引到社会化的农业，他指出："没有农业社会化，就没有全部的巩固的社会主义。"④他希望通过把小农经济改造成集体经济来解决社会主义工业化同农业个体经济之间的矛盾。于是，这就有了党在过渡时期总路线的提出和实施，就是社会主义三大改造的兴起。在农村通过对农业的社会主义改造，先后通过初级社、高级社的形式把农民引上了集体化的道路，而且他还不满足，力图通过人民公社化运动，真正让中国农民走上社会主义。毛泽东主观愿望不容置疑，但却犯了急躁冒进的错误，追求农村生产关系的纯而又纯，脱离了中国实际，违背了生产力决定生产关系的根本规律，是发展集体经济的不成功之路。这才有后来的家

① 《毛泽东选集》第二卷，人民出版社1991年版，第664页。
② 《马克思恩格斯选集》第4卷，人民出版社1995年版，第498—499页。
③ 《列宁选集》第4卷，人民出版社1995年版，第773页。
④ 《毛泽东选集》第四卷，人民出版社1991年版，第1477页。

庭承包责任制的改革。

毛泽东的探索是非常有价值的,有必要认真总结毛泽东探索集体化道路的成功经验。实施家庭联产承包责任制的过程中又出现另一个极端,集体经济没有得到应有的发展,甚至出现了农村集体经济的"空白化"现象。在发展农村集体的道路问题上,21 世纪以来党中央逐步认识到存在的问题,特别是中共十八大以来,习近平科学总结过往的经验教训,既积极又稳妥地发展农村集体经验。① 以习近平同志为核心的党中央进一步探索发展农村集体经济的道路,这是发展农村集体经济的基本遵循。在这个问题,既不能走老路,也不能走邪路。发展集体经济必须坚持:一是高度自愿原则,绝对不能再犯当年合作化运动时的错误,用强迫命令逼使农民走集体化道路;二是绝对实惠原则,发展集体经济要让农民有更多的获得感,从而增加凝聚力和向心力;三是市场导向原则,任何农村治理主体都不能把自己意志强加于农民,由于农民自己根据市场需求决定生产什么、生产多少;四是多样性原则,不能搞"一刀切",根据不同农村的实际发展农村集体经济;五是多服务少干预原则,自愿不等于自发,市场导向不等于党组织和政府可撒手不管,而是在资金、信息、监管等方面发挥应有的作用。通过发展和壮大农村集体经济,为农村治理结构改革和实现农村治理现代化提供坚实的经济基础。

再次,建构既符合农村实际,又便于操作,还能管用的惠农政策。这些年来中央出台了许多惠农政策,对促进农村发展起了很好的作用,但不能不承认,在这些政策中有的中看不中用,如种粮补贴政策;有的则脱离农村实际,如收缩农村中小学的政策;有的则明显不合理,如修建农村公路当地承担路基费用、政府负责路面经费的政策。必须在厘清原来政策利弊基础上重构惠农新政策体系,发挥政策的引导作用,促进农村集体经济发展。

最后,花大力气化解农村债务。沉重的农村债务已经使农村治理主体不

---

① 《胡锦涛文选》第三卷,人民出版社 2016 年版,第 631 页。

堪忍受,不化解农村债务,不仅不能推进农村治理结构改革和实现农村治理现代化,而且还影响农村的正常运转,甚至影响农村稳定,进而影响整个社会稳定。对于农村债务必须区别不同情况采取不同办法解决。即坚持禁止非法债务,控制不当债务,转移合理债务。禁止非法债务,就是严禁在农村非法举债,一切没有法律依据、不能给农民带好的债务都在禁止之列。控制不当债务,就是尽管这些债务是必需的,但也控制规模,量力举债;转移合理债务,就是把合理债务转换为股份,债务人和债权人都可以从农村经济发展中获得红利。

实践证明,农村集体发展好的地方,农村治理结构改革也相对顺利些,治理现代化的程度也相对高一些。为了积极稳妥地推进农村治理结构改革和农村治理现代化,必须促进农村经济的发展,必须发展农村集体经济。离开农村集体经济的发展,农村治理结构改革如同水中月、空中楼、镜中花,好看不中用。

(二)如何走出农村治理结构改革和农村治理现代化的政治困局

其一,着眼于大局和长远,农村治理范围不应频繁变动。众所周知,改革开放以来,特别是 21 世纪以来,进行几次较大规模的农村治理范围变革。以湖南为例,1995 年湖南进行了撤区并乡改革。2015 年湖南再次合并乡镇和并村的改革。湖南共撤并乡镇 524 个,撤销 1.6 万个行政村。[①] 湖南是全国的缩影,可见全国合并乡镇和村组力度之大。按照湖南设计者的说法,是减少乡镇和村的数量,减掉的是多余负重、换来的是轻装上阵,减掉的是瓶颈制约,拓展的是发展空间,减掉的是制度藩篱,提高的是治理能力。也应该承认,主观愿望是好的,客观上也起了一定的积极作用,如降低治理成本,减轻农民的负担最初目标是实现了。但提高治理能力和治理效果的目标并不因此而实现。

---

① 颜宇东:《湖南乡镇区划调整方案　合并乡镇 500 个以上》,《潇湘晨报》2015 年 10 月 9 日。

相反,因频繁合并乡镇和村组,也引起了新问题。随着治理范围的扩大,治理效益可能成递减的态势。农村的自然村的形成,往往是血统地缘关系为纽带。农村行政村的形成也是由于历史原因和经济原因为纽带。频繁合并,使纽带断裂,从而加大了治理的难度。所以,合并乡镇和村组必须慎之又慎,尤其忌讳的是拉郎配式的合并,嫁接式的合并,速战速决式的合并所产生的对农村治理的负面影响可能还大于正面影响。当合并村组到一定阶段时,必须维持治理范围的相对稳定。这有利于走出农村治理结构改革和农村治理现代化的政治困局。

其二,从法律的高度明确农村各治理主体的责权利。《中国共产党基层党组织工作条例》对农村基层党组织的地位和作用有明确规定。《中华人民共和国村民委员会组织法》明确了村党支部和村民委员会的法律地位。这些条例和法律对指导农村治理结构改革和推进农村治理现代化发挥了重要作用。同时,在农村治理结构的伟大实践中出现了许多新的治理主体。除了党的组织、政府及政府职能部门、村民委员会外,还有许多负责中心工作的工作组、农村党支部的第一书记、大学生村官、各种经济合作组织、社会中介组织、民间组织、新乡贤等。这些新的治理主体的权利与义务都没有法律依据。"小智治事,中智治人,大智立法。治理一个国家、一个社会,关键是要立规矩、讲规矩、守规矩。法律是治国理政最大最重要的规矩。"习近平在中共十八届四中全会第二次全体会议上的这一讲话,既充分说明了立法在治国理政中的极端重要性,在依法治国的今天,必须坚持法不授权不为的原则。如果坚持这一原则,这些新的治理主体参与农村治理则属非法。但是,实践总是先于理论,先于法律。实践中出现新的农村治理主体,说明农村需要他们,实践证明,他们在农村治理中有不可或缺的作用。既然如此,就应该通过修改或制定法律,把实践中创造出来又被实践证明是好的东西用法律形式将其固定下来,以便发挥其更大更好的作用。对于那些没有法律依据而又破坏农村治理的非法主体,则依法取缔和打击,让他们在农村没有生存空间。

其三,创新机制,让农村治理在正确的轨道下运行。笔者先讲一个真实的事:家乡镇公安派出所的两个民警私自到一口水库钓鱼。这口水库是由村民承包的。钓鱼者没有经得承包者同意,甚至连招呼都没打。承包者发现后立马过去,与钓鱼者发生了冲突,最后赶走了钓鱼者。故事讲到这里就应该收尾了。大家可能觉得没意思。但几个月后又发生一件事。这就是承包水库的村民与邻居发生了矛盾,双方还打起来,据说首先动手的是对方,在拉扯过程中双方都受了一点伤。照理这是邻里之间的矛盾,调解一下就了事。但对方向派出所报了警。出警的两个民警就是前些日子的两位钓鱼者。他们俩到了村里后发现打架的另一方就是当时赶跑他们的水库承包人,他们没怎么调查就把水库承包人的老婆(注:那天骂得最凶的人)带到了派出所,最后处置的结果是拘押4个月,罚款4万元,而且没有开出收据。这就是我讲的完整故事。从这一故事中可以看:一是村民的承包权没有得到尊重;二是两位民警践踏了法律,伤害了公平正义;三是两位民警知法犯法,涉嫌非法占有4万元罚没款。进一步分析就能发现,这件事损害党和政府的形象和声誉,伤害了干群党群关系。可以设想,如果农村治理是在这种轨道上运行,不要多久,农村就会乱套。因此,必须采取有力措施确保农村治理结构和农村治理现代化在法治的轨道上,在民主的轨道上,在科学的轨道上,在正义的轨道上运行。

其四,培育新型农村治理主体,增强农村治理活力。农村治理结构中治理主体多元化是一种必然趋势。党的基层组织、基层政府、村民委员会、广大村民都成为农村治理的重要主体。但由于我国以基层党组织领导下的村民自治农村治理结构改革,是政府自上而下推动的一次不彻底的改革,在农村治理的实际运行过程中,仍然是以政府为核心的"单中心"治理,致使农村治理主体多元化的实现遭遇到了种种困境。特别是最近几年来农村出现了新型的治理主体,如各种农民生产合作社、中介组织、种粮大户、职业农民等。他们作为新生事物,处在一种弱势地位,也还不一定为农民所接受,其作用又是非常有限的。农村治理现代化需要更多的新型治理主体,农村治理结构改革应该给新型治理主体一席之地。当新型农村治理主体还处发育期间,党和政府应该从政策给予扶植:一是尊重农民的首创精神,对新生的农村治理主体不能求全责备;二是政策导向,引导农村新型治理主体朝着有利于农村治理现代化方向发展;三是制度规范,确保新型农村治理主体更好地服务农民和农村治理现代化。

其五,加强党的领导,牢牢把握农村治理改革的运行方向。这是农村治理结构改革和农村治理现代化的关键。综观各地情况,凡是党的建设搞得好的地方,凡是党对农村治理结构改革和农村治理现代化坚强领导的地方,农村发展也比较顺利,农村治理也比较规范,农民与党组织的关系、干群关系也比较融洽。相反,农村发展遇到挫折,农村治理秩序混乱,党群关系、干群关系比较紧张,因为必须坚持党对农村治理结构改革和农村治理现代化的领导不动摇。对于村一级来讲,选好一个支部书记,组成好一个好的党支部,组建一批好的党员队伍,这是常规性工作。需要特别提出的,随着农村新型经济组织、中介组织、民间组织以及其他组织的产生和增加,党的组织建设和领导必须延伸到这些地方,不能留下空白与死角。对于上级党组织,特别是县、乡两级党委,真正把工作重心放在"三农"问题是,发挥在农村治理结构中的核心作用,在农村治理结构改革和农村治理现代化的进程中,驾好船,掌好舵,导好向。

(三)如何走出农村治理结构改革和农村治理现代化的社会困局

最重要的是让农村成就为真正的社会。社会的基本要素是人,没有人,谈何社会? 当农村人口"空心化",农村社会就不成其社会了。城镇化是不可避免和不可逆转的趋势,农村人口也不以人的意志为转移向城镇转移。但也不是完全没有作为。在城镇就业压力加大,许多农民到城市后没有生存空间时,也不应急于把农村人口转移到城市中来,相反,也可以创造条件把一部分人口留在农村。譬如,创造条件让一些农民在家乡创业致富,土地是财富之母,农村土地搁荒现象比较严重,能不能引导农民回到家乡发展种植业、养殖业。这就引出农产品价格问题。说实话,现行的农产品价格极不合理,农民很难通过发展种植业、养殖业发家致富的。在迫不得已的情况,农民在进城打工。当他们能够就地致富时,他们留在农村又何乐不为? 农村有了人,才谈得上治理和被治理。没有了人,一切都是多余的。

最基本的是建设农村社会保障体系。现实中的农村,实际上是老人的社会,留守妇女的社会,留守儿童的社会。建立社会的保障社会,既对这一部分人的生存保障问题,又是对农村治理的基本条件之一。习近平强调,重视农村"三留守"问题。① 以社会保障服务增强农村居民社会安全感。加强农村养老保障、医疗保障、最低生活保障及其他各项救助服务,为农民提供稳定的养老保障预期,降低医疗费用增长对生活水平提升的威胁,生成社会保障政策的托底效应,帮助农民从容应对生产和生活变故,稳步提升社会安全感。现在的农村社会保障体系,远不能满足农村治理的需求,因此,必须不断拓展社会保障服务空间,发挥社会保障服务功能,有利于增强农村居民社会安全感,助力农村"精准扶贫",推动农村社会乡风文明,促进农村社会事业建设和协调城乡关系发展,提升农村治理成效。

最急迫的是向农民提供基本公共服务。农村公共服务是为满足农民在生产和生活中的需要所提供的具有非排他性或非竞争性的社会服务。从其服务的内容来看,农村公共服务涉及的主要是以"民生"为导向的基本公共服务。城乡之间的差别主要表现在公共服务上,由此也引发了一些社会矛盾。导致农村服务落后的原因在于,农村公共服务的提供主体单一,很多农村主要依靠自己的力量;政府投入严重不足,虽然政府不断加大财政投入力度,但由于农村面广量多,每个村庄的平均投入仍然很有限;农民自己参与的积极性不高;供给效率低。而农村基本公共服务落后又严重制约农村治理。中共十八大报

---

① 中共中央文献研究室编:《十八大以来重要文献选编》(上),中央文献出版社2014年版,第681页。

告明确指出,要加快完善城乡发展一体化体制机制,着力在公共服务等方面推进一体化,并在改善民生和创新管理中加强社会建设。因此,向农民提供基本公共服务成为农村治理结构改革和实现农村治理现代化的当务之急。通过提供农村公共服务,在一定程度上弥补了市场经济的缺陷,为农村治理中的不稳定因素增添了"安全阀"和"缓解器",以保障农村社会的正常运转,从而推动农村治理结构改革和农村治理现代化。

(四)如何走出农村治理结构改革和实现农村治理现代化中的文化困局

建议之一:先进文化占领农村阵地,培育农民的道德观念、法治思维和民主意识。培育农民的道德观念,就是用社会主义核心价值观教育农民,把个人的命运与国家、社会的命运联系起来,提高他们参加农村治理的自觉性。随着农村治理结构改革和农村治理现代化的推进,农民的道德需求日趋强烈,特别是面对农村道德治理日渐薄弱的现状,基层党委、政府应当重视和强化农村的道德教育,对农民实施有效的教育管理,才能逐步推进农民的现代化和农村的社会文明。为农村治理结构改革和实现农村治理现代化提供道德支持。培育农民的法治思维,就是深入开展普法教育,让农民了解与自身密切相关的基本法律,帮助他们从"学法""懂法"走向"用法",并从"用法"中取得公平公正的实效,这样才能使他们最终走向"信法",也只有这样,习惯于"人治情结"的农民才会有"法治"的自觉转向,运用法律武器维护自己的权利,为农村治理结构改革和实现农村治理现代化提供法治保障。培育农民的民主意识,就是唤醒农民的民主意识,增加民主积极性,提升民主能力,争取民主权利。通过建立和完善农村民主管理制度,组织和引导农民积极参与农村治理,让民主成为推进农村治理结构改革和农村治理现代化的基石和保障。

建议之二:发挥农村传统文化在农村治理结构改革和农村治理现代化进程中积极作用。农村治理结构改革和农村治理现代化不仅仅需要社会主义核心价值观所提倡的文化理念,也需要友善、勤劳、有礼、淳朴等传统文化。农村治理结构改革和农村治理现代化受中国传统优秀文化的影响非常明显。在农村治理结构改革和农村治理现代化的进程中,关于借用优秀传统文化,进一步传承中华优秀道德文化与修身文化,通过以文化人、以文育人、以文润人,引导广大农民修养身心、涵养德行,实现个体利益与社会利益、个体幸福与整体幸福、物质幸福与精神幸福的互促共进。强化优秀传统文化的教化功能,努力保护和挖掘农村传统自然资源和优秀人文资源,广泛利用丰富多彩的优秀传统文化,推动农民观念革新,破除迷信,扫除陋习,走出落后,倡导宽容和谐、扶老爱幼、助人为乐的文明新风。积极引导村民自觉践行优秀传统文化,强化家庭美德、孝敬父母,和睦邻里,让村民主动做优秀传统文化的继承者、传播者、实践者,为农村治理结构改革和农村治理现代化奠定文化基础。

建议之三:在农村治理结构改革和农村治理现代化进程中区别对待不同文化。农村文化呈现多元性特点,即在文化种类、文化样式、文化形态和文化体制等方面的多元性、多层次、多因素。从内容上看,包括前面讲到的先进文化、传统文化外,还包括地域文化、家庭家族文化、宗教文化、大众文化、风俗文化。这些文化分别以不同形式、不同程度影响着不同地区的农民。这些文化的作用也不能简单用好或坏来评价。必须具体情况具体分析。这就提出了区别对待的问题。总的原则是扬长避短。充分挖掘和吸收农村文化的优秀资源,找到农村文化中与现代化本质相契合的有效因素,促进农村优秀文化与现代治理意识的融合,将优秀文化资源融合到农村治理的具体实践中,赋予其新形式的表达,创新出适应农村文化特点、呈现其独特乡土性和村落多样积极引导农村传统文化的现代转型,为农村治理现代化提供文化支持。服务于农村治理结构改革和农村治理现代化。对消极的成分,如宗族意识、封建迷信等文化因素,不能任其自然发展。因为这些消极文化因素必然延缓治理现代化的进程,造就了消极、被动影响,以科学引导非科学,以理性战胜非理性,而且不能急于求成,以典型示范等形式控制负面文化的影响,促进传统文化的现代转型,变废为宝,服务于农村治理结构改革和农村治理现代化。

建议之四:发展农村文化事业,丰富农村文化生活。随着社会主义新农村的不断建设,农民群众的整体文化素质不断提高;随着农村物质生活水平的提高,农民群众对精神文明的渴望更加强烈,追求文明健康生活方式的愿望更加强烈。他们身心乐观向上,对生活充满了热情,积极参加文化体育娱乐活动,在锻炼身体的同时陶冶身心。丰富农村文化生活,提升农民自身素质,抵制农村的封建迷信活动。在建设新农村的同时,重视丰富新农村的文化生活。开展丰富多彩的文化娱乐活动,保持其喜闻乐见风格充实内容,发掘农村特色文化活动,利用特色文化开展农村文化活动。在人才组织培养方面,重视农村文艺人才、文艺骨干的发掘和培养。在基础设施建设方面,加大资金投入。农村文化既是农村治理转型的基点,也是现代治理可资利用的文化资源,只有让农民真正成为"新人",农村治理才会有新气象。

建议之五:发挥互联网在农村治理的积极作用。互联网的广泛应用大大加速改革发展进程。截至 2014 年末,我国网民规模达到 6.49 亿,互联网普及率达到47.9%。其中,手机网民5.57亿,占全部网民的85.8%;农村网民占比27.5%,规模达 1.78 亿。[①] 中共十八大报告中,明确把"信息化水平大幅提升"纳入 2020 年全面建成小康社会的目标之一。中共十八届五中全会、"十三五"规划纲要都对实施网络强国战略、"互联网+"行动计划、大数据战略等作了部署。"互联网+"和大数据对农村精神文明建设、科教文卫事业发展产生深远影响。农村互联网的进一步发展普及必将给农村治理带来深刻变化。农村电子商务与互联网缩小了城乡差距,拉近城乡之间的距离。互联网带来的农村经济政治社会文化发展的变化,深刻改变农村治理模式。习近平准确判断,在互联网建设问题上,农村落后于城市,"要加大投入力度,加快农村互

---

① 参见《人民日报》2015 年 7 月 24 日。

联网建设步伐,扩大光纤网、宽带网在农村的有效覆盖。"①因此,按照党中央的部署,加快农村互联网建设,发挥互联网在农村治理结构改革和农村治理现代化中的作用。

农村治理结构改革和农村治理现代化进程的困局,并不是孤立存在,它们相互交错,相互影响。这就增加了克服这些困局的难度。在攻克这些困局时,必须联合施策,打"组合拳",互相照应,只有这样,才可能正确估量面临的困局,全面克服困局,迎来农村治理结构改革和农村现代化的美好明天。

三、美好前景

21世纪以来农村治理结构改革,在中国改革史上、在中国农村改革史上、在农村治理结构改革史上占有极其重要地位,它承前启后。承前,这是过去改革的继续;启后,是这一改革还将继续。这就自然而然地提出了如何评价这个阶段农村治理结构改革所取得的成就和积累的经验,也有一个如何分析当前农村治理结构改革面临的困难,更有一个对未来改革的信心的问题。

21世纪以来,农村治理结构改革取得了巨大成就。回顾21世纪以来中国共产党领导农村治理结构改革的历程,应该充分肯定已经取得的巨大成就。无论是对农村治理结构改革的顶层设计,还是改革过程中的一步一个脚印,或是农村治理结构改革的点滴进步,都成为农村治理结构成就的重要组成部分。当我们走进农村时,就可以感受农村的进步,感受农村治理的改善,感受农村各种治理主体为实现农村治理现代化作出的种种探索,以及他们为农村治理进步所作出的贡献。我们活在当下的人们应该感谢他们,更重要的,我们的子孙后代,都不会忘记在这个特定历史阶段他们的努力。

---

① 《让互联网更好造福国家和人民——党的十八大以来习近平总书记关于互联网系列重要讲话精神综述》,《人民日报》2016年11月14日。

无论是我们,或是我们的子孙后代,都不会忘记这个特定的历史时期为农村治理结构改革所作的贡献,这是因为21世纪以来农村治理结构改革的成就实在来之不易。21世纪起步到现在,已走过20年的历程。当我们回首这20年,很自然地为这段惊心动魄的历史而肃然起敬。进入21世纪以来,国际形势变幻莫测,世界政治和国际关系比过去更加复杂多变,发展中的不确定因素增多,世界和平与安全的形势比过去严峻,如何应对如此严峻的国际形势,是对中国共产党的考验。就国内形势而言,经过几十年的努力,中国已经成为全球第二大经济体,物质财富有了巨大增加,这是进一步改革的物质基础。但是,经过前一阶段的改革,容易改革的都已经改了,剩下需要改革的都是一些硬骨头。改革进入深水区,改革开始了攻坚战。农村治理结构改革也是如此。当代中国共产党人以大无畏的政治勇气,以对人民高度负责的政治态度,以科学决策科学施策的政治智慧,坚持问题导向,搞好顶层设计,排除一切干扰,明知山有虎,偏向虎山行。习近平强调:"改革面临的矛盾越多、难度越大,越要坚定与时俱进、攻坚克难的信心,越要有进取意识、进取精神、进取毅力,越要有'明知山有虎,偏向虎山行'的勇气。改革既不可能一蹴而就,也不可能一劳永逸。全面深化改革,啃硬骨头、涉险滩,更需要领导干部敢于担当,尤其要牢固树立进取意识、机遇意识、责任意识。"农村治理结构改革的深刻度前所未有,农村治理结构改革的复杂性前所未有,农村治理结构的艰巨性前所未有。但是,在中国共产党的领导下,一个个困难被克服,一个个矛盾被解决。这一切的确来之不易。

在推进农村治理结构改革和农村治理现代化的伟大进程中,我们不仅取得了伟大成就,还积累了宝贵经验。实践出真知,实践出经验。农村治理结构改革和农村治理现代化的伟大实践创造了经验,而中国共产党人又善于总结经验。正如毛泽东所说,中国共产党人就是靠总结经验吃饭的。当实践创造经验时,中国共产党及时总结经验,并把经验上升为理论。通过总结经验,揭示农村治理结构改革和农村治理现代化的规律。然而,农村治理结构改革并没有完结,农村治理现代化还刚刚起步。这就使得过去的经验弥足珍贵。我们必须从过去的经验中汲取养分。有了过去的经验,未来的农村治理结构改革和农村治理现代化就会少走弯路,前进之路就会走得更加稳健,更不会犯颠覆性错误。

在充分肯定过去农村治理结构改革和农村治理现代化的成就和经验的同时,我们也应该看到,过去走的道路并不平坦,改革也并非一帆风顺,在征程中也遇到不少困难。面对困难,中国共产党人没有后退,而是迎难而上。改革,涉险滩;改革,战暗礁;改革,战胜了一些可以预知的困难,也战胜了一些不可预知的困难。可以肯定,在未来的农村治理结构改革和农村治理现代化的进程中,仍然还有新的困难。前文中所列举的农村治理结构改革和农村治理现代化所面临的经济、政治、社会和文化等领域的困难,并不是耸人听闻的。克服这些困难可能比我们预想得还要难。怎么办? 后退是没有出路的,绕道走也是不可能的,唯有下定决心,不怕困难,在中国共产党的领导下,依靠人民的力量,以创新为动力,就一定能战胜困难,迎来农村治理结构改革和农村治理现代化的美好未来。

相信农村治理结构改革和农村治理现代化有美好的未来,并不是盲目乐观,对于未来的信心也不是无根之木。因为,有中国共产党的正确领导。中国共产党经过近百年的历练,已经是一个成熟的党;经过长期革命、建设和改革的洗礼,中国共产党表现出娴熟的领导艺术;经过多年领导农村治理结构改革和农村治理现代化的伟大实践,已经深刻地认识和掌握了农村治理结构改革和农村治理现代化的规律。中国共产党的强有力的领导,是农村治理结构改革和农村治理现代化美好未来的根本保证。还因为,有广大农民对农村治理结构改革和农村治理现代化的支持。中国的农民是最好的农民,他们质朴,他们善良,他们勤劳,他们对美好未来在不懈追求。这是农村治理结构改革和农村治理现代化的社会基础,这就是动力。还有一批任劳任怨的基层干部,特别是那些可爱的农村干部,虽然其中可能有一些腐败分子,或者有些人的基本素养还可能不完全适应农村治理现代化的需要,但当我们看到他们的辛勤劳动,不能不看到中国农村的希望。这就是农村治理结构改革和农村治理现代化的动力所在。有中国共产党的领导,有中国农民的真情期盼,有各级干部的尽心尽力,实现农村治理结构改革和农村治理现代化的预期目标一定能实现。呈现在人们面前的,必将是富裕农村、美丽农村、平安农村及和谐农村。

参 考 文 献

一、经典文献类

1.《马克思恩格斯全集》第 46 卷,人民出版社 1979 年版。

2.《马克思恩格斯选集》第 1—4 卷,人民出版社 1995 年版。

3.《马克思格斯文集》第 1 卷,人民出版社 2009 年版。

4.《列宁选集》第 3 卷,人民出版社 1979 年版。

5.《毛泽东选集》第一、二、三、四卷,人民出版社 1991 年版。

6.《邓小平文选》第一、二、三卷,人民出版社 1994 年版、1993 年版。

7.《邓小平年谱(1975—1997)》(下),中央文献出版社 2004 年版。

8.《江泽民文选》第一、二、三卷,人民出版社 2006 年版。

9.《胡锦涛文选》第一、二、三卷,人民出版社 2016 年版。

10.《习近平谈治国理政》,外文出版社 2014 年版。

11.《孙中山全集》第一、二卷,中华书局 1982 年版。

12.《中共中央文件选集》第 1—14 册,中共中央党校出版社 1983 年版。

13.《中共党史教学参考资料》第 1—8 卷,人民出版社 1957 年版。

14.《第一次国内革命战争时期的农民运动资料》(中国现代革命史资料丛刊),人民出版社 1983 年版。

15. 中央档案馆编:《中国共产党第二次至第六次全国代表大会文件汇编》,人民出版社 1982 年版。

16. 中共中央组织部等:《中国共产党组织史资料》,中共党史出版社 2000 年版。

17.《中华民国史档案资料汇编》,江苏古籍出版社 1994 年版。

18.《中华人民共和国土地改革法》,1950 年 6 月 28 日中央人民政府委员会第八次会议通过。

19.《建国以来重要文献选编》第 15 册,中央文献出版社 1997 年版。

20. 中共中央文献研究室编:《十五大以来重要文献选编》,人民出版社 2000 年版。

21. 中共中央文献研究室编:《十六大以来重要文献选编》,中央文献出版社 2008 年版。

22. 中共中央文献研究室编:《十七大以来重要文献选编》,中央文献出版社 2011 年版。

23. 中共中央文献研究室编:《十八大以来重要文献选编》,中央文献出版社 2014 年版。

24.《中国共产党第十六次全国代表大会文件汇编》,人民出版社 2002 年版。

25.《中国共产党第十七次全国代表大会文件汇编》,人民出版社 2007 年版。

26.《中国共产党第十八次全国代表大会文件汇编》,人民出版社 2012 年版。

27.《中共中央国务院关于"三农"工作的一号文件汇编》,人民出版社 2010 年版。

28.《村务公开和民主管理政策法规实务》,2004 年 6 月。

二、著作类

1.《汉书·百官表》。

2.《魏书·食货志》。

3.《宋史·兵志六》。

4.《唐宋文举要》,上海古籍出版社 1980 年版。

5.《顾亭林诗文集》,中华书局 1959 年版。

6. 从翰香主编:《近代冀鲁豫农村》,中国社会科学出版社 1995 年版。

7.《清朝文献通考》卷二十一《职役一》,浙江古籍出版社 1988 年影印本。

8. 贺长龄辑:《皇朝经世文编》卷二十三《吏政九·守令下》,清道光年间刻本。

9. 潘龙光等修、张嘉谋等纂:《(河南)西华县续志》(1938 年铅印本)。

10. 徐栋:《保甲书》卷二《成规》。

11.《德全景皇帝实录》卷四二二。

12. 张厚安主编:《中国农村基层政权》,四川人民出版社 1992 年版。

13. 郑大华:《民国时期农村建设运动》,社会科学文献出版社 2000 年版。

14.《中国共产党编年史(1927—1936)》,山西人民出版社 2002 年版。

15. 蒋伯英:《闽西革命根据地史》,福建人民出版社 1987 年版。

16.《湘赣革命根据地》,中共党史资料出版社 1991 年版。

17. 余伯流等:《中央苏区史》,江西人民出版社 2001 年版。

18.《中央革命根据地史料选编》(下),江西人民出版社 1981 年版。

19. 李永芳:《近代中国农会研究》,社会科学文献出版社 2008 年版。

20. 费孝通:《乡土中国　生育制度》,北京大学出版社 1998 年版。

21. 王沪宁:《当代中国村落家族文化——对中国社会现代化的一项探索》,上海人民出版社 1991 年版。

22. 张注洪:《中国现代史论稿》,北京图书馆出版社 1997 年版。

23. 李志凯、魏文章主编:《乡镇政权建设的理论与实践》,陕西人民出版社 1997 年版。

24. 张厚安等:《村基层建制的历史演变》,四川人民出版社 1992 年版。

25. 陈吉元:《当代中国的村庄经济与村落文化》,山西经济出版社 1996 年版。

26.《晋中地区志》,山西人民出版社 1993 年版。

27. 王布衣:《震惊世界的广西农民——广西农民的创举与中国村民自治》,广西人民出版社 2008 年版。

28. 王建民:《中国人口流动》,上海财经大学出版社 1996 年版。

29. 陆学艺:《"三农"论——当代中国农业、农村、农民研究》,社会科学文献出版社 2002 年版。

30. 韩俊、刘振伟主编:《邓小平农业思想论》,山西人民出版社 2000 年版。

31. 苏东:《当代中国农业税的历史沿革与废止》,中国民主法制出版社 2006 年版。

32. 胡绳:《中国共产党的七十年》,中共党史出版社 2005 年版。

33. 徐勇:《中国农村村治过程》,华中师范大学出版社 2000 年版。

34. 毛科军:《中国农村改革三十年》,山西经济出版社 2009 年版。

35. 彭澎:《农村基层治理变革的法理创新与法治转型研究》,湖南人民出版社 2014 年版。

36. 金大军:《村庄治理与权力结构》,广东人民出版社 2008 年版。

37. 杜志雄等:《农村治理结构与发展政策》,山西经济出版社 2004 年版。

38. 冯兴元等:《中国的村级组织与村庄治理》,中国社会科学出版社 2009 年版。

39. 王习民:《城乡统筹进程中的农村治理变革研究》,人民出版社 2012 年版。

40. 袁金辉:《冲突与参与:中国农村治理改革 30 年》,郑州大学出版社 2008 年版。

41. 吕德文:《农村社会的治理》,山东人民出版社 2013 年版。

42. 黄季昆:《制度变迁和可持续发展:30 年中国农业与农村》,上海人民出版社 2008 年版。

43. 赵秀玲:《走向基层治理现代化——以成都为个案分析》,广东人民出版社 2014 年版。

44. 周挺:《农村治理与农村基层党组织建设》,知识产权出版社 2013 年版。

45. 齐力:《农村新型合作经济组织的理论与实践》,暨南大学出版社 2010 年版。

46. 罗中枢:《公民社会与农村社区治理》,社会科学文献出版社 2010 年版。

47. 李成贵主编:《造福农民的新机制——诸城市推进农村社区化服务的探索与实践》,人民出版社 2008 年版。

48. 王世官:《新农村基层组织建设与管理》,复旦大学出版社 2009 年版。

49. 顾龙生编著:《毛泽东经济年谱》,中共中央党校出版社 1993 年版。

50.《邓小平思想年谱》,中央文献出版社 1998 年版。

51. 袁方成:《使服务运转起来——基层治理转型中的乡镇事业站所改革研究》,西北大学出版社 2008 年版。

52. 何泳龙等:《以长效机制破解农村民间组织发展难题——基于全国 31 个省 252 个村的调查与研究》。

53. 程同顺:《农民组织与政治发展再论中国农民的组织化》,天津人民出版社 2006 年版。

54. 于建嵘:《岳村政治》,商务印书馆 2001 年版。

55. 周原:《农民! 农民》,花城出版社 2004 年版。

56. 宋伟:《农村基层党组织建设》,中共中央党校出版社 1999 年版。

57. 卓泽渊:《法的价值论》,法律出版社 1999 年版。

58. 周应江:《家庭承包经营权:现状、困境与出路》,法律出版社 2010 年版。

59. 薛刚凌、王湘军:《农村法治建设研究》,中国方正出版社 2009 年版。

60. 詹成付:《全国村民治状况抽样调查报告》,中国社会出版社 2009 年版。

61. 李成瑞:《中华人民共和国农业税史稿》,中国财政经济出版社 1959 年版。

62. 刘友凡:《大变革:湖北省农村税费改革纪实》,武汉大学出版社 2006 年版。

63. 徐勇、项继权:《村民自治进程中的乡村关系》,华中师范大学出版社 2003 年版。

64. 陶学荣等:《走向乡村善治——乡村治理中的博弈分析》,中国社会科学出版社

2001 年版。

65. 卢福营:《农民分化过程中的村治》,南方出版社 2000 年版。

66. 李志强:《转型期农村社会组织:理论阐释与现实建构——基于治理场域演化的分析》博士学位论文,吉林大学,2015 年。

67. 李砚忠:《家族势力和村民自治——以山东省诸城市昌城镇为个案》硕士学位论文,汕头大学,2005 年。

68. 宫伟:《农村村级债务问题研究——以凤城市农村债务问题为例》硕士学位论文,中国农业科学院,2010 年。

69. 常青:《乡村治理中的文化拒斥研究——以乡村政策执行为视角》,硕士学位论文,南昌大学,2007 年。

70. 邹智立:《党政联动:顺德区行政体制改革研究》硕士学位论文,汕头大学,2011 年。

三、论文类

1. 王云骏:《民国保甲制度兴起的历史考察》,《江海学刊》1997 年第 2 期。

2. 王奇生:《党政关系:国民党党治在地方层级的运作(1927—1937)》,《中国社会科学》2001 年第 3 期。

3. 常书明等:《清末农会的兴起与士绅权力功能的变化》,《中国社会科学》1999 年第 2 期。

4. 刘文耀:《四川广汉撤社建乡的前前后后》,《中共党史研究》2000 年第 2 期。

5. 孙鑫:《试析我国农村剩余劳动力的形成原因及解决途径》,《兰州大学学报》1984 年第 1 期。

6. 陈乔柏:《中国乡村的"空心村"现象原因分析》,《古今农业》2012 年第 2 期。

7. 徐立京、魏劲松、冯举高:《襄樊乡镇综合配套改革的可贵探索》,《经济日报》2005 年 6 月 24 日。

8. 陈光明:《对撞中的跨越——鞍山市重塑政府职能纪实》,《瞭望周刊》1992 年第 39 期。

9. 晓燕:《隰县为县级行政机构改革闯出一条新路》,《乡镇论坛》1992 年第 5 期。

10. 国务院机构改革办公室赴卓资调研组:《卓资县实行综合配套改革面貌大变》,《中国经济体制改革》1990 年第 6 期。

11. 许志远、林平凡:《"小机关,大服务"改革的有益尝试》,《中国行政管理》1994年第 6 期。

12. 佘可远:《山东县级综合改革的调查与思考》,《人民日报》1993 年 1 月 18 日。

13. 贺雪峰:《论半熟人社会——理解村委会选举的一个视角》,《政治学研究》2000年第 3 期。

14. 沈延生:《村政的兴衰与重建》,《战略与管理》1998 年第 6 期。

15. 程四发、郑求红:《破解行政村调整中的整合难》,《中国农村发现》2016 年 1 月27 日。

16. 贺国强:《大力推进农村基层组织建设,为建设社会主义新农村提供坚强的组织保证》,《求是》2006 年第 7 期。

17. 李学举:《加强社会建设和管理,促进社会和谐与发展》,《求是》2005 年第7 期。

18. 吴梅芳:《农村基层党组织作用发挥状况的调查与思考》,《理论探索》2013 年第 3 期。

19. 钱昊平:《党委第一书记今昔》,《南方周末》2012 年 7 月 12 日。

20. 雷国珍、刘华清、杨正辉:《当好农村先进文化前进方向的代表——湖南先进农村党支部的调查与思考》,《湖南社会科学》2001 年第 1 期。

21. 杨群红:《河南省流动党员管理新机制的实践探索》,《中共郑州市委党校学报》2011 年第 6 期。

22. 贾蔚峰:《流动红旗更鲜艳——百色市建立农村流动党员管理长效机制纪实》,《当代广西》2007 年第 14 期。

23. 边飞:《探索农村流动党员教育管理的新办法》,《求是》2007 年第 19 期。

24. 杨群红:《大胆创新农民工流动党员的管理方式——河南省信阳市实施"金桥工程"的调查与思考》,《中州学刊》2007 年第 4 期。

25. 杨群红:《着力扩大覆盖面　增强基层党组织的生机与活力》,《学习论坛》2010年第 4 期。

26. 廖克勤:《关于加强流动党员管理的思考——以枚县出租车司机在深圳流动党员管理为例》,《湖湘论坛》2010 年第 3 期。

27. 潘劲:《中国农民专业合作社:数据背后的解读》,《中国农村观察》2011 年第6 期。

28. 吕洪波等:《制约中国农民专业合作社的因素分析——以辽宁省为例》,《农业经济》2015 年第 2 期。

29. 冯全光：《农业中介组织在农村经济社会发展中的作用》，《西南民族大学学报》2005 年第 5 期。

30. 毕美家、葛书院：《海南省农产品行业协会发展情况调查》，见《中国农产品行业协会调查》，中共中央党校出版社 2003 年版。

31. 中国社会科学院农村发展研究所"中国农产品行业协会研究"课题组：《中国农产品行业协会发展的历史沿革》，《中国农村经济》2004 年第 11 期。

32. 金兆怀：《我国农业社会化服务体系建设的国外借鉴和基本思路》，《当代经济研究》2002 年第 8 期。

33. 郭正林：《乡镇政治体制改革的"四合一"模式——咸安政改调研报告》，《公共管理研究》2004 年第 2 期。

34. 方付建：《乡镇"七站八所"改革路向的实践重构》，《阅江学刊》2011 年第 5 期。

35. 刘东：《我国新型农村科技服务体系的制度背景和发展经验》，《太原科技》2008 年第 8 期。

36. 巩志宏：《科技人员到户、良种良法到田、技术要领到人——湖南探索农业科技推广模式》，《经济日报》2009 年 8 月 4 日。

37. 郭圣福：《贫下中农协会述论》，《中共党史研究》2005 年第 6 期。

38. 肖瑞、李利明：《农村土地变迁之路》，《经济管理文摘》2003 年第 2 期。

39. 周连云：《当代国际合作社运动的新背景、新优势、新特点》，《中国合作经济》2005 年第 2 期。

40. 徐晓全：《新型民间组织参与农村治理的机制与实践》，《中国特色社会主义研究》2014 年第 4 期。

41. 梁星心：《"枫桥经验"50 年历久弥新的奥秘》，《中国民间组织》2014 年第 2 期。

42. 吴树新：《农村民间组织发育及其作用研究——以安徽省凤台县钱庙社区理事会为例》，《中国发展》2013 年第 1 期。

43. 唐光斌：《人口计生工作的历史贡献》，《湖南日报》2014 年 7 月 23 日。

44. 党国英：《中国农村治理改革回顾与展望》，《社会科学战线》2008 年第 8 期。

45. 孙迪亮等：《农村社区民间组织参与提供社区公共服务的现状考察与长效机制构建》，中国民间组织网。

46. 江立：《农村文化的衰落与留守儿童的困境》，《江海学刊》2011 年第 4 期。

47. 马正龙：《依靠村级群众组织加强农村精神文明建设》，《民族工作》1997 年第 1 期。

48. 麻金辉:《农村图书室的发展现状及其展望》,《北京农业》2015 年第 34 期。

49. 蒋建华:《新塍镇建立农村"文化礼堂"的实践与对策》,《新农村》2016 年第 2 期。

50. 李惠芬:《农村娱乐性组织作为公共空间的功能解析——以 W 村"村民自乐班"为个案》,《江西农业大学学报》2012 年第 1 期。

51. 陈俏巧:《社会主义新农村建设中的农村民间组织》,《浙江树人大学学报》2008 年第 3 期。

52. 毛少君:《农村宗族势力蔓延的状况与原因分析》,《浙江社会科学》1991 年第 2 期。

53. 陈彪:《家族组织发展和农村基层组织建设》,《社会主义研究》1998 年第 3 期。

54. 朱康:《宗族文化与农村社会秩序建构》,《中共浙江省委党校学报》1997 年第 1 期。

55. 卢璐:《村级民主选举问题与对策的个案分析》,《新疆社科论坛》2008 年第 5 期。

56. 张玉:《家族势力的危害》,《法制文萃报》2001 年 5 月 21 日。

57. 毛少君:《农村宗族势力蔓延的状况与原因分析》,《浙江社会科学》1991 年第 2 期。

58. 胡述宝:《新农村建设中的宗教问题探讨》,《中共郑州市委党校学报》2008 年第 1 期。

59. 北京大学宗教文化研究院课题组卢云峰执笔:《当代中国宗教状况报告——基于调查数据》,《世界宗教文化》总第 85 期。

60. 张厚安:《民主科学的结晶 村民自治的章程——从章丘经验看农村深化改革的新的启动点》,《社会主义研究》1991 年第 5 期。

61. 董雪兵:《二十年来村民自治实践中的制度创新——国家与社会的共同行动》,《浙江社会科学》2001 年第 4 期。

62. 宋才发等:《改革与创新社会主义新农村建设的法律制度》,《学习论坛》2007 年第 4 期。

63. 周铁涛:《农村基层治理法治化研究——基于湖南益阳农村的调查与思考》,《领导科学》2016 年 12 月 10 日。

64. 陈兰飞:《"海选"、"直选"的比较与选择——福建省村级换届选举试点的调查分析》,《中共福福建省委党校学报》2003 年第 5 期。

65. 陈胜才:《公民参与、党群联动的基层民主决策新机制——九江市"两重两轮"

投票制的探索及意义》,《学理论》2009 年第 18 期。

66. 陈文侠:《"五步法":走出一条民主治村路——浙江省天台县推行村级民主决策"五步法"工作纪实》,《农村工作通讯》2010 年第 13 期。

67. 郭献功:《"4+2"工作法:民主决策的有益探索》,《学习时报》2009 年 7 月 20 日。

68. 何增科:《农村治理转型与制度创新——河北省武安市"一制三化"经验的调查与思考》,《经济社会体制比较》2003 年第 6 期。

68. 潘自强等:《民主恳谈会:农村基层民主决策制度的创新——基于浙江省温岭市民主实践的调查》,《农村经济》2014 年第 5 期。

69. 村人:《村民大会难召集怎么办 山东省日照市有一招:建立村务大事村民公决制度》,《共产党员》2002 年第 2 期。

70.《青县喜获"全国村务公开民主管理制度创新提名奖"》,人民网,2007 年 6 月 28 日。

71. 刘兰孝等:《规范农村社会事务管理的又一创新模式——潍坊市坊子区推选村级事务契约化管理》,《中国民政》2006 年第 8 期。

72. 闫健:《农村民主治理新探索——关于贵州省湄潭县村民集中诉求会议制度的思考》,《行政管理改革》2011 年第 5 期。

73. 张涛:《家庭成为农村政治参与主体的制度化研究——对河南中牟县白沙镇联户代表制度考察》,《东南学术》2010 年第 3 期。

74. 肖唐镖、王江伟:《农村民主管理的村民评价——五省 60 村的跟踪研究 (1999—2011)》,《四川大学学报》2014 年第 2 期。

75. 郭翔宇:《江泽民同志对邓小平农业思想的丰富和发展》,《学习与探索》2003 年第 1 期。

76. 何增科:《农村治理转型与制度创新——河北省武安市"一制三化"经验的调查与思考》,《经济社会体制比较》2003 年第 6 期。

77. 梁东兴、唐鸣、陈荣单:《农村民主治理纳入纪委专宝监察的制度创新及其绩效——基于湖北将通山县村务公开和民主管理"难点村"治理的调查思考》,《湖北行政学院学报》2010 年第 1 期。

78. 吴伟鹏:《从自治权力平衡型村治模式看自治权的回归与实现——广东省云浮市实施"活力民主,阳光村务"工程的宪政意义》,《学术研究》2008 年第 5 期。

79. 杜萌:《村官犯罪引关注:涉案金额逐年上升,手段日趋隐蔽》,《法制日报》2009 年 4 月 21 日。

80. 盛洪:《让农民自己代表自己:从政策看农民利益平衡》,《经济观察报》2003 年 1 月 8 日。

81. 赵宁、张健:《中国农村土地制度变迁的经济绩效评价》,《商业时代》2012 年第 9 期。

82. 胡国利、马三喜:《1949 年以来中国农村土地制度变迁的几种推力》,《开发研究》2012 年第 1 期。

83. 孙志强:《城乡统筹:攻克科学发展的重大障碍》,《中国信息报》2008 年 12 月 23 日。

84. 晏国政:《部分农村集体经济空壳化 对基层政权建设产生影响》,《瞭望新闻周刊》2015 年 8 月 23 日。

85. 朱剑慧、腾晓东:《如何破解农村村级集体经济发展壮大的难题——以利川市的探索为例》,《学习月刊》2010 年第 5 期。

86. 贺雪峰:《解决村级债务问题刻不容缓》,《农村金融研究》2015 年第 11 期。

87. 常代奇:《级债务现状及其化解对策——以江苏 X 市为例》,《产业与科技论坛》2012 年第 19 期。

88. 宋蕾:《中国乡镇债务超 5000 亿元、近 40% 县预算均呈赤字状态》,《第一财政日报》2006 年 9 月 14 日。

89. 王海梅:《乡镇政府债务成因及解决之道》,《山西农经》2015 年第 8 期。

90. 陈婧延:《论乡镇政府性债务的现状成因及其化解对策》,《重庆与世纪》2015 年第 6 期。

91. 王菲、任中平:《农村基层治理的现实困境与改进路径》,《山西大同大学学报》2016 年第 2 期。

四、国外著述类

1. [美]杜赞奇:《文化、权力与国家:1900—1942 年的华北农村》,王福明译,江苏人民出版社 1994 年版。

2. [美]费正清:《剑桥中华人民共和国史(1949—1956)》,上海人民出版社 1990 年版。

3. [美]道格拉斯·C.诺斯:《经济史中的结构与变迁》,陈郁等译,上海人民出版社、上海三联书店 1994 年版。

4. [美]萨缪尔·亨廷顿:《变化社会中的政治秩序》,王冠华、刘为等译,上海世纪出版集团 2008 年版。

5. [美]戴维·赫尔德:《民主的模式》,燕继荣译,中央编译出版社 2004 年版。

6. [美]约瑟夫·熊彼得:《资本主义、社会主义与民主》,吴良健译,商务印书馆1999 年版。

7. [加]弗兰克·坎宁安:《民主理论导论》,谈火生等译,吉林出版集团有限责任公司 2010 年版。

8. [美]戴慕珍:《选举与权力:中国村庄的决策主导者》,华中师范大学中国农村问题研究中心:中国农村村民委员会选举学术研讨会论文。

9. [新]郑永年:《地方民主、国家建设与中国民主发展模式》,《当代中国研究》1997 年第 2 期。

10. [美]弗里曼、毕克伟、塞尔登:《中国乡村,社会主义国家》,陶鹤山译,社会科学文献出版社 2002 年版。

后　记

面对国家社会科学基金重点课题的结项证书,面对即将付梓的书稿清样,我长长地舒了一口气。皇天不负有心人,多年的努力有了结果。这也许是我个人最后一个国家课题,也许是我最后一本个人专著。回顾自己的理论人生,四十多年如一日,没有懈怠,没有停顿,没有敷衍。在探索过程中,既收获了喜悦,也经历了困惑。光阴没有虚度,这是最值得欣慰的事,无论是对老师、学生,还是对同事、朋友以及家人。

科学研究是一个辛苦的事,但我乐此不疲。在完成这个课题研究和撰写专著过程中,有许多不为人知的情景,现在回忆起来仍然难以忘怀:多少不眠之夜,多少辛勤汗水,多少艰难困苦。经历了这些才知不易,因此,我深深地感谢自己。个人的智慧和能力总是有限的。帮助过我的人很多,需要感谢的人也很多。首先,我要感谢的是中共中央党校(国家行政学院)中共党史教研部主任罗平汉教授、中山大学郭文亮教授、湘潭大学唐正芒教授、湖南师范大学胡映兰教授等给予我的帮助。他们都是学术大家,忙得不得了,但仍拨冗审阅书稿,提了不少宝贵意见,增加了本书的学术含量和理论成分。其次,我要感谢国家社会科学规划办、湖南省社会科学规划办、中共湖南省委党校(湖南行政学院)科研处和财务处,他们在课题立项、研究、管理方面给予了大量的支持。再次,我要感谢中共湖南省委党校(湖南行政学院)党史教研部的同仁。

438

这是一个很有学养,有团队精神,能够打硬仗的集体,他们提供了有形的和无形的帮助。最后,我要感谢人民出版社的领导和同志们。责任编辑刘伟与我有师生之谊,他是青出于蓝胜于蓝的典型,我为他的成长进步而高兴,他在编辑过程中表现出的高度的责任心、深厚的学术功力和娴熟的业务能力,值得点赞。在研究过程中也借鉴一些同志的研究成果,这证明只有站在巨人的肩膀上才能登高望远。谢谢各位的无私贡献。我要感谢我的家人,由于家人,特别是夫人的全力支持,我才可能全力以赴。

农村治理结构改革是一个正在进行时,还有将来时。这个问题的研究也是如此。我的研究还是一个起步,而且水平不高,希望方家批评指正。期待有更多的研究者关注这个问题,有更多更好的理论成果问世,对伟大的经验进行总结,对伟大的实践给予支持。

2019 年 12 月 18 日于长沙